Unbestimmtes Wirtschaftsstrafrecht und gesamtwirtschaftliche Perspektiven
ILFS

Institute for Law and Finance Series

Edited by
Theodor Baums
Andreas Cahn

Band 19

Unbestimmtes Wirtschaftsstrafrecht und gesamtwirtschaftliche Perspektiven

---

Herausgegeben von
Matthias Jahn
Eberhard Kempf
Klaus Lüderssen †
Cornelius Prittwitz
Reinhard H. Schmidt
Klaus Volk

DE GRUYTER

ISBN 978-3-11-047719-1
e-ISBN (PDF) 978-3-11-047899-0
e-ISBN (EPUB) 978-3-11-047778-8

Library of Congress Cataloging-in-Publication Data
A CIP catalog record for this book has been applied for at the Library of Congress.

Bibliografische Information der Deutschen Nationalbibliothek
Die Deutsche Nationalbibliothek verzeichnet diese Publikation in der Deutschen Nationalbibliografie; detaillierte bibliografische Daten sind im Internet über http://dnb.dnb.de abrufbar.

Einbandabbildung: Medioimages/Photodisc
Datenkonvertierung/Satz: jürgen ullrich typosatz, 86720 Nördlingen
Druck und Bindung: Hubert & Co. GmbH & Co. KG, Göttingen
♾ Gedruckt auf säurefreiem Papier
Printed in Germany

www.degruyter.com

Vorwort

Am 20. und 21. November 2015 fand zum achten Mal seit 2008 das Symposion zu „Economy, Criminal Law, Ethics" (ECLE) statt. Es war das *erste* ECLE-Symposion ohne Klaus Lüderssen.

Die hier vorgelegte Publikation des Tagungsbandes, der die Referate und Diskussionen dokumentiert, hat Klaus Lüderssen, der am 4. Juni 2016 verstarb, nicht mehr erlebt. An der Vorbereitung der Tagung war er – sowohl was die Formulierung von Generalthema und Referatsthemen als auch was die Auswahl kompetenter und namhafter Referentinnen und Referenten anging – entscheidend beteiligt. Die Mitherausgeber widmen ihm daher diesen Band in dankbarer Erinnerung an die Jahre gemeinsamer Arbeit an dem „Projekt ECLE". Und nachdem 2016 in der Trauer über seinen Tod – erstmals seit 2008 – kein Symposion stattfand, wollen wir mit dem nächsten Symposion nach einer Zeit des Innehaltens ausdrücklich Klaus Lüderssen, dem Mitinitiator, Ideengeber und Motor von „ECLE", gedenken.

Zusammen mit Eberhard Kempf und Klaus Volk hatte er 2007/08, also noch bevor die globale Finanzkrise 2008 *jedermann* klarmachte, dass Themen der Wirtschaftskriminalität und des Wirtschaftsstrafrechts dringend der internationalen und interdisziplinären Behandlung bedürfen, diese Symposien initiiert. „Wie kam es dazu, was wollen wir?" Darüber hat Klaus Volk (dokumentiert im Tagungsband zu ECLE I: Die Handlungsfreiheit des Unternehmers, 2009, S. 79) zur Eröffnung des ersten Symposions berichtet. „Sorgen um das Strafrecht" und „Sorgen um die unternehmerische Freiheit" waren die Stichworte, und mit den bewusst die lingua franca (nicht nur der ökonomisierten Welt) nutzenden Begriffen „Economy, Criminal Law and Ethics" wollte er „die das Strafrecht übergreifende und internationale Dimension dieser Begriffe" chiffrieren. So sehr diese Sorgen Ausgangspunkt und Arbeitshypothese waren, so sehr waren die Symposien stets für diejenigen offen, die genau gegensätzlich argumentierten, mehr Strafrecht gerade im Bereich wirtschaftlicher Aktivitäten für notwendig, möglich und legitim hielten.

Klaus Lüderssen hat in seinem die erste Tagung einleitenden Beitrag (aaO., S. 21–25) klargestellt, dass es sich in seiner Wahrnehmung des Projekts in erster Linie um eine „interdisziplinäre Aufgabe" handelt. Angesichts einer von ihm konstatierten Tendenz der Strafverfolgungsbehörden, ihr Interesse zunehmend auf die gesamte Geschäftstätigkeit von Unternehmen zu richten, sah er das Strafrecht auf einem „ihm bisher unbekannten Prüfstand" und appellierte an die Zunft, also an die sich eigentlich als Vertreter einer „sciencia omnium rerum" verstehenden Juristen, sich verstärkt interdisziplinär den Fragen nach Funktionalität oder Dysfunktionalität des Strafrechts in diesem „Kriminalitätsbereich" zu stellen.

Seit 2008 haben sich die Organisatoren der Symposien (die gleichzeitig als Herausgeber der Tagungsbände fungierten), die Referentinnen und Referenten und die diskussionsbeteiligten Teilnehmerinnen und Teilnehmer (viele von ihnen seit Jahren dem ECLE-Termin im November „treu") darum bemüht, diesen Herausforderungen gerecht zu werden. Unterhalb der großen Chiffre „ECLE" wurden – teils den Grundlagen, teils der Aktualität geschuldet – verschiedene Generalthemen zur Debatte gestellt: Nachdem 2008 die Grundproblematik nach Legitimität und Funktionalität der *„Handlungsfreiheit des Unternehmers"* im Mittelpunkt stand, wurde 2009 über *„die Finanzkrise, das Wirtschaftsstrafrecht und die Moral"* referiert und diskutiert. Mit *„Ökonomie versus Recht im Finanzmarkt?"* war 2010 der „ganz große Rahmen" (Lüderssen) Gegenstand der Debatten. 2011 folgte, neuen kriminalpolitischen Aktivitäten aus der Politik folgend, die Wiederaufnahme der (durchaus traditionsreichen) Diskussion über die Sinnhaftigkeit von *„Unternehmensstrafrecht"*. Der 2012 gestellten Frage nach dem Platz und Stellenwert von *„Gemeinwohl im Wirtschaftsstrafrecht"* folgten 2013 ein Versuch der Bestimmung des Verhältnisses von *„Unternehmenskultur und Wirtschaftsstrafrecht"* und 2014 die Befassung mit den heterogenen Aspekten der *„Strafverfolgung in Wirtschaftsstrafsachen"*.

Ob wir dem erklärten Ziel näher gekommen sind, die interdisziplinäre und internationale Dimension der Debatten zu verdeutlichen, und ob es gelungen ist, damit einen Beitrag zur rationalen Behandlung dieser – politisch-gesellschaftlich hochrelevanten – Themen zu leisten, das mögen und müssen andere entscheiden. Klaus Lüderssen, der sich in den 1970er und 1980er Jahren engagiert auf interdisziplinäres Arbeiten mit der Kriminalsoziologie eingelassen hat und letztlich von der – desinteressierten oder um Distanz bemühten – Zögerlichkeit der soziologischen Vertreter der Kriminologie enttäuscht war, hat auch im Rahmen von ECLE die Erfahrung gemacht, dass – jenseits der ökonomischen Referate – *„die* Juristen" stärker als *„die* Ökonomen" am interdisziplinären Diskurs interessiert schienen.

Mit dem Thema *„Unbestimmtes Wirtschaftsstrafrecht und gesamtwirtschaftliche Perspektiven"* haben sich die Herausgeber des hier vorgelegten Bandes das ehrgeizige Ziel gesetzt, nicht nur interdisziplinär an einzelnen Themen der Ökonomie oder des Strafrechts heranzutreten, sondern die Interdisziplinarität unmittelbar einzufordern, indem vermeintlich unverbunden nebeneinander stehende Themen wie die unbezweifelbare, aber nach verbreiteter Ansicht kritikwürdige „Unbestimmtheit des Wirtschaftsstrafrechts" mit der – ebenso wenig bezweifelbaren, aber im Wettbewerb der Ideen als produktiv und als lobenswert – angesehenen Heterogenität der „gesamtwirtschaftlichen Perspektiven“ konfrontiert wurden.

Wie bereits im letzten Tagungsband enthält auch der nunmehr vorgelegte Band über das Symposion 2015 neben einem Text von Klaus Lüderssen, der den Referenten zur Einstimmung in das Generalthema diente, sowohl die Referate als auch die – von den Diskussionsteilnehmern redigierten – Diskussionsbeiträge. Rückmeldungen sowohl aus dem Kreis der Teilnehmer (denen auf diese Weise die Tagung lebendig in Erinnerung gerufen wurde) als auch aus dem Kreis der im November 2015 nicht anwesenden Interessierten haben uns darin bestärkt, an dieser – durchaus aufwendigen – Dokumentation festzuhalten.

Den Herausgebern der Schriftenreihe „*Institute for Law and Finance Series*“, in denen auch dieser Tagungsband erscheinen kann, den Herren Prof. Dr. Dr.h.c. Theodor Baums und Prof. Dr. Andreas Cahn, ist für die Aufnahme in die Reihe herzlich zu danken. Vor, während und nach der Tagung hat sich Frau Christina Hagenbring um die Organisatoren, die Referentinnen und Referenten – kurz um „Alles“ gekümmert, was eine Tagung reibungslos ablaufen lässt. Dafür sind wir ihr außerordentlich dankbar. In der Person des Geschäftsführers des Institute for Law and Finance, Herrn Dr. Rolf Friedewald, ist einem weiteren um uns Besorgten und für uns in vielfacher Weise Sorgenden zu danken. Die Veröffentlichung wäre ohne die umfangreiche und sorgfältige Unterstützung von Herrn Dr. Sascha Ziemann undenkbar, dem insbesondere die Verantwortung für die anspruchsvolle Aufgabe zufiel, den Diskussionsteilnehmern redigierfähige Texte zukommen lassen zu können. Schließlich ist Frau Angela Buch und Frau Lili Hammler im De Gruyter Verlag für die zuverlässige verlegerische Betreuung ebenso herzlich zu danken wie für ihre Geduld.

Die Herausgeber

Inhalt

Spezielle Aspekte

Konkretisierungen

Paradoxien(?)

Die Autoren und die Herausgeber

Prof. Dr. Jochen Bung
Universität Passau

Geb. 1968 in Landau (Pfalz). Studium der Philosophie, Soziologie, Literatur- und Rechtswissenschaft in Frankfurt am Main und München. Wissenschaftlicher Mitarbeiter am Institut für Kriminalwissenschaften und Rechtsphilosophie der Universität Frankfurt am Main (Prof. Klaus Lüderssen und Prof. Klaus Günther). 2003 Promotion, 2008 Habilitation in Frankfurt am Main. Vertretungsprofessuren in Bayreuth, Passau und Berlin (Humboldt-Universität), seit 2011 Inhaber des Lehrstuhls für Strafrecht, Strafprozessrecht, Kriminologie und Rechtsphilosophie an der Universität Passau.

Prof. Dr. Andreas Cahn
Institute for Law and Finance, Goethe-Universität Frankfurt

Andreas Cahn hat Rechtswissenschaft an der Johann Wolfgang Goethe-Universität in Frankfurt a.M. und an der University of California at Berkeley studiert, wo er den Grad eines Master of Laws (LL.M.) erworben hat. Anschließend war er für sechs Jahre wissenschaftlicher Mitarbeiter bei Prof. Dr. H.-J. Mertens an der Universität Frankfurt. Während dieser Zeit verfasste er seine Dissertation zum Thema „Vergleichsverbote im Gesellschaftsrecht" und seine Habilitationsschrift mit dem Titel „Kapitalerhaltung im Konzern".

Von 1996 bis 2002 war er Inhaber des Lehrstuhls für Bürgerliches Recht, Handels- und Gesellschaftsrecht an der Universität Mannheim. Seit 2002 ist er geschäftsführender Direktor des Institute for Law and Finance an der Universität Frankfurt. Seine gegenwärtigen Arbeitsschwerpunkte liegen im Aktien- und Konzernrecht, im Recht der Unternehmensfinanzierung, dem Kapitalmarktrecht und der Rechtsvergleichung. Er ist Mitherausgeber der Zeitschriften „Der Konzern" und „Corporate Finance law", der Institute for Law and Finance Series sowie Mitglied des wissenschaftlichen Beirats der Zeitschrift „European Company Law".

Prof. Dr. Volker Caspari
Technische Universität Darmstadt

- 1953 geboren in Frankfurt/Main
- 1972–77 Studium der Volkswirtschaftslehre an der Johann Wolfgang Goethe Universität in Frankfurt/Main (Dipl. Volkswirt)
- 1979–83 Wissenschaftlicher Mitarbeiter an der Professur für Volkswirtschaftslehre, insbesondere Wirtschaftstheorie (Promotion 1983), Prof. Dr. Drs. h.c. Bertram Schefold

- 1984 Theodor-Heuss-Lecturer (Economics) an der New School University, Graduate School, New York
- 1985–91 Hochschulassistent für Volkswirtschaftslehre, Johann-Wolfgang-von-Goethe-Universität Frankfurt/Main
- 1991 Habilitation und Ernennung zum Privatdozenten, Erteilung der venia legendi „Volkswirtschaftslehre"
- 1992–95 Vertretung einer Professur für Volkswirtschaftslehre, Frankfurt/Main
- ab 1995 Universitätsprofessor (C4) für Volkswirtschaftslehre, ins. Wirtschaftstheorie an der TU Darmstadt
- 1999–2000 Dekan des Fachbereichs Rechts- und Wirtschaftswissenschaften
- 2003–2004 Direktor des Volkswirtschaftlichen Instituts
- 2004–2006 Studiendekan des Fachbereichs Rechts- und Wirtschaftswissenschaften
- Seit 2008 Vorsitzender der Prüfungskommission des Fachbereichs Rechts- und Wirtschaftswissenschaften
- Seit 2014 Vorsitzender des Ausschusses Geschichte der Wirtschaftswissenschaften im Verein für Socialpolitik und Mitglied im erweiterten Vorstand des VfS.

Prof. Dr. Matthias Jahn
Richter am Oberlandesgericht Frankfurt am Main
Goethe Universität Frankfurt am Main

Prof. Dr. Matthias Jahn, geb. 1968, Schulausbildung, Promotion (1997) und Habilitation (2003) in Frankfurt, nach Tätigkeiten als Strafverteidiger (1998–2002), Staatsanwalt in Frankfurt (2002–2005) mit einem Dezernat für Organisierte Kriminalität und Abordnung als wissenschaftlicher Mitarbeiter an das BVerfG 2005–2013 Lehrstuhlinhaber an der Friedrich-Alexander-Universität Erlangen-Nürnberg (Rufe an die Universitäten Rostock und Hannover), seit 2010 Leiter der Forschungsstelle für Recht und Praxis der Strafverteidigung (RuPS), seit 2013 Inhaber des Lehrstuhls für Strafrecht, Strafprozessrecht, Wirtschaftsstrafrecht und Rechtstheorie der Goethe-Universität Frankfurt, Co-Direktor des Instituts für das Gesamte Wirtschaftsstrafrecht (IGW) und Geschäftsführender Direktor des Instituts für Kriminalwissenschaften und Rechtsphilosophie. Seit 2005 im zweiten Hauptamt Richter am OLG, zunächst in beiden Nürnberger Strafsenaten (2005–2013), seit 2013 am OLG Frankfurt (1. Strafsenat). Mitherausgeber der Zeitschriften *Strafverteidiger* (StV), Zeitschrift für Wirtschaftsstrafrecht und Haftung im Unternehmen (ZWH) und Sport und Recht (Sp*u*Rt). Forschungsschwerpunkte: Prozessuales und materielles Wirtschaftsstrafrecht (Verständigung in Strafsachen, Compliance, Untreue), Strafverfahrens- und Verfassungsrecht in Theorie und

Praxis, im materiellen Strafrecht insbes. Rechtfertigungsgründe, Anschlussdelikte und Sportstrafrecht.

Eberhard Kempf
Kempf & Dannenfeldt Rechtsanwälte
Eberhard Kempf, Rechtsanwalt, Jahrgang 1943, geb. in Lahr/Schwarzwald, Studium in Heidelberg, Berlin, Freiburg und Paris. Rechtsanwalt seit 1971, seit 1977 in Frankfurt am Main.

Rechtsanwalt Kempf war nach kurzer Tätigkeit als Assistent an der Deutschen Hochschule für Verwaltungswissenschaften in Speyer von Beginn seiner anwaltlichen Tätigkeit an mit zunehmender Spezialisierung im Strafrecht tätig. Die „großen" Stationen seiner Laufbahn sind: die Verteidigung des Strafverteidigers Klaus Croissant in den 70er, der KOMM-Prozess um die Verhaftung von 165 Jugendlichen 1981 in Nürnberg und der co op-Prozess in den 80er Jahren, die Verteidigung eines Börsenmaklers im sog. DG-Bank-Verfahren, mehrere Verteidigungen von Bankvorständen in Verfahren um sog. bargeldlose Geldtransfers nach Luxemburg, Liechtenstein und in die Schweiz, die Verteidigung von Nick Leeson von der damaligen Baring's Bank Singapore in dessen Auslieferungsverfahren in den 90er Jahren, die Vertretung und Verteidigung des Steuerberaters Weyrauch im Verfahren um die sog. Schwarze Kasse der hessischen CDU vor den Untersuchungsausschüssen des Bundestages und des Hessischen Landtags sowie im Verfahren vor dem Landgericht Wiesbaden, Oberlandesgericht Frankfurt am Main und dem Bundesgerichtshof, die Vertretung der Nebenklage der Familie von Metzler im Verfahren um die Ermordung ihres Sohnes, die Verteidigung von Dr. Josef Ackermann im sog. Mannesmann-Verfahren vor dem Landgericht Düsseldorf und dem Bundesgerichtshof, die Verteidigung des CEO der WestL-Bank, Jürgen Sengera, vor dem Landgericht Düsseldorf und dem Bundesgerichtshof, die Verteidigung mehrerer leitender Manager im sog. SIEMENS-Korruptionsverfahren, mehrere Verteidigungen von Managern von Landesbanken in der Finanzkrise von 2008 sowie die Verteidigung Josef Esch im sog. Sal. Oppenheim-Verfahren vor dem LG Köln.

Rechtsanwalt Kempf ist seit 1990 bis heute Mitglied und war von 1996 bis 2005 Vorsitzender des Strafrechtsausschusses des Deutschen Anwaltvereins. Er hat eine umfangreiche Veröffentlichungs- und Vortragspraxis und ist mehrfach als Sachverständiger durch den Rechtsausschuss des Deutschen Bundestages gehört worden.

Rechtsanwalt Eberhard Kempf war aktiv an der Gründung des Barreau Pénal International/International Criminal Bar (ICB-BPI) beteiligt, einer Vereinigung von Rechtsanwälten am Internationalen Strafgerichtshof in Den Haag. Er war von 2003 bis 2005 Vizepräsident und von 2005 bis 2007 Co-Präsident des

ICB-BPI. Seit 2012 bis 2014 war er Vorsitzender des Disciplinary Board for the International Criminal Court in Den Haag.

Prof. Dr. Dr. h.c. Lothar Kuhlen
Universität Mannheim
Lothar Kuhlen, geboren 1950, ist Inhaber des Lehrstuhls für Strafrecht und Kriminologie, Wirtschafts- und Umweltstrafrecht an der Universität Mannheim. Er studierte Rechtswissenschaft und Soziologie in Frankfurt am Main. 1975 promovierte er zum Thema „Typuskonzeptionen in der Rechtstheorie". Die Habilitation für Strafrecht, Strafprozessrecht, Rechtssoziologie und Rechtstheorie erfolgte 1985 mit der Habilitationsschrift „Die Unterscheidung von vorsatzausschließendem und nichtvorsatzausschließendem Irrtum". Seit 1986 ist er Professor an der Universität Mannheim, wo er mehrfach das Amt des Dekans der Fakultät für Rechtswissenschaft innehatte. Er erhielt Rufe an die Universitäten Hannover, Frankfurt am Main und Basel. Professor Kuhlen ist Direktor des Instituts für deutsches, europäisches und internationales Medizinrecht, Gesundheitsrecht und Bioethik der Universitäten Heidelberg und Mannheim, Direktor des Instituts für Transport- und Verkehrsrecht der Universität Mannheim sowie seit 2012 Ombudsperson für wissenschaftliches Fehlverhalten an der Universität Mannheim.

Prof. Dr. Katja Langenbucher
Goethe-Universität Frankfurt
Geboren am 25. Juli 1968, verheiratet, drei Kinder. Studium der Rechtswissenschaft an der LMU München und der Philosophie an der Hochschule für Philosophie, SJ, München; Forschungsaufenthalte an der Harvard Law School ("visiting researcher graduate program") sowie der University of Cambridge ("diploma in legal studies program"). WS 2002/2003 bis SS 2007: Professur für Bürgerliches Recht, Deutsches und Europäisches Handels-, Gesellschafts- und Bankrecht, Direktorin des Instituts für Handels- und Wirtschaftsrecht der Philipps-Universität Marburg. Seit WS 2007/2008: Professur für Bürgerliches Recht, Wirtschaftsrecht und Bankrecht im House of Finance der Goethe-Universität Frankfurt am Main. WS 2008/2009: Titulaire Alfred Grosser Chaire, Sciences Po, Paris; seit WS 2009/2010: ständige Gastprofessur, seit SS 2011 affiliierte Professur Sciences Po, Paris; 2012/2013: Research Fellow, LSE London; 2015: Gastprofessur WU Wien; 2016: International Visiting Professor, Columbia Law School. Mitglied des wissenschaftlichen Beirats des DAI und Mitglied des Arbeitskreises Wirtschaft und Recht im Stifterverband für die deutsche Wissenschaft. Aufsichtsrat Postbank, Beirat ALTE LEIPZIGER-HALLESCHE Konzern. Ehemalige Fachgutachterin der Alexander von Humboldt-Stiftung.

Prof. Dr. Klaus Lüderssen†
Goethe-Universität Frankfurt am Main
Professor Dr. Klaus Lüderssen (1932–2016) war seit 1971 ordentlicher Professor für Strafrecht, Strafprozessrecht, Rechtsphilosophie und Rechtssoziologie an der Goethe-Universität Frankfurt am Main.

Mit dem Wirtschaftsstrafrecht beschäftigt sich schon eine frühere Arbeit über kartellrechtliche Probleme. Später folgten Arbeiten über Irrtumsprobleme im Steuerstrafrecht, ferner über Subventions- und Submissionsbetrug, Konkursprobleme im GmbH-Strafrecht, missbräuchliche aktienrechtliche Anfechtungsklagen und Strafrecht, Anti-Korruptionsgesetze und Drittmittelforschung, ökonomische Analyse des Strafrechts, Korruption und strafrechtliche Untreue, gesellschaftsrechtliche Grenzen der strafrechtlichen Haftung des Aufsichtsrats, Aktienrecht und strafrechtliche Untreue und Glücksspielstrafrecht. Einige dieser Abhandlungen sind zusammengefasst in den Bänden „Entkriminalisierung des Wirtschaftsrechts“ I/1998, II/2007, und III/2014. Neuere einschlägige Veröffentlichungen sind die in Anknüpfung an die bisherigen ECLE-Symposien gemeinsam mit Eberhard Kempf und Klaus Volk herausgegebenen Bücher „Die Handlungsfreiheit des Unternehmers – wirtschaftliche Perspektiven, strafrechtliche und ethische Schranken“ (2009), „Die Finanzkrise, das Wirtschaftsstrafrecht und die Moral“ (2010) und „Ökonomie versus Recht im Finanzmarkt?“ (2011), sowie die Beiträge in den Festschriften für Knut Amelung, „Systemtheorie und Wirtschaftsstrafrecht“, 2009, S. 67–80, und für Klaus Volk, „Risikomanagement und „Risikoerhöhungstheorie“ – auf der Suche nach Alternativen zu § 266 StGB, 2009, S. 345–363. Muss Strafe sein? Das Strafrecht auf dem Weg in die Zivilgesellschaft, in Festschrift für Winfried Hassemer, 2010, und Strafbefreiender Rücktritt vom fahrlässigen Delikt? in Festschrift für Erich Samson, 2010: Rechtsfreie Räume?, 2012. Mit der Rechtsanwaltskanzlei Dr. Wolf-D. Schiller und Kollegen in Frankfurt am Main gab es eine ständige Kooperation.

Professor Dr. Klaus Lüderssen verstarb am 4. Juni 2016.

Dr. Regina Michalke
Rechtsanwältin HammPartner
Seit 1980 als Rechtsanwältin – ab 1999 als Fachanwältin für Strafrecht – tätig in der Strafrechtskanzlei HammPartner in Frankfurt am Main. Tätigkeitsschwerpunkte: Wirtschaftsstrafrecht (auch international), Umwelt- und Arzneimittelstrafrecht. Im Jahr 2000 Promotion bei Prof. Dr. Winfried Hassemer zum Thema: Verwaltungsrecht im Umweltstrafrecht – Die Legaldefinition der „verwaltungsrechtlichen Pflicht“ in § 330d Ziff. 4 StGB; zahlreiche Veröffentlichungen zum Straf- und Strafverfahrensrecht (Übersicht: http://hammpartner.de/de/anwaelte/dr-regina-michalke/buecher.html), u.a. Monographie „Umweltstrafsachen“;

Mitautorin im Beck'schen Formularbuch für den Strafverteidiger; Mitherausgeberin der Fachzeitschrift „Recht der Abfallwirtschaft" (AbfallR); von 1995 bis 2009 Vorsitzende des Deutsche Strafverteidiger e.V.; seit 2001 Mitglied des Vorstands der Rechtsanwaltskammer Frankfurt am Main; Mitglied im Ausschuss für Gefahrenabwehrrecht des DAV sowie des Ausschusses Menschenrechte und des Ausschusses Geldwäsche der Bundesrechtsanwaltskammer; mehrfach Anhörung als Sachverständige u.a. vor dem Rechtsausschuss des Deutschen Bundestages. Dozentin im Studiengang „Mergers & Acquisitions" an der Westfälische Wilhelms-Universität Münster zusammen mit Prof. Dr. Mark Deiters.

Prof. Dr. Cornelius Prittwitz
Goethe-Universität Frankfurt am Main
Jahrgang 1953. Seit 2000 Professor für Strafrecht, Strafprozess, Kriminologie und Rechtsphilosophie an der Goethe- Universität Frankfurt am Main; seit 2009 Mitglied des Senats der Goethe-Universität, von 2011–2013 Dekan des Fachbereichs Rechtswissenschaft. Nach der Promotion mit einer strafprozessualen Arbeit zum „Mitbeschuldigten im Strafprozess" (1984), erwarb er 1985 einen *Master of Public Administration* an der *Harvard University* und wurde 1992 in Frankfurt am Main mit einer Untersuchung zu „Strafrecht und Risiko" habilitiert. Bevor er an die Goethe-Universität Frankfurt berufen wurde, war er von 1993–1998 Professor für Strafrecht, Strafprozess, Kriminologie und Kriminalpolitik an der Universität Rostock und in dieser Zeit Prorektor der Universität Rostock (1994–1996) und Richter im Nebenamt (1994–1998) am OLG Rostock. Von 1998–2000 war er Berater des Justizministeriums der Republik Chile im Rahmen einer umfassenden Strafprozessreform.

Schwerpunkt seiner Forschungs- und Vortragstätigkeit (auch im englisch- und spanischsprachigen Raum) sind die Schnittpunkte von Straf- und Strafprozessrechtsdogmatik, Kriminologie und Kriminalpolitik, vor allem die Grundlagenfragen, die das expandierende (Wirtschafts-) Strafrecht aufwirft. Daneben gilt sein Interesse vor allem der Internationalisierung des Strafrechts und den Herausforderungen von Strafrecht und Kriminalpolitik in der Mediengesellschaft.

Dr. Hans Ernst Richter
Oberstaatsanwalt bei der Staatsanwaltschaft Stuttgart
geb.: 5.9.1947 in Plochingen
Familienstand: verheiratet (seit 3.8.1971)
Akad. Grade:
Dipl.-Kaufmann (FHS), graduiert an der Fachhochschule für Wirtschaft Pforzheim am 16.2.1973

Dr. jur, promoviert an der Albert-Ludwigs-Universität Freiburg im Breisgau am 20.11.1981

Ausbildung:

Industrie – Kaufmann (1964–1967)

Dipl. Betriebswirt (FHS) (1970–1973)

1. jur. Staatsexamen (6.6.1977)

2. jur. Staatsexamen (22.7.1980), je in Baden-Württemberg

Berufstätigkeit:

stellv. Einkaufsleiter bei der Maschinenfabrik Gebr. Heller GmbH, Nürtingen (1969).

wiss. Mitarbeiter, Institut für Wirschaftsstrafrecht und Kriminologie, Prof. Dr. Dr. h.c. mult. Klaus Tiedemann, Universität Freiburg im Breisgau (1975–1980).

Richter am Amtsgericht Stuttgart (1983–1984).

Staatsanwalt bei der Staatsanwaltschaft, Schwerpunktstaatsanwaltschaft für Wirtschaftsstrafrecht, Abteilung für Kapitalanlagebetrug und Wettbewerbsstrafrecht, Stuttgart (1980–1983, 1984–1990).

Leiter der Stabsstelle Recht bei der Treuhandanstalt, Berlin – Privatisierungsbehörde (1991–1992).

Oberstaatsanwalt (Hauptabteilungsleiter) bei der Staatsanwaltschaft Stuttgart (Schwerpunkt-Staatsanwaltschaft für Wirtschaftsstrafrecht), (Abteilungsleiter) Abteilung für Insolvenz-, Banken- und Börsenstrafrecht seit 11.5.1994.

Seit 1988 wiederholte Auslandstätigkeit im Rahmen der Rechtshilfe in strafrechtlichen Angelegenheiten z.B. in den USA, Kanada, dem Vereinigten Königreich (England, Guernsey), der Republik Irland, Italien, Frankreich, Schweiz, Österreich und wiederholt Tschechien und in Rumänien; Vorträge in Kasachstan und Russland.

Verleihung des Deutschen Anlegerschutzpreises 2005 des Deutschen Anlegerschutzbundes e.V., Frankfurt/Main durch den Staatssekretär des Wirtschaftsministeriums Hessen am 14.10.2005 in der Börse Frankfurt/Main.

Regelmäßige Lehr- bzw. Prüftätigkeit bei:

Deutsche Richterakademie in Trier und Wustrau, Insolvenzstrafrecht, Bankuntreue und Börsenstrafrecht (seit 1996)

Bundesfinanzakademie in Brühl, Insolvenzstrafrecht, insbes. die Bestimmung der betriebswirtschaftlichen Krisen (seit 1994)

Bundeskriminalamt (BKA) Wiesbaden

Kapitalmarkt- und Insolvenzstrafrecht (seit 1995)

Landespolizei – Akademie Freiburg im Breisgau, Wettbewerbs-, Bankuntreue- und Insolvenzstrafrecht (seit 1987)

Landespolizeischule und Justizministerium Sachsen, Wettbewerbs-, Bankuntreue- und Insolvenzstrafrecht (seit 1992)

Deutsches Anwaltsinstitut (DAI) Bochum, Fachanwalt für Strafrecht
Materielles Wirtschaftsstrafrecht für Verteidiger (seit 1991)
Münchner Fachkolleg für Insolvenzrecht, München
Fachanwalt für Insolvenzrecht (seit 2000)
Finanz Colloquium Heidelberg, Heidelberg (seit 2003)
- Sanierung von Krisenengagements
- Strafrechtliche Risiken für Bankmitarbeiter

EUROFORUM Deutschland SE, Düsseldorf
Kapitalmarkt- und Insolvenzstrafrecht (seit 2011)

Dozent für das „Berufsstrafrecht der Bankmitarbeiter und Vollstreckungsrecht" an der Dualen Hochschule Baden-Württemberg, Stuttgart – DHBW (seit 1998)

Dozent „Haftungs- und strafrechtliche Konsequenzen von Managemententscheidungen" an der Hochschule für Wirtschaft und Umwelt Nürtingen-Geislingen (seit 2008)

Prüfer für die Erste Juristische Staatsprüfung, Universität Heidelberg und Tübingen bzw. Land Baden-Württemberg (seit 1998, seit 2011 als Vorsitzender der Prüfungskommission)

Prüfer für die Zweite Juristische Staatsprüfung, Land Baden-Württemberg (seit 2005)

Expert im Twinning Covenant "Improving the Fight against Corruption and Economic Crime" des PHARE-Projektes der EU für Tschechien (2000–2005) und Rumänien (2009)

Prof. Dr. Thomas Rönnau
Bucerius Law School
Thomas Rönnau wurde 1962 geboren und absolvierte 1987 sein Erstes Juristisches Staatsexamen. Er wurde 1990 in Kiel über das Thema „Absprachen im Strafprozeß" promoviert. Nach dem Zweiten Juristischen Staatsexamen im Jahr 1992 und einer Tätigkeit als Volljurist in der Rechtsabteilung eines norddeutschen Großunternehmens kehrte er 1994 als Assistent an die Universität Kiel zurück und habilitierte sich dort Mitte 1999 mit einer Arbeit über die „Willensmängel bei der Einwilligung im Strafrecht". Seit Herbst 2000 ist Prof. Rönnau Inhaber des Lehrstuhls für Strafrecht, Wirtschaftsstrafrecht und Strafprozessrecht an der Bucerius Law School – Hochschule für Rechtswissenschaften – in Hamburg. In dieser Zeit lehnte er Rufe an die Universität Göttingen (2005) und Münster (2006) ab.

Die Forschungsschwerpunkte von Prof. Rönnau liegen neben dem Strafrecht Allgemeiner Teil (Unrechts- und Schuldlehre [hier insbes. Einwilligungs- und Notwehrdogmatik]) im Bereich des Wirtschaftsstrafrechts. Er beschäftigt sich hier in Monographien, Kommentierungen, wissenschaftlichen Aufsätzen und Vorträgen mit dem Untreue- und Betrugstatbestand, dem GmbH-Strafrecht, der (Wirtschafts-)Korruption oder dem Recht der Vermögensabschöpfung ebenso wie mit dem Insolvenzstrafrecht oder Straftaten bzw. Ordnungswidrigkeiten aus dem UmwG oder dem WpÜG. Seit vielen Jahren ist Prof. Rönnau in diesem Bereich auch gutachterlich sowie in Fortbildungsveranstaltungen tätig.

Rechtsanwalt JR Prof. Dr. Franz Salditt
Neuwied

Zweite Juristische Staatsprüfung 1966, Eintritt in die Finanzverwaltung 1967, 1971 Ausscheiden aus dem BMF und Zulassung zur Anwaltschaft. Promoviert habe ich 1969 im Steuerrecht bei Klaus Tipke. Im weiteren Verlauf 1983 bis 2006 ehrenamtlicher Richter in der anwaltlichen Berufsgerichtsbarkeit, während der letzten 16 Jahre im Senat für Anwaltssachen beim Bundesgerichtshof. Vorher, nämlich 1993, Honorarprofessor an der FernUniversität Hagen im Bereich Strafrecht und Strafprozeßrecht. Seit 1990 bis 2003 Mitglied im Strafrechtsausschuß des Deutschen AnwaltVereins. 1997 Mitgründer und Vice Chairman der European Criminal Bar Association (ECBA) als europäische Strafverteidigervereinigung. Meine Anwaltskanzlei wird seit 1981 als Einzelkanzlei betrieben. Ich bin Fachanwalt für Strafrecht und für Steuerrecht. Der berufliche Schwerpunkt ist die Strafverteidigung im Wirtschaftsstrafrecht.

Prof. Dr. Dr. h.c. Reinhard H. Schmidt
Goethe-Universität Frankfurt am Main/Zeppelin-Universität Friedrichshafen

Reinhard H. Schmidt ist Seniorprofessor für Finanzen am House of Finance der Goethe-Universität, wo er bis zu seiner Pensionierung im Jahre 2014 eine Professur für „International Banking and Finance" innehatte, was auch nach wie vor seinem Arbeitsschwerpunkt entspricht. Herr Schmidt gehört dem Frankfurter wirtschaftswissenschaftlichen Fachbereich seit 1991 als Professor an. Davor war er Finanzprofessor an den Universitäten Göttingen (1981–83) und Trier (1983–91) gewesen. Er hat in Heidelberg und Frankfurt studiert. In Frankfurt hat er 1971 sein Diplom und 1974 seine Promotion abgeschlossen und sich dort auch 1980 für das Fach Betriebswirtschaftslehre habilitiert. Nach seiner Promotion war er für ein Jahr als Gastwissenschaftler an der Stanford Graduate School of Business. Später hat er Gastprofessuren an der Georgetown University in Washington, DC, an mehreren Universitäten in Paris, in Mailand, an der Wharton School der University of Pennsylvania und an der Ohio State University in Columbus, Ohio wahrgenommen. Derzeit ist er Gastprofessor an der Zeppelin-Universität in Friedrichshafen.

Seine Forschungs- und Lehrtätigkeit deckt ein breites Themenspektrum ab, das von der Finanztheorie über das Finanzmanagement bis zum internationalen Bank- und Finanzwesen reicht. Der Schwerpunkt seiner Arbeiten in den letzten Jahren liegt auf den Themen Vergleich von Finanzsystemen in Industrieländern, Finanzregulierung und Entwicklungsfinanzierung.

Reinhard H. Schmidt war lange Zeit auch als Berater für deutsche und ausländische Entwicklungshilfeorganisationen auf dem Gebiet der Mikrofinanzierung tätig, und er war fünf Jahre lang Aufsichtsratsvorsitzender einer großen privaten Entwicklungsfinanzierungsinstitution.

Er hat 25 Bücher als Autor oder Herausgeber und etwa 160 wissenschaftliche Artikel in deutschen und internationalen Fachzeitschriften und wissenschaftlichen Sammelbänden veröffentlicht und ist ein häufiger Kommentator zu finanz- und wirtschaftspolitischen Themen in Radio und Fernsehen. Im Jahre 2009 wurde ihm von der Wissenschaftlichen Hochschule für Unternehmensführung (WHU) ein Ehrendoktorgrad für seine Beiträge zur Verknüpfung von Ökonomie und Recht verliehen.

Prof. Dr. jur. habil. Dr. jur. h.c. mult. Bernd Schünemann
Ludwig-Maximilians-Universität München

01.11.1944	geb. in Broistedt/Niedersachsen
1963	Abitur
27.05.1967	1. juristische Staatsprüfung Prädikat: sehr gut
04.12.1970	Promotion mit einer von Prof. Dr. Roxin betreuten Dissertation über „Grund und Grenzen der unechten Unterlassungsdelikte“ Prädikat: summa cum laude
31.07.1971	2. juristische Staatsprüfung Prädikat: sehr gut
01.10.1971	Zulassung als Rechtsanwalt
01.11.1971	Ernennung zum wiss. Assistenten
Februar 1975	Habilitation mit einer Habilitationsschrift über „Die vier Stufen der Rechtsgewinnung, exemplifiziert am strafprozessualen Revisionsrecht“ für die Fächer „Strafrecht, Strafprozeßrecht und Rechtsphilosophie“ an der Universität München
01.10.1975	Ernennung zum Wissenschaftlichen Rat und Professor (C 3) an der Universität Bonn
SS 1976	Annahme eines Rufes an die Universität Mannheim; Ernennung zum ordentlichen Professor (C 4) daselbst und Übernahme des Lehrstuhles für Strafrecht, Strafprozeßrecht und Kriminologie

WS 1981/82 – SS 1983	Bekleidung der akad. Ämter des Dekans und Prodekans der Fakultät für Rechtswissenschaft an der Universität Mannheim
SS 1983	Ablehnung eines Rufes an die Universität Gießen
WS 1987/88	Annahme eines Rufes an die Universität Freiburg i.Br. und Übernahme des dortigen Lehrstuhles für Strafrecht, Strafprozeßrecht, Rechtstheorie und Rechtssoziologie
WS 1990/91	Annahme eines Rufes an die Universität München und Übernahme des dortigen Lehrstuhles für Strafrecht, Strafprozeßrecht, Rechtsphilosophie und Rechtssoziologie Ernennung zum Gesch.-führenden Direktor des Institutes für Rechtsphilosophie und Rechtsinformatik und zum Direktor des Institutes für die gesamten Strafrechtswissenschaften
Seit 1994	Direktor des Instituts für Anwaltsrecht an der LMU München
1992–1998	Fachgutachter für Strafrecht im Zentralen Auswahlausschuß der Alexander von Humboldt-Stiftung
SS 1998 – SS 1999	Bekleidung des akad. Amtes des Dekans der Juristischen Fakul tät der Universität
Juni 2005	Verleihung der akademischen Würde eines Dr. honoris causa durch die Mongolische Staatsuniversität Ulan Bator
Dezember 2005	Verleihung der akademischen Würde eines Dr. honoris causa durch die Universität Zaragoza, Spanien
Februar 2008	Wahl zum Ordentlichen Mitglied der Bayerischern Akademie der Wissenschaften, Phil.-hist. Klasse
April 2008	Berufung in das „Justice Forum“ der EU
September 2008	Verleihung der akademischen Würde eines Dr. honoris causa durch die Universität Juan Carlos Mariátegui, Moquegua (Perú), und eines Socrates-Professors durch die Universität de los Andes, Bogotá
März 2009	Verleihung der akademischen Würde eines Dr. honoris causa durch die Georgische Staatsuniversität in Tiflis
April 2009	Verleihung der akademischen Würde eines Honorarprofessors durch die Staatliche Universität San Agustín, Arequipa
September 2009	Verleihung der akademischen Würde eines Dr. honoris causa durch die Staatliche Chengchi Universität, Taipei

Juni 2012	Verleihung der akademischen Würde eines Dr. honoris causa durch die Nationaluniversität Athen (Griechenland)
Mai 2013	Verleihung der akademischen Würde eines Dr. honoris causa durch die Dongguk-Universität, Seoul (Südkorea)
Juni 2013	Verleihung der akademischen Würde eines Dr. honoris causa durch die Staatliche Universität Huánuco (Peru)
31.3.2013	Emeritierung als Ordinarius für Strafrecht an der LMU; Weiterhin Geschäftsführender Direktor des Instituts für Anwaltsrecht
Seit 09.08.1968	verheiratet mit Rechtsanwältin Ilse Schünemann, geb. Klose, 4 Kinder

Ehrenmitglied der Japanischen Strafrechtswissenschaftlichen Gesellschaft und der Mexikanischen Akademie für Strafrechtswissenschaften; Honorarprofessor an der Universität de los Andes (Kolumbien), der Staatlichen Universität San Agustín, Arequipa, und der Universität San Martin de Porres, Lima (Perú), Chair Professor an der Staatlichen Chengchi-Universität, Taipei (Taiwan), Gastprofessor an der Renmin-Universität von China, der Peking-Universität und der Beijing Normal Univ. (China) sowie der Univ. von Sinú (Kolumbien).

56 selbständige Bücher als Autor oder Herausgeber publiziert, 313 unselbständige Publikationen in deutscher, 179 in spanischer, englischer, italienischer, russischer, polnischer, chinesischer, japanischer, koreanischer, dänischer, portugiesischer und mongolischer Sprache. Gutachtertätigkeit für den Deutschen Bundestag und das Bundesjustizministerium, die Strafrechtsreformen in China, Mexico und der Mongolei. Leitung mehrjähriger großer Forschungsprojekte zum deutschen Strafverfahren und zum europäischen Strafrecht. Ca. 300 Vorträge in ca. 36 Staaten.

Prof. Dr. Dr. h.c. Klaus Volk
Ludwig-Maximilians-Universität München

Geboren 1944 in Coburg. Er hat von 1963 bis 1968 in München Rechtswissenschaften studiert. Nach dem Ersten Staatsexamen war er wissenschaftlicher Assistent bei Prof. Dr. Paul Bockelmann an der Juristischen Fakultät der Universität München. Nach der Promotion (1970) und dem Zweiten Juristischen Staatsexamen habilitierte er sich dort (1977) für die Fächer Strafrecht, Strafprozessrecht, Kriminologie und Rechtstheorie. Nach einer Professur in Erlangen wurde er im gleichen Jahr (1977) Ordinarius in Konstanz. 1980 nahm er den Ruf an die Ludwig-Maximilian-Universität auf den Lehrstuhl für Strafrecht, Wirtschaftsstrafrecht und Strafprozessrecht an. Am 29.3.2003 wurde ihm die Ehrendoktorwürde der Universität Urbino verliehen. Er ist auch als Strafverteidiger tätig.

Prof. Dr. Thomas Weigend
Universität Köln

Thomas Weigend wurde an der Universität Freiburg promoviert und habilitiert und war von 1973 bis 1986 am Max-Planck-Institut für ausländisches und internationales Strafrecht (Referat USA) in Freiburg beschäftigt. Von 1986 bis 2016 lehrte er Strafrecht und Strafprozessrecht an der Universität zu Köln. Er hat an verschiedenen ausländischen Universitäten als Gastprofessor gewirkt. Sein wissenschaftliches Interesse gilt vor allem dem Strafverfahrensrecht, der Strafrechtsvergleichung und dem Völkerstrafrecht.

Prof. Dr. Carl Christian von Weizsäcker
Max-Planck-Institut Bonn

Jahrgang 1938

1957–1961 Studium der Volkswirtschaftslehre, der Soziologie und des Staatsrechts; 1961 Promotion zum Dr. phil. in Basel. 1962–1964 Forschungaufenthalte am MIT in den USA und an der Universität Cambridge, UK. 1964–1965 Mitarbeiter am neugegründeten MPI für Bildungsforschung in Berlin. 1965–1972 ordentlicher Professor für Volkswirtschaftslehre an der Universität Heidelberg; 1968–1970 zugleich Full Professor of Economics am MIT, USA. 1972–1974 Professor für Mathematische Wirtschaftstheorie an der Universität Bielefeld. 1974–1981 Professor für wirtschaftliche Staatswissenschaften an der Universität Bonn. 1982–1986 Professor für Volkswirtschaftslehre an der Universität Bern, Schweiz. 1986–2003 Professor für wirtschaftliche Staatswissenschaften an der Universität zu Köln. 2003 Emeritierung; seit 2004 Senior Research Fellow am Max-Planck-Institut zur Erforschung von Gemeinschaftsgütern in Bonn.

Seit 1969 Fellow der Econometric Society.

Seit 1977 Mitglied des wissenschaftlichen Beirats des Bundesministers für Wirtschaft.

Seit 1979 Foreign Honorary Member der American Academy of Arts and Sciences.

1986–1998 Mitglied (1989–1998 Vorsitzender) der Monopolkommission.

Seit 1996 Mitglied der Nordrhein-Westfälischen Akademie der Wissenschaften.

1986–2003 Direktor des Energiewirtschaftlichen Insituts an der Universität zu Köln.

2007 Doctor honoris causa rerum politicarum der Universität Freiburg im Breisgau.

Gegenwärtige Forschungsgebiete: 1. Theorie der Offenen Gesellschaft; 2. Globale Makropolitik.

Einführung und Grundlagen

Cornelius Prittwitz

Einleitung

Das Generalthema der diesjährigen Tagung lautet „Unbestimmtes Wirtschaftsstrafrecht und gesamtwirtschaftliche Perspektiven". Auf den ersten Blick könnte man meinen, dass damit schlicht zwei Themen unter das Dach eines Generalthemas gezwungen worden sind. Dem ist aber nicht so. Es gibt *ein* Thema. Aber es gibt natürlich verschiedene Annäherungen an das Thema.

Ich greife zunächst die auf, die Ihnen allen, wenn Sie Juristinnen und Juristen sind, selbstverständlich ist: Bestimmtheit, Unbestimmtheit im Recht, namentlich im Strafrecht. Das ist ein Topos, der einem, wenn „gut" gelehrt wird, seit dem ersten Semester eingebläut wird. Das Bestimmtheitsgebot ist als wesentliches Merkmal des rechtsstaatlichen Strafrechts in der Verfassung verankert oder verankerbar. Warum? Der Bürger, der im Begriff ist, eine Straftat zu begehen, soll das Strafgesetzbuch als Magna Charta des Bürgers zur Hand nehmen können, er soll wissen, was er darf und was ihn erwartet, wenn er tut, was er nicht darf. Das aber kann er nur, wenn im Strafgesetzbuch mit *bestimmten* Begriffen und bestimmten Tatbeständen mitgeteilt wird, was genau er tun darf und, wichtiger, was genau er nicht tun darf. Soweit das Modell und Ideal. Die von uns täglich erlebte Wirklichkeit stimmt damit nicht überein. Und dies nicht nur in dem Sinn, dass der Strafgesetzgeber jede Menge vorsätzlich und fahrlässig herbeigeführter (Un-) Fälle von Unbestimmtheit gebaut hat. Vielmehr sagen uns Rechtstheorie und Rechtssemiotik, dass das wohlklingende Ideal gar nicht zu verwirklichen ist, dass jede Sprache interpretiert werden muss, konkretisiert werden muss, unbestimmt ist. Wir wissen also, dass jeder Begriff und insbesondere jeder Rechtsbegriff der Generalisierung bedarf. Das gilt für Rechtsbegriffe deswegen verstärkt, weil sie, wenn sie denn wirksam sein sollen, ein Stück weit „unbestimmt" sein müssen und nicht in Art des – seinerzeit den in vielfacher Hinsicht segensreichen, aber an seinem Anspruch, möglichst jeden Fall exakt zu regeln, gescheiterten – Preußischen Allgemeinen Landrechts alles perfekt und möglichst bestimmt lösen wollen. Und daran, dass generalisierende Begriffe – nicht nur aber vor allem Generalklauseln – ein in ihrer Natur liegendes größeres Risiko nicht akzeptabler Unbestimmtheit in sich tragen, ist nicht zu zweifeln. Das ist die „klassische" juristische Annäherung an die Topoi Bestimmtheit und Unbestimmtheit.

Für die hier versammelten Theoretiker und Praktiker des Wirtschaftsstrafrechts dürfte auch der zweite Teil der „klassischen" Annäherung konsensfähig sein: All das was zur sprachlogisch unvermeidbaren Unbestimmtheit *aller* Begriffe allgemein und speziell zur zusätzlich sachlogisch notwendigen Unbestimmtheit der Strafrechtsbegriffe gesagt wurde, erweist sich im *Wirtschaftsstrafrecht* als noch drängenderes Problem. Warum? Weil es in vielfacher Hinsicht akzessorisch ist, Blankettnormen enthält und auf Generalklauseln zurückgreifen muss. Dies alles vielleicht ein bisschen mehr als es wirklich sein *muss*, aber doch auch irgendwie auch notwendig bedingt durch die komplexen Konstruktionen von Wirtschaft, Wirtschaftsrecht und Wirtschaftsstrafrecht. Zusammengefasst: Wir haben vor uns eine Rangreihenfolge von (prinzipiell notwendigen) Unbestimmtheiten, die aber zunehmend drängender und kritikwürdiger werden.

Das, ich wiederhole es noch einmal, ist der „klassische" juristische Zugang zum Thema Unbestimmtheit und Bestimmtheit. Es gibt aber eine zweite Unbestimmtheit, und die ist es, die aus zwei scheinbar isolierten Themen ein Thema, *das Generalthema* unserer Tagung machen. Die Rede ist von der Unbestimmtheit im *Bezugspunkt* des Wirtschaftsstrafrechts. Gemeint ist mit dem „Bezugspunkt" des Wirtschaftsstrafrechts – trivialerweise – die Wirtschaft, genauer das Wirtschaften! Und da es um normative Annäherungen geht: Es geht nicht um irgendein Wirtschaften, es geht um *ordentliches* Wirtschaften. Es geht um Wirtschaften so wie es sein soll. Und es hier kommt die zweite Unbestimmtheit ins Spiel. Denn es ist zumindest an breiten Rändern unklar und diesem Sinn „unbestimmt, was ordentliches Wirtschaften ist. Am Beispiel des traditionellen Kernwirtschaftsstrafrechts: Auf manches Plakative, z.B. das Verbot betrügerischen Wirtschaftens, kann man sich sicher schnell einigen, aber über vieles kann man im Detail – wo ist die Grenze zwischen Betrug und übertreibender Werbung? – lange kontrovers diskutieren. Und diese Unbestimmtheit in den gesamtwirtschaftlichen Grundlagen und Perspektiven ist es, welche die beiden Themenkomplexe verbindet.

Denn: Die Vorstellung darüber, was die gesamtwirtschaftlichen Grundlagen, Theorien, Annahmen – normative Annahmen, aber auch empirische Befunde – sind, ist notwendig heterogen. Und sie sind nicht nur notwendig heterogen. Es spricht auch viel dafür, dass sowohl der Normgeber, der Strafgesetzgeber, die Normanwender auf den verschiedenen Seiten, als auch die Normadressaten in einer nicht zufälligen Verteilung gerade unterschiedliche Vorstellungen, Vorverständnisse haben vom ordentlichen Wirtschaften.

Die – wieder einmal Klaus Lüderssen zu verdankende – Idee dieser Tagung ist, dass wir unsere Tradition des einerseits speziell wirtschaftsstrafrechtlichen, andererseits grundlagenorientierten Diskutierens nutzen, um festzustellen, an welchen Stellen und mit welchen Effekten tatsächlich die Unbestimmtheiten bezüglich des ordentlichen Wirtschaftens sich treffen oder überschneiden mit den Unbestimmtheiten des Rechts, der Sprache, des Strafrechts, des Wirtschaftsstrafrechts.

Der „Clou“ dabei (wenn man diese flapsige Ausdrucksweise im wissenschaftlichen Kontext benutzen darf) ist (für mich jedenfalls) die Einsicht, dass unter Umständen gerade an den Stellen, an denen die Unbestimmtheit des Wirtschaftsstrafrechts praktisch relevant wird, die unterschiedlichen Vorverständnisse vom ordentlichen Wirtschaften ins Spiel kommen. Damit wäre ein Erklärungsmodell für manches heftig Umstrittene gewonnen, eine Grundidee, eine Methode, auf andere Art und Weise – und jenseits der billigen Gegenüberstellung von Interessen – zu verstehen, worum es bei diesen Meinungsverschiedenheiten „wirklich“ geht. Das ist die Idee der Tagung, so wie die Veranstalter sie verstehen. Im Laufe der beiden Tage wird sich herausstellen, ob auch die Referenten das so verstehen oder ob sie andere Ideen darüber entwickelt haben. Und es wäre nicht das erste Mal, dass die anderen Ideen sich hinterher als die besseren Ideen erweisen. Kleists berühmtes und tiefgründiges Zitat von der allmählichen Verfertigung der Gedanken beim Reden abwandelnd: Es ist die allmähliche Verfertigung der Erkenntnisse beim Tagen, was die *wissenschaftliche* Tagung auszeichnet.

Zum Programm: Wir haben heute Morgen einen klassisch „Allgemeinen Teil“ auf dem Programm. In unserer interdisziplinären Tradition hören wir zunächst Thomas Rönnau, der Wolfgang Nauckes 2012 publizierten Vorschlägen Ideen folgend, sie rekonstruierend und kommentierend fragt, ob es die politische Wirtschaftsstraftat gibt. Zu unserer großen Freude hören wir dann Herrn v. Weizsäcker, der über die gesamtwirtschaftlichen Perspektiven und deren Verhältnis zur Mikroökonomie spricht. Denn es war unser Eindruck, dass die *gesamtwirtschaftlichen* Perspektiven innerhalb der Wirtschaftswissenschaften gegenüber der Mikroökonomie an Bedeutung verloren haben. Ein Blick auf die Professuren des wirtschaftswissenschaftlichen Fachbereichs in Frankfurt legt nahe, dass das Sagen eher die Mikroökonomen haben. Als Jurist (und „Bürger“) bezweifle ich sehr, ob das die richtige Priorität ist, aber das ist ein anderes Thema. Im weiteren Verlauf werden wir jedenfalls versuchen, konkret die Felder zu identifizieren, an denen diese Unbestimmtheiten in praxi aufeinander prallen und wir wollen sehen, was dabei herauskommt.

Klaus Lüderssen †

Sozialwissenschaftliche Mediatisierung über „Einfluss“ und „Wirkung“

Viele Einstiege sind probiert worden; meistens provoziert durch mehr oder weniger richtungsgebundene wirtschaftspolitische Forderungen. Das ist in Ordnung, insofern alle nötige Vorarbeit geleistet wird. Das Folgende ist ein Versuch zu umreißen, in welcher ausdifferenzierten Breite des Konnex von Tatzurechnung und Resozialisierung vorkommt und Geltung beansprucht. Dabei wird sich nicht vermeiden lassen, dass man von Begriffen wenigstens mittlerer Abstraktion ausgeht. „Einfluss“ und „Wirkung“ sind von dieser Art.

A.

Einflüsse können objektiv oder subjektiv genannt werden. Entsprechendes gilt für Wirkungen. Ähnlich ist es mit Feststellungen und Wertungen. Freilich benötigt man dann sofort weitere Begriffe: Tatsachen können sowohl Einfluss haben wie Wirkungen ausmachen. Aber die Einflüsse können auch in Bewertungen bestehen, und die Wirkungen können eine besondere Werthaftigkeit auszeichnen. Weitere Unterteilungen sind leicht zur Hand. Die Tatsachen, seien sie objektiv oder subjektiv, können evident oder „nur“ als Ergebnis von Konstruktionen wahrnehmbar sein, Wertungen können objektiv abrufbar sein bzw. dafür gehalten werden, oder es werden nur subjektive Einstellungen in Betracht gezogen. Dabei kann es dann sowohl auf Diskurse wie auf Entscheidungen ankommen.

Und wie stellt sich die Verbindung her? Diese Frage kann man isoliert sehen, etwa nach Kausalität fragen oder von einer Art Osmose sprechen; bei näherer Betrachtung erweist es sich aber als erforderlich, gleichzeitig nach dem Charakter der Wirkung zu fragen. Wenn die Wirkung beispielsweise in der Geltung[1] eines Rechtssatzes besteht oder bestehen soll, kann es darauf ankommen,

---

1 Hier hängt die Reichweite des Einflusses davon ab, welchen Umfang und Grad von Geltung man anstrebt. Je nachdem werden genetische Elemente relevant und dadurch die ganzen Genesis und Geltung Diskussionen der Epistemologie abgerufen, zugespitzt dann, wenn man, wie beim Recht durchweg anzunehmen, die Geltung im Sinne der Bindung definiert. Bei davon abweichender Normlogik des Soziallebens mag das anders sein. Hier wäre heranzuziehen, was der Sonderforschungsbereich an der Universität Frankfurt bisher über normative Ordnungen herausgefunden hat.

dass der Einfluss besonders intensiv ist, wenn es sich aber um eine Geltung etwa als Kunstwerk handelt, sind die Kriterien der Verbindung, so möchte man vermuten, flexibler.

Damit ist keineswegs der Kreis aller Variablen, die aufzusuchen und zu beurteilen sind, abgeschritten. Allein schon im Rahmen des Rechts gibt es viele voneinander abweichende Geltungsvorstellungen, und diese Abweichungen haben wieder damit zu tun, dass unterschiedliche Einflüsse zu registrieren und zu bewerten sind, etwa bis hin zu der Auffassung, dass nur die Art und Weise des Zustandekommens eines Rechtssatzes seine Geltung begründet.

Unterschiedliche epistemologische Konzepte und Normlogiken präsentieren sich also und durchwirken einander. Doch das ist schon eine avancierte Position. In der Regel bleiben die diversen Annäherungen voneinander getrennt, wobei – wissenschaftstheoretisch inakzeptabel – das Problemlösungspotential beschränkt wird auf die Quellen der jeweils für „zuständig" gehaltenen wissenschaftlichen Disziplinen.

B.

Will man – das Mosaik als Ganzes im Auge behaltend – jetzt seine Details studieren, so stößt man freilich doch auf die durch die verschiedenen Wissenschaften eröffneten Kanäle, und tut gut, den zweiten Schritt – die Zusammenführung – nicht zum ersten zu machen.

I.

Einer fast natürlichen Neigung folgend, müsste man vielleicht mit der Erkenntnistheorie anfangen: wie erkennt man überhaupt: was speziell ist Erfahrung? Kommt es auf die genetischen Bedingungen und Vorannahmen an, oder stehen die „Wahrheiten" gleichsam unabhängig davon im Raum? Was die praktische Bedeutung dieser Fragen angeht, so sollte man zunächst daran erinnern, dass sie sehr alt sind. *Ex facto jus oritur.* Auch kennt die ganze Antike natürlich bereits die Frage nach dem Ersten, dem nichts vorausliegt, oder nach dem Absoluten, das nichts voraussetzt. Müßig ist es also, sich hier lange mit Prioritäten abzugeben, vielmehr ist an deren Impulsen für die Wahl des Ausgangspunktes[2] zu folgen.

---

2 Dass das Modell – das erklärt werden soll — selbst dabei in Funktion tritt, scheint ein Paradoxon von der Art zu sein, wie sie spätestens seit Hegels und Schopenhauers Kant-Kritik in der Philosophie- und Wissenschaftstheoriegeschichte geläufig sind.

Nach dem Ende der theologischen Konzeption einer Welt, die sich um die Erde dreht, beginnt in den Wissenschaften ein Objektivismus, der bald auch persönliche Phänomene ergreift. Synthetisch und a priori soll diese Unabhängigkeit vom Erkenntnissubjekt bestehen. Seit Kant leben wir aber mit der Einsicht, nur in der reinen Mathematik gebe es synthetische Urteile *a priori*, alle anderen synthetischen Urteile seien in die Gruppe der Urteile *a posteriori* zu verweisen, für die apriorischen Urteile seien nur die analytischen reserviert. Von dem Kampf gegen diese Einschränkung der Erkenntnis ist bis in unsere Zeit das Bemühen geprägt, wichtige objektive Positionen zu bewahren. Das reicht von Rekursen auf vorsokratische Grundannahmen bis hin zum logischen Positivismus[3]. Wegen seiner objektiven Ansprüche gehört er zwar zu den Richtungen, die sich gegen Kants Subjektivierung aller Erkenntnis sträuben[4]. Andererseits offenbart seine Abstraktheit eine enge Verbindung mit der kantischen Limitation synthetischer Urteile *a priori*. Als Reaktion auf den kantischen Radikalismus, dessen äußerste Möglichkeit erst erreicht ist mit dem Psychologismus in der Philosophie[5], entsteht eine Strömung, die mit Diltheys Bemühungen um die Kategorie des Verstehens beginnt[6], mit Rickert und Lask und dann mit Jaspers[7] sich auf dieser Linie fortsetzt, und vorläufig endet bei denjenigen, die beim Durchforsten aller subjektiven Möglichkeiten schließlich auf die unreduzierbare Individualität der *hidden structure of consciousness*[8] stoßen.

Aber was „bewegt" sich da? Sind es Gruppen, sind es Körperschaften, vielleicht sogar Staaten, oder nach Art einer Anstalt definierte „Schulen", also jeweils ein mehr oder weniger „Ganzes"? Mit allen Vorbehalten, die diesem Phänomen gegenüber sich entwickelt haben: irrational, jedenfalls nicht recht

---

3 Gut nachzulesen bei Theodor W. Adorno, Metakritik der Erkenntnistheorie, Frankfurt am Main 1956, S. 81ff.; dort auch die besondere Position von Edmund Husserl; s. auch Hans Blumenberg, Theorie der Lebenswelt, Berlin 2012, S. 116ff., und S. 146ff.

4 Hierher gehören auch die Vertreter des Standpunktes, welche die Gründe, die bei Argumentationen eine Rolle spielen, von dem Versuch der hirnspezifischen Lokalisierung dezidiert ausschließen möchten und damit den Zugang zur Relevanz von Genesis abschneiden; s. dazu Lüderssen, Spontaneität und Freiheit – neue Aspekte moderner Hirnforschung für Strafrecht und Kriminologie? In: Festschrift für Ingeborg Puppe, Berlin 2011, S. 65ff. (S. 67).

5 Klaus Lüderssen, Genesis und Geltung in der Jurisprudenz, Frankfurt am Main 1996, S. 51ff.

6 Vgl. die Darstellung bei Klaus Lüderssen, Genesis und Geltung in der Jurisprudenz, Frankfurt am Main 1996, S. 72ff.

7 Klaus Lüderssen, Mythen moderner Meinungsvielfalt, Frankfurter Rundschau vom 12. März 2015.

8 Colin McGinn, The problem of Consciousness, Cambridge, USA 1991, S. 89; dazu Lüderssen, Rechtsfreie Räume?, Berlin 2012, S. 66, unter Hinweis auf die einschlägigen Arbeiten von Manfred Frank, der vor allem den *regressus infinitus* beim Aufsuchen des Individuellen minutiös rekonstruiert.

fassbar, ungeachtet aller ohnehin epistemologischen Bedenken gegen die Unterscheidung von Realitäten und Erscheinungen besonders schwer „unterzubringen"? Wenn dann von Richtungen gar, Strömungen die Rede ist, wird es endgültig dunkel. Andererseits ist es nicht unbedingt einleuchtend, immer nur Einzelpersonen zu benennen, die man dann befragen kann — bei denen „Einflüsse" beginnen oder ankommen. Spätestens Ende des 19. Jahrhunderts war das allen Beteiligten klar, die einen – sich eher liberal definierend – warnten vor einer Gemeinschaftsmystik, die anderen wiederum sahen gerade darin das kulturell fortschrittliche: „Das Ganze ist mehr als seine Teile". An dieser gemeinplätzigen Wendung schieden sich die Geister. Relativ deutliche Konturen hat diese Kontroverse angenommen im Streit um die Rolle des Unternehmens im gesellschaftlichen und wirtschaftlichen Leben[9]. Unübersehbar ist die Wahrnehmung, dass die Ökonomik eher mit der Rechengröße des Ganzen rechnet beim Aufstellen von Entwicklungshypothesen[10]. Alle „Schulen", die es inzwischen gibt, verzichten stillschweigend darauf, bei einzelnen Personen, seien es auch Rollenträger, für ihre geschichtsphilosophischen Thesen anzuknüpfen. Leicht könnte es sein zu sagen, die Einzelnen, an deren Einflussnahme oder Beeinflussbarkeit man interessiert ist, agieren stets als Teil eines Ganzen, als Anhänger oder Mitglieder einer mehr oder weniger organisierten Institution oder auch nur allgemein politischen Richtung. Aber selbst dann ist dann der Unterschied vom in dieser Weise wirksamen Ganzen zum einzelnen Individuum Gegenstand wissenschaftlicher Neugier. Und was sich dann beim Einzelnen abspielt, ist die Münze, die letztlich zählt[11].

II.

Der normlogische Bereich wird, wie schon angedeutet, durch die Welt des Rechts als Schauplatz von Einflüssen repräsentiert, aber nicht ausschließlich; von Interesse sind auch Favorierungsprozesse im Bereich der Ökonomie, die

---

9 Vgl dazu Klaus Lüderssen, *The aggregative Model*. Jenseits von Fiktionen und Surrogaten, in „Unternehmensstrafrecht", Berlin 2012, S. 79 ff. (88 ff.).

10 Hier eröffnet sich eine Welt wirtschaftshistorischer Literatur mit Verbindungen zur allgemeinen historischen Literatur, die aber, wie die folgenden Erörterungen zeigen werden, für die Behandlung unseres Problems nur mittelbar von Bedeutung sind. Belege finden sich in Berthoff/Götz/Vogel, Wirtschaftsgeschichte als Kulturgeschichte. Dimensionen eines Perspektivenwechsels, Frankfurt am Main 2004.

11 Wo die Verbindungslinien zu den Köpfen der Entscheidungsträger sind und wie „Ideen" auf deren Entscheidungen wirken, könnte in den Arbeiten von Bertram Schefold nachzulesen sein. Allgemeiner noch dazu Isaiah Berlin, Die Macht der Ideen, Berlin 2006.

sich etwa niederschlagen in dem Streit um die Regeln des Wettbewerbs. Weiter muss man unterscheiden zwischen Einflüssen, die sich gleichsam als Färbung der Wertungen einer Wirkung zeigen, und solchen, die gestaltende Strukturen haben. Hier müsste dann noch eine weitere Unterscheidung eingeführt werden: die zwischen Normgeber und Normadressat, wiederum am ehesten sichtbar beim Recht und vor allem beim Strafrecht: Einflüsse machen sich geltend sowohl bei der Begehung eines Deliktes wie bei dessen Bekämpfung; Einflussfaktoren von der Art der gesamtwirtschaftlichen Perspektive können zum Beispiel eine Rolle spielen bei einem Täter, der einen Tatbestand für unbestimmt hält und deshalb auf der Basis seiner wirtschaftlichen Überzeugungen konkretisiert. Möglicherweise gibt es eine Verbindung zu den Gesinnungsmerkmalen im Strafrecht[12], deren Einschätzung im Kalkül des Normgebers oder Normanwenders eine Rolle spielt.

C.

Dafür, wie die Zusammenführung von epistemologischen und normlogischen Aspekten funktioniert, kann es keine einheitliche Lösung geben. Die nächstliegende Idee ist die Suche nach Anregungen in den so genannten Gesetzesmaterialien[13]. Da könnte der Gesetzgeber, wie ernst man auch die offene Frage nach seiner authentischen Personifikation nimmt, sich geäußert haben, etwa mit Bezugnahme auf bestimmte Bedürfnisse der Bevölkerung oder ausgewählter Gruppen. Mit dieser Frage ist man ganz nah bei den Motiven als einem festen Bestandteil traditioneller Auslegungslehre. Die Materialien können aber auch als Systemelement fungieren[14]. Nähere Beschreibungen und Fixierungen des Vermittlungsweges fehlen indessen, werden auch nicht vermisst.

Der Umgang mit einem Rechtssatz beschränkt sich nicht auf seine Auslegung, er wird ja auch als Grundlage für die Subsumtion von Sachverhalten verwendet. Spätestens an dieser Stelle wird noch einmal die Frage akut, ob es Kalkulationen über Geltungsgründe, Geltungsumfänge und Geltungsintensität gibt. An sich ist die uneingeschränkte Geltung des Rechtssatzes, der angewendet wird, vorausgesetzt; aber im modernen Rechtspluralismus mit übergreifenden demokratischen Strukturen, wo eine direkte Ableitung der Geltung aus einem Obersatz, den der Gesetzgeber abgesegnet hat, nicht mehr möglich ist,

---

12 Brigitte Kelker, Zur Legitimität von Gesinnungsmerkmalen im Strafrecht, Frankfurt am Main 2007.

13 Dazu Holger Fleischer, Mythos Gesetzesmaterialien, Tübingen 2013, S. 15.

14 Bei Fleischer, aaO.

müssen andere Geltungskriterien in das Kalkül des Rechtsanwenders eingesetzt werden. Ein solches Kriterium kann beispielsweise die vermutete Akzeptanz einer Norm oder eines Normmerkmals sein, also ein Einfluss aus der subjektiven Sphäre des Normadressats auf die Rechtsanwendung.

Das hat schwer überblickbare Folgen. Gemeint ist die Wirkung, die von der „Inversion der traditionellen Hierarchie von übergeordnetem staatlichen Recht und untergeordneter privater Normsetzung“[15] jetzt auch für das Strafrecht und speziell für das Wirtschaftsstrafrecht ausgeht[16]. Die entscheidende Pointe ist, dass die transnationalen Unternehmen „zur eigentlichen verfassungsgebenden Gewalt geworden“[17] sind, weil sie es sind, die durch einseitige öffentliche Verpflichtung *corporate codes* in Kraft setzen. Entscheidend sind die Selbstverpflichtungserklärungen.

Damit wird deutlich, „dass die Konstitutionalisierung der transnationalen Wirtschaft wesentlich über gesellschaftliche Normsetzung stattfindet“[18]. Nicht die Institutionen der Staatenwelt, sondern „gesellschaftliche Kollektivakteure“ entscheiden[19], welche Inhalte *corporate codes* haben und wie sie rechtlich durchgesetzt werden.

Das sind neue, freilich noch nicht ganz abgeklärte Formen der Demokratie. Es geht um die Bedingungen der Demokratie in Marktprozessen. „Anders als das Staatsvolk“ (...) ist das Marktvolk (...) transnational integriert. An den jeweiligen Nationalstaat sind Mitglieder des Marktvolkes lediglich vertragsrechtlich gebunden als Investoren statt als Bürger. Ihre Rechte dem Staat gegenüber sind nicht öffentlicher, sondern privater Art: nicht aus einer Verfassung resultierend, sondern aus dem Zivilrecht. Statt diffuser und politisch erweiterbarer Rechte haben sie gegenüber dem Staat spezifische, vor Zivilgerichten grundsätzlich einklagbare und durch Vertragserfüllung ablösbare Forderungen“[20]. Die Sorge, es könne eine Experten- Demokratie entstehen, ist unbegründet; die gegenwärtigen Repräsentations-verfassungen sind ja auch außerordentlich selektiv, und die Idee, die Legitimation aller staatlichen Aktionen sei durch die Zustimmung der Bürger, die sich für diese Demokratie entschieden haben, legitimiert, ist zu

---

15 Gunther Teubner, Wirtschaftsverfassung oder Wirtschaftsdemokratie? Franz Böhm und Hugo Sinzheimer jenseits des Nationalstaates, in: Fachbereich Rechtswissenschaft der Goethe-Universität Frankfurt am Main (Hrsg.), 100 Jahre Rechtswissenschaft in Frankfurt. Erfahrungen, Herausforderungen, Erwartungen, Frankfurt am Main 2014, S. 519 ff. (529).

16 Dazu Klaus Lüderssen, „Regulierte Selbstregulierung“ in der Strafjustiz? In: Lüderssen, Rechtsfreie Räume? Berlin 2012, S. 556 ff.

17 Teubner, aaO.

18 AaO.

19 AaO.

20 Wolfgang Streeck, Gekaufte Zeit, Berlin 2013, S. 119/120.

generalisierend und abstrakt. Wird Selektivität in einem demokratischen Land unvermeidbar, dann sollte sie – wenn das Verhältnis zwischen Staat und Gesellschaft einen gewissen Reifegrad erreicht hat – in der Gesellschaft ihren Schwerpunkt haben. Für die Ausbildung dieser Demokratieformen sind die Forschungen über *economy and behaviour* von größter Wichtigkeit. Eine ganz ungewohnte Empirie wächst hier heran, die gar nicht vergleichbar ist mit der Empirie der Planfeststellungsverfahren und ähnlicher populärer Mitbestimmungsformen. Wohl aber sind Entscheidungsprozesse, die etwa bei Risikoproblemen sich abspielen und in den einschlägigen Strafverfahren retrospektiv und prospektiv bewertet werden müssen.

Die neue Demokratie verwirklicht sich vor allem auch durch die Internalisierung der gesellschaftlichen Belange in den Unternehmensentscheidungen[21] – eine Verbindlichkeit, die in dem Maße wächst, wie eine nach außen hin bestehende Verbindlichkeit abgelehnt wird. Das ist eine in der Rechtsanwendung bisher unbekannte normative Logik[22]. Wirksame Selbstbindung hat im Recht die höchste Priorität. Soweit sie reicht, macht sie das obrigkeitliche Strafrecht obsolet. In der Literatur des Insider-Strafrechts zeichnet sich – nach dem aus dem Aktienrecht geläufigen Motto *comply or explain* – so etwas ab[23]. Dabei ergibt sich wiederum ein Ensemble möglicher feststellender bzw. konstruierender bewertender Einflüsse. Der neutralste Ausdruck dafür ist Zurechnung[24]. Sie kann

21 Vgl. Klaus Lüderssen, Entkriminalisierung des Wirtschaftsrechts III, Baden-Baden 2014, S. 439 ff.

22 Hierzu die grundlegenden Studien von Gunther Teubner, Verfassungsfragmente, Gesellschaftlicher Konstitutionalismus in der Globalisierung, Berlin 2012; Helmut Willke, Demokratie in Zeiten der Konfusion, Berlin 2014; Das Recht des Rechtsdualismus, Dissertation, Frankfurt am Main 2013; Ralf Seinecke, Das Recht des Rechtspluralismus, Tübingen 2015; Joseph Vogl, Der Souveränitätseffekt, Zürich 2015.

23 Vgl. dazu Klaus Lüderssen, Entkriminalisierung des Wirtschaftsrechts III, Baden-Baden 2014, S. 421 ff.

24 Die Notwendigkeit, ja sogar die Brauchbarkeit des Begriffs der Zurechnung ist immer noch umstritten. Breiten Raum nehmen die Autoren ein, die anstelle des allgemeinen Begriffs ein Ensemble von „topoi" annehmen (Ingeborg Puppe, Zum Begriff der Zurechnung, GA 2015, Heft 4), wobei ein differenzierter Begriff der Kausalität eine erhebliche Rolle spielt, immer unter der Voraussetzung, dass man die Kausalität auch quantifizieren kann – entgegen dem Denkverbot, das die Herrschaft der Sine-qua-non-Formel ausgelöst hat. Zu diesen Quantifizierungen können auch besondere Formen der Tatherrschaft etwa gerechnet werden (s. Lüderssen, Risikomanagement und Risikoerhöhungstheorie – auf der Suche nach Alternativen für § 266 StGB, in: Festschrift für Klaus Volk, München 2009, S. 245 ff.). Gleichwohl kann man nur dann systematisch vollständig sein, wenn es eine Art Oberbegriff gibt, nur soll es eben nicht der der Zurechnung sein (Puppe aaO.). Andere bleiben bei dem Begriff der Zurechnung, weil er gestatte, die wertenden Momente aufzunehmen (Schünemann, zitiert bei Puppe, aaO.). Für diese könnte dann der Begriff der Zuschreibung bereitstehen, der seinerseits auch diejenigen

sich aber unter dem Einfluss soziologischer Aufklärung als Zuschreibung[25] herausstellen, für die es dann wieder Gründe gibt (objektive) oder Motive (subjektive), und so weiter. Worauf es ankommt ist, entfernte Einflüsse auszuschließen, von einem gewissen Grade an gilt das auch für die Zurechenbarkeit. Die Zurechnung – also derselbe Vorgang jetzt ausschließlich aus der Sicht der Strafverfolgung – müsste auf ähnliche Weise an ihre Grenzen geführt werden. Beim Delikt ist es die Handlung, zu der entfernte Motive eben einfach nicht gehören. Die justizielle Handlung der Strafverfolgung ist als Begriff nicht ausgeprägt, sollte es aber sein, und dann könnte man ähnlich wie bei der Handlung des Täters das Handeln des Rechtsanwenders abgrenzen von ferner liegenden Motiven, wo irgendwann Spekulationen von der Art, wie sie Jaspers angestellt hat, relevant werden.

Auch die Sachverhalte werden nicht aus dem Nichts kommend dargestellt, sondern ihre Präsentation unterliegt wiederum Einflüssen feststellender oder konstruierender Art, je nachdem, welche epistemologische Position derjenige, der den Sachverhalt ermittelt, einnimmt. Dabei kommt es entweder direkt auf „Beweise" an, oder darauf, wie der Beweis sich konstituiert, und welchen Regeln er dabei jeweils unterliegt: in welchem Maße ist das objektive Geschehen, oder das, was man dafür hält, ersichtlich von personalen Faktoren gestaltet. Hierher gehört die determinierende Funktion des Vorsatzes; aber auch bei der Fahrlässigkeit, durch die der Erfolg der Straftat hervorgebracht wird, taucht die Frage auf – was passiert da, technisch?

---

nicht auf Feststellung hinauslaufenden Elemente aufnehmen kann, die – freilich nur in kritischer Absicht – von der Kriminologie benannt worden sind, wie etwa Missbrauch von Herrschaftsverhältnissen (die es eben nicht nur bei den Tätern gebe, sondern auch bei den Instanzen der sozialen Kontrolle). Dass die klassische Dogmatik das kaltblütig längst ins Auge gefasst hatte (Schuld als staatsnotwendige Fiktion [Kohlrausch]), wird ignoriert. Es soll der Eindruck einer unheiligen Allianz vermieden werden. Konsensabhängige Konstruktion könnte man diese „Leerstelle" ausfüllend sagen (dazu jetzt Georg Steinberg, Zurechnung und Zuschreibung im Wirtschaftsstrafrecht, in: M. Jahn u.a. [Hrsg.], Strafverfolgung in Wirtschaftsstrafsachen. Strukturen und Motive, Berlin u.a. 2015, S. 55ff.), und diese Argumente in der systematischen Auslegung unterbringen oder auch in der teleologischen oder als extra fungierende neue Kategorie.

25 Hier tauchen dann erneut die Vorverständnisse auf (dazu gehören auch anerkannte und nicht anerkannte Vorstellungen über Strafzwecke z.B. und das, was eigentlich Kriminalität ist – vom Entdecken des Bösen bis zur Konstruktion des *labeling approach*), denen die Staatsanwälte und Richter folgen, so dass Fragen nach ihrer Berechtigung bzw. ihrer Angemessenheit auftauchen. Dazu Thomas-M. Seibert (Wie wird in der Rechtsprechung zugerechnet?) und Georg Steinberg (Zurechnung und Zuschreibung im Wirtschaftsstrafrecht), jeweils in: M. Jahn u.a. (Hrsg.), Strafverfolgung in Wirtschaftsstrafsachen, aaO., S. 36ff. und S. 55ff.

Kriminologisch stößt man dann in Verbindung mit dem, was „Kriminogener Einfluss der ‚Wirtschaft'" heißen könnte[26], auf die „Techniken der Neutralisierung"[27]. Das heißt, ein Einfluss der Wirtschaft auf die Kriminalisierung richtet sich nach den Wahrnehmungen darüber, wie die Täter sich begreifen, etwa selbst unter dem Einfluss „der Wirtschaft" stehend, und wieder stehen Feststellung und Konstruktion einander gegenüber oder konkurrieren. Hierher gehört auch eine Erörterung der „Akzeptanzprobleme der Marktwirtschaft"[28]. Verallgemeinernd: Die Einstellung der Strafverfolgungsorgane kann sehr wohl davon abhängen, wie sie die Motivationslage der Normadressaten einschätzen und welche Rolle dabei spielt, wie die Normadressaten sich selbst einschätzen. Ein Bündel irrationaler Motive, wie sie bei wirtschaftlich Tätigen häufig anzutreffen sind. Wie tief irrationale Motivationen einen Handelnden beeindrucken und beeinflussen können, wissen manchmal die Schriftsteller besser als die Wissenschaft und die Sozialforschung. Darüber, welchen Effekt irrationale Motive im rationalen Wirtschaftsbetrieb haben können – direkt oder indirekt – informiert sehr gut Jochen Hörisch[29].

D.

Wie man sieht, wachsen epistemologische und normlogische Phänomene zu jenem Mosaik zusammen, von dem wir oben ausgegangen sind. Mannigfach sind also die Punkte, an denen die gesamtwirtschaftlichen Perspektiven relevant werden können. Ebenso mannigfach sind die dafür erforderlichen technischen Vermittlungen.

Methodologie der Erkenntnistheorie und der Normlogik haben uns viele systematisch lokalisierbare Wege gezeigt, auf denen sich Einflüsse in Wirkungen verwandeln, und wie sie wieder zu Einflüssen werden. Ein Stück weit ist der

26 Charlotte Schmitt-Leonardy, Unternehmenskriminalität ohne Strafrecht, Heidelberg u.a. 2013, S. 97ff.

27 Schmitt-Leonardy, aaO., S. 93ff.

28 Vgl. die von Theresa Theul herausgegebenen Essays in den Schriften des Vereins für Socialpolitik, Band 336: Akzeptanzproblem der Marktwirtschaft": Ursachen und wirtschaftspolitische Konsequenzen, Berlin 2013, dort insbesondere: Carl Christian von Weizsäcker, Akzeptanz und Dynamik der Marktwirtschaft: Die Frage nach der guten Wirtschaftsordnung, aaO., S. 33ff.; und Dirk Sauerland, Zur Beziehung von Akzeptanz, Gerechtigkeit und Leistungsfähigkeit der Sozialen Marktwirtschaft, aaO., S. 49ff.

29 „Man muss dran glauben", Die Theologie des Marktes, München 2013, S. 9ff.; speziell über die Rückkoppelungseffekte zur Lehre der Wirtschaft auf das Wirtschaftsgeschehen, aaO., S. 10/11.

Kanon für Rechtsauslegung und ihre Anwendung zuständig, der im Gegensatz zur Gesetzgebungslehre[30], sehr gut besetzt ist; zum Teil haben wir es auch mit dem Ergebnis kriminologischer Analysen von Täterverhalten auf der einen Seite und der Tätigkeiten der Strafverfolgungsorgane und ihrer Machtstellung auf der anderen Seite zu tun, verknüpft mit auf der Basis kritischer Philosophie entstandener soziologischer Vorurteils-forschung bis hin zu den grundlegenden Fragen von Genesis und Geltung als Problem der Epistemologie.

E.

Was dabei zu kurz kommen könnte, ist die Wahrnehmung spontaner intuitiver, ja willkürlicher Wirkungsfaktoren, für die Rubriken vielleicht sogar erst gefunden werden müssen. Die eher tastende Vokabel Vorverständnisse offenbart das. Man wusste nicht so recht, wohin sie gehören, hat sie nach und nach „untergebracht", um sie unter Kontrolle zu haben. Doch Prozesse dieser Art sind nie abgeschlossen, immer wieder taucht Neues auf. Das hat Jaspers seinerzeit genau gespürt, als er sich weigerte, seine Suche nach der Psychologie der Weltanschauung als einen festen verortbaren Zweig der Philosophie auszugeben oder von anderen in dieser Weise fixieren zu lassen. Auf diese Weise hat er auch den Weg freigehalten für unorthodoxe, in der Methodologie der Wissenschaften eigentlich nicht vorkommende Phänomene, wie sie die schöne Literatur z.B. hervorbringt[31]. Sehr suggestiv in dieser Hinsicht der von Schiller in Szene gesetzte Sternenglaube Wallensteins, einschließlich der Selbstsuggestion, dass Octavios Verrat wider den Verlauf der Sterne geschehen sei und damit astrologische Gesetze gültig blieben. Seine Gegenspieler tun gut, das in die Kalkulation ihrer Abwehrmaßnahmen einzubeziehen. Oder: Was Goethe beispielsweise über Ver-

---

30 Dazu jetzt Eric Hilgendorf, Die deutsche Strafrechtswissenschaft vor den Herausforderungen kultureller Pluralisierung, oder: Was ist „Religion"?, in: JuristenZeitung, 2015, S. 821 ff. Früher schon Peter Noll, Gesetzgebungslehre, Reinbek bei Hamburg 1973.

31 Lange isoliert, vernimmt man allerdings jetzt den Topos „wenn Wissenschaft zur Kunst wird", und was fiktive narrative Beiträge zur Geschichtsschreibung leisten können. Neuerdings Ernst-Wilhelm Händler, Versuch über den Roman als Erkenntnisinstrument, Frankfurt am Main 2014, S. 15. Zur „Theorie", Michael Stolleis, Rechtsgeschichte und Literatur, in: Hermann Weber (Hrsg.), Recht und Juristen im Spiegel von Literatur und Kunst, Berlin u.a. 2014, S. 11 ff. (15). Man kann im Übrigen vermuten, dass die literarischen Quellen am ehesten Zugang eröffnen zur qualitativen Sozialforschung. Sie ist in der Ökonomik nicht sehr verbreitet; man sucht immer wieder nach Regeln und wundert sich dann, dass sich die praktische Problematik entzieht.

gangenes und Zukünftiges sagt[32], ist ohne seine poetische Grundstimmung nicht recht erklärbar: Ein „ordentlicher“ Historiker geht da eher auf Abstand, wenn er nicht zufällig durch die Schule Hayden Whites gegangen ist.

Deshalb ist es wichtig festzuhalten, dass sich gegenwärtig ein Wandel vollzieht in Bezug auf die strenge Wahrung methodologischer Abgrenzungen. Man spricht von historischen Narrativen und narrativer Argumentation und berührt damit die Sphäre der Literatur und Kunst. Immer wird es dabei auf den Einzelfall ankommen. Deshalb ist eine Sprache wichtig, die einen mittleren Abstand hält, den Zugang zu den wissenschaftlichen Kategorien möglich macht und doch das Reich der Phantasie füllt.

Mit dieser Sprache sind wir wieder bei Jaspers[33]. Er beginnt mit dem Hinweis auf Aristoteles: „Die Seele ist gleichsam alles“ und meint, er könne sich mit gutem Gewissen unter dem Namen der Psychologie mit allem beschäftigen. Den Stoff teilt er ein in „Die Einstellungen“, „Weltbilder“ und „Das Leben des Geistes“. Bei den Einstellungen unterscheidet er gegenständliche Einstellungen von selbstreflektierten, und diese wieder von enthusiastischen. Die Weltbilder sind sinnlich[34] räumlich oder seelisch kulturell oder metaphysisch, und beim Leben des Geistes sieht er Skeptizismus und Nihilismus, dann in deutlichen Grenzen „Die Gehäuse“ einerseits, und den Halt im Unendlichen andererseits. Den Halt im Begrenzten sieht er vor allem in einem mannigfaltigen Rationalismus. Im Einzelnen beschäftigt er sich mit dem Geist zwischen Gegensätzen, also zum Beispiel mit dem Geist zwischen Chaos und Form, zwischen Vereinzelung und Allgemeinheit, und dann speziell mit dem Werden des Selbst. Mit dieser die Bande der empirischen Wissenschaften sprengenden und sie trotzdem nicht aus den Augen verlierenden Sprache lässt sich vielleicht eher etwas herausbekommen über die uns hier interessierenden Vorverständnisse der am Wirtschaftsstrafrechtsverfahren Beteiligten, als wenn man die Elle der wissenschaftlichen Terminologie anlegt, welchen Faches auch immer.

Ganz besonders kann das hier gelten für die Konkretisierung der Vermittlungsprozesse. Quantität und Qualität der Kausalität lassen sich bis zu einem gewissen Grade messen, aber was sonst passiert, das Parallelogramm der Kräf-

32 „Was jedoch in allen Schwankungen seines Urteils niemals zweifelhaft wird, ist seine Ablehnung jeder Tendenz, die geschichtliche Kontinuität zu brechen, sei es in der Form der totalen Revolution, sei es in der Form der Reaktion: Für das Vergangene tritt er nur ein, soweit es fortwirkend in das Bestehende hineinreicht, für die Zukunft nur, soweit es an das Bestehende anknüpft“ (Albrecht Schöne, Der Briefschreiber Goethe, München 2015, S. 318).

33 Beleg für das Folgende in seinem Buch über die „Psychologie der Weltanschauungen“, Berlin 1919.

34 Jaspers, Psychologie der Weltanschauungen, Vorwort zur 4. Aufl., 5. Aufl. Berlin 1960.

te, die man schließlich als Einfluss registriert, ist unermesslich[35], umfasst etwa auch Biographisches zwischen Empirie und Spekulation[36] und Autobiographisches, muss sich dichterische Intuition gefallen lassen, um davon dann doch überraschend zu profitieren.

Zusammengefasst: Epistemologisch konkurriert nach Aufgabe der – theologisch oder philosophisch begründeten – klassischen Metaphysik das Verdikt Kants mit dem Versuch, durch Definition des Verstehens oder Erlebens einen Schritt zurück ins Elementare zu tun (wobei der erkenntnistheoretische Status außer der Zurückweisung der alten Metaphysik unbestimmt bleibt) und dem logischen Positionismus. Alle Richtungen enden bei der *hidden structure of consciousness*. Das offenbaren die Grenzen, an die man bei dem Versuch der Erklärung von Verstehens- und Erlebnisprozessen gelangt, ebenso wie der logische Positivismus in dem Moment, in dem eine Person mit ihm umgeht. Dann müssen Kommunikationsprozesse zur Stelle sein, denn andernfalls hätte man dann doch wieder ein Stück Ontologie, in bescheidenem Gewande freilich, vor sich. Diese Kommunikationen sind, wenn sie nicht darauf abstellen, dass mit ihnen die Wahrheit gefunden würde oder hervorgebracht wird, auf Konstruktionen angewiesen, an deren Ende entscheidende Individuen stehen. Zwischen beiden Extremen bewegt sich die – nachträglich – gemäßigt erscheinende Forderung Kants, sich auf das empirisch Leistbare zu beschränken. Mit dem Verweis auf das undefinierbare Ding an sich und die Unaufklärbarkeit moralischer

---

35 Immer noch aktuell Max Weber: Nur durch die Voraussetzung, dass ein endlicher Teil der unendlichen Fülle der Erscheinungen allein bedeutungsvoll sei, wird der Gedanke einer Erkenntnis individueller Erscheinungen überhaupt logisch sinnvoll. Wir ständen, selbst mit der denkbar umfassendsten Kenntnis aller „Gesetze", ratlos vor der Frage: wie ist kausale Erklärung einer individuellen Tatsache überhaupt möglich, – da schon eine Beschreibung selbst des kleinsten Ausschnittes der Wirklichkeit ja niemals erschöpfend denkbar ist? Die Zahl und Art der Ursachen, die irgendein individuelles Ereignis bestimmt haben, ist ja stets unendlich, und es gibt keinerlei in den Dingen selbst liegendes Merkmal, einen Teil von ihnen als allein in Betracht kommend, auszusondern. Ein Chaos von „Existenzialurteilen" über unzählige einzelne Wahrnehmungen wäre das einzige, was der Versuch eines ernstlich „voraussetzungslosen" Erkennens der Wirklichkeit erzielen würde. Und selbst dieses Ergebnis wäre nur scheinbar möglich, denn die Wirklichkeit jeder einzelnen Wahrnehmung zeigt bei näherem Zusehen ja stets unendlich viele einzelne Bestandteile, die nie erschöpfend in Wahrnehmungsurteilen ausgesprochen werden können. In dieses Chaos bringt nur der Umstand Ordnung, dass in jedem Fall nur ein Teil der individuellen Wirklichkeit für uns Interesse und Bedeutung hat. (Die „Objektivität sozialwissenschaftlicher und sozialpolitischer Erkenntnis, aaO., S. 177/178).

36 Z.B. den Unterschied von Kelsen und Ehrlich mit Blick auf ihre Herkunft (s. dazu Klaus Lüderssen, Hans Kelsen, Eugen Ehrlich, Rechtssoziologie und Rechtswissenschaft, Eine Kontroverse (1915–1917), Baden-Baden 2003, Einführung V ff.; über Flaubert Jean-Paul Sartre, Der Idiot der Familie: Gustave Flaubert 1821–1857, Reinbek bei Hamburg 1977.

Motive[37] gelangt auch diese Position vor die verschlossene Pforte des verborgenen Bewusstseins.

Normlogisch findet das auf allen Stufen – sei es der Normproduktion, Normauslegung oder Normgestaltung – seine Entsprechung in einem gegenüber der allgemeinen Epistemologie stark erweiterten Spielraum.

Wo immer man einerseits anfängt, die Wurzeln des Einflusses aufzuspüren, andererseits aufhört, den Verästelungen der Wirkungen nachzugehen, trifft man wie in einem Kreislauf auf das sich entscheidende Individuum an der Grenze des verborgenen Bewusstseins. Der empirisch arbeitende Jurist tut gut darin, meine ich, bei seiner auf bestimmte Zeiten und Orte und Gegenstände beschränkten Suche nach dem Verhältnis von Einflüssen und Wirkungen sich klarzumachen, wie es diesseits und jenseits davon weitergeht, und dass er von den Unsicherheiten aus diesen Sphären auch dann nicht unberührt bleiben wird, wenn das Stück Weges, das er sich im Strome von Einflüssen und Wirkungen bewegt, relativ gradlinig ist.

Wenn die gesamtwirtschaftliche Perspektive, die bewusst oder unbewusst die Rechtserzeugung und -anwendung im Bereich des Wirtschaftsstrafrechts leitet, nicht vollständig aufgeht in einer teleologischen Tatbestandsstruktur, muss man nach anderen Quellen suchen. Normalerweise ist das das Verfassungsrecht. Dass das Grundgesetz der Bundesrepublik Deutschland hier keine exakte Festlegung enthält, war lange umstritten, ist aber jetzt wohl *communis opinio*. Aber die direkten positiven Anknüpfungen sind spärlich und fragmentarisch.

So kann man in einer Zeit, die den Ausschließlichkeitsanspruch des repräsentativen Charakters unseres Parlamentsrechts nicht mehr anerkennt, sondern auch andere Grundlagen demokratischen Rechts, den Versuch machen, nach direkten Anknüpfungen zu forschen und kommt damit unversehens in die Nähe eines – was die Ursprünge angeht – *power oo and over the people* näher. Das Problem verlagert sich in die Frage nach den Kompetenzen. Dort, wo diese Problematik schon ins Bewusstsein getreten ist, wie bei den unabhängigen obersten Bundesbehörden (zum Beispiel Bundesbank) drückt man sich vor der Legitimationsfrage, nimmt insgeheim doch unsichtbare Linien, die diese Institute mit den Organen der repräsentativen Demokratie verbinden, an. Bei Erscheinungen wie der *corporate social responsibility* geht das nicht mehr. Das Gemeinwohl wird im Begriff des Unternehmens endogenisiert und entzieht sich damit der Suche nach den demokratischen Grundlagen der daraus hervorgehenden Rechte und Pflich-

---

37 Kant, Kritik der reinen Vernunft, Abschnitt über Antinomien (Ausgabe Felix Meiner, S. 536).

ten. Damit ist die Verbindung mit anderen Phänomenen, die man jetzt unter dem Begriff Rechtspluralismus verbindet, hergestellt.

Die bloße ungefähre Umschreibung genügt nicht als Pendant zur Repräsentation, obwohl diese von den Sachen eher weiter entfernt ist. Sie steht vielen untereinander nur locker oder gar nicht verbundenen Inseln gegenüber, die soziologisch in ihrer Selbstreferentialität wahrgenommen werden müssen. Diese Charakterisierung macht sie den epistemologischen Verfahren zugänglich, die auch sonst für zunächst begründungslose Behauptungen aufgestellt werden. Das sind die schon erwähnten Zweckmittelketten, die irgendwann in mehr oder weniger überzeugende Konsense zusammenfließen. Diese Konstruktionen werden in dem Maße relevant, wie die Repräsentationsleitern kürzer werden. Was man bei der Bundesbank noch nicht vermisst, wird man vielleicht bald bei den Geschäftsbanken vermissen. So zeigt sich ein modernes Bild von Demokratie: Repräsentation und Ursprungskonsens füllen kommunizierende Röhren und demonstrieren damit die längst in Gang gekommene Entwicklung der Demokratie als Prozess.

In diesen Prozess mischen sich Argumente, die mit Blick auf die wirtschaftlichen Funktionen im Rechtsbetrieb verwendet werden. An dieser theoretischen Reflexion hat es während der Tagung gefehlt. Ein kleiner Versuch, dies nachzuholen, – sehr fragmentarisch – bietet die Abhandlung, die vor der Tagung nur den Referenten und Moderatoren zugänglich war. Mit diesem Anspruch können die großen mikrowirtschaftswissenschaftlichen Ansätze, an deren ausdrücklicher Beschwörung es in den Referaten fehlt, besser sichtbar gemacht werden. Dass es sich bei den hier vorgestellten methodologischen Vorschlägen nicht um allein realisierbare handelt, versteht sich von selbst. Sie zeigen aber doch – wie ich meine – den Reflexionsgrad, den wir hier – über die bloß attributive ökonomische Argumentation hinausgehend – brauchen.

Dort, wo diese Aufgabe primär bei den Repräsentanten liegt, darf man sich nicht verhehlen, dass die anderen Legitimationspotentiale eine unterstützende Funktion haben, je nachdem wie durchlässig die Repräsentation inzwischen geworden ist. Dort aber, wo sie ganz fehlt oder zu fehlen scheint, nimmt dieses Potential eine erste Stelle ein. Da es weniger griffig und von ungleichmäßigem Charakter ist, muss man zuweilen förmlich danach suchen nach der Devise, dass man ohnehin in der Regel nur sucht, was man findet. Angesichts wachsender Globalisierung, die Hand in Hand geht mit Polyarchisierung, ist das die Zukunft der Demokratieforschung. Am Ende hat man, um es bildlich zu machen, keine einheitliche Kuppel mehr, sondern eine Fläche, ausgefüllt mit mehr oder weniger großen selbstständigen Flecken. In dem Maße, wie dadurch der Eindruck eines Mosaiks entsteht, bildet sich ein neuer Demokratiestatus heraus. Demokratie von unten könnte man das auch nennen. Sie ist nicht weniger substantiell wie die mit dem Repräsentationsprinzip gleichsam zurück zum Wahlvolk hergestellten Verbindungen.

Geht man ganz weit zurück, so erscheint dieses Strukturprinzip sogar als das vorrangige, denn auch das Wahlvolk ist, sieht man genau hin, nicht von vornherein mit dieser Funktion gekennzeichnet; vielmehr wird sie ihm zugewiesen nach dem keiner weiter nachprüfbaren Ableitung zugänglichen Ursprungsprinzip der Macht. Ein hübsches Beispiel ist der Kampf des „Landmanns" im Befreiungskampf der Schweiz[38]. Es werden keine Rechte neu gefordert, sondern die Rückgabe alter Rechte. Ein anderes Beispiel ist das Spanien des mittleren 16. Jahrhunderts mit Blick auf die Befreiungskämpfe Flanderns[39].

Je undurchsichtiger die Begründungsmasse ist, umso mehr bedient sie auch die normalerweise gar nicht gestellte Frage nach den Ursprungnormen. Ihre Nichtbeantwortbarkeit fällt in dem Maße ins Gewicht, wie sie durch die landläufige Plausibilität der parlamentarischen Rechtsubstanz verdrängt wird. Aber das ist ein Selbstbetrug, während die nicht auf Repräsentation fußende Begründung eine so vereinfachende Ableitung eben nicht kennt. Das scheinbar Fernliegende tritt also mit einem Doppelanspruch auf. Freilich ist der Anteil an der Ursprungsbegründung ebenfalls dem klassischen logischen Einwand ausgesetzt. Man merkt es nur nicht, weil sie mit der substantiellen Rechtsbegründung identisch ist. Deshalb ist die Unbefangenheit gut zu verstehen, mit der zunehmend mehr Zugänge zum Recht an den Parlamenten vorbei verlangt wird. Leicht einzusehen ist jedenfalls, dass hier auch die großen ökonomischen Theorien bequemer Eingang finden und weniger um ihre Überzeugungskraft kämpfen müssen, da sie von der Legitimation der Ursprungsnorm nicht abgekoppelt sind. Vielleicht hätte die Einsicht in diesen Tatbestand unsere Diskussion reichhaltiger werden lassen.

---

38 Sehr anschaulich im Rütli-Schwur in „Wilhelm Tell".

39 Literarisch vorbildlich fixiert in Marquis Posas Forderung nach Rückgabe der Gedankenfreiheit.

Thomas Rönnau

Die politische Wirtschaftsstraftat – gibt es sie?

I. Einführung

Die Veranstalter der 8. ECLE-Tagung werfen mit dem von ihnen formulierten Thema des Einführungsreferats die Frage auf, ob es eine politische Wirtschaftsstraftat gibt – und haben mich gebeten, dazu einiges Erhellendes zu sagen. Ich habe die Einladung gerne angenommen, wohl wissend, dass die Aufgabe heikel und anspruchsvoll ist. Denn *erstens* rührt das Thema an der klassischen Position der sog. Frankfurter Schule, dem Konzept einer aufgeklärten Strafrechtskritik[1]. Seine Anhänger pochen bekanntlich auf äußerste Zurückhaltung im Umgang mit dem Strafrecht. Eine etwaige Neukriminalisierung, wie sie mit der Einführung oder Bekräftigung politischer Wirtschaftsdelikte einherginge, passt da nicht ins Bild.[2] Hier in der Frankfurter Höhle des Löwen über diese Fragestellung kontrovers zu diskutieren, hat also einen besonderen Reiz. *Zweitens* ist das Vortragsformat mit maximal 15 Minuten Rededauer sportlich ambitioniert. Ich werde 20 Minuten benötigen. Selbst dann kann vieles nur gestreift werden.

Auslöser der Debatte über die Existenz bzw. Notwendigkeit der Einführung politischer Wirtschaftsstraftaten war – pikanterweise – der Frankfurter Strafrechtslehrer und Rechtsphilosoph *Wolfgang Naucke*, der 2012 seine 101 Seiten starke Schrift „Der Begriff der politischen Wirtschaftsstraftat – Eine Annäherung“ vorgelegt hat;[3] sie ist mittlerweile auch ins Spanische übersetzt worden.[4] Bevor ich die Kernelemente der Arbeit vorstelle und kritisch würdige, erlauben Sie mir zwei kurze Vorbemerkungen:

---

1 Versuch einer Zwischenbilanz zur Frankfurter Schule bei *Jahn/Ziemann*, JZ 2014, 943 ff. (auf S. 947 zum Zentrum des Konzepts einer aufgeklärten Strafrechtskritik).

2 Knapp zur Kritik an einer Neukriminalisierung durch Vertreter oder Anhänger der Frankfurter Schule sowie eigene Bewertung der Kritik bei *Rönnau*, in: Schiedek/Rönnau (Hrsg.), Wirtschaftsstrafrecht: Plage oder Gewinn für den Standort Deutschland, Schriften der Bucerius Law School, Bd. I/12, 2013, S. 9, 11 ff.

3 *Wolfgang Naucke*, Der Begriff der politischen Wirtschaftsstraftat – Eine Annährung, Rechtsgeschichte und Rechtsgeschehen – Kleine Schriften Bd. 33, Berlin u.a. [LIT-Verlag] 2012, 101 S.

4 *Wolfgang Naucke*, El concepto de delito económico-político – Una aproximación, Traducción y estudio preliminar de Eugenio Sarrabayrouse, Colección Derecho penal y Criminología, Madrid u.a. [Marcial Pons] 2015, 137 S.

Erstens: *Nauckes* Buch war schon Anstoß für ein interdisziplinär angelegtes Symposium zum Thema „Perspektiven eines Wirtschaftsvölkerstrafrechts", das im Oktober 2014 unter der Leitung von *Florian Jeßberger* in Berlin stattfand. Kollege *Bung*, der heute unter uns ist, war dabei und hat – wenn ich recht sehe – die schärfste Kritik an *Nauckes* Thesen formuliert. Der Tagungsband ist mittlerweile erschienen;[5] ich hatte dank Herrn Kollegen *Jeßberger* schon im Vorfeld Gelegenheit, ihn einzusehen.

Zweitens: Zur Vorbereitung dieses kleinen Vortrags konnte ich zwei längere Telefongespräche mit *Wolfgang Naucke* führen und habe nun zumindest eine ungefähre Vorstellung davon, worum es ihm mit seiner Schrift, an der er nach der Materialsammlung zwei Jahre lang gearbeitet hat, geht.

II. *Nauckes* Grundthesen und Hintergrund

1. *Naucke* erzählt in seinem Buch eine Geschichte. Sie beginnt bei den Nürnberger Kriegsverbrecherprozessen nach 1945 und hält inne beim Mannesmann-Verfahren der Jahre 2003–2006; danach wendet er sich den verzweifelten Bemühungen der rechtlichen (auch strafrechtlichen) Aufarbeitung der Finanzkrise zu. Gegenstand der Erzählung ist die Annäherung an den Begriff der „politischen Wirtschaftsstraftat", den es so, wie *Naucke* ihn versteht, de lege lata wohl noch nicht gibt. Ob es ihn geben sollte, darüber müssen wir sprechen! Der Text ist nicht irgendein Beitrag zu einem beliebigen dogmatischen Thema des positiven Rechts. Nein – es handelt sich hier um einen „Aufbruchstext"[6] mit einer klaren kriminalpolitischen Botschaft. *Naucke* ist sich sicher, eine Lücke bzw. einen blinden Fleck im geltenden nationalen wie internationalen Strafrecht entdeckt zu haben – und mahnt Schließung bzw. Ausfüllung an. In der Sache geht es um die Identifikation eines zu behebenden Kontrollvakuums gegenüber wirtschaftlich Mächtigen! Die Mischung aus Zeitgeschichte, soziologischen Befunden, staatsphilosophischen und strafrechtlichen Einsichten gibt dem Buch eine große Dynamik; es ist kraftvoll, ja kämpferisch geschrieben, wenngleich ich *Naucke* in einer Reihe von Punkten nicht zustimmen kann. Dennoch: Von anregenden Debattenbeiträgen dieser Art gibt es im strafrechtlichen Kontext viel zu wenig. Worum handelt es sich aber nun im Einzelnen?

5 Jeßberger/Kaleck/Singelnstein (Hrsg.), Wirtschaftsvölkerstrafrecht – Ursprünge/Begriff/Praxis/Perspektiven, Schriften zum Internationalen und Europäischen Strafrecht, 2015 (nachfolgend: Tagungsband). Einen Bericht zur Tagung liefert *Vormbaum*, ZIS 2014, 742 ff.

6 *Marxen*, in: Tagungsband (Fn. 5), S. 153 (Diskussionsbeitrag) spricht von einem „Aufforderungsbuch".

2. Schon in der Einleitung macht *Naucke* sein Grundanliegen deutlich: Es geht ihm um „die strafrechtliche Reaktion auf politisch mächtige, den einzelnen Bürger schädigende Wirtschaftsverläufe“[7] – jüngstes Anschauungsmaterial hierzu bieten die nicht enden wollenden Finanz-, Banken- und (Staats-)Schuldenkrisen. Um das Strafrecht zur Aufarbeitung solcher Szenarien besser zu rüsten, möchte *Naucke* es in Richtung von politischen Wirtschaftsstraftaten – mit angepassten Regeln – weiterentwickeln.[8] Dabei ist eine Wirtschaftsstraftat seiner Ansicht nach „politisch“, wenn sie als „staatlich geförderte oder staatlich unkontrollierte Macht auftritt und durch ihre Stärke Freiheit überwältigen kann.“[9] Mit dem Begriff und dem Bild der „Überwältigung der persönlichen Freiheit des Einzelnen“, die *Naucke* ganz im kantischen Sinne als „ursprüngliches, jedem Menschen kraft seiner Menschheit zustehendes, unverlierbares Recht“ versteht,[10] ist ein zentrales Motiv angegeben, das ihn zur Abfassung der Schrift inspiriert hat. Denn er will zeigen, „dass das Nutzen von Wirtschaftsmacht zu Lasten der Freiheit des Einzelnen ein strafrechtliches Problem“,[11] ja grundsätzlich strafwürdig ist. „Politisch“ ist der Einsatz von wirtschaftlicher Macht für ihn natürlich erst recht, wenn er „viele Menschen um ihre Freiheit bringt“ oder „das verfasste gesellschaftliche System selbst, das der Freiheit dienen soll, ganz oder teilweise beschädigt bzw. zerstört.[12]

Naucke sieht sich zur Entwicklung einer modernen Lehre von der politischen Wirtschaftsstraftat ermuntert durch die Beobachtung einer Strukturgleichheit von (politischer) Wirtschaftskriminalität und Staatskriminalität.[13] Aber allein die Bekämpfung der Staatskriminalität habe sich folgerichtig aus dem „Projekt der europäischen Aufklärung“ heraus ergeben: die Kontrolle organisierter Macht! Dabei dürfe man jedoch nicht stehen bleiben. Denn mittlerweile greife auch das jeweilige Wirtschaftssystem mit seiner Unterform, dem Finanzsystem,

---

7 *Naucke* (Fn. 3), S. 3.

8 Nach *Naucke* ist eine „Straftat (...) die zurechenbare Überwältigung der persönlichen Freiheit“ und Wirtschaftsstraftat „jene Straftat, die mithilfe einer Wirtschaftsorganisation Freiheit zerstört“ (Fn. 3, S. 4). Näher zu seinem von der Strafrechtsphilosophie der Freiheit getragenen Grundverständnis von Strafrecht *Naucke*, KritV 1993, 135, 137 ff. Das Bild der „Freiheitsüberwältigung“ wird auch hier (S. 139) gebraucht.

9 *Naucke* (Fn. 3), S. 4. Die erste Annäherung an den Begriff der „politischen Wirtschaftsstraftat“ findet sich bei ihm bereits auf Seite 1 („Straftat [...], deren Strafwürdigkeit in der Vernichtung der Lebensgrundlage vieler Bürger als Folge zu verantwortender wirtschaftlicher Entscheidungen“ liegt); die Konturen werden im folgenden Text immer feiner gezeichnet.

10 *Naucke* (Fn. 3), S. 4.

11 *Naucke* (Fn. 3), S. 10.

12 *Naucke* (Fn. 3), S. 61

13 Dazu *Naucke* (Fn. 3), S. 7–11.

tief und unwiderstehlich in unseren Alltag ein, ohne dabei wie die staatliche Regulierung, die Verwaltung, Polizei und Justiz einer argwöhnischen, genauen Kontrolle zu unterliegen. Modernes Recht will aber „die Kontrolle jeder Macht über den Bürger" gewährleisten.[14]

Die von *Naucke* im Wege der Annäherung an den Begriff der politischen Wirtschaftsstraftat auf einer Zeitachse unternommene Vorstellung spektakulärer (Wirtschafts-)Strafprozesse muss hier aus Zeitgründen unterbleiben. Für das Verständnis wichtig ist es, aus der ausgebreiteten Rechtsgeschichte an dieser Stelle aber zumindest Folgendes zu erwähnen:

- Der erste Schritt, politische Wirtschaftsstraftaten zu benennen, ist nach *Naucke* durch die Nürnberger Kriegsverbrecherprozesse 1947/1948 gemacht worden.[15] Es entsteht hier ein Strafrecht gegen die machtvolle Kriminalität wider die Freiheit des Einzelnen, unabhängig davon, ob diese Macht staatlich oder privat organisiert ist. Dafür mussten die Gerichte allerdings das Rückwirkungsverbot anpassen – Verbrechen gegen die Menschlichkeit, Kriegsverbrechen usw. waren im Handlungszeitpunkt noch nicht positiv-rechtlich verankert – und akzeptieren, dass auch Privatleute durch das Völkerrecht gebunden sind. Nach *Jeßberger* wurde hier der Grundstein des heutigen Völkerstrafrechts gelegt.[16]
- Im *Honecker*-Verfahren 1989/1990, das auch wegen (wirtschaftlichen) Hochverrats geführt wurde, sieht *Naucke* vor allem eine verpasste Chance, die Entwicklung des Begriffs der politischen Wirtschaftsstraftat voranzutreiben.[17] Stattdessen gab es einen strafrechtlichen Rückschritt dergestalt, dass – anders als in Nürnberg und in Verfahren wegen der Tötung von Flüchtenden an der Berliner Mauer – im Hochverratsverfahren die Berufung auf „systemkonformes" Verhalten zur Straffreiheit führte. Verurteilt wurde Honecker allerdings wegen „politischer Wirtschaftsuntreue", die im DDR-Strafrecht streng von der privaten Vermögensuntreue unterschieden wurde. Dass die deutsche Untreuevorschrift diese Differenzierung zwar

---

14 *Naucke* (Fn. 3), S. 9, 101.

15 *Naucke* (Fn. 3), S. 13 ff.

16 *Jeßberger*, JZ 2009, 924, 930; auch *ders.*, in: Tagungsband (Fn. 5), S. 13, 18. Der I.G. Farben-Prozess hätte nach *Jeßberger* (JZ 2009, 924, 931) auch das Zeug dazu gehabt, als Grundstein für ein „Wirtschaftsvölkerstrafrecht" zu wirken, ist aber zu den wirtschaftsstrafrechtlich interessanten Fragen (etwa die Würdigung von Kollegialentscheidungen oder sog. „neutralen Handlungen") nicht durchgedrungen. Inwieweit die Nürnberger Prozesse Exempel oder Modell eines Wirtschaftsvölkerstrafrechts sind, behandeln *Priemel*, in: Tagungsband (Fn. 5), S. 25 ff. sowie *Asholt*, in: Tagungsband (Fn. 5), S. 61 ff.

17 Zu diesem Komplex *Naucke* (Fn. 3), S. 27 ff.

mitführt, aber nicht offen formuliert, hält *Naucke* für einen Konstruktionsfehler.[18]

- Das im Jahre 2010 in Reaktion auf die Finanzkrise angestoßene Strafverfahren gegen den früheren isländischen Ministerpräsidenten wegen fahrlässiger Amtsführung – 2012 diesbezüglich durch Freispruch beendet – nimmt *Naucke* als Beleg dafür, dass politische Wirtschaftsstraftaten auch in demokratisch marktwirtschaftlichen Systemen begangen werden können und nicht nur in der Planwirtschaft, wo sie dogmatische Normalität seien.[19]

Weitere Spuren des Begriffs einer politischen Wirtschaftsstraftat findet er in neueren deutschen Gerichtsentscheidungen.[20] Am Beispiel der Strafverfahren in Sachen *Kanther*, *Kohl* und *Mannesmann* führt *Naucke* vor, dass das Konzept einer politischen Wirtschaftsstraftat längst eine positiv-rechtliche Heimat hat: die Untreue gem. § 266 StGB, die allerdings nur als notdürftiger Unterschlupf für den fehlenden Begriff der politischen Wirtschaftsstraftat fungieren kann.

Bestätigt sieht sich *Naucke* in seiner Forderung nach Einführung politischer Wirtschaftsstraftaten auch in den Geschehnissen rund um die Finanzkrise, insbesondere nach der *Lehmann Brothers* Pleite im September 2008.[21] So dürfe die Strafbarkeit wegen eines Bankrottdelikts nicht einfach daran scheitern, dass infolge einer aus Steuermitteln finanzierten Rettungsaktion die objektive Strafbarkeitsbedingung gem. § 283 Abs. 6 StGB nicht eintritt. „Das eigentlich Strafwürdige in der (...) Situation" liegt seiner Meinung nach in einer unseligen Allianz von machtvollen Geldorganisationen und finanziell abhängiger Politik, für die eine verfassungsrechtliche Grundlage nicht ersichtlich ist.[22] Mit Blick auf die Entstehungsgeschichte des Finanzmarktstabilisierungsgesetzes beobachtet er weiter, dass hier von Seiten der Privaten auf die Regierung und auf die Gesetzgebungsorgane außergewöhnlicher Druck ausgeübt wurde. Hier zeigten sich Teile eines Musters, das im Staatsschutzstrafrecht in den §§ 105 und 106 StGB unter Strafe gestellt sei. Allerdings seien diese Vorschriften hoffnungslos veraltet, könnten also das skizzierte Verhalten nicht erfassen.

Sein Zwischenresümee zum Begriff der politischen Wirtschaftsstraftat lautet wie folgt: „Der Grundgedanke aller strafrechtlichen Zugriffe auf Wirtschafts- und Finanzverläufe von Nürnberg über *Honecker*, den isländischen Ministerpräsidenten und die Versuche, § 266 StGB zu politisieren, haben – bei allen un-

18 *Naucke* (Fn. 3), S. 46.
19 Dazu *Naucke* (Fn. 3), S. 39 ff.
20 *Naucke* (Fn. 3), S. 45 ff.
21 Dazu *Naucke* (Fn. 3), S. 63 ff.
22 *Naucke* (Fn. 3), S. 66.

terschiedenen Begehungsformen – die gleiche Tendenz: einen bisher ungeschützten Teil der Freiheit des Einzelnen gegen die nötigende Willkür eines Anderen doch zu sichern, nämlich die Freiheit, durch eine von bestimmten Personen ausgeübte Wirtschafts- oder Finanzmacht nicht überwältigt zu werden". Darin liege die „Vervollständigung der strafrechtlichen Garantie eines vorpositiven Menschenrechts".[23]

In einem wichtigen letzten Abschnitt seines Buches arbeitet *Naucke* dann den Unterschied zwischen einem funktionstüchtigen marktbestätigenden und einem freiheitssichernden marktkritischen Wirtschaftsstrafrecht heraus.[24] Der Freiheitsbegriff der Marktwirtschaft ziele vor allem auf die Freiheit vor staatlicher Regulierung, brauche dagegen „von vornherein auf die Freiheit eines anderen Einzelnen keine Rücksicht zu nehmen." Dadurch werden der Begriff und das Nutzen von Wirtschaftsfreiheit an den Begriff und das Nutzen von Macht angenähert. Tatsächlich sei aber „die Freiheit der einzelnen Person (...) etwas völlig anderes als die Freiheit eines Unternehmers, der über eine Organisation verfügt, die Macht über andere hat". Ein machtkritisches, diese Wirtschaftsmacht begrenzendes freiheitssicherndes Wirtschaftsstrafrecht sei im geltenden Wirtschaftsstrafrecht dagegen nur ansatzweise vorhanden, etwa dort, wo der Handel mit bestimmten Gütern oder die Erbringung bestimmter Dienstleistungen verboten werde. Hier hat sich seit Erscheinen von *Nauckes* Buch auch im Finanzmarktstrafrecht Einiges getan.[25] Nicht hinzunehmen ist es nach *Naucke* jedenfalls, wenn schadenstiftendes Handeln auf deregulierten Finanzmärkten unter Berufung auf die „Logik des Finanzmarktes" für straflos erklärt werde.[26] Signale der Schaffung eines freiheitssichernden Wirtschaftsstrafrechts (etwa gegenüber einem starken Markt wie dem Finanzmarkt) seien allerdings erkennbar und zwar in Form von Diskussionen über Compliance, Corporate Governance, Wirtschaftsethik und UN Global Compact.[27]

So viel zu *Nauckes* Grundansatz. Was ist nun von seinen Annäherungsversuchen an den Begriff der politischen Wirtschaftsstraftat zu halten?

---

23 *Naucke* (Fn. 3), S. 79.

24 *Naucke* (Fn. 3), S. 80ff.

25 Vgl. nur das im Kern Anfang Juli 2016 in Kraft getretene Sanktionsregime (insbes. die §§ 38, 39, 40d WpHG) nach dem *Ersten Gesetz zur Novellierung von Finanzmarktvorschriften auf Grund europäischer Rechtsakte* (1. FiMaNoG) v. 30.6.2016, BGBl. I S. 1514; dazu BT-Drs. 18/7482 (v. 8.2.2016). Mittlerweile liegt der RegE des 2. FiMaNoG v. 21.12.2016 auf dem Tisch (BT-Drs. 18/10936).

26 *Naucke* (Fn. 3), S. 90f.

27 Näher *Naucke* (Fn. 3), S. 95ff.

III. Kritische Würdigung

Erste Rezensionen des Textes zeigen – wen wundert es bei dieser Stoßrichtung – ein unterschiedliches Echo. Die Reaktionen reichen von Ablehnung über Skepsis bis hin zur euphorischen Aufnahme dieses „mutigen" Textes.[28] Ich will zunächst das jedenfalls mich überaus Anregende des Buches behandeln.

1. Vorzüge

Ein großer Verdienst der Arbeit liegt sicher darin, dass *Naucke* soziologische Hintergründe von Rechtsstrukturen aufzeigt, die normalerweise in Strafrechtstexten, jedenfalls dogmatischen, nicht aufscheinen – er stellt die Machtfrage!

Naucke steht in seiner Monographie auf der Seite der Schwachen, des machtlosen Bürgers, den er vor Freiheitsüberwältigungen schützen will. Am Beispiel der Genese der Bekämpfung von Staatskriminalität erläutert er, welche faktischen und rechtlichen Hindernisse zu überwinden waren, um Staatsführer strafrechtlich zur Verantwortung ziehen zu können – und wie das Völkerstrafrecht diese Entwicklung schließlich aufgenommen hat.[29] Da muss die Frage erlaubt sein, ob im Bereich der Wirtschaftskriminalität ähnliche Hemmnisse bestehen und wie sie ggf. abgebaut werden können. *Nauckes* Annahme, dass Mächtige in jedem der angesprochenen Bereiche versuchen werden, gegen sie gerichtetes Strafrecht möglichst zu verhindern, liegt da nicht ganz fern. Die grundsätzliche Gleichbehandlung von politisch oder wirtschaftlich Mächtigen einerseits und Machtunterworfenen andererseits ist dabei in einem demokrati-

---

28 Scharfe Kritik von *Bung*, in: Tagungsband (Fn. 5), S. 129 ff., 153 ff. (Diskussionsbeitrag); zustimmend *Wittig*, in: Tagungsband (Fn. 5), S. 154 (Diskussionsbeitrag), 241, 243 ff.; *Priemel*, in: Tagungsband (Fn. 5), S. 155 (Diskussionsbeitrag); krit. Analyse von *Kubiciel*, ZiS 2013, 53 ff.; allgemeines Unbehagen bei *Jahn*, wistra 2013, 41 f.; skeptisch *Demetrio*, in: FS Beulke, 2015, S. 369, 376 f. Viel Lob für den Mut und den Anstoß zur Diskussion des Themas durch *P.-A. Albrecht*, Rezension, abrufbar unter http://www.deutschlandradiokultur.de/wege-zu-einem-staerkeren-wirtschaftsrecht.1270.de.html?dram:article_id=222676 (Stand: 22.2.2017) („Sternstunde für Wahrheitssuchende"); die Schrift verteidigend *Marxen*, in: Tagungsband (Fn. 5), S. 153 (Diskussionsbeitrag); *Werle*, in: Tagungsband (Fn. 5), S. 154 (Diskussionsbeitrag); *Singelnstein*, in: Tagungsband (Fn. 5), S. 145 f.; grundsätzlich positive Aufnahme des Textes (wenngleich mit Kritik in zentralen Punkten) *Becker*, StV 2013, 347 ff.; auch *Rönnau*, in: Schiedek/Rönnau (Fn. 2), S. 9, 15; ohne tiefere Auseinandersetzung auch *Bermel*, Banken und Pflichten, 2014, S. 7 ff.

29 *Naucke* (Fn. 3), S. 7–11.

schen Rechtsstaat nicht verhandelbar; für abweichende Regelungen müssten sehr gute, belastbare Gründe sprechen.

Fast unbestreitbar scheint mir auch *Nauckes* Feststellung, dass sich die heutigen Machtstrukturen gegenüber der Zeit der Aufklärung, als sich wesentliche, bis heute geltende strafrechtliche und strafprozessuale Grundsätze ausprägten, verschoben haben. War es früher allein die vom Staat (und der Religion) ausgehende Macht, die im Freiheitsinteresse des Einzelnen beschränkt werden musste, sammelt sich heute in den Unternehmen große wirtschaftliche Macht an, die im Fall ihrer unbegrenzten Ausübung für die Bürger bedrohlich werden kann. In einer globalisierten (entgrenzten) Welt gerät der Staat zunehmend in die Defensive. Eine Reformulierung des aufklärerischen Freiheitsgedankens könnte es daher notwendig machen, den Staat (bzw. supranationale Einheiten) mit ausreichend Macht auszustatten, um konzentrierte private Macht einzudämmen; nur so lässt sich der Großteil der Bevölkerung angemessen schützen. Man frage sich nur einmal, bei wem die persönlichen Daten eigentlich besser aufgehoben sind – beim Staat oder bei Google?[30] Diese Umverteilung von Macht kann bei Überlegungen zum Einsatz von Strafrecht unmöglich ausgeblendet werden. Bisher genügt es dem Gesetzgeber für die Schaffung von Strafrechtsnormen, ein ausreichend wertvolles Rechtsgut zu identifizieren, das durch bestimmtes Täterverhalten gefährdet oder verletzt werden kann. Kommt – wie hier – noch eine strukturelle Machtasymmetrie hinzu, muss das Nachdenken über eine Kriminalisierung – gerade wenn das Verhalten ein immenses Risikopotenzial birgt – wenigstens erlaubt sein.

Teile des strafrechtlichen Schrifttums stehen – wie angedeutet – der Schaffung von Strafrecht gerade im wirtschaftlichen Bereich äußerst skeptisch ge-

30 Zutreffend kritische Stellungnahme in diesem Zusammenhang von *Hoffmann-Riem*, in: VVDStRL 75 (2016), S. 386 (Diskussionsbeitrag zum Referat von *B. Wegener*): „Wer kann denn die Freiheit gefährden? Natürlich (...) der Staat. Für mich ist der Staat gegenwärtig aber nicht mehr der größte Gefährder der Freiheit im Feld der digitalen Kommunikation. Wenn ich daran denke, welche Datenberge bei den IT-Oligopolen global verfügbar sind, ohne wirksame rechtliche Grenzen der Datenerhebung und -speicherung, ohne Transparenz und ohne Möglichkeit demokratischer Kontrolle, auch ohne Grenzen der Nutzung und ohne wirksamen Schutz vor Cyberspionage und -sabotage, dann wird ein immenses Gefährdungspotenzial erkennbar. Niemals würden wir es in einem demokratischen Rechtsstaat erlauben, dass staatliche Stellen auch nur einen Anteil dessen erheben, aufbewahren und das auch noch fast nach Belieben nutzen, was diese Unternehmen verfügbar haben."; zuvor schon *ders.*, JZ 2014, 53 ff., der aufgrund der „oligopolistischen Vermachtung weiter Teile der globalen IT-Kommunikation" (63) die Notwendigkeit einer Neukonzeption von Freiheitsschutz (durch Aktivierung des objektivrechtlichen Schutzgehalts der Grundrechte bzw. der Schutzpflichtenlehre) fordert; auch *ders.*, AöR 137 (2012), 509 ff.; diesbezüglich Bedenken zudem bei *Bung*, in: Tagungsband (Fn. 5), S. 129, 142.

genüber. „Was richtig ist und was falsch, was sachangemessen ist und plausibel, was toleriert werden kann und was sanktioniert werden muss, das hat das Recht – so *Hassemer* – der Wirtschaft nicht vorzugeben; das weiß sie selber.“[31] Vor dem Hintergrund des Ausgeführten ist diese These zumindest mit einem Fragezeichen zu versehen. Auch und gerade die zerstörerischen Folgen der Finanzkrise haben gezeigt, dass die Eigengrenzziehung das Gemeinwohl nicht immer ausreichend im Blick hat; hier bedarf es der Kontrolle von außen, nötigendenfalls auch durch das Strafrecht.[32] Dass einer Neukriminalisierung in Form der politischen Wirtschaftsstraftat – jedenfalls nach derzeitigem Forschungsstand – aber andere Gründe entgegenstehen können, wird sogleich auszuführen sein.

Auf diese wichtigen Zusammenhänge hingewiesen und entsprechende Fragen gestellt zu haben, ist *Naucke* hoch anzurechnen.

2. Schwächen des Ansatzes

Naucke malt zur Begründung seines machtkritischen bzw. -verneinenden Strafrechts ein imposantes Bild: Ein mächtiger Täter überwältigt die persönliche Freiheit des machtlosen Opfers! Das ist eingängig, aber das Bild ist zu grob gezeichnet. Damit leite ich über zum kritischen Teil meiner Ausführungen.

Freiheitsüberwältigung meint bei *Naucke* Freiheitsschaden, wie er im Grundsatz bei jeder Straftat auf Opferseite auftritt, bei Wirtschaftsstraftaten in seiner Deutung allerdings herbeigeführt durch eine wirtschaftlich mächtige Organisation. Dadurch ist der *Erfolg* des Verhaltens – im Falle einer Krise etwa große Vermögensschäden – beschrieben. Aber entscheidend für die Strafbarkeit ist die Handlungsseite: Die Frage, ob „Unglück“ oder „Unrecht“ vorliegt, hängt allein davon ab, ob dem Akteur *Handlungsunrecht* vorgeworfen werden kann oder nicht. „Radikalfinalisten“ wie *Zielinski, Lüderssen u.a.* kennen überhaupt nur Handlungsunrecht, während der Erfolg in ihrem Konzept als objektive Strafbarkeitsbedingung eingestuft wird.[33] Genau hier, beim Handlungsunrecht, liegt das Problem bei der strafrechtlichen Bewertung von Großereignissen wie etwa der

---

31 *Hassemer*, wistra 2009, 169, 171; zust. *Lüderssen*, in: Kempf/Lüderssen/Volk (Hrsg.) Die Finanzkrise, das Wirtschaftsstrafrecht und die Moral, 2010, S. 211, 232 (m. Fn. 75).

32 Gleichsinnig *Becker*, StV 2013, 347, 349 f.; auch *Rönnau*, in: Schiedek/Rönnau (Fn. 2), S. 9, 15 ff.

33 Näher zur Bedeutung des Handlungsunrechts *Roxin*, Strafrecht AT I, 4. Aufl. 2006, § 10 Rn. 88 ff. (zur Konstruktion der monistisch-subjektiven Richtung s. Rn. 94 f.; Kritik daran in Rn. 96 ff.).

jüngsten Finanzkrise. Derartige Situationen entstehen als Ergebnis komplexer Prozesse, in denen unterschiedlichste Faktoren auf nicht ohne weiteres überschaubare Weise zusammenwirken. Deshalb muss geklärt werden, wann die Schwelle vom strafbaren Einzelversagen zum vom Strafrecht nicht mehr erreichbaren Systemversagen überschritten ist, wobei allerdings die Entstehung rechtsfreier Räume nicht voreilig hingenommen werden darf. Es stellt sich mit anderen Worten die für die Begründung von Strafbarkeit seit jeher zentrale Frage *individueller Verantwortungszurechnung.*[34] Hier muss sorgfältig geprüft werden, wie stark die Anforderungen an das Täterverhalten abgeschmolzen werden können, um noch die Qualität *strafbaren* Verhaltens aufzuweisen. Konkret geht es um die Bestimmung der Untergrenze strafrechtlicher Haftung. Bekannte gesetzgeberische Schutzstrategien im Grenzbereich sind da etwa die Vorverlagerung des Strafrechts, die Verflüssigung des Rechtsguts, das Ausweichen auf abstrakte Gefährdungsdelikte oder die Anknüpfung der Strafbarkeit an ein Unterlassen (der Kontrolle) statt an ein aktives Tun.[35] Der strafrechtliche Instrumentenkasten ist allerdings nicht beliebig zu erweitern, will er rechtsstaatlichen Anforderungen an die Bestimmtheit, die Subsidiarität usw. noch genügen.[36]

---

34 Zur Unmöglichkeit, Systemprobleme dem Individuum zuzurechnen, s. grds. *P.-A. Albrecht*, in: Institut für Kriminalwissenschaften Frankfurt a.M. (Hrsg.), Vom unmöglichen Zustand des Strafrechts, 1995, S. 429, 433ff.; vgl. auch *ders.*, in: FS Hamm, 2008, S. 1, 10 und *ders.* Kriminologie, 4. Aufl. 2010, S. 407 u. vor. Allgemein zum Problem individueller (strafrechtlicher) Verantwortlichkeit bei „systemischen" Krisen und Großschäden *Prittwitz*, in: Lüderssen (Hrsg.), Aufgeklärte Kriminalpolitik oder Kampf gegen das Böse?, Bd. III, 1998, S. 7, 19f.; skeptisch mit Blick auf die Finanzkrise auch *Lüderssen*, in: Kempf/Lüderssen/Volk (Hrsg.), Die Handlungsfreiheit des Unternehmers – wirtschaftliche Perspektiven, strafrechtliche und ethische Schranken, 2009, S. 241, 316f. und *ders.*, in: Kempf/Lüderssen/Volk (Fn. 31), S. 211ff.; (= *ders.*, StV 2009, 486ff.); dazu auch *Wohlers*, ZStW 123 (2011), 791, 793ff.; jüngst aber *Schünemann*, wistra 2015, 161, 162: „Ein prinzipielles Problem für die Anwendung des Strafrechts auf individuelles menschliches Handeln im Rahmen von Wirtschaftsunternehmen existiert [...] nicht"; *ders.* schon in: GA 1995, 201, 210ff. und in: Kühne/Miyazawa (Hrsg.), Alte Strukturen und neue gesellschaftliche Herausforderungen in Japan und Deutschland 2000, S. 15, 22ff., 29.

35 Vgl. – jew. *passim* – zur Verflüssigung des Rechtsguts *Krüger*, Die Entmaterialisierungstendenz beim Rechtsgutsbegriff, 2000; zur Vorverlagerungstendenz und Häufung von abstrakten Gefährdungsdelikten *Herzog*, Gesellschaftliche Unsicherheit und strafrechtliche Daseinsvorsorge: Studien zur Vorverlegung des Strafrechtsschutzes in den Gefährdungsbereich, 1991; zum Ganzen ferner *Prittwitz*, Strafrecht und Risiko: Untersuchungen zur Krise von Strafrecht und Kriminalpolitik in der Risikogesellschaft, 1993.

36 Zu den Grenzen rechtsstaatlichen Strafrechts nur *Roxin*, Strafrecht AT I, § 5 Rn. 67ff. (Bestimmtheit), § 2 Rn. 97ff. (Subsidiarität, Ultima ratio, Fragmentarität). Die Gefahren, die sich aus einer Flexibilisierung, Ökonomisierung und Entformalisierung des strafrechtlichen Zugriffs ergeben, skizziert *Naucke*, KritV 1999, 336, 340f.; zum Erosionsprozess rechtsstaatlichen Strafrechts *P.-A. Albrecht*, Kriminologie, S. 63ff., 145ff., 401ff.

Fest im Blick zu behalten ist bei diesem Thema das Kernproblem des Wirtschaftsstrafrechts – die Bestimmung des erlaubten Risikos![37] Hier kann sich das Strafrecht in einer Welt, die sich – im übertragenen Sinne – immer schneller dreht und immer riskantere Manöver fährt, um noch Wohlstandsgewinne zu erzielen, nicht von gesamtgesellschaftlichen Abwägungen – etwa Mobilität gegen Verkehrsunfalltote und -verletzte – abkoppeln. Wir tanzen auf dem Vulkan und berauschen uns dabei – das hat seinen Preis![37a]

Die gesellschaftliche Akzeptanz jedenfalls bestimmter riskanter Investitionen muss auch das Strafrecht als Ultima Ratio der Sozialpolitik verarbeiten; verwirklicht sich das Risiko und tritt ein Schaden ein, ist er als Kehrseite einer bewussten Entscheidung hinzunehmen. Diese Entscheidungen werden regelmäßig in der Wirtschaft getroffen. Die Wirtschaftsverläufe sind aber häufig auch durchzogen oder zumindest Folge von politischen Handlungen (und Unterlassungen). Die Deregulierung des Finanzmarktes etwa ist mit Vorsatz der politischen Akteure entstanden. Dies berücksichtigend fällt es schwer, mit *Naucke* eine gerade Linie von Nürnberg über *Mannesmann* zur Finanzkrise zu ziehen. Das Verhalten totalitärer Regime hat – in den Worten *Christian Beckers* – einfach eine „fundamental andere Qualität" als die Gesellschaftssteuerung durch (abwählbare) Parlamente und Regierungen in demokratisch verfassten Gesellschaften.[38]

Naucke misstraut der Autorität und Rechtfertigungskraft politischer Entscheidungen, mögen sie auch formal ordnungsgemäß zustande gekommen und *legal* sein – und das nicht nur in Situationen, in denen wie bei der Finanzkrise die Regierung und das Parlament massiv unter Druck gesetzt wurden.[39] Und so fragt er weiter nach der *Legitimität* der Entscheidung. Hier schlägt der Naturrechtler *Naucke* durch, für den sich richtiges Recht nicht mit dem positiven Recht decken muss.[40] Das verschiebt die Bewertungsperspektive deutlich und

---

37 Eingehend zum erlaubten Risiko als wirtschaftsstrafrechtlicher Kategorie *Krause*, Ordnungsgemäßes Wirtschaften und erlaubtes Risiko, 1995, *passim* (im Kontext des Insolvenzstrafrechts); zur Problematik des Risikogeschäfts bei der Untreue *Hillenkamp*, NStZ 1981, 163 ff.; *Waßmer*, Untreue bei Risikogeschäften, 1997; im Zusammenhang mit dem „Mannesmann-Verfahren" *Hohn*, wistra 2006, 161 ff.; zur Rolle betriebswirtschaftlicher Risikomodelle bei der Untreuestrafbarkeit im Wertpapiergeschäft *Becker/Walla/Endert*, WM 2010, 875 ff.

37a S. auch *Stratenwerth*, ZStW 105 (1993), 679, 681: „Es sind ja primär nicht die spektakulären Untaten einzelner Schurken, die die Menschheit bedrohen, sondern die Mechanismen eines sich vorerst noch einigermaßen ungehemmt fortentwickelnden ökonomischen Systems, zu dessen zerstörerischen Auswirkungen heute praktisch jeder sein mehr oder minder großes Scherflein beiträgt."

38 *Becker*, StV 2013, 347, 348.

39 Vgl. *Naucke* (Fn. 3), S. 63.

40 Kritik am „Überspringen" der Wortlautgrenze (bezogen auf § 283 Abs. 6 StGB) daher von *Kubiciel*, ZiS 2013, 53, 57 und *Goeckenjan*, wistra 2014, 201 m. Fn. 6. Das hatte *Naucke* (Fn. 3), verlangt nach einem Anker und Maßstab, der über dem positiven Recht und dem jeweiligen Gesellschafts- und Wirtschaftssystem angesiedelt ist. Ich sehe nicht, dass hier das Bild von der „Freiheitsüberwältigung durch die Ausübung staatlich geförderter oder privater Macht" ausreichend Differenzierungskraft für die Annahme von Strafwürdigkeit hat.

Eines ist mir bei der Lektüre seiner Schrift aber ganz klar geworden: Es gibt einen Freiheitsbereich des Einzelnen, der vor massiven Bedrohungen durch mächtige Akteure aus der Wirtschaft abgeschirmt werden muss und bisher – angesichts einer verengten Perspektive – noch nicht ausreichend gesichert ist. Diesen in sich ständig wandelnden Gesellschaften zu identifizieren und gefährliches Verhalten in Tatbeständen so einzufangen, dass es rechtsstaatlichen Anforderungen genügt, wird dabei zukünftig die große Herausforderung sein. Sicher braucht man hier einen „regulativen Mix" unter Einbeziehung von Zivilrecht, Aufsichtsrecht usw., bei dem das Strafrecht nicht an vorderster Front stehen muss und sollte; geltendes Recht – auch das (Wirtschafts-)Völkerstrafrecht – muss befragt werden, ob es ausreichend Schutz bietet.[41] Von Tatbestandsformaten wie dem durch das sog. Trennbankengesetz neu geschaffenen § 54a KWG sollte man allerdings Abstand nehmen; die Vorschrift weist zu viele Mängel auf und wird ein zahnloser Tiger bleiben.[42] Das Strafrecht bei einer etwaigen Regulierung aber von vornherein als Handlungsinstrument auszublenden, halte ich angesichts zum Teil immenser Risikopotenziale für unangemessen.[43]

S. 64 natürlich vorhergesehen und versucht auf den Folgeseiten eine nicht ganz überzeugende Entkräftung des Arguments.

41 Mit diesem Fokus auch viele im Tagungsband (Fn. 5) abgedruckte Referate, etwa die von *Singelnstein* (S. 145 ff.), *Zerbes* (S. 205 ff.) und *Wittig* (S. 241 ff.). Die Erfassung von (multinationalen) Unternehmen durch das Völkerstrafrecht untersucht weiterhin *F. Meyer*, stellt dabei zwar „schmerzhafte" Verantwortungslücken fest, plädiert letztlich aber doch für Regelungen jenseits des Strafrechts, u.a. für ein „präventionsorientiertes transnationales Wirtschaftsaufsichtsrecht" (ZStR 131 [2013], 56 ff., 86; ZStW 126 [2014], 122 ff., 126).

42 Aus der Schar der Kritiker nur *Kasiske*, ZiS 2013, 257, 264 („legislativer Totalschaden"); *Albrecht*, BKR 2014, 98, 105 („durchgreifende rechtliche und dogmatische Bedenken"); *Hamm/Richter*, WM 2013, 865, 870 („schwerwiegende verfassungsrechtliche Bedenken"); positiver *Chr. Schröder*, WM 2014, 100, 106 („§ 54a KWG bewegt sich maßvoll im Rahmen des gesetzgeberischen Entscheidungsspielraums"); *Kubiciel*, ZiS 2013, 53, 59 f.; *Goeckenjan*, wistra 2014, 201 ff.

43 Ebenso *Becker*, StV 2013, 347, 349 f.; *Kubiciel*, ZiS 2013, 53, 59 f. (mit Blick auf die strafrechtliche Aufarbeitung der Finanzkrise); *Pieth*, Wirtschaftsstrafrecht, 2016, S. 22; *Rönnau*, in: Schiedek/Rönnau (Fn. 2), S. 9, 16 – gegen *Lüderssen*, der allein aus der Komplexität eines Regelungsbereichs auf die Unzulässigkeit des Einsatzes von Strafrecht schließt (in: Kempf/Lüderssen/Volk [Hrsg.], Die Handlungsfreiheit des Unternehmens – Wirtschaftliche Perspektiven, strafrechtliche und ethische Schranken, 2009, S. 241, 316; ähnlich *ders.*, StV 2009, 486, 494).

IV. Schluss

Naucke hat mit seinem Buch für diese Fragestellung, also die Notwendigkeit eines erweiterten Strafrechts gegenüber wirtschaftlich Mächtigen, einen wichtigen Anstoß gegeben. Seine Überlegungen müssen fortentwickelt werden. Ob man das Thema weiterhin unter dem Begriff „politische Wirtschaftsstraftaten" diskutieren oder eher von „wirtschaftsverstärkten Straftaten" oder ähnlichem sprechen sollte, ist meines Erachtens zweitrangig.

Dass hier jedenfalls ein Problem liegt, um das sich die Wissenschaft in Zukunft kümmern muss, steht für mich fest. Über die saubere Abgrenzung von Betrug und Diebstahl ist genug geschrieben worden. *Naucke* weiß selbst, dass die eigentliche Ausarbeitung seines Ansatzes noch bevorsteht. Den großen rechtlichen Ernst, mit dem er das Thema diskutiert und vorbringt, habe ich bei unseren Gesprächen immer gespürt. Man sollte ihm daher nicht – wie das auf dem Berliner Herbstsymposium 2014 in einem Vortrag geschehen ist – vorwerfen, er trete als „Populist" auf und „pervertiere das Völkerstrafrecht."[44] Dafür ist sein berechtigtes Anliegen einfach von zu großer Bedeutung. Selbst wenn es also die politische Wirtschaftsstraftat im geltenden Strafrecht wohl noch nicht gibt, haben wir allen Anlass darüber nachzudenken, ob das von *Naucke* identifizierte Kontrollvakuum bisher rechtlich angemessen verarbeitet wurde.

---

44 So *Bung*, in: Tagungsband (Fn. 5), S. 129, 139, 141.

Carl Christian von Weizsäcker

Die gesamtwirtschaftlichen Perspektiven und deren Verhältnis zur Mikroökonomie

In meinem kurzen Vortrag möchte ich Ihnen Gedanken präsentieren, die in dieser Form meine eigenen sind, die aber der Intuition der meisten Fachkollegen entsprechen. In einem längeren Artikel im ORDO-Jahrbuch für das Jahr 2014 habe ich manches sehr viel ausführlicher dargestellt. Ich habe ihn unter den Titel gestellt: „Die normative Ko-Evolution von Marktwirtschaft und Demokratie". Das ORDO-Jahrbuch wurde kurz nach dem Krieg von Walter Eucken und Franz Böhm begründet, dem Ökonomen Eucken und dem Juristen Böhm, die als die Häupter der ordo-liberalen Schule gelten.

Es gibt jeweils einen gesetzgeberischen, wirtschaftlichen, technischen, kulturellen, infrastrukturellen Status Quo. In seiner geistigen Auseinandersetzung mit dem damaligen Totalitarismus, insbesondere dem Stalinismus, hat Karl Popper die Sozialphilosophie des „Piecemeal Engineering" entwickelt. Hierbei erkennt man den jeweiligen Status Quo als solchen an, der nun mithilfe von kleinen Reformschritten, mithilfe von „Versuch und Irrtum" verbessert werden soll. Wird im Rahmen einer Philosophie des „Trial and Error" über ein neues soziales Experiment nachgedacht, so gibt es immer auch die Möglichkeit, bei dem jeweiligen Status Quo zu verharren, somit also auf dieses soziale Experiment zu verzichten. Wir sprechen hier auch von der *„Default Option"*: wird bezüglich eines hypothetischen Experiments nichts entschieden, so bleibt es beim Status Quo. Oder anders ausgedrückt: jede Abweichung vom Status Quo ist verbunden mit einer bewussten und expliziten Entscheidung, etwas zu verändern.

Diese Entscheidung ist in einer Demokratie meist kontrovers. Sie kann dann zwar oft mit Mehrheitsentscheidung durchgesetzt werden, verliert aber umso mehr an Legitimität, je stärker die Opposition gegen sie ist. Sofern Entscheidungen dieser Art nicht entpolitisiert werden, indem man sie an die Wirtschaft, die Wissenschaft oder andere Verkörperungen der Zivilgesellschaft auslagert, ist der Entscheidungsprozess langwierig und umständlich. So ist der Körper der geltenden Gesetze ein ausgesprochen träges Gebilde, das sich nur langsam ändert. Damit aber gibt es eine implizite, also nicht ausgesprochene Aufwertung des jeweiligen Status Quo. Dieser Gedanke ist natürlich verwandt mit dem Jellinekschen Gedanken der „normativen Kraft des Faktischen".

Diesem versuchsweisen „Sich-vor-Tasten" entsprechen aber auch die Entscheidungen, die außerhalb der Politik fallen – etwa in der Wirtschaft, in der Wissenschaft, in sonstigen Formen der Vergemeinschaftung. Ich nehme hier die

Wirtschaft als Beispiel. Das tägliche Leben der wirtschaftenden Menschen ist vor allem durch Routine bestimmt. Veränderungen von einem Tag zum andern sind selten. So besitzt die Wirtschaft ein „Gedächtnis", das aus dem auf viele Köpfe verteilten Wissen über das besteht, was sich in der Vergangenheit bewährt hat. Dieses Gedächtnis und die ihm entsprechenden Routinen können wir als den Status Quo der Wirtschaft bezeichnen. Hierzu gibt es einen klugen Artikel von Friedrich August von Hayek aus dem Jahre 1945: „The Use of Knowledge in Society". Es ist vielleicht kein Zufall, dass er ungefähr gleichzeitig erschien wie Poppers Buch über die Offene Gesellschaft.

Das „Sich-vor-Tasten" umfasst auch das, was wir Ökonomen seit Schumpeter „Innovationen" nennen. Neue Produkte kommen auf den Markt. Neue Produktionsverfahren verändern die Kosten der Produktion. Aber auch die vom Staat verantwortete Infrastruktur verändert sich Schritt für Schritt. All dies können wir unter die Poppersche Rubrik des „Trial and Error" ablegen. Manche versuchte Innovation scheitert. Nicht jeder dieser tastenden Schritte ist erfolgreich – und er wird zurück genommen.

Das tägliche Leben des Ökonomen als Politikberater ist die geistige Vorbereitung und Begleitung dieser tastenden Schritte. Was aber ist das Erfolgskriterium für einen solchen Schritt, für einen solchen Ausbruch aus dem Status Quo? Es ist dies das Effizienzkriterium der Kosten-Nutzen-Analyse. In dieser Kosten-Nutzen-Analyse prüft man, ob ein Projekt – so wollen wir einen solchen Ausbruch aus dem Status Quo nennen – mehr Nutzen als Schaden anrichtet. Dabei werden die von dem Projekt erwarteten Effekte verortet auf einer Geldskala. Dann wird zusammen gerechnet, ob der Geldwert der Vorteile (des Nutzens) größer ist als der Geldwert des Schadens (der Kosten). Ist dies der Fall, dann wird dieses Projekt befürwortet; ist dies nicht der Fall, dann wird die Ablehnung des Projekts empfohlen.

Kosten und Nutzen eines Projekts werden im Idealfall abgeleitet aus den Präferenzen oder Wünschen der einzelnen Bürger. Viktor Vanberg, lange Jahre Leiter des Walter Eucken Instituts in Freiburg, spricht hier von „normativem Individualismus". Kosten und Nutzen für die Gesellschaft werden zurückgeführt auf Kosten und Nutzen der einzelnen Mitglieder der Gesellschaft. Im Fall der Kosten-Nutzen-Analyse werden diese Werte über alle Bürger hinweg summiert. Der gesellschaftliche Gesamtnutzen ist damit die Summe der Nutzen der einzelnen Bürger. Die gesellschaftlichen Gesamtkosten sind die Summe der Kosten für die einzelnen Bürger. Dieses Verfahren nennen wir in der Ökonomie auch das Effizienzprinzip: Eine Veränderung, die mehr Nutzen als Schaden bringt, nennen wir „effizient". Vielfach spricht man hier auch vom „Kaldor-Hicks-Scitovsky-Kriterium" nach den drei Autoren, die sich um dieses Kriterium besonders verdient gemacht haben.

In dem Prinzip des normativen Individualismus manifestiert sich der Versuch der ökonomischen Wissenschaft, eine Sozialtheorie der Freiheit zu sein. Ihre zentrale Fragestellung ist im Grunde: wie funktioniert eine freiheitlich organisierte Gesellschaft? Der Begriff der Präferenzen der Menschen, der in dieser Theorie einen besonders wichtigen Platz einnimmt, ist das analytische Korrelat zu der Intuition dessen, was man bürgerliche Freiheit nennen kann.

Wie aber kann man bei dieser Kosten-Nutzen-Analyse das einfache Aufsummieren der individuellen Kosten- und Nutzengrößen rechtfertigen? Kann man tatsächlich die Verteilungswirkungen des Projekts vernachlässigen? Hierauf später eine Antwort.

Vorab aber zwei Grundgedanken, die man in der Kosten-Nutzen-Analyse immer voraussetzen muss – die allerdings meist unausgesprochen bleiben.

Der eine Grundgedanke ist der der „revealed preference". Er wurde von Paul Samuelson 1937 in die Literatur eingeführt und danach ausführlich ausgearbeitet. Das Prinzip der revealed preference ist folgendes: wenn die Präferenzen des Individuums sein Verhalten steuern, dann sollte man aus dem beobachteten Verhalten des Individuums auf seine Präferenzen zurück schließen können. Dieses Prinzip ist wichtig für die Kosten-Nutzen-Analyse, da man nur so aus dem beobachteten oder vorausgeschätzten Verhalten der Menschen auf den Nutzen schließen kann, der ihnen aus einem bestimmten Projekt entsteht. Beispiel: ist der Bau einer Brücke über einen Fluss verbunden mit einem Nutzen, der größer ist als ihre Kosten? In der heutzutage in solchen Zusammenhängen routinemäßig durchgeführten Kosten-Nutzen-Analyse schätzt man ab, wie intensiv diese Brücke genutzt würde, wenn sie erstellt würde. Dahinter steht eben die Idee, dass man aus dem Fahrverhalten der möglichen Nutzer der Brücke auf den Nutzen zurückschließen kann, der ihnen aus dem Bau der Brücke entstehen würde.

Die Kosten-Nutzen-Analyse setzt damit voraus, dass das Verhalten der Menschen ihren Präferenzen entspricht. Das wäre dann nicht der Fall, wenn ihr Verhalten primär durch Verstellung, durch Lüge und Heuchelei gesteuert würde. Dass man sich in seinem Verhalten nicht verstellen muss, ist aber ein Charakteristikum einer Gesellschaft bürgerlicher Freiheit. Insofern ist bürgerliche Freiheit nicht nur ein Wert an sich, sondern auch eine Voraussetzung dafür, dass rationale Gesetzgebungs- und Infrastrukturpolitik gemäß den Prinzipien der Kosten-Nutzen-Analyse verwirklicht werden kann.

Man sollte sich hier klar machen, dass Befragungen oder Umfragen nur so lange gültige Ergebnisse liefern, als die Befragten mit ihren Antworten keine strategischen Ziele erreichen wollen. Beispiel: wenn jemand am Bau einer Brücke besonders interessiert ist und wenn er vermutet, dass seine Antwort einen Einfluss auf die Entscheidung hat, ob die Brücke gebaut wird oder nicht, dann wird er seine Nutzungsbereitschaft der Brücke in seiner Antwort übertreiben. „Cheap Talk", wie es von der Ökonomik genannt wird, ist damit als Information über die Präferenzen der Menschen sehr viel weniger zuverlässig als das Beobachten des tatsächlichen Konsumverhaltens der Menschen gemäß dem Prinzip der revealed preference.

Das zweite grundlegende Prinzip ist das von Herbert Simon entwickelte Prinzip der „Near Decomposability" oder „Fast-Zerlegbarkeit". Jedes komplexe System hat hiernach die Eigenschaft, derart in Subsysteme zu zerfallen, dass die Interaktionsintensität von Elementen innerhalb desselben Subsystems wesentlich intensiver ist als die Interaktionsintensität zwischen Elementen, die unterschiedlichen Subsystemen angehören. Simon zeigt, dass diese Fast-Zerlegbarkeit Voraussetzung dafür ist, dass die Evolution derart komplexe Systeme überhaupt hervorbringt.

Wir können diese Eigenschaft der Wirtschaft auch so ausdrücken: die Marktwirtschaft ist kein Kartenhaus. Eine kleine Störung dieses Systems an irgendeiner Stelle führt nicht zum Zusammenbruch des ganzen Systems. Die Wirkungen des Handelns der einzelnen Bürger aber auch des Staates sind relativ gut abschätzbar, weil diese Wirkungen in ihrem Hauptteil lokaler Natur sind. Das liegt an der Fast-Zerlegbarkeit des Systems. So können die Bürger sich zielorientiert verhalten. Und so kann der Staat sich in der Regel ein einigermaßen realistisches Bild von den Wirkungen seiner Maßnahmen machen. Das aber ist die Voraussetzung für die Stabilität und Steuerbarkeit des Gesamssystems.

Auch die Rechtssetzung, auch speziell das Strafrecht ist darauf angewiesen, dass die Wirkungen der Rechtsnormen auf das Verhalten der Menschen im Durchschnitt der Fälle gut voraussagbar sind. Anders wäre die Abschreckungsfunktion und daher Steuerungsfunktion des Strafrechts gar nicht vorhanden. Grundsätzlich beruht eine Gesellschaft freier Bürger ganz wesentlich darauf, dass diese Bürger die Fähigkeit haben, realistische, erfahrungsgestützte Prognosen über die Folgen des eigenen Handelns und über das Handeln der Mitbürger zu machen. Diese Fähigkeit setzt die systemische Eigenschaft der Fast-Zerlegbarkeit voraus.

Nun komme ich zur Kernthese meines Vortrags. Das Effizienzprinzip kann in einem bestimmten institutionellen Rahmen als sinnvolle Richtschnur regulatorischen Handelns gerechtfertigt werden. Die Rechtfertigung beruht auf einer Eigenschaft eines Effizienzregimes, die ich „Generalkompensation" nenne.

Zuerst folgende Beobachtung: Ist ein Projekt effizient im oben definierten Sinne, dann kann rein theoretisch jeder Bürger mithilfe dieses Projekts besser gestellt werden, sofern die Gewinner aus diesem Projekt einen Teil ihrer Gewinne an die Verlierer abgeben. Denn der Gesamtwohlstand der Volkswirtschaft ist durch dieses Projekt gestiegen. Gegen ein Projekt, das alle Bürger besser stellt, kann aber schwerlich etwas eingewendet werden. Ein Projekt, das alle Bürger besser stellt, hat die Eigenschaft der „Pareto-Verbesserung".

Das Problem ist nur, dass eine solche passgerechte Umverteilung der Gewinne in der Praxis nicht gelingen kann. Denn die Information über Gewinn und Verlust eines Projekts kommt von den Bürgern selbst. Wenn die Bürger aber erfahren, dass ihre Angaben über ihren persönlichen Gewinn oder Verlust einen Einfluss darauf haben, wie umverteilt wird, dann haben sie einen starken Anreiz, Gewinn und Verlust falsch darzustellen. Denn die Zahlung, die der einzelne Bürger leisten muss, ist ja proportional zu seinem Gewinn aus dem Projekt. Wenn er also seinen erwarteten Gewinn bei der Meldung untertreibt, dann muss er weniger zahlen. Wenn er seinen erwarteten Verlust bei der Meldung übertreibt, dann erhält er eine höhere Kompensation. Damit kommen aber bei der Entscheidungsstelle Meldungen an, die insgesamt den Gewinn aus dem Projekt stark untertreibt und den Verlust aus dem Projekt stark übertreibt. Somit erscheint selbst ein effizientes Projekt in den meisten Fällen aufgrund der Meldungen als ineffizient. Würde man als Bedingung für die Durchführung des Projekts fordern, dass alle Bürger besser gestellt werden, dann wäre man in einem Regime, das ich „Stagnations-Regime" nennen möchte. Denn, es gäbe dann nur sehr wenige Ausbrüche aus dem Status Quo. Beispielsweise wären technische Innovationen kaum durchsetzbar, weil fast jede derartige Innovation auch Verlierer schafft, zum Beispiel die Hersteller solcher Güter, die durch die Innovation vom Markt verdrängt werden.

Ich stelle nun den Vergleich zwischen zwei „Regimes" an. Sie sind das „Effizienzregime", in dem der Filter das Kriterium der Effizienz ist – und das „Stagnationsregime", in dem der Filter das Kriterium der Pareto-Verbesserung ist. Hier nun kommt die Behauptung: im Effizienz-Regime stellen sich alle Einkommensperzentile besser als im Stagnationsregime. Unter einem Einkommensperzentil verstehen wir eine Gruppe von Personen mit approximativ gleichem Einkommen. Der Wortbestandteil „Perzentil" verweist darauf, dass man sich die Bevölkerung in hundert derartige Gruppen vorstellt, die alle gleich viele Mitglieder haben. Das unterste Einkommensperzentil ist damit das Hundertstel der Bevölkerung mit dem geringsten Einkommen.

Die Behauptung ist also nicht, dass das Effizienzregime gegenüber dem Stagnationsregime im strikten Sinn eine Paretoverbesserung ist, sondern nur, dass sich jedes Perzentil im Effizienzregime besser stellt. Aber dieses Kriterium, das gelegentlich auch Suppes-Kriterium genannt wird, rechtfertigt das Effizienzregime selbst unter der Annahme, dass es in der Bevölkerung egalitäre Gerechtigkeitsvorstellungen gibt.

Diese Behauptung der Überlegenheit des Effizienz-Regimes im Vergleich zum Stagnationsregime nenne ich das Prinzip der „Generalkompensation“: Eine bestimmte Einkommensgruppe mag bei einem einzelnen Projekt Verluste erleiden – und diese werden nach den Regeln des Effizienzregimes nicht durch Ausgleichszahlungen kompensiert. Jedoch – so die Behauptung – in der Summe der zahlreichen Projekte, die das Effizienzregime vom Stagnationsregime unterscheidet, wird sich die Gruppe besser stellen. In der Summe der Projekte wird die Einkommensgruppe für die Verluste, die sie bei manchen Projekten erleidet, durch die Gewinne in anderen Projekten voll kompensiert. Daher die Bezeichnung „Generalkompensation“.

Es ist hier nicht genügend Zeit, um die Behauptung der Generalkompensation zu begründen. Ich verweise hier auf meine im Literaturverzeichnis aufgeführten Publikationen. Nur zwei Grundgedanken stelle ich kurz vor.

Der eine ist die Analogiebildung zum Gesetz der Großen Zahl aus der Wahrscheinlichkeitstheorie.

Ein Beispiel: stellen Sie sich vor, dass folgendes Spiel gespielt wird: Ein Würfel wird geworfen: der Spieler erhält – in Euro – die Augenzahl des geworfenen Würfels minus 3. Er erhält also mit je einem Sechstel Wahrscheinlichkeit – 2 €, oder – 1 €, oder 0, oder 1 € oder 2 € oder 3 €. Im Erwartungswert erhält er 0,5 €. Das Spiel ist also eines, in dem man gewinnen oder verlieren kann. Dem Spieler wird angeboten, das Spiel entweder gar nicht zu spielen oder 100-mal zu spielen. Die Wahrscheinlichkeit, dass er bei hundert Würfen in der Summe verliert, ist sehr, sehr klein. Der Spieler wird somit dieses Spiel akzeptieren, obwohl er bei einem einzelnen Wurf mit einer Wahrscheinlichkeit von einem Drittel verliert.

Dem Gesetz der Großen Zahl in der Statistik entspricht die Generalkompensation. Bei jedem einzelnen Projekt gibt es mehr Gewinn als Verlust. Wenn die Chance auf Gewinn sich auf die Perzentile breit verteilt, dann entspricht dies für jedes einzelne Perzentil einem Würfelspiel von der Art, wie oben beschrieben.

Zur Legitimierung dieser Analogie zum Gesetz der Großen Zahl muss die Struktur des marktwirtschaftlichen Systems sehr viel genauer analysiert werden, als das in diesem kurzen Vortrag hier möglich ist. Ich verweise hier auf meine unten aufgeführten Publikationen.

Das zweite Argument für die Gültigkeit der Generalkompensation ist das Umverteilungssystem einer Sozialen Marktwirtschaft. Dieses sollte mithilfe der sozialstaatlichen Einrichtungen und mithilfe der progressiven Einkommenssteuer zu einer recht massiven Umverteilung von oben nach unten führen. Das aber bedeutet, dass selbst solche effizienten Projekte, die überwiegend die reichen Schichten begünstigen, sich mit großer Wahrscheinlichkeit auch zugunsten der armen Schichten auswirken, weil sie die Steuereinnahmen des Fiskus erhöhen und damit die Fähigkeit des Sozialstaats steigern, den einkommensschwachen Schichten materielle Hilfestellung zu geben.

Ein Beispiel für diesen Gedanken ist das Gesundheitssystem. Wenn die Volkswirtschaft durch das Effizienzsystem reicher wird, kann das sozialstaatliche Gesundheitssystem aus Steuermitteln (in Deutschland gibt es ja eine „Gesundheitssteuer“ in der Form der einkommensabhängigen Beiträge zur gesetzlichen Krankenversicherung) besser alimentiert werden, was allen Bürgern praktisch gleichmäßig zugutekommt.

Zum Abschluss noch ein Hinweis auf eigene Forschung. Traditionell stützt sich das Theoriesystem des „normativen Individualismus“ auf die vereinfachende Annahme, dass die Präferenzen der Menschen fest vorgegeben sind. Die „Wertequelle“ für die Analyse stand damit eindeutig fest. Diese Annahme ist jedoch nicht realistisch. Ich habe mich in einem umfangreichen theoretischen Forschungsprojekt der Frage gewidmet, wie man eine Wohlfahrtsökonomik des normativen Individualismus auch dann aufbauen kann, wenn die Präferenzen selbst vom Wirtschaftsgeschehen beeinflusst werden. Das bisherige Zwischenergebnis ist dieses: wenn die Präferenzen sich vom Wirtschaftsgeschehen so beeinflussen lassen, dass sie die Eigenschaft „adaptiver Präferenzen“ haben, dann ist Wohlfahrtsökonomik auf der Basis des normativen Individualismus nach wie vor möglich. Ich habe einen Teil dieser Analyse in dem einleitend genannten Artikel festgehalten, der in ORDO im Jahre 2014 publiziert wurde.

Literatur

Von Hayek, F.A. (1945), The Use of Knowledge in Society, American Economic Review, 35, 519–530

Popper, K (1945)., The Open Society and its Enemies, 2 Bände, London 1945 und zahlreiche weitere Auflagen.

Samuelson, P. (1938). “A Note on the Pure Theory of Consumers’ Behaviour”. Economica **5** (17): 61–71

Simon, H.A., (1962), The Architecture of Complexity, Proceedings of the American Philosophical Society, 106, 467–482

Suppes, P (1966), Some Formal Models of Grading Principles, Synthese 16, 284–306

Von Weizsäcker, CC, (1998), Das Gerechtigkeitsproblem in der Sozialen Marktwirtschaft, in: Zeitschrift für Wirtschaftspolitik, Jg. 47, 1998, Heft 3, S. 257–288

Von Weizsäcker, CC, (1984), Was leistet die Property Rights Theorie für aktuelle wirtschaftspolitische Fragen? in: M. Neumann (Hrsg.), Ansprüche, Eigentums- und Verfügungsrechte. Arbeitstagung Basel 1983 des Vereins für Socialpolitik, Berlin, S. 123–152

Von Weizsäcker, 2014, Die normative Ko-Evolution von Marktwirtschaft und Demokratie, ORDO-Jahrbuch, **65**, 13–43

Diskussion

Cornelius Prittwitz
Dem Dank an Herrn von Weizäcker und Thomas Rönnau, den Sie, liebe Kolleginnen und Kollegen, durch Beifall und Klopfen beiden Redner ausgedrückt haben, schließe ich mich ausdrücklich und nachdrücklich an. Mir schien, die Unterschiedlichkeit der gesamtwirtschaftlicher Perspektiven der Referenten (und auch des von Herrn Rönnau Rezensierten) wurden zum Teil explizit angesprochen, zum Teil waren sie zu ahnen, jedenfalls wirklich präsent im Raum, ohne dass – natürlich? – der Konflikt selbst thematisiert wurde. Ich hoffe und glaube, dass die Diskussion über diese Referate, neben den natürlich willkommenen Fragen, Anregungen und Kritik, uns insoweit dem Generalthema noch ein Stück näher bringen wird.

Gerhard H. Wächter
Ich fand beide Vorträge ausgesprochen spannend. Ich habe Bedenken, ob man ein politisches Wirtschaftsstrafrecht einführen sollte. Ich habe aber auch Bedenken, ob der zweite Vortrag einen Grund dafür abgegeben könnte, dass man es nicht einführen sollte. Ich habe Ihren sehr spannenden Vortrag, Herr Prof. *v. Weizsäcker,* als eine wunderbare Revisualisierung des ursprünglichen, alten Kapitalismus erlebt – aber ich frage mich, ob es diesen Kapitalismus heute so noch gibt. Ist ‚*Near Decomposability*‘ nicht Vergangenheit? Haben wir nicht heute ein System, in dem sich aus der Evolution des Kapitalismus heraus eine hochgradige Finanzialisierung ergeben hat und ebenso eine hochgradige Planung, also wenn Sie so wollen, eine Art von ‚Finanzkapitalismus‘, etwa im Sinne von Hilferding. Das war schon Anfang des zwanzigsten Jahrhunderts, heute sind wird den Weg noch weiter gegangen – in einen staatlich geplanten Kapitalismus. Dabei denke ich v.a. an die derzeitige weltweite Rolle der Zentralbanken. Ist da nicht eine neue Systemizität geschaffen worden – ich will nicht sagen ein Kartenhaus –, die aber doch so fragil ist, dass kleine Einflüsse oft dramatische Folgen haben.

Carl Christian v. Weizsäcker
Vielen Dank für die Frage. Das muss man sich im Einzelnen ansehen. Ohne Zweifel hat es immer wieder Perioden gegeben – denken wir nur an die große Weltwirtschaftskrise der 1930er Jahre, als die Meinung begann vorherrschend zu werden, dass das marktwirtschaftliche, oder kapitalistische System ans Ende gekommen ist und nicht funktioniert. Auch damals spielten natürlich die ganzen Fragen der Banken und des Finanzsystems eine wichtige Rolle. Einige mei-

ner Fachkollegen haben das im Einzelnen auch historisch noch einmal untersucht und versucht, besser zu verstehen, was dort eigentlich passiert ist. Hier ist natürlich ein Name zu nennen, der heute wieder aktuell ist: Das ist Keynes. Es war John Maynard Keynes, der darauf hingewiesen hat, dass es ein Problem der mangelnden effektiven Nachfrage geben kann; dass also ein Gleichgewichtszustand erreicht wird in dem volkswirtschaftlichen System, in dem die vorhandenen Ressourcen massiv unterausgelastet sind. Ich meine, die Schwierigkeiten, die wir mit der Finanzkrise haben, sind sicher auch darauf zurückzuführen, dass es in den globalisierten Finanzkrisen höhere Grade der Komplexität gibt, höhere Interdependenzen, die dazu führen, dass die *Near Decomposability* nicht so gut gegeben ist. Das ist mit angetrieben durch die Globalisierung. Die Globalisierung ist ja eine große Erfolgsgeschichte – dass sie damit aber auch Krisen mit sich bringt, hätte man eigentlich auch erwarten können. Im Gegensatz zu der Einkommensverteilung, der Vermögensverteilung jedes einzelnen Staates, die ungleicher geworden ist, ist die Einkommens- und Vermögensverteilung, wenn Sie die Weltbevölkerung als ganze nehmen, gleicher geworden. Paradebeispiel ist China. China war bettelarm im Jahre 1980 als Folge der Politik von Mao Zedong – und heute gibt es einen erheblichen Wohlstand. In China sind natürlich nach wie vor die Einkommen der Arbeitnehmer niedriger als bei uns, aber sie sind sehr viel weniger ungleich als sie es eben vor einigen Jahrzehnten gewesen sind. Aber das gilt nicht nur für China, das gilt für viele Länder: Bangladesch hat in den letzten zehn Jahren den Durchschnittslebensstandard verdoppelt. Ich nenne jetzt nur einzelne Beispiele. Wenn Sie lateinamerikanische Staaten nehmen – bei allen Krisen, die es dort immer wieder gibt, auch jetzt wieder in Brasilien, besteht gar kein Zweifel, dass der Lebensstandard in Brasilien heute massiv höher ist als er vor einigen Jahrzehnten war. Der Inbegriff der Globalisierung ist die Übernahme des westlichen Erfolgsmodells im Rest der Welt. Das macht China vor, das machen andere Staaten ebenfalls vor, dass man dieses Erfolgsrezept der reichen Welt übernimmt – zum Teil zum großen Ärger der reichen Länder; denken Sie an das Thema Industriespionage – aber insgesamt ist dies eine Erfolgsgeschichte, bei aller Krisenanfälligkeit.

Das zweite Phänomen, das ebenfalls eine Erfolgsgeschichte ist – und das hängt jetzt auch eng mit den Kapital- und Finanzmärkten zusammen – ist die ständig steigende Lebenserwartung. Die Lebenserwartung ist in Deutschland in den letzten 50 Jahren um 10 Jahre gestiegen. Das geht alles hinein in eine höhere Rentenzeit, d.h. der Austritt aus dem Berufsleben ist heute genauso früh, wie er vor 50 Jahren war, in Lebensaltersjahren ausgedrückt. Aber die Lebenserwartung nach dem Eintritt ins Rentenalter hat sich verdoppelt. Die durchschnittliche Rentenbezugsdauer der deutschen Bevölkerung ist von 10 Jahren auf 20 Jahre angestiegen. Das bedeutet einen enormen zusätzlichen Impuls für die Spartätigkeit. Das große Problem des Finanzsystems ist heute: Wie bringen wir die Ersparnisse der Bevölkerung unter? Viele der Missstände, die sich ergeben haben, können so erklärt werden – Lehman Brothers ist dafür ein Paradebeispiel: die Leute suchen verzweifelt nach besseren Renditen und dann kommt so jemand wie Lehman Brothers und bietet ihnen die; und dann fallen sie darauf rein. Es gibt eine so enorm hohe Spartätigkeit der Durchschnittsbürger. Wenn Sie die Beiträge (mitsamt dem Arbeitgeberanteil) zu seiner Rentenversicherung hinzurechnen, spart der Durchschnittsarbeitnehmer ja ein Drittel seines Nettoeinkommens. Die Sparquote ist also nicht, wie es immer ausgewiesen wird, zwischen fünf und zehn Prozent, bei den reichen Leuten etwas höher, sondern die Sparquote ist, wenn Sie die Sozialversicherungsbeiträge miteinbeziehen, bei der arbeitenden Bevölkerung irgendwo zwischen 30 und 40 Prozent. Sie ist natürlich noch wesentlich höher bei den reichen Leuten. Damit gibt es eine enorme Fülle von Kapital, das nach Anlage sucht. Das ist ein wesentlicher Grund dafür, dass die Finanzkrise, die sich dann irgendwann Mitte des vergangenen Jahrzehnts entwickelt hat, so schwer beherrschbar geworden ist. Und dies, zumal wir noch eine falsche Diagnose diesbezüglich haben; aber darauf will ich jetzt nicht eingehen. Aber das halte ich für einen ganz wichtigen Punkt.

Gleichzeitig ist es aber nach wie vor so, dass es die *Near Decomposability* gibt. Also es passiert irgendetwas: zum Beispiel geht eine Großstadt in China pleite. Nun gut – dann ist sie halt pleite. Aber das hat nicht sofort zur Folge, dass jetzt bei uns alles durcheinander geht. Ich glaube, dass das Prinzip nach wie vor gilt. Dazu kommt natürlich noch etwas anderes: das ist eben der Staat als automatischer Stabilisator, makro-ökonomisch. Die Amerikaner haben das ja sehr effektiv unter Obama vorgeführt. Zeitenweise hatte man ein Staatsdefizit, also eine Nettoschuldenaufnahme des amerikanischen Staates in der Größenordnung von zehn Prozent des Bruttosozialprodukts. Dadurch wurde die Wirtschaft stabilisiert und die Früchte können die USA jetzt davon ernten. Wir haben ganz starke Stabilisatoren, die in dieser Form in der Weltwirtschaftskrise in den dreißiger Jahren noch nicht da waren – deshalb geht es uns in Deutschland ja ziemlich gut.

Cornelius Prittwitz
Herr von Weizsäcker, als Sie den Begriff „ehrbarer Kaufmann" in den Mund genommen haben, habe ich mich gefragt – und vielleicht ging es ja nicht nur mir so – Wo ist er denn, gibt es ihn noch? Als interessierter Beobachter auch der wirtschaftlichen und unternehmerischen Entwicklungen kommt es mir so vor, als ob wir mit diesem Bild des „ehrbaren Kaufmanns", einem Bild, das noch vertraut klingt und das in Werbung und Hochglanzbroschüren beschworen wird, in der Realität aber verblasst, einen Anknüpfungspunkt für die Diskussion be-

nannt haben, an dem wir sich ändernde gesamtwirtschaftliche Perspektiven und Vorverständnisse und davon abhängende – nicht notwendig rechtliche – Regeln, wie man sich als „Kaufmann" verhält, diskutieren können. Kann es sein, dass Änderungen, die durch die Dynamik betriebswirtschaftlicher Realität eingetreten sind, von der gesamtwirtschaftlichen Theorie noch nicht genügend berücksichtigt werden? Ein zweiter Punkte, den selbst hervorgehoben haben: Ich finde die Rolle der Stabilisatoren im Vergleich zu dem „Nicht-Kartenhaus" der Marktwirtschaft, ist (zu) prominent geworden. Stichwort Griechenland – da haben viele gesagt: Wenn wir nicht die Institutionen stabilisieren, dann bricht zwar nicht das Kartenhaus, aber das Haus zusammen. Aber das war Missbrauch.

Jochen Bung
Auch von mir nochmal vielen Dank für die wirklich bereichernden und anregenden Vorträge. Aus dem zweiten habe ich sehr viele wichtige Stichworte mitgenommen. Ich konzentriere mich auf den ersten Vortrag von Herrn Rönnau, in dem ich ja auch indirekt angesprochen war als Urheber des Populismusvorwurfs gegen die Schrift von Naucke. An diesem Vorwurf möchte ich doch tatsächlich festhalten. Dieser Populismusvorwurf betrifft gar nicht so sehr die allgemeine Konzeption, insofern ist er systematisch gar nicht so zentral, sondern betrifft die Fülle von Beispielen, die Naucke verwendet: Er bezeichnet legislative Initiativen zur Finanzmarktstabilisierung als Ermächtigungsgesetze, er bezieht sich auf politische strafrechtliche Verfolgung von Konkurrenten des Orban-Regimes positiv, er bezeichnet Derivate als Massenvernichtungswaffen. Also vielleicht müssen wir uns auf eine Definition des Populismus verständigen. Ich halte diese Schrift für so klar populistisch, wie sie klarer nicht sein könnte. Aber das ist gar nicht mein zentraler Einwand. Der zentrale Einwand muss vielmehr dahin gehen, dass der Begriff des modernen Rechts, den Naucke beansprucht, kein moderner Rechtsbegriff ist. Die Vorstellung, dass Recht individuelle Freiheitssphären sichert vor Machtübergriffen, das ist frühmodern. Es ist frühmodern und passt auf die komplexen Machtphänomene moderner Gesellschaft einfach überhaupt nicht mehr. Das ist der zentrale Einwand. Ich stimme Naucke völlig zu: Machtvolle private Akteure treten auf, deren Macht – also ganz schematisch gesprochen – diejenige staatlicher Institutionen übersteigen kann, aber Naucke liefert keine Soziologie dieser Transformation – im Gegensatz zu dem, was Sie sagen, Herr Rönnau. Das ist kein soziologisches Buch. Naucke arbeitet mit einem simplifizierten Kant und das ist weder modern, noch entspricht es irgendwie den Anforderungen, die von Problemen ausgehen, die moderne Gesellschaften aufwerfen.

Matthias Jahn
Die Wortmeldungen von Mitveranstaltern haben eine große Tradition. Ich führe sie fort, mache es aber kurz. Was sagt uns Nauckes Narrativ? Wir haben jetzt eine sehr kritische Position von Jochen Bung vorgeführt bekommen und ich würde gerne anknüpfen an eine beiläufige Bemerkung im Referat von Thomas Rönnau, der sich an uns Strafrechtslehrer gerichtet und gesagt hat: Naja, diese Tradition großer programmatischer Schriften, die ist doch etwas abgestorben in der jüngeren Generation – und da würde ich gerne antworten mit der Bemerkung: Es kommt darauf an, um welche Programmatik es geht. Ich würde mich den kritischen Bemerkungen zu Nauckes Narrativ nicht in der Schärfe der Diktion, lieber Jochen, aber doch zum Teil in der Analyse anschließen wollen. Ich habe damals relativ bald nach Erscheinen von Nauckes Schrift gesagt: Das ist doch ein bemerkenswerter Ton, den man gerade hier aus Frankfurt zu gewärtigen hat und an dieser Aufmerksamkeitszuwendung, die Nauckes Schrift verdient, möchte ich festhalten, aber auch an der Kritik, in der Du mich eigentlich, lieber Thomas, in Deinem Referat eher bestärkt hast. Das würde ich nochmal mit einem Satz versuchen auf den Punkt zu bringen: Der Haupteinwand, im Gegensatz zu Jochen Bungs philosophischen Gegenargumenten, gegen Nauckes Konzeption ist ein sehr praktischer: Wenn man dieses Buch liest – es sind ja nur 100 Seiten – vermisst man etwas. Nämlich einen Gesetzgebungsvorschlag. Diejenigen unter uns, die zum Teil programmatisch „unterwegs" sind – Herr Schünemann, der heute da ist, beispielsweise – haben es immer geschafft, ihre Programmatik in Gesetzgebungsvorschläge umzusetzen und dann kann man rational über die Frage diskutieren, will man das kriminalpolitisch oder will man das nicht? Dafür gibt es fast immer gute Argumente und fast immer gute Gegenargumente. Das macht Naucke nicht, sondern es bleibt aus den von Thomas Rönnau hier sehr klar herauspräparierten Gründen im Analytischen stecken. Er schafft es nicht, den für die Praxis der Strafrechtspflege entscheidenden zweiten Schritt zu gehen, nämlich auszubuchstabieren, auf welchen Angriffswegen durch welche Handlungen Erfolge legitimerweise in einem ultima-ratio Strafrecht pönalisiert werden dürfen. Dass er das nicht kann, zeigt mir, dass die Grundkonzeption angreifbar ist. Wer diesen Schritt nicht geht, der wirft interessante verfassungsrechtliche Fragen auf, er wird sie aber z.B. unter Bestimmtheitsaspekten nicht ausreichend beantworten können und deshalb ist die Konzeption angreifbar. Ob die analytischen Einwände tauglich sind, die Jochen Bung in diesem schon erwähnten Vortrag erhoben hat, an den Du ja zum Teil angeknüpft hast, dass muss die weitere Diskussion noch erbringen. Deshalb haben wir das Thema ja hier auch auf die Tagesordnung gesetzt. Aber sie ist insofern etwas schief, als man versucht, etwas zu tun, was Naucke selbst nicht gemacht hat, nämlich den Pudding gesetzgeberisch an die Wand zu nageln. Das wird misslingen.

Thomas Rönnau

Herzlichen Dank für die beiden Fragen. Ich beantworte zunächst einmal die letzte. Das ist unfair, was Du, Matthias, hier machst und zwar deshalb, weil Naucke diesen Anspruch mit seiner Schrift gar nicht erhoben hat. Ich habe – wie erwähnt – zwei Mal etwa zwei Stunden mit ihm telefoniert und auch vor diesem Hintergrund seinen Text als „Aufbruchstext" bezeichnet – und zwar deshalb, weil Naucke hier mutige Gedanken formuliert, über die wir gründlich nachdenken sollten. Es geht sozusagen um Prolegomena, die er anstellt, nachdem er einen weißen Fleck im geltenden Strafrecht identifiziert hat. Darüber zu diskutieren ist aller Ehren wert. Ihm jetzt vorzuwerfen, er habe noch keinen ausformulierten Gesetzesvorschlag auf den Tisch gelegt, ist, denke ich, zu kurz gegriffen. Auch das Wirtschaftsstrafrecht und das Völkerstrafrecht haben sich langsam und in Schüben entwickelt, wurden nicht in einer Hauruck-Aktion entworfen. Deshalb spricht Naucke schon im Titel des Buches von einer „Annäherung" und genau das macht er, indem er auf 101 Seiten versucht, dem Begriff der „Politischen Wirtschaftsstraftat" Konturen zu geben. Dabei hat er m.E. richtig gesehen, dass die Wissenschaft, gerade wie sie hier in Frankfurt betrieben wird, beim Strafrecht vornehmlich den Staat und die Begrenzung des Zugriffs durch die Staatsmacht im Blick hat. Nauckes Perspektivenerweiterung ist hier sehr erfrischend. Ob seine Gedanken der Kritik standhalten, muss die Diskussion erweisen, aber sie sollte beginnen. So war das ja auch beim Völkerstrafrecht. Vielleicht arbeiten wir im Laufe der Erörterungen dann Unrechtskerne heraus, die sich für eine Regelung eignen. Ich habe jedenfalls eine Grundsympathie für seine Fragestellung und halte es für nicht angebracht, ihm jetzt vorzuwerfen, er habe keine sofort ins Gesetzgebungsverfahren einzubringenden Vorschläge vorgelegt.

Nun zum Wortbeitrag von Kollege Bung. Naucke ist nach meiner Beobachtung immer ein Mann der deutlichen Worte gewesen, mit denen er sich häufig gegen den „mainstream" stellte. Gerade ihn nun als Populisten zu etikettieren, liegt vollkommen neben der Sache. Dass er es in den Sprachbildern, die er malt, und in den Beispielen, die er wählt, gern etwas bunter mag, halte ich für erfrischend und didaktisch wertvoll, um die Dinge auf den Punkt zu bringen. Die Sachaussage kommt bei Naucke dennoch nicht zu kurz. Ich meine daher, dass das nicht die richtigen Vokabeln sind, um neue Gedanken, die nach meiner Analyse einer Diskussion wert sind, derart abzukanzeln. Sie, Kollege Bung, müssten dann schon behaupten, dass die Beobachtungen, die er gemacht hat, falsch sind. Dass in einer globalisierten Gesellschaft mächtige private Akteure auftreten, die einigermaßen ungezähmt Freiheit überwältigen – um in Nauckes Begriffen zu sprechen –, scheint mir offensichtlich (und wird von Ihnen ja letztlich nicht geleugnet). Wie mit dieser Freiheitsbedrohung umzugehen ist, ist eine

Frage, die beantwortet werden muss. Ich finde, Naucke hat hier an der richtigen Stelle den Finger in die Wunde gelegt und hoffentlich Nachdenklichkeit erzeugt.

Cornelius Prittwitz
Bevor ich das Wort an Bernd Schünemann weitergebe, möchte ich zwei Fragen in den Raum stellen: Könnte es nicht so sein, dass Jochen Bung Recht hat, dass der Rechtsbegriff vormodern ist, dass aber das moderne Recht für die Freiheiten der Einzelnen neue Risiken birgt? Zweitens eine Frage an Herrn von Weizsäcker: Ich weiß nicht, ob Sie das Nauckes Buch über den „Begriff der politischen Wirtschaftsstraftat" kennen, aber Thomas Rönnau hat es, wie ich finde, fair rekonstruiert und portraitiert. Vor diesem Hintergrund würde ich gerne wissen, ob Sie es wie ich so empfinden, dass Nauckes Vorverständnisse und die Vorstellung von Wirtschaft und Wirtschaften, wenn er über die Wirtschaftsstraftat schreibt, sich massiv von Ihren unterscheiden, und zwar sowohl was das Funktionieren und Fehlfunktionieren von Wirtschaft angeht, als auch was die Vorstellung angeht von ordentlichem Wirtschaften. Das wollte ich loswerden, bevor ich als Moderator das Wort an Bernd Schünemann weitergebe.

Bernd Schünemann
Meine Fragen sind jetzt teilweise schon durch das letzte Diskussionsstatement von Herrn Rönnau beantwortet. Ich hatte sein Referat nämlich auch so verstanden, dass er eigentlich sagt: Nauckes Buch trifft ins Schwarze, aber natürlich ist so viel Schwärze da, dass noch permanent nachgeladen werden muss. Das heißt, es ist eigentlich keine Kritik, denn auf 100 Seiten alle Welträtsel zu lösen, hat höchstens Wittgenstein im Tractatus versucht und sonst eigentlich niemand. In der Tat, ich glaube auch – und ich muss mich heute Nachmittag in dem Bereich ja auch irgendwie äußern –, dass die Diagnose und das Arbeitsprogramm vorliegen, vielleicht sollten wir bei der VW-Stiftung einmal eine Million dafür beantragen. Aber zwei Fragen an die Referenten, die jetzt noch übrig geblieben sind: Herr von Weizsäcker hat ja gesagt: Je besser von oben nach unten verteilt wird, umso größer ist dann der Gesamtnutzen. Mein Eindruck von der Herrschaft des Neoliberalismus seit 20 Jahren ist nun, dass es genau umgekehrt passiert ist. Es ist von unten nach oben verteilt worden. Und dass das vielleicht etwas zu tun hat mit der Ausübung von wirtschaftlicher Macht, um die sich das Strafrecht kümmern müsste. Zur These der normativen Ko-Evolution von Marktwirtschaft und Demokratie – und ähnlich im Referat von Thomas Rönnau die Entgegensetzung von demokratischen und diktatorischen Strukturen: Wir stehen ja womöglich nicht am Zusammenbruch des Kartenhauses Demokratie, aber wir stehen doch vor einem ganz kritischen Blick auf die Demo-

kratie. Wenn ich die zahllosen Demokratietheorien, die derzeit diskutiert werden, einmal sozusagen vom Ende her sehe, dann herrscht heute die Theorie der Output-Legitimation, d.h. gar nicht mehr, dass man durch Wahl eines Parlaments die Abgeordneten die Fragen diskutieren und nach bestem Wissen und Gewissen entscheiden lässt, (das sind eher Propaganda-Veranstaltungen für die Demokratie). Eigentlich soll diese sich – so für die EU auch ganz eindeutig – durch den Output legitimieren. Dann ist der Unterschied gar nicht mehr so groß, und dann stellt sich natürlich in der Tat die Frage, ob man nicht durch das Strafrecht dafür sorgen muss, dass man diese Freiheit, die vor dem Output ja immer da ist – denn ich frage erst am Ende, soll ich jetzt eingreifen –, durch prinzipielle, handlungsleitende Normen eingrenzt. Und sie würde auch dazu passen, die Deregulierung des Finanzmarktes, sie soll ja nicht heißen, dass verbrecherische Umtriebe des Finanzmarktes geduldet werden, sondern nur, dass man nicht die Polizei von vorneherein neben den Finanzmarktakteuren stehen lässt. So ähnlich wie wir auch die Ehe ja immer von Anfang dereguliert haben. Da stand nicht jemand am Bett der Eheleute und kontrollierte, ob das alles gut und erlaubt war. Man ließ sie handeln, aber wenn der Mann seine Frau verprügelt, dann kann man ihn anzeigen. Also die Idee ist, dass das Strafrecht in einem deregulierten Markt sogar eine viel größere Bedeutung wieder erlangt. Dann sind wir bei dem, was Herr Jahn vermisst hat und wozu wir (natürlich die jungen Leute hier) Forschungsanträge stellen und fragen können: Wo und wie sind diese neuen Normen? Mir scheint es klar, diese müssen bei der Handlung ansetzen. Ich glaube, das würde Naucke niemals bestreiten, denn Handlung soll ja Herrschaft bedeuten, d.h. wir müssen die Handlungen finden, die die Herrschaft über das Geschehen ausüben, und müssen dann definieren, welche Herrschaftsausübung schädlich ist und deshalb erfasst werden muss. Und dass das ein Extra-Problem ist, das kommt ja im Referat von Herrn Rönnau ganz wunderbar heraus: Der Untreuetatbestand handelt eben von Gleichgeordneten, aber das Machtgefälle, das kann im heutigen Untreuetatbestand nicht gut untergebracht werden.

Carl Christian v. Weizsäcker
Es ist ja so, dass vielfach die Vorstellung besteht – und offenbar ja auch in diesem Kreise, dass die Ungleichheit zugenommen hat, und dies auch im Sinne einer Verstärkung von Machtpositionen. Das muss man hinterfragen. Natürlich ist es klar, dass es Machtpositionen gibt, dass es große Konzerne gibt, dass es Probleme gibt mit der Datenverwendung heutzutage in den internetbasierten Aktivitäten. Letzteres ist ja ein sehr neues Phänomen, und mit dem muss man sich auseinandersetzen. Aber man muss auch sehen, dass diese Machtpositionen nach bisheriger Erfahrung höchst vorübergehend sind. Ich

nehme als Beispiel die IT-Branche. In den 70er Jahren war es IBM, von der gesagt wurde, dass sie eine ungute Machtposition hat. Es wurde gefordert: IBM soll zerschlagen werden. Heute redet niemand mehr davon. Dann war es Microsoft – ich habe mich lange mit Kartellrecht befasst – heute ist das in den Hintergrund getreten. Jetzt ist es Google. So geht das weiter. Ich habe den Eindruck, dass die Dynamik dieses Systems, bei allen Problemen, die heute zum Beispiel mit Privacy entstehen und die wir natürlich behandeln müssen, nicht zu permanenten Machtposition führt, so wie etwa die Habsburger über Jahrhunderte Macht hatten. Sondern das sind vorübergehende Machtpositionen, die dann durch die Konkurrenz der Anderen und insbesondere durch junge, dynamische Unternehmer über den Haufen geworfen werden. Google, Microsoft – das waren ganz junge Leute, die mit ganz wenig Geld die Welt verändert haben. Dann haben sie eine Position errungen, die man eine Machtposition nennen kann. Sie können diese Position ungefähr zehn Jahre aufrechterhalten, und dann ist es wieder vorbei. Ähnliches gilt für Facebook. Das sollte man berücksichtigen.

Dazu kommen die Verflechtungen zwischen Staat und großen Unternehmen, die im Einzelnen analysiert werden müssen. In aller Regel aber ist es so, dass zumindest in demokratischen Systemen der Staat nicht einfach willkürlich mächtige Konzerne stützt. So einfach ist es ja nicht. In Deutschland sind die staatlichen Landesbanken alle Pleite gegangen, weil sie falsche Politik getrieben haben. Sie sind überwiegend abgewickelt worden. Die Deutsche Bank ist vielleicht zu gut weggekommen bisher; aber jedenfalls hat sie nun auch zu kämpfen. Oder nehmen Sie Volkswagen – Volkswagen ist jetzt dran. Die haben natürlich gemogelt, da gibt es überhaupt keinen Zweifel. Aber sie sind jetzt dran. Bis hin zum Strafrecht, soweit ich das verstehe. Wenn ich das vergleiche mit der Vergangenheit, kann ich dieser These, dass es eine höhere Machtzusammenballung im Vergleich zu früher gibt, nicht zustimmen. Nehmen Sie die Frage: Wo sind die Leute eigentlich beschäftigt? Der Anteil der großen Konzerne an der Beschäftigung in Mitteleuropa nimmt ständig ab. Das sind vor allem mittelständische Unternehmen, die in Deutschland für Beschäftigung sorgen. Ähnliches gilt auch für andere Länder; das gilt natürlich abgestuft, das ist natürlich von Land zu Land verschieden. Jedenfalls sehe ich die Behauptung, dass heute die Dinge so viel schlimmer sind als früher, nicht bestätigt.

Dazu kommt das Verteilungsthema. Wenn Sie die Leistung des Sozialstaates, der ein Drittel des Bruttosozialprodukts beansprucht, mit hinzunehmen, dann ist heute die Einkommensverteilung nicht ungleicher als sie es vor 50 Jahren war. Das sind ja enorme Leistungen, die da erbracht werden. Nehmen Sie das Gesundheitssystem. Heute ist das Gesundheitssystem relativ zum Sozialprodukt wesentlich teurer. Vor 50 Jahren war der Normbeitrag zur gesetzlichen

Krankenversicherung bei 6% der Lohnsumme, heute ist er bei 15% oder mehr. Das bedeutet also: Die Leistungen, die über das Sozialsystem abgegeben werden, die ja relativ egalitär abgegeben werden, haben heute eine wesentlich größere Bedeutung als vor 50 Jahren. Das müssen Sie bei der Verteilungsfrage mit berücksichtigen. Das ist im Übrigen auch ein Stabilitätsfaktor. Jemand anderes hat es, glaube ich, auch schon erwähnt. Ich sehe also nicht, dass wir hier, global gesehen, eine Umverteilung von unten nach oben haben. Wir haben natürlich in einzelnen Teilen eine Umverteilung von unten nach oben. Wenn der Facharbeiter Steuern dafür bezahlt, dass die Studenten keine Studiengebühren bezahlen müssen, dann ist das eine Umverteilung von unten nach oben. Das ist klar. Ich setze mich seit 50 Jahren für Studiengebühren ein, wie Sie daraus entnehmen können. Aber wenn Sie das in der Summe aller Umverteilungen nehmen, haben wir eine massive Umverteilung von oben nach unten. Und die ist heute mindestens so stark ist wie vor 20 oder 50 Jahren.

Thomas Rönnau
Nur ein paar Sätze in Anknüpfung an das, was Bernd Schünemann gesagt hat. Ich würde gerne noch ein Begriffspaar einführen, weil Du, Bernd, ja zutreffend erwähntest, man muss die Überlegungen von Naucke weiter denken. Wir müssen, wenn wir die neuen Herausforderungen für das Strafrecht und mögliche Reaktionen darauf analysieren, auch eine prinzipienorientierte – statt wie bisher allein regelorientierte – Gesetzgebungstechnik in den Blick nehmen. Wenn der Gesetzgeber nur noch Zwecke und Leitlinien vorgibt, dennoch aber eine Strafbewehrung im Falle von Ver- oder Gebotsverstößen stattfinden soll, können daraus massive Friktionen mit den klassischen strafrechtlichen Grundsätzen entstehen. Das prinzipienorientierte Regelungsmodell ist eine Technik, die jedenfalls im Bereich des Kapitalmarktrechts starke Befürworter hat. Eine erste unselige Kostprobe haben wir mit der Schaffung des § 54a KWG bekommen. Hier entstehen ernste Probleme mit der ausreichenden Bestimmtheit von Strafnormen, dem Grundthema der Tagung. Damit müssen wir Strafrechtler uns auseinandersetzen. Immer nur zu sagen: Das ist zu unbestimmt, wird auf Dauer nicht ausreichen.

Wolfram Schädler
Ich habe eine Frage an Herrn von Weizsäcker: Sie haben in Ihrem Vortrag an einer Stelle das Strafrecht erwähnt. Ich habe es mir so aufgeschrieben: Kann der Mensch im Strafrecht voraussagen, was die Folgen seines Handelns sind? Ich will jetzt hier nicht in die Präventionsforschung einsteigen, da gibt es hier im Saal wesentlich Berufenere, nur meine Erfahrung als langjähriger Staatsanwalt und als Rechtsanwalt besagt eigentlich, dass der Täter, wenn er seine Tat ver-

richtet, sich wenig darum kümmert, was genau im Einzelnen die Folgen seines Handelns sind. Es gibt Ausnahmen, die ich kennengelernt habe: Das ist der Drogenhändler, der manchmal genau die Straftaxen von bestimmten Landgerichtsbezirken austariert. Aber ansonsten ist mir dieser Tätertypus relativ fremd. Wenn ich jetzt beispielsweise im Wirtschaftsstrafrecht bin: Konnte Breuer voraussagen, was die Folgen seines Interviews sind? Da ist einiges dabei in den Bilanzen der Deutschen Bank zu finden, aber ich vermisse ein bisschen – oder vielleicht ist das auch Ihr ökonomischer Ansatz – das zutiefst Irrationale, das den Menschen ja bei seinem Handeln, bei seiner Straftat mit bestimmt. Insofern bezweifele ich, dass Sie dem Strafrecht eine solche Steuerung beimessen können, wie Sie das mit Ihrem Satz „Der Mensch kann im Strafrecht voraussagen, was die Folgen seines Handelns sind" haben anklingen lassen. Insofern fehlt mir da etwas.

Rainer Hamm
Herr von Weizsäcker, ich wollte an der Stelle Ihres hochinteressanten Vortrags anknüpfen, an der Sie über zwei Sorten von Voraussehbarkeiten im Strafrecht bei dessen Validierung gesprochen haben: Zum einen, dass das Tun des Strafgesetzgebers, wenn er einen neuen Straftatbestand schafft, hinterher daraufhin überprüft werden kann, ob er (richtig) vorausgesehen hat, was dieser neue Straftatbestand bewirken wird. Das betrifft die Frage der Eignung und Erforderlichkeit einer Strafnorm. Und Sie haben zum anderen davon abgesetzt die Frage nach der Voraussehbarkeit der Sanktion für den potentiellen Täter. Das betrifft das verfassungsrechtliche Bestimmtheitsgebot. Diese beiden Kriterien könnten doch eine Hilfe sein bei dem, was ich einmal den „Ultima-ratio-Test" zur Validierung von Strafrecht überhaupt und der einzelnen Straftatbestände nennen möchte. Deshalb meine Frage:

Wenn Sie diese beiden Aspekte zusammen nehmen, meinen Sie dann nicht auch, dass gerade diese Erkenntnisse eine Hilfe für die Bemessung der Legitimität von Strafrecht sein könnten? Einer Legitimität, die sich auf das Maß an Eingrenzungspotential gegenüber beiden Unbestimmtheiten stützt? Damit wären wir nämlich bei dem Generalthema unserer Tagung. Soweit verbleibende Unbestimmtheiten zwingend, notwendig und unvermeidbar sind, würde sich dann aufgrund Ihrer beiden Testfragen vielleicht doch dieses Strafrecht als illegitim herausstellen.

Cornelius Prittwitz
Ich möchte beiden Referenten jetzt die Möglichkeit geben, auf die Fragen und Beiträge einzugehen, sie aber bitten, das mit einem Schlusswort aus ihrer Sicht zu verbinden. In meiner Rolle als Mitveranstalter würde ich mich besonders

freuen, wenn beide Referenten sich äußern würden zu der von uns vermuteten Verbindung zwischen den Unbestimmtheiten des Wirtschaftsstrafrechts einerseits, denen der gesamtwirtschaftlichen Perspektiven andererseits. Konkret an Herrn von Weizäcker gerichtet, darf ich noch einmal nachfragen: Als Sie Thomas Rönnau zugehört haben und die gesamtwirtschaftlichen Vorstellungen und Vorverständnisse von Naucke deutlich wurden, war das nicht eine andere Wirtschaftswelt als die, die Sie voraussetzen und die Ihnen vorschwebt? Das wäre ja aus Sicht der Veranstalter das besonders interessante Thema, dass es solche Vorverständnisse darüber, wie es ist und wie es sein soll, sind, die dann zu (vermeintlich) normativen und von Gerichten zu klärenden Kontroversen führen. Sie sehen es mir nach, dass ich noch einmal versucht habe, diese uns umtreibende Grundlagenfrage ein- und unterzubringen. Jetzt aber ohne weitere Worte zu den Schlussstatements unserer beider Referenten.

Carl Christian v. Weizsäcker
Vielen Dank. Das sind wichtige Fragen, gerade auch die beiden, die Sie jetzt noch gestellt haben. Es gibt ein Teilgebiet in der Ökonomie – economics of crime – das ist entwickelt worden von Gary Becker. Und Gary Becker, aus der Chicago-Schule, ist ausgegangen von dem voll-rationalen Menschen und hat dann daraus deduziert, wie eigentlich ein Strafrecht aussehen soll, um Kriminalität beizukommen. Wir wissen, dass das natürlich eine horrende Simplifikation ist, das ist ganz klar. Deswegen gibt es zusätzliche Probleme. Allerdings muss man eines berücksichtigen: Wenn Straftäter zum Beispiel irrational handeln – das ist, glaube ich, sicher ein Massenphänomen, das man so nennen kann – dann ist das ja nur ein kleiner Teil der Bevölkerung. Die anderen, die nicht straffällig werden – warum werden die nicht straffällig? Ja, weil es das Strafrecht gibt. D.h. also Sie müssen die große Mehrzahl der Leute ansehen. Nehmen Sie irgendein Land, in dem Steuerhinterziehung nicht weiter verfolgt wird. Da würden fast alle Leute Steuern hinterziehen. Angesichts der Tatsache, dass es nun doch immer enger wird mit dem Steuerhinterziehen, wird die Steuerhinterziehung massiv reduziert. D.h. also, es gilt offensichtlich: die Androhungen des Strafrechts haben eine erhebliche verhaltenssteuernde Wirkung. Aber natürlich: Das muss im Detail besprochen werden. Das kann nicht die ganze Story sein. Das muss ich sagen: Der Ökonom neigt dazu, zu sagen: Im Kern ist der Mensch rational, soweit es sein eigenes Interesse betrifft. Aber so einfach ist die Welt nicht. Das ist schon richtig. Und da ist ja heute die *behavioral economics*, die das zum Teil durch empirische Untersuchungen relativiert. Aber auch dort: einer der ganz Großen auf diesem Gebiet, Matthew Rabin an der University of California in Berkeley, sagt in einem Vortrag: „Naja, die Neoklassik, die vom vollrationalen Menschen ausgeht, hat ja zu 92% Recht. Mir geht es um die 8%.

Das glaube ich, ist wichtig. Ich bin kein Fachmann auf dem Gebiet des Strafrechts – und dass ich hier hergekommen bin, hat natürlich auch das Motiv, dass ich hier lernen wollte. Das habe ich auch schon getan. In diesem Zusammenhang scheint es mir vollkommen klar zu sein, dass wir das Spannungsverhältnis zwischen Unbestimmtheit und Rechtssicherheit haben und dass das natürlich miteinbezogen werden muss.

Um das was Herr Prittwitz mich noch gefragt hat, kurz zu beantworten: Mein Gesamtbild der Weltwirtschaft ist vielleicht wesentlich positiver als das von vielen anderen Leuten hier. Ich habe das versucht darzustellen und das bedeutet natürlich auch, dass das möglicherweise in Sachen Nauckes Thesen gewisse Implikationen hat, aber darüber kann ich wenig sagen, da ich das Buch von Naucke nicht kenne.

Thomas Rönnau
Lassen Sie mich noch kurz einen Gedanken beisteuern, der vielleicht für das Verständnis von Nauckes Schrift hilfreich ist. Fragt man sich, warum gerade er dieses Buch geschrieben hat, gibt es m.E. dafür einen Grund. Naucke ist kein Wirtschaftsstrafrechtler. Er ist Rechtsphilosoph und Strafrechtler. Vielleicht arbeiten Wirtschaftsstrafrechtler – gerade auch diejenigen, die Prominente verteidigen – einfach zu machtnah. Naucke stellt die Machtfrage – und zwar in deutlich kritischer Perspektive. Er entwickelt die Umrisse eines machtkritischen Strafrechts, wohlwissend, dass er hier auf Widerstand stoßen wird. Auch dieser Zugriff macht das Thema spannend. Es ist hoffentlich der Anfang einer Diskussion, die uns noch weiter beschäftigen wird.

Allgemeine Aspekte

Cornelius Prittwitz

Einführung

Im Rahmen der Anmoderation der „Allgemeinen Aspekte“ muss nicht wiederholt werden, was heute Vormittag schon gesagt wurde. Jetzt geht es darum, wie auf der nächsten Konkretisierungsstufe die beiden Großthemen „strafrechtliche Unbestimmtheit/Bestimmtheit“ und „gesamtwirtschaftliche Perspektiven“ zusammenpassen oder zusammenstoßen. Auf einer etwas niedrigeren Abstraktionshöhe sollen die beiden Themen wieder gegengestellt werden. Frau Langenbucher, die ich als erste Referentin herzlich begrüße, ist hier im „House of Finance“, in dem wir tagen, ebenso zu Hause wie gegenüber im Gebäude „RuW“ der Rechtswissenschaft und der Wirtschaftswissenschaften. Sie wird über Regulierungsstrategien im Wirtschaftsstrafrecht sprechen. Mir erscheint offensichtlich, dass für jedwede Regulierungsstrategie Vorverständnisse, die mit den gesamtwirtschaftlichen Perspektiven zu tun haben, entscheidend sind. Was ist Wirtschaft? Wie funktioniert Wirtschaft? Wie soll sie funktionieren?

Bernd Schünemann, der sich an der Diskussion ja schon rege beteiligt hat und über dessen Teilnahme an diesem Symposion ich mich sehr freue, wird dann dazu sprechen, ob die finanzmarktstrafrechtliche Regelung und die Verfolgung von Finanzkriminalität vor den heutigen finanzwirtschaftlichen Hintergründen einen Sinn hat. Das ist ein Thema, das in den 15 bis 20 Minuten, die wir ihm zugestehen konnten, kaum zu erledigen ist; er wird es trotzdem schaffen.

Katja Langenbucher*

Regulierungsstrategien im Wirtschaftsrecht

Über die Einführung von *Cornelius Prittwitz* heute morgen habe ich mich besonders gefreut, weil seine Bemerkung von der wachsenden Unbestimmtheit außerordentlich gut zu dem passt, was ich Ihnen vorstellen möchte. Dabei soll es um Fragen des „Zusammenbindens" zweier Formen von Unbestimmtheit gehen, nämlich auf der einen Seite der Vorstellungen vom ordentlichen Wirtschaften und auf der anderen Seite der Auslegung vager und deshalb unbestimmter Normen.

I. Die Fallstudie: Insiderhandel

Zu Ihnen spreche ich heute sozusagen als Fremdling. Meine letzte ernsthafte Beschäftigung mit klassischem Strafrecht liegt lange zurück. Vertraut geblieben ist mir aus der Welt des Strafrechts aber die Schnittstelle zu meinem eigenen Kerngebiet, dem Kapitalmarktrecht. Von Interesse für das Auditorium dürfte deshalb vielleicht eine Fallstudie aus dem Kapitalmarktstrafrecht sein. Hier verfolgt der europäische Gesetzgeber eine Regulierungsstrategie, die wir im Privatrecht schon seit einiger Zeit kennen und deren Auswirkungen auf das Strafrecht nun deutlicher hervortreten. Verdeutlichen möchte ich die Problematik am Insidertrading, aber sie lässt sich auf viele weitere kapitalmarktstrafrechtliche Tatbestände übertragen.

Kurz gefasst: Worum geht es beim Insiderhandel? Insiderhandel war lange Zeit in Deutschland nicht strafbar, er ist erst im Jahr 1989 durch die erste Marktmissbrauchsrichtlinie[1] erfasst worden, 2003 durch die zweite[2] und ab kommendem Jahr[3] handelt es sich um eine Verordnung, die Marktmissbrauchsverord-

---

* Es handelt sich um die Transkription des frei gehaltenen mündlichen Vortrags, die zur Verdeutlichung mit einigen Fußnoten versehen wurde.

1 Richtlinie 89/592/EWG des Rates zur Koordinierung der Vorschriften betreffend Insider-Geschäfte v. 13.11.1989, ABl. EG Nr. L 334, 30.

2 Richtlinie 2003/6/EG des Europäischen Parlaments und des Rates über Insider-Geschäfte und Marktmanipulation (Marktmissbrauch) v. 28.1.2003, ABl. EU Nr. L 96, 16.

3 Ab dem 3. Juli 2016, siehe Art. 37 der Verordnung Nr. 596/2014 des Europäischen Parlaments und des Rates v. 16.4.2014 über Marktmissbrauch (Marktmissbrauchsverordnung) und zur Aufhebung der Richtlinie 2003/6/EG des Europäischen Parlaments und des Rates und der Richtlinien 2003/124/EG, 2003/125/EG und 2004/72/EG der Kommission, ABl. EU Nr. L 173, 1.

nung[4]. Dabei ist es ist den Mitgliedstaaten nicht nur vorgegeben, welche Tatbestände einer Regulierung zuzuführen sind. Für bestimmte Verstöße ist eine strafrechtliche Sanktionierung sogar ausdrücklich vorgeschrieben, dies allerdings nicht in der genannten Verordnung, sondern in einer begleitenden Richtlinie[5].

Der Tatbestand des Insidergeschäfts wird sich in Artikel 8 der Verordnung finden. In Art. 7 wird definiert, worum es sich bei einer „Insiderinformation" handelt, nämlich

> „nicht öffentlich bekannte präzise Informationen, die direkt oder indirekt einen oder mehrere Emittenten oder ein oder mehrere Finanzinstrumente betreffen und die, wenn sie öffentlich bekannt würden, geeignet wären, den Kurs dieser Finanzinstrumente oder den Kurs damit verbundener derivativer Finanzinstrumente erheblich zu beeinflussen; [...]".[6]

Es geht folglich um *bestimmte* Informationen, die einem begrenzten Personenkreis bekannt sind, die außerdem *präzise* genug sind. Ausgegrenzt werden dabei insbesondere Gerüchte. Von einer Insiderinformation lässt sich nur dann sprechen, wenn ein Stück Information vorliegt, über welches man mit einiger Sicherheit einen Rückschluss auf dessen Bedeutung für den Kapitalmarkt ziehen kann. Wie es der Normtext ausdrückt: Die Information muss geeignet sein, „den Kurs dieser Finanzinstrumente oder den Kurs damit verbundener derivativer Finanzinstrumente erheblich zu beeinflussen", die sogenannte Kurserheblichkeit.

Zur Bestimmung der Kurserheblichkeit möge folgendes Beispiel dienen: Eine der großen *causes célèbres* des EuGH zum Insiderhandel betrifft den Rücktritt des Vorstandsvorsitzenden der DaimlerChrysler AG.[7] Dieser hatte im Frühjahr des Jahres 2005 begonnen, ernsthafte Überlegungen zu seinem Rücktritt vom Amt des Vorstandsvorsitzenden anzustellen. Hierüber diskutierte er zunächst mit seiner Ehefrau, die zugleich Unternehmensangestellte war. Später zog er einzelne Kollegen aus dem Aufsichtsrat und Vorstand ins Vertrauen, noch später auch Mitarbeiter der Abteilung für Außenkommunikation. Zu keinem Zeitpunkt gab das Unternehmen eine ad-hoc-Meldung gemäß § 15 Abs. 1

---

4 Verordnung Nr. 596/2014 des Europäischen Parlaments und des Rates über Marktmissbrauch (Marktmissbrauchsverordnung) v. 16.4.2014, ABl. EU Nr. L 173, 1 (im Folgenden Marktmissbrauchsverordnung).

5 Richtlinie 2014/57/EU des Europäischen Parlaments und des Rates über strafrechtliche Sanktionen bei Marktmanipulation (Marktmissbrauchsrichtlinie) v. 16.4.2014, ABl. EU 2014 Nr. L 173, 179.

6 Art. 7 Abs. 1 lit. a) Marktmissbrauchsverordnung.

7 EuGH Rs. C-19/11, NZG 2012, 784 – Geltl/Daimler AG; BGH NZG 2013, 708; NZG 2011, 1109; NZG 2008, 300.

S. 1 WpHG a.F. heraus. In der Fassung der Marktmissbrauchsverordnung findet sich dies in Art. 17 Abs. 1 UAbs. 1:

> „Emittenten geben der Öffentlichkeit Insiderinformationen, die unmittelbar den diesen Emittenten betreffen, so bald wie möglich bekannt."

Informiert wurde der Kapitalmarkt erst im Sommer und zwar unmittelbar im Anschluss an die Sitzung des Aufsichtsrats, in welcher endgültig über den Rücktritt des Vorstandsvorsitzenden entschieden wurde. Handelt es sich auch bei den vorangegangenen Gesprächen, den sogenannten „Zwischenschritten", um relevante Insiderinformationen?[8] Große Teile des gesellschaftsrechtlichen Schrifttums verneinten diese Frage damals.[9] Man betrachtete die Vorgespräche nicht nur als gleichsam unternehmensinterne Tatsachen, die dem Zugriff des Kapitalmarktrechts entzogen sein sollten. Auch handele es sich um bloße Überlegungen, Vorgespräche und Pläne, die sich naturgemäß auch wieder zerschlagen hätten können. Eine derart „unsichere Sache" sei schon keine Information, jedenfalls fehle ihr die Kurserheblichkeit. In der Folge, also bei der Veröffentlichung des vom Aufsichtsrat akzeptierten Rücktritts, stieg freilich der Kurs deutlich. Was ist nun kurserheblich?

Damals war § 13 Abs. 1 S. 2 WpHG a.F. einschlägig, demnächst formuliert Art. 7 Abs. 4 UAbs. 1 der Marktmissbrauchsverordnung ähnlich und erfasst Informationen,

> „[...] die ein verständiger Anleger wahrscheinlich als Teil der Grundlage seiner Anlageentscheidungen nutzen würde."

Es geht mithin um Informationen, die ein *verständiger Anleger* (dieser wird uns noch interessieren) wahrscheinlich als Teil der Grundlage seiner Anlageentscheidung nutzen würde. Wer ist dieser verständige Anleger? Wenn man sich ein wenig durch die Gesetzestexte arbeitet – ich hatte Ihnen ja bereits gesagt, dass die Anfänge der Verordnung bis ins Jahr 1989 reichen – stößt man dort auf ökonomisches Gedankengut. Und damit berührt sich das hier vorzustellende Thema mit den *Prittwitz'schen* Vorstellungen vom „ordentlichen Wirtschaften".

---

8 Hierzu u.a. *Klöhn*, NZG 2011, 166 (170); Baumbach/Hopt/*Kumpan*, HGB, 36. Aufl. 2014, § 13 WpHG Rn. 1; auch Erwägungsgrund 16 der ab dem 3.7.2016 geltenden Marktmissbrauchsverordnung; *Gellings*, Der gestreckte Geschehensablauf im Insiderrecht, 2015, S. 85 ff.

9 U.a. *Assmann*, in: Assmann/Uwe H. Schneider, WpHG, 5. Aufl. 2009, § 13 Rn. 25; ähnl. *Zimmer/Kruse*, in: Schwark/Zimmer, KMRK, 4. Aufl. 2010, § 13 WpHG Rn. 12; ein etwas weiteres Verständnis bei *Gellings*, S. 114, 191 f.

II. Die Effizienzhypothese als „economic transplant“

Das ökonomische Gedankengut, das hinter dieser kapitalmarktrechtlichen Sanktionsdrohung steht,[10] ist durchaus schon etwas betagt, jedenfalls aus der Sicht eines Ökonomen.[11] Es handelt sich um die „*efficient capital market hypothesis*“ (Effizienzhypothese). Sie kennen diese spätestens nach der Finanzkrise aus der Zeitung, gemeinsam mit der gängigen Kritik am mangelnden Vermögen der Ökonomen, diese Krise vorherzusagen. Die Effizienzhypothese legt als modellvereinfachende Annahme zugrunde, dass auf Kapitalmärkten rationale, präferenzmaximierende Akteure, (im extremen Fall) alle verfügbaren Informationen sammeln. Auf der Basis dieser Informationen treffen diese Akteure eine Anlageentscheidung. Natürlich gibt es diese Hypothese in vielen verschiedenen Abwandlungen, die eben präsentierte ist die strengste Version.[12] Evident, aber in der Rezeption nicht stets betont, ist, dass Ökonomen mit dieser Annahme nicht die Wirklichkeit beschreiben möchten, sondern Annahmen treffen, welche dann in theoretische Modelle eingesetzt werden. Anhand derer sollen freilich immerhin bestimmte Vorhersagen getroffen werden können, so dass jedenfalls auf diesem Umweg doch ein Anspruch erhoben wird, mittelbar Aussagen über die Wirklichkeit zu treffen.

Mir steht es als Fachfremde nicht an, ökonomische Denkmuster zu beurteilen. Aus der Sicht des Juristen erscheint die Frage viel spannender, warum diese Denkrichtung so bereitwillig im wissenschaftlich-juristischen Diskurs aufgegriffen und im Falle des Insiderhandels sogar auf europäischer Ebene kodifiziert wurde.

Lassen Sie uns diesen Splitter ökonomischen Gedankenguts, den ich in anderem Zusammenhang als „*economic transplants*“[13] bezeichnet habe, etwas nä-

---

10 Die Nichtveröffentlichung einer ad-hoc-Meldung führt zu einer Ordnungswidrigkeit, § 39 Abs. 2 Nr. 1 WpHG; Art. 17, Art. 30 Abs. 2 UAbs. 1 lit. a), Abs. 2 Marktmissbrauchsverordnung; der Handel in Kenntnis einer Insiderinformation führt zu einer Strafdrohung gemäß § 38 Abs. 1 WpHG.

11 *Zingales*, (79) The Journal of Finance (2015) 1327, 1343 (unter Bezugnahme auf diese Hypothese): “today it is hard to find any financial economist under 40 with such a sanguine position“.

12 Für einen Überblick über die verschiedenen Versionen: *Langenbucher*, Aktien- und Kapitalmarktrecht, 3. Aufl. 2015, § 1 Rn. 28.

13 *Langenbucher*, Household Finance and the Law – a Case Study in Economic Transplants, in: Faia/Hackethal/Haliassos/Langenbucher (Hrsg.), Financial Regulation: A Transatlantic Perspective, 2015, 313 (313 f.).

her betrachten. Über den Umweg des „verständigen Investors" sowie der „Kurserheblichkeit" erscheinen derartige „transplants" aus der Ökonomie in einer Richtlinie. Der Interpretationsauftrag richtet sich nun freilich nicht an einen Ökonomen, sondern an den Rechtsunterworfenen. Das scheint für einen Strafrechtler angesichts des Grundsatzes nulla poena sine lege und des verfassungsrechtlich zementierten Bestimmtheitsgrundsatzes fast noch drängender als für einen Kapitalmarktrechtler. Wie soll die juristische Rezeption dieser ökonomischen Figur erfolgen?

Die Interpretation durch den EuGH erfolgte zunächst im Wesentlichen auf der Basis der Erwägungsgründe.[14] Der verständige Anleger berücksichtigt verfügbare Informationen ex ante, heute findet sich das in Erwägungsgrund (14):

> „Verständige Investoren stützen ihre Anlageentscheidungen auf Informationen, die ihnen vorab zur Verfügung stehen (Ex-ante-Informationen)."

Das Gericht ging freilich noch einen Schritt weiter, wenn ausgeführt wird, dass *alle* verfügbaren Informationen ex ante beurteilt werden,[15] vergleichbar der strengen ökonomischen These. Ganz ähnlich hat ein englisches Gericht entschieden.[16] Auch dort wurde gesagt: Der Kapitalmarkt funktioniert durch die Verarbeitung von Informationen. Wer eine Anlageentscheidung trifft, schaut sich sämtliche verfügbaren Informationen an und zwar sogar diejenigen, die *nicht* kursrelevant sind. Die deutschen Gerichte waren etwas zurückhaltender. Zu berücksichtigen seien auch irrationale Handlungen einzelner Marktteilnehmer.[17] Unabhängig von der eingenommenen Haltung wird deutlich, dass sämtliche Gerichte versucht haben, sich an einem Begriff abzuarbeiten, der einen ökonomische Hintergrund hat. Man versucht mithin im rechtlichen Kontext eines Gerichtes, Annahmen darüber zu treffen, wie sich ein ökonomischer Akteur verhalten würde. Wie kam es dazu und was ist zu tun?

---

14 EuGH Rs. C-19/11, NZG 2012, 784 (786, Rn. 55) – Geltl/Daimler AG.
15 EuGH Rs. C-19/11, NZG 2012, 784 (786, Rn. 55) – Geltl/Daimler AG.
16 FSA v. Massey [2011] UKUT 49 (TCC) Rn. 38, 41.
17 BGH, Urt. v. 13.12.2011 XI ZR 51/10, NJW 2012 1800 (1805, Rn. 44) – IKB.

III. „Economic transplants": erste Überlegungen zum „woher"

1. Ökonomischer Imperialismus?

Wie kommt es zur Rezeption, zur Transplantation, dieser Splitter ökonomischen Gedankenguts? Die Gründe hierfür sind vielfältig und für die heutige Diskussion darf ich einen einzelnen Aspekt herausgreifen. Wir wollen uns knapp die Geschichte der Ökonomie vergegenwärtigen. Diese war lange Zeit ein Teil der Politikwissenschaften, der *économie politique*. Im 20. Jahrhundert hat sich die Ökonomie von diesen politikwissenschaftlichen Wurzeln emanzipiert und die Nähe zu den Methoden der Mathematik und der Physik gesucht. Diese Annäherung ging so weit, dass manche Autoren meinen, Ökonomen litten unter „physics envy".[18]

Warum war diese Annäherung wissenschaftlich außerordentlich fruchtbar? Weil Ökonomen eine Erfahrung machten, die auch die Physiker gemacht hatten: Eine Wissenschaft definiert sich nicht notwendigerweise nur durch das Sachgebiet, das sie behandelt, sondern auch durch die Methode. So mögen Physiker beispielsweise Ähnlichkeiten nicht nur in Asteroidenbewegungen gemessen, sondern vergleichbare Muster auch in Bakterien im menschlichen Körper und bei Investoren auf Kapitalmärkten festgestellt haben. Dem verwandt stellten viele Ökonomen fest, dass eine bestimmte Herangehensweise, eine ökonomische Methode, sich nicht nur auf Märkte unter Gleichgewichtsannahmen, sondern auch auf allerlei anderes beziehen lässt.[19] Einer der „Väter" dieser Methode ist *Gary Becker*, der mit seiner Herangehensweise Fragen berührt, die von jeder Art sozialer Interaktion, bis hin zu Testamenten und Strafdrohungen reichen.[20] Wenig überraschend hat man das vielerorts als „ökonomischen Imperialismus" gebrandmarkt, dennoch ist für uns die Aufgabe aufgeworfen, wie damit umzugehen ist.

---

18 *Mirowsky*, More heat than light, 1989, S. 354.

19 Siehe *Buchanan*, Forecast, What Physics, Meteorology and the Natural Sciences Can Teach us about Economics, 2014, S. 15.

20 *Becker/Becker*, The Economics of Life: From Baseball to Affirmative Action to Immigration, How Real-World Issues Affect Our Everyday Life, 1998.

2. Komplexitätsreduktion?

Warum ist die ökonomische Methode für viele attraktiv? Ein Schlüssel hierzu mag in der hiermit einhergehenden Komplexitätsreduktion liegen. Die ökonomische Sprache ist technisch. Sie kombiniert zwei Vorteile: Zum einen lässt sie sich sprachlich vereinfachen, zum anderen ist sie dem rein verbalen Diskurs des ökonomischen Außenseiters oft nur begrenzt zugänglich.

Dies mag man zusammendenken mit den Besonderheiten des EU-Rechtssetzungsprozesses. Eine Vielzahl verschiedener Länder haben sich vor dem Hintergrund ganz unterschiedlicher Rechtsordnungen auf eine Rechtsharmonisierung oder zumindest auf eine einheitliche, genuin europäische Regelungsstrategie zu einigen. Das „*stripping away of complexity*",[21] welches die Ökonomie verspricht, bietet hier möglicherweise eine griffige Lösung. An die Stelle aufwendiger rechtsvergleichender Arbeit tritt eine ökonomische Antwort, die den Vorteil wissenschaftlich abgesicherter Beweisbarkeit hat und somit geradezu eine „Metasprache" bietet.

Möglicherweise lässt sich dieser Gedanke sogar mit einem Charakteristikum der EU-Rechtssetzung verknüpfen, nämlich deren sehr mittelbarer demokratischer Legitimation. Beides könnten Wegbereiter für die vorher angesprochene Unbestimmtheit gewesen sein, eines der Themen dieses Symposions. Durch einen Griff in die Trickkiste der Ökonomen lässt sich Unbestimmtheit reduzieren. In unserem Bereich, dem privatrechtlichen Kapitalmarktrecht, ist dies bereits Realität. Für das hieran häufig anknüpfende Strafrecht ergeben sich wichtige Folgewirkungen, wenn Bußgeld oder sogar eine Strafdrohung an wirtschaftsrechtliche Tatbestände anknüpfen, die „*economic transplants*" beinhalten.

IV. „Economic transplants": Erste Überlegungen zum „wohin"

Lassen Sie mich nun zu den Vorschlägen kommen, wie man mit derartigen „transplants" umgehen sollte. Diese Aufgabe richtet sich vornehmlich an Juristen. Die Nachbarwissenschaft der Ökonomie bietet in der Mehrzahl robuste Rechenmodelle und verbal zumindest transportable Lösungen. Den Juristen fällt die Aufgabe der Beurteilung zu, ob es sich um Antworten auf Fragen handelt, welche für das Rechtssystem überhaupt relevant sind. Das kann dazu führen,

---

21 *Lazear*, Economic Imperialism, in: The Quarterly Journal of Economics 115, 99.

dass Komplexität zu sehr reduziert wurde und nur scheinbare Lösungen in der „Metasprache“ angeboten werden.

Hilfestellung mag man in dieser Situation bei einem Methodenvergleich suchen. Inwieweit gleichen sich die Erkenntnisinteressen und die Erkenntnismethoden beider Disziplinen? Falls sie überhaupt eine gemeinsame Sprache teilen, bedeuten die Begriffe dasselbe? Verbirgt sich hinter den Beschreibungen und Vorhersagen der Ökonomie, wenn Juristen hieraus normative Folgerungen ableiten, eine Variante des naturalistischen Fehlschlusses? Feststehen dürfte, dass wir von einer Rezeptionstheorie für ökonomisches Gedankengut noch weit entfernt sind, häufig nicht einmal deren Notwendigkeit wahrgenommen wird.

Schließen möchte ich vor diesem Hintergrund mit einem Plädoyer für die Öffnung der Juristen gegenüber der Rechtspolitik. Die juristische Methodik sollte sich nicht auf das Durchdringen des geltenden Rechts beschränken. Das gilt umso mehr, soweit wir es mit Rechtsgebieten zu tun haben, die sich mit hoher Taktzahl inhaltlich ändern, sodass die klassischen Tugenden des Juristen, Auslegung und Fortbildung von Kodifikationen, nur ein sehr begrenztes Anwendungsfeld haben. Für den sich hierauf bescheidenden Juristen bleibt sonst nur die Rolle eines Technikers des Rechts.

Bernd Schünemann

Macht die Regelung und Verfolgung von Finanzkriminalität vor den heutigen gesamtwirtschaftlichen Hintergründen einen Sinn?

I.

1. Ich beginne mit einem Zitat, wobei ich inhaltlich an das Referat von *Thomas Rönnau* am heutigen Vormittag[1] anknüpfe. In der schmalen Schrift von *Wolfgang Naucke*: „Der Begriff der politischen Wirtschaftsstraftat – eine Annäherung –“[2], die ich für eines der wichtigsten wirtschaftsstrafrechtlichen Werke der letzten 40 Jahre halte, lesen wir wörtlich Folgendes: „Die Freiheit der einzelnen Person ist aber tatsächlich etwas völlig Anderes als die Freiheit eines Unternehmers, der über eine Organisation verfügt, die Macht über andere hat. Die Wirtschaftsmacht eines weltweit agierenden Unternehmens aus der persönlichen Freiheit des Unternehmers zu erklären, ist so unsinnig wie der Versuch, die Errichtung einer menschenverachtenden Diktatur aus der individuellen Freiheit des Diktators abzuleiten“ (S. 83). Dieses *rechtsphilosophische* Argument, das ebenso wie der Begriff der politischen Wirtschaftsstraftat und wie die Formulierung meines heutigen Themas nicht auf irgendein geltendes Strafgesetzbuch bezogen ist, sondern in positivistischer Hinsicht nur die Existenz eines genuinen Strafrechts überhaupt voraussetzt, steht durchaus im Einklang mit der Tradition der Frankfurter Tagungen zum Thema „Ökonomie, Strafrecht und Ethik“. Das Gegenteil trifft allerdings auf *Nauckes inhaltliches* Konzept zu. Denn die bisherigen ECLE-Tagungen sind durch eine engagierte Obsorge um die vom Strafrecht bedrohte Handlungsfreiheit des Unternehmers gekennzeichnet[3], gegenüber der *Nauckes* Konzept geradezu eine kopernikanische Umstürzung der Perspektive bedeutet, weil diese Handlungsfreiheit danach in Wahrheit eine das Individuum bedrohende Gefahrenquelle ist, die in erster Linie nicht gegen all-

---

1 In diesem Band S. 21 ff.

2 2012; daraus die Seitenzahlen im nachfolgenden Text.

3 So der programmatische Titel des Symposiums 2008 „Die Handlungsfreiheit des Unternehmers – wirtschaftliche Perspektiven, strafrechtliche und ethische Schranken“, 2009, hrsg. von Kempf/Lüderssen/Volk; inhaltlich besonders in: dies., Die Finanzkrise, das Wirtschaftsstrafrecht und die Moral, 2010.

fällige Übergriffe des Gesetzgebers oder der Strafjustiz zu schützen, sondern mit den Mitteln des Strafrechts einzuhegen wäre.

2. Aber ist *Naucke* wirklich ein strafrechtlicher *Kopernikus* oder vielleicht eher ein *Nostradamus* oder *Savonarola*? Ist sein Ruf nach einer völlig neuen Form des Wirtschaftsstrafrechts vielleicht dreimal wahnhaft, weil erstens die Wirtschaft eigenen Gesetzen folgt und sich in systemischen autopoietischen Prozessen vollzieht, die sich der strafrechtlichen Erfassung durch eine simple persönliche Zurechnung weitgehend entziehen und besser durch Selbstregulierung gesteuert werden; weil es zweitens die kollektive Überwältigung der sozusagen einfachen Bürger durch planvolle Machenschaften der Finanzindustrie in der Realität gar nicht gibt; oder – umgekehrt – weil es drittens längst eine (unheilige?) Allianz zwischen der Finanzindustrie und den Notenbanken gibt, deren mittlerweile globale Auswirkungen einzelne sozialschädliche Handlungen oder Praktiken im Finanzsektor zu vernachlässigbaren „peanuts“[4] stempeln?

3. Diese Gegenposition, die die seit rund vier Jahrzehnten[5] vom Gesetzgeber unablässig betriebene Etablierung eines technokratisch-pragmatischen Wirtschaftsstrafrechts prinzipiell in Frage stellt und im Ergebnis durch einen (eigenständig begründeten) Neoliberalismus ersetzt, ist vor allem in theoretischer Hinsicht tiefgründig ausgearbeitet[6] und in empirischer Hinsicht beispielsweise durch apologetische Bemühungen im Gefolge der sog. Finanzkrise orchestriert worden[7]. In meinen Augen kann sie aber weder in theoretischer noch in empirischer Hinsicht überzeugen.

---

4 So 1984 der Vergleich einer Handwerker-Schadenssumme von 50 Mio. DM mit dem Gesamtschaden des Schneider-Konkurses von 5 Milliarden durch den Vorstandsvorsitzenden der Deutschen Bank, Hilmar Kopper.

5 Mit den Startschüssen des grundlegenden Gutachtens Tiedemanns „Welche strafrechtlichen Mittel empfehlen sich für eine wirksamere Bekämpfung der Wirtschaftskriminalität?“ zum 49. Deutschen Juristentages 1972 und des 1. WiKG vom 29.7.1976 (BGBl I 2034).

6 Maßstabsetzend *Lüderssen*, Regulierung, Selbstregulierung und Wirtschaftsstrafrecht, in: Handlungsfreiheit (Fn. 2), S. 241ff.; *ders.*, Methodenfragen im Umgang mit der „Sachlogik des Finanzmarkts“ – Grenze oder Herausforderung juristischer Intervention?, in: Kempf/Lüderssen/Volk (Hrsg.), Ökonomie versus Recht im Finanzmarkt?, 2011, S. 241ff.; *ders.*, Grenzen der Kriminalisierung gemeinwohlriskanten unternehmerischen Handelns im Rahmen regulierter Selbstregulierungen, in: Kempf/Lüderssen/Volk (Hrsg.), Gemeinwohl im Wirtschaftsstrafrecht, 2013, S. 259ff.; *Theile*, Wirtschaftskriminalität und Strafverfahren: Systemtheoretische Überlegungen zum Regulierungspotential des Strafrechts, 2010; abwägend *Hefendehl*, Außerstrafrechtliche und strafrechtliche Instrumentarien zur Eindämmung der Wirtschaftskriminalität, ZStW 119 (2007), 816ff.

7 Vgl. exemplarisch die Beiträge von *Deiters* und *Gillmeister*, in: Finanzkrise (Fn. 2), S. 132ff., 280ff., sowie *Chowdhuri*, Geschäftsleiteruntreue vor dem Hintergrund von subprime-Investments im Vorfeld der Finanzmarktkrise, 2014.

II.

1. Was die *theoretische* Ebene anbetrifft, so hat sich die Ökonomie ja seit *J. St. Mill* darum bemüht, das Marktgeschehen mithilfe der Kunstfigur des rational handelnden Nutzenmaximierers zu erklären[8]. Dass hierbei das handlungsleitende Bestreben dieses *homo oeconomicus*, möglichst viel Profit zu machen, mit den Verboten eines wohlgeordneten, in der Denkfigur des Gesellschaftsvertrages konstruierten Staates, wehrlose Mitbürger weder zu übertölpeln noch auszubeuten, in Konflikt geraten kann, ändert nichts daran, dass gerade die mit dem Recht konfligierenden handlungsleitenden Ziele und Interessen eine Erklärung des Geschehens ermöglichen und ein Eskapismus in undurchschaubare systemische Verknotungen fehl am Platze ist. Und speziell im Strafrecht kann die ökonomische Analyse die Strafe als Kostenfaktor „einpreisen"[9], wobei die normative Fragwürdigkeit der damit intendierten Reduktion der Generalprävention auf krude Abschreckung[10] deren im vorliegenden Zusammenhang allein relevante Tauglichkeit als Erklärungsansatz nicht beeinträchtigen würde. Gerade das bestreiten nun zwar die die Maßfigur des homo oeconomicus als empirisch unhaltbare Fiktion verwerfenden *Behavioral Economics*[11]. Aber dass damit gerade nicht die Erklärbarkeit des wirtschaftlichen Handelns als solche bestritten, sondern nur anders konzipiert und damit im Kern nichts geändert wird, zeigt der von mir übrigens schon vor über 30 Jahren für das Strafverfahren verwertete Forschungsansatz *Kahnemanns*[12], der wirtschaftliche Entscheidungen nicht anders als die des Alltagshandelns mit Methoden der Kognitionspsychologie untersucht und dadurch kausal erklärt hat. Für eine andere Beurteilung der strafrechtlichen Steuerbarkeit ökonomischen Handelns gegenüber andersartigen sozialen Interaktionen besteht also auch nach der Behavioral Finance keinerlei Anlass.

---

8 Klassisch *John Stuart Mill*, On the Definition of Political Economy, and on the Method of Investigation Proper to It, 1836; vgl. ferner nur Kirchgässner, Homo oeconomicus, 4. Aufl. 2013; zur Übertragung in die Sozialwissenschaften Diekmann/Voss, Rational-Choice-Theorie in den Sozialwissenschaften, 2007; Diekmann/Eichner, Rational Choice, 2008.

9 Grdl. *Posner*, An Economic Theory of the Criminal Law, 85 Columbia Law Review 1193 (1985). In einem methodischen Individualismus weitergedacht von *Mansdörfer*, Zur Theorie des Wirtschaftsstrafrechts, 2011, S. 38 ff., 59 ff., 118 f.

10 Dazu die Kritik bei *Wittig*, Der rationale Verbrecher, 1993.

11 Grdl. *Kahnemann/Tversky*, Econometrica 47 (1979), 263 ff.; *dies.* (eds.), Choices, Values, and Frames, Cambridge/New York 2000; vgl. i.ü. nur *Thaler*, Advances in Behavioral Finance Vol. II, Princeton and Oxford 2005.

12 Siehe *Schünemann*, Kognition, Einstellung und Vorurteil bei der Rechtsfindung, in: Lampe (Hrsg.), Beiträge zur Rechtsanthropologie (ARSP-Beiheft Nr. 22), 1985, S. 68, 75.

2. Soweit man diesen Anlass in der Theorie der *autopoietischen Systeme* zu finden glaubt, ist daran zu erinnern, dass es sich hierbei im Vergleich mit dem Modell des rationalen und egoistischen Nutzenmaximierers um eine noch weitaus artifiziellere Kopfgeburt handelt, die anders als jene nicht einmal im Alltagsverstand der handelnden Personen nachvollziehbar und plausibel ist. Das ökonomisch tätige, auch das in ein Unternehmen eingebundene Individuum erlebt den allgemeinen Appell der Nutzenmaximierung, die besonderen Anforderungen seines Unternehmens und die Verbote des Strafrechts gleichzeitig und im selben Code der Umgangssprache, so dass die Feinheiten der autopoietischen Systemtheorie, wonach es sich dabei jeweils um unterschiedliche Codes (Geld bzw. Recht/Unrecht) unterschiedlicher Systeme handele, die operativ geschlossen seien und sich wechselseitig nur perturbierten, seinem Alltagsverstand nur auf ein und derselben semantischen Ebene in der Weise fassbar werden, nämlich dass (etwa) eine umweltschädliche Abwasserbeseitigung Kosten spart, also Profit schafft, von der Firmenleitung durch ein „winking" anheimgestellt, vom Strafgesetzbuch aber mit Strafe bedroht wird. Die auf einer Metaebene von der Systemtheorie postulierten Unterschiede müssten ihre kategoriale Relevanz auf der Ebene der kausalen Erklärung also erst noch beweisen, was bisher nicht gelungen scheint[13].

3. Des Weiteren kann die ungeheure Komplexität des gesamten Wirtschaftsprozesses, die eine Erklärung des Geschehens durch Isolierung von einzelnen Kausalsträngen nicht selten verhindert, nicht als Argument gegen die prinzipielle Aufklärbarkeit sachlich und zeitlich begrenzter Kontexte und Ereignisse angeführt werden. Das beweist schon das einfache argumentum ad absurdum, dass anderenfalls zielbewusstes oder gar strategisches ökonomisches Handeln gar nicht möglich wäre und Großunternehmen anstelle kostspieliger Leitungsorgane besser Auguren für den Vogelflug, Haruspices für die Eingeweideschau[14] oder noch preisgünstiger einen Chef-Exekutivwürfel „CED"[15] installieren müssten, von der Abschaffung der üblichen und durch ihre Kurzfristigkeit wahrscheinlich für viele Unternehmensdebakel mit- oder sogar hauptverantwortlichen Bonussysteme[16] ganz zu schweigen. In diesem Zusammenhang darf gerade in einem

---

13 Ebenso *Röhl/Röhl*, Allgemeine Rechtslehre, 3. Aufl. 2008, S. 254 f., 450.

14 Diese rituelle Abschiebung der politischen Verantwortung bei Entscheidungen unter extremer Unsicherheit ist in säkularisierter Form übrigens noch heute bei der richterlichen Tätigkeit zu beobachten, wenn eine autoritative Interpretation des in Wahrheit in beide Richtungen lege artis interpretierbaren Gesetzes vorgeblich aus diesem herausgelesen oder wenn die Subsumtion unter § 20 StGB mehr oder weniger offen dem Psychiater zugeschoben wird.

15 Als vorzuschlagende Abkürzung für „Central Executive Dice".

16 Deren kriminogene Wirkung ist für den Fall evident, dass die Bilanz scheinbar realisierte Gewinne ausweist, weil Drohverlustrückstellungen vermieden werden konnten, und die Mani-

Haus der Finanzen die Frage nicht unterdrückt werden, ob denn die ununterbrochene Kette der Skandale und Zusammenbrüche gerade im deutschen Bankwesen „durch die Verhältnisse" oder durch notorisches Fehlverhalten von Managern zu erklären ist: Vom Zusammenbruch der Herstatt-Bank 1974 über die SMH-Bank 1983 bis Sal. Oppenheim 2009, von den Altlasten der Bayerischen Hypotheken- und Wechselbank in der HVB über den Zusammenbruch ihrer Tochter Hypo Real Estate 2009 und die bis heute nicht abreißende Kette der Landesbanken-Skandale bis zum Zusammenbruch der IKB-Bank 2007, der Auszehrung der Dresdner Bank 2008, deren Übernehmerin Commerzbank 2009 teilverstaatlicht werden musste, und nunmehr der Krise der Deutschen Bank, die in so gut wie allen nachfolgend zusammen zu stellenden Finanzskandalen irgendwie involviert gewesen ist, zieht sich eine desaströse Linie des Scheiterns, die nach den hierzu offenkundigen Tatsachen zumindest zum großen Teil Folge einer „Casino-Mentalität" ist, die – weil das Glücksspiel mit vielen Milliarden fremden Geldes betrieben wurde – selbstverständlich die Frage der Strafbarkeit aufwirft. Dabei folgt es gerade aus den rechtsstaatlichen Voraussetzungen des Strafrechts, dass – weil es um das unterhalb der Kapitaldeliktsebene[17] anzusiedelnde Rechtsgut des Vermögens geht – eine Verurteilung zu einer Kriminalstrafe nur in Betracht kommt, wenn der Vorsatz bezüglich aller unrechtsbegründenden Tatbestands-

festation des Verlustes erst außerhalb einer ggf. in der Bonusregelung vorgesehenen Periodenübergreifung eintritt. Bei welchen Großunternehmen und in welchem Umfange dies in den Unternehmenskrisen und -zusammenbrüchen der letzten Zeit eine Rolle gespielt hat, kann hier naturgemäß ebenso wenig untersucht werden wie die psychologische Plausibilität einer durch Bonusregelungen bewirkten Leistungssteigerung bei Hochverdienern, die ohnehin schon ihre ganze Arbeitskraft dem Unternehmen widmen. Falls es nicht schlicht um eine auf Gegenseitigkeit angelegte Selbstbedienungsmentalität in dem zahlenmäßig begrenzten Kreis der in Vorständen und Aufsichtsräten vertretenen Spitzenmanager gehen sollte, bliebe nur das Argument des notwendigen Konkurrenzkampfes um die begnadetsten Führungskräfte übrig. Allerdings kann man auch daran zweifeln, wenn man selbst bei einem so kritischen Geist wie *Sinn* auf der einen Seite eine Geißelung der beim Platzen der Blasen zu schwersten Verlusten der vertretenen Bank führenden „Kasinomentalität" der Spitzenmanager und auf der anderen Seite von der Schädlichkeit ihrer Gehaltsbeschränkungen für die Volkswirtschaft liest, „weil der Wettbewerb um die knappe Ressource Spitzenmanager damit ausgeschaltet ist und die besten Manager nicht mehr dahin gelockt werden, wo Fehlentscheidungen am teuersten wären" (Kasino-Kapitalismus, 2009, S. 221). Denn das erinnert an die Karrieren von Bundesliga-Fußballtrainern, die nicht selten mit einem Verein absteigen und später von einem anderen als Retter engagiert werden, eben weil es sich um Spitzentrainer handelt. Als alternative Erklärung sollte statt der Spitzenleistungen der betreffenden Personen die Soziologie der Kooptation in durch persönliche Beziehungen geprägte Oligarchien in Betracht gezogen werden.

17 Im alten Sinne des „Kapitals", bei dem es um den Kopf geht.

merkmale nachweisbar ist[18]. Die Besorgnis, das Strafrecht könne im ökonomischen Bereich fehlangewendet werden, zerstreut sich deshalb von selbst: Was an systemischen Verknotungen nicht kausal erklärbar ist, kann erst recht nicht Gegenstand des Vorsatzes sein und deshalb auch keine Strafbarkeit begründen.

4. Wo die gravierende Sozialschädlichkeit eines bestimmten Verhaltens außer Frage steht, die einzelnen kausalen Fäden in dem von zahllosen beteiligten Akteuren geschaffenen Geschehensknäuel aber nicht mit Sicherheit heraus präpariert werden können, braucht ein rechtsstaatliches (d. h. sowohl seine Beschränkung auf die ultima ratio zum Rechtsgüterschutz[19] als auch den Bestimmtheitsgrundsatz respektierendes) Strafrecht dennoch nicht zu resignieren. Vielmehr kann hier die Rechtsfigur der (abstrakt-konkreten) Gefährdungsdelikte zum Einsatz kommen, sofern es gelingt, die *kollektiven Schaltstationen* zu identifizieren, über die das rechtsgüterverletzende Geschehen verläuft, und sofern an den hier stattfindenden Handlungen kein berechtigtes Interesse geltend gemacht werden kann – mit dem Kapitalanlagebetrug (§ 263a StGB) als positivem und dem Kreditbetrug als negativem Beispiel[20]. Als aktuelles Beispiel möchte ich den Straftatbestand der *Marktmanipulation* (§§ 38 II, 39, 20a I, 1 WpHG) nennen, der in der gegenwärtigen Fassung eine kausale Einwirkung auf den Börsen- oder Marktpreis verlangt und dadurch kaum erfüllbare Beweisanforderungen stellt, deren prozessuale „Lösung“ durch den BGH[21] rechtsstaatlich unerträglich ist und an deren Stelle deshalb die Umgestaltung in ein abstrakt-konkretes Gefährdungsdelikt durch den Gesetzgeber treten müsste[22].

---

18 Zwar hat sich der Gesetzgeber gelegentlich nicht an diese Maxime gehalten, dabei ausgerechnet bei dem schon für sich dubiosen Spezialtatbestand des Subventionsbetruges (§ 264 Abs. 4 StGB bestraft offensichtlich als Auffangtatbestand bei Beweisnot die Leichtfertigkeit), aber solche Entgleisungen bilden gottlob noch keine Maxime.

19 Diese neuerdings (m. E. zu Unrecht) mit Vorliebe gescholtene Formel muss ich im vorliegenden Zusammenhang schon deshalb zu Grunde legen, weil ihre Kritiker nichts anderes, geschweige denn Besseres anbieten.

20 So meine Position, s. *Schünemann,* GA 1995, 201, 210 ff., 212.

21 In der Entscheidung „Analyst Sascha Opel“, BGHSt 48, 373, 384 zieht der BGH dazu den klassischen Zirkelschluss: „Für die Beurteilung der Frage, ob durch die marktmanipulative Handlung tatsächlich eine Einwirkung auf den Kurs eingetreten ist, dürfen angesichts der Vielzahl der ... regelmäßig an der Preisbildung mitwirkenden Faktoren keine überspannten Anforderungen gestellt werden, weil der Tatbestand des § 38 Abs. 1 Nr. 4 WpHG ansonsten weitgehend leerliefe“.

22 Dazu umfassend *Schönwälder,* Grund und Grenzen einer strafrechtlichen Regulierung der Marktmanipulation, 2011, S. 218 ff., 369 ff.

III.

Nun zur *empirischen* Ebene. Hierzu verweise ich auf die in den letzten 20 Jahren praktizierten Überwältigungsstrategien der Finanzindustrie mit dem Ergebnis der kollektiven Vermögensumschichtung zum Nachteil von simplen Anlegern oder Steuerzahlern, die ich an folgenden Beispielen demonstrieren möchte:

1. Die *Dot-com-Blase* beruhte zu einem guten Teil darauf, dass in zahlreichen Fällen wilde Versprechungen für die Zukunft, die noch zu Zeiten der Buddenbrooks eher ins Besserungshaus als an die Börse geführt hätten, von dadurch enorm profitierenden und deshalb hochgradig befangenen, aber mit weißen Handschuhen ausgestatteten Wirtschaftsprüfungskonzernen für plausibel erklärt und diese Phantasmagorie dann von den Großbanken über Börsengänge in ein Geschehen verwandelt wurde, durch das das überschüssige Kapital eines törichten Mittelstandes in das Portefeuille der Initiatoren und aller ihnen als Dienstleister Verbundenen umgeleitet wurde[23].

2. Dieselbe zentrale Rolle spielte die Finanzindustrie wiederum bei den *cross border sale-and-lease-back-Geschäften* der kommunalen Daseinsvorsorge, bei denen die in der Dot-com-Blase führende Rolle der Wirtschaftsprüfungskonzerne von amerikanischen Großkanzleien übernommen wurde. Wie simpel hier die systemischen Zusammenhänge waren, zeigt sich daran, dass in den klug regierten Bundesländern Niedersachsen und Schleswig-Holstein ein Federstrich der Kommunalaufsicht genügte, um solche den Privatisierungswahn des Neoliberalismus ausbeutende Geschäfte zu unterbinden[24].

3. Bei dem nächsten Beispiel der *kommunalen Finanzspekulationen mit SWAP-Geschäften*, die den Stadtkämmerern von Bankmitarbeitern empfohlen worden sind, war häufig sogar ein besonders hoher Grad an Berechenbarkeit gegeben, nämlich wenn die internen Berechnungen ähnlich wie im Roulettegeschäft im Vorhinein belegten, dass die Bank immer gewinnt. Das ist vom BGH in zivilrechtlichen Streitigkeiten mit Recht ausgesprochen worden[25], aber natürlich auch strafrechtlich unter dem Aspekt einer Anstiftung zur Untreue oder eines Betruges relevant.

---

23 Einzelbeispiele bei *Ogger*, Der Börsenschwindel, 2001, S. 204 ff. Das übertrifft durch seine strukturelle Irreführung noch die berüchtigte niederländische Tulpenmanie von 1637, der *v. Weizsäcker* aus neoliberaler Sicht einen gewissen ökonomischen Sinn beigelegt hat (s.u. S. 106), die m.E. aber als Verwandlung des Marktes in eine Spielha(ö)lle der Idee einer gerechten Güterverteilung Hohn bietet.

24 *Kirchbach*, DIE ZEIT v. 12.3.2009.

25 BGHZ 205, 117 unter Fortführung von BGHZ 189, 13.

4. a) Das vierte Beispiel der sog. *Subprime-Krise*, bei der sich die Finanzindustrie nach der plakativen Formulierung von *Hans-Werner Sinn* in ein Spielkasino verwandelt hat[26], ist auf einer ECLE-Tagung ja schon behandelt worden, wenn auch in manchen Referaten mit deutlich apologetischer Tendenz[27]. Ich sehe keine Veranlassung, meine eigene, an anderer Stelle ausführlich begründete Auffassung zu revozieren, dass es sich hierbei um global organisierte Finanzkriminalität gehandelt hat und dass die Verantwortlichen der zahlreichen deutschen Banken, die die toxischen Papiere ohne ausreichende Risikoprüfung über aus der Bilanz ausgelagerte Vehikel angekauft haben, jedenfalls den objektiven Tatbestand der Untreue (§ 266 StGB) erfüllt haben, während der subjektive Tatbestand naturgemäß individuell zu prüfen ist[28].

b) Aus der Perspektive meiner heutigen Fragestellung ist hinzuzufügen, dass das Geschäft mit der Verbriefung, Bündelung und dem globalen Vertrieb von in ihrer Einbringlichkeit prekären Forderungen geradezu ein Paradigma der zeitgenössischen Finanzindustrie bildet. Denn dadurch konnten für die riesigen, die alltägliche Vorstellungskraft übersteigenden Mengen des von den Notenbanken produzierten und täglich global umlaufenden Giralgeldes[29], das we-

---

26 aaO. (Fn. 16), bes. S. 81ff.; ich habe den komplexen Sachverhalt in: *Schünemann* (Hrsg.), Die sogenannte Finanzkrise – Systemversagen oder global organisierte Kriminalität?, 2010, S. 74–80 konzentriert dargestellt, weitere Details bei *Kasiske*, ibid., S. 14–22; journalistisch, aber vor allem bezüglich des Versagens der Aufsichtsbehörden gut dokumentiert *Müller*, Bank-Räuber, 2010, S. 29ff.

27 Finanzkrise (Fn. 2) und daraus exemplarisch *Deiters*, S. 132, 135f.: „Wo Unternehmen Anreizsysteme schaffen, denen überzogene Gewinnerwartungen zu Grunde liegen und die deshalb zu kurzfristigem Renditestreben statt nachhaltiger Kapitalerhaltung motivieren, müssen sie es akzeptieren, wenn die so gesteuerten Manager diesen Anreizen, die im Ergebnis das Unternehmensinteresse konturieren, folgen"; oder *Gillmeister*, S. 280, 286, 289: „Die einzelnen Kredittranchen wurden nicht aufgeschnürt, sondern wie ‚hot potatoes' zum nächsten Investor weitergereicht. Niemand wusste, welches Risiko sich in ‚seinem' Paket verbarg, und niemand wollte es wissen. Kein Käufer wollte die erworbenen Kreditforderungen durchsetzen. Die Gewinne wurden durch den karussellartigen Weiterverkauf mit Provisionen und Boni erwirtschaftet ... Wenn es ihm (scil. dem Gesetzgeber) nicht gelingt, unerträgliche Marktrisiken (sic!) ... im Wirtschaftsverwaltungsrecht, im Kapitalmarktrecht, im Gesellschaftsrecht etc. zu regeln, dann hat das Strafrecht keine Unrechtsbasis für Sanktionen."

28 Näher *Schünemann*, in: Die sogenannte Finanzkrise (Fn. 25), S. 71ff.; instruktiv *Kasiske*, ibid. S. 13ff.; *Schröder*, ZStW 123 (2011), 771ff.; in der Tendenz auch *Fischer*, ibid. S. 816ff.; etwas zurückhaltender *Wohlers*, ibid. S. 791ff.

29 Wobei sich zu den Hauptproduzenten seit den 90er Jahren des vorigen Jahrhunderts, der FED und der japanischen Zentralbank, mittlerweile die EZB gesellt hat, dazu u. 8. Bereits 2007 betrug der tägliche (!) Weltumsatz von Devisen und Finanzprodukten 5 Billionen US-$ (*Schünemann*, ZStW 123 – 2011 –, 770 m. Nachw.).

gen oder trotz der „Greenspan's bubbles“[30] nach neuen Anlagemöglichkeiten verlangte, Anlageobjekte innerhalb des Finanzsystems selbst produziert werden, auch wenn deren Nutzen (Risikostreuung) in keinem angemessenen Verhältnis zu den Risiken, zu den enormen, durch das Ausgangsgut (etwa den Immobilien) nicht mehr gedeckten Herstellungskosten der Finanzindustrie selbst (enorme Provisionen, Aufwendungen für Rechtsberatung und für die Rating Agenturen) und zu den Transaktionskosten standen. Letztlich waren es die enormen Profitmöglichkeiten für die Protagonisten innerhalb der Finanzindustrie selbst (bis hin zu den Boni der Investmentbanker, die zunächst einen Buchgewinn ausweisen konnten), von denen der Aufbau eines Schneeballsystems oberhalb der realen Güter und das Engagement darin motiviert wurden.

5. Eine beeindruckende Kette, wie ich finde. Und dafür, dass diese Kette nicht abreißt, sorgt das fünfte Beispiel der die gegenwärtig die Steuer- und Strafverfolgungsbehörden beschäftigenden sog. Cum-ex-Geschäfte, bei denen Banken ihren besonders vermögenden Kunden dabei geholfen haben, eine vorgebliche Gesetzeslücke für doppelte Gutschriften der Kapitalertragssteuer auszunutzen, siehe das einschlägige Urteil des Bundesfinanzhofes vom 16. April 2014[31] und die Einsetzung eines Bundestagsuntersuchungsausschusses am 19. Februar 2016[32].

Wenn es noch ein bisschen mehr sein darf, gebe ich noch die Stichworte 6. Libor-Manipulation[33] und 7. Manipulation der Wechselkurse[34].

8. Mit dem achten und vorletzten Beispiel wage ich mich in verschiedener Hinsicht mehrere Etagen höher. Dass die von der EZB betriebene Zinspolitik und das Quantitative Easing (QE) zur Bekämpfung wirklicher oder vorgegebener Deflationsgefahren keine systemischen Vorgänge sind, sondern auf Einzelentscheidungen einzelner Personen oder Gremien beruhen, wird von dem EZB-Prä-

---

30 Zu dieser in den USA für die Fiskalpolitik von Alan Greenspan, von 1987 bis 2006 Chairman der FED, und ihre Folgen verbreiteten Bezeichnung s. nur *Fleckenstein/Sheehan*, Greenspan's bubbles, McGrawHill 2008; *Baader*, Geld, Gold und Gottspieler, 2005, S. 103ff.; *Steinberg*, The Greenspan bubble is wrecking the world economy, EIR Vol. 26 No. 43, 1999 p. 4 s.

31 BFHE 246, 15.

32 BT-Dr 18/6839 und 7601 und Plenarprotokoll 18156.

33 Laut SPIEGEL-online vom 23.4.2015 hat die Deutsche Bank akzeptiert, wegen der Manipulation von Referenzzinssätzen (Libor, Euribor) 2,5 Milliarden US-Dollar an die Aufsichtsbehörden in den USA und Großbritannien als Strafe zu bezahlen, früher schon hatte die EU-Kommission gegen sie eine Strafe in Höhe von 725 Mio. Euro festgesetzt.

34 Laut FOCUS-online vom 20.5.2015 haben sich 5 der weltweit größten Banken mit dem US-Justizministerium auf eine Bußgeldzahlung in Höhe von insgesamt 5,6 Milliarden US-Dollar wegen manipulierter Devisenkurse verglichen.

sidenten *Draghi* und dem stets erfolglos widersprechenden Bundesbank-Präsidenten *Weidmann* jedes Mal ad oculos demonstriert. Das tertium comparationis mit den zuvor betrachteten sieben Feldern besteht in meinen Augen darin, dass dadurch eine gigantische Vermögensumschichtung durch ein ohne demokratische Kontrolle arbeitendes und deshalb quasi privates Finanzmachtgebilde bewirkt worden ist. Es versteht sich, dass ich das hier nicht im Einzelnen begründen kann, sondern mich auf einige Andeutungen beschränken muss. Dass die vorgenannten Maßnahmen bereits in abstracto zu einer Umschichtung des Vermögens der Masse der Sparer und Steuerzahler auf die Finanzindustrie und deren Kapitalgeber führen, ist zwar umstritten[35], aber jedenfalls durch den Umweg der mittelbaren Staatsfinanzierung über die zwischengeschalteten Großbanken hochplausibel, erst recht vor dem unbestrittenen Hintergrund, dass die Wohlstandsschere (nicht nur in Europa) immer weiter klafft und dadurch immer weniger Menschen in der Lage sind, an noch existierenden profitablen Anlagemöglichkeiten zu partizipieren[36]. Und in concreto kommt hinzu, dass die Risiken aus dem Ankauf der Staatsanleihen von Krisenländern auf die Steuerzahler der Nicht-Krisenländer (mit)verlagert werden. Die Festlegung der für die Eigentums- und Vermögensverteilung in einer Gesellschaft ausschlaggebenden Rahmenbedingungen und die Überwälzung externer Risiken bedürfen aber einer kaum weniger soliden demokratischen Legitimation als das Strafrecht[37]: Wäh-

35 Vgl. nur die (auf positiven Annahmen über den bisher ausbleibenden Erfolg des quantitative easing beruhende) vergleichende Studie von *Bindseil/Domnick/Zeuner*, Critique of accommodating central bank policies and the ‚expropriation of the saver', European Central Bank Occasional Paper Series, No 161/May 2005, einerseits sowie *Sinn*, Gefangen im Euro, 2014, S. 76 ff.; *ders.*, „300 Milliarden Euro Verluste der Deutschen durch Niedrigzinsen", in: <http://www.cesifo-group.de/de/ifoHome/policy/Staff-Comments-in-the-Media/Interviews-in-print-media/Archive/Interviews_2014/medienecho_ifointerview-faz-04-12-2014.html> (abgerufen 23.2.2016) andererseits.

36 *Geißler*, Die Sozialstruktur Deutschlands, 7. Aufl. 2014, S. 76 ff.; *Credit Suisse Research Institute*, Global Wealth Report 2015; *Sachverständigenrat*, Jahresgutachten 2014/15, Eigentums- und Vermögensverteilung in Deutschland, S. 393; *Westermeier/Grabka*, DIW-Wochenbericht 7/2015, S. 123 ff. Wenn man bei diesen Berechnungen eine ungenügende Berücksichtigung der Ansprüche auf Altersversorgung rügt, so wird dabei unberücksichtigt gelassen, dass diese wegen der katastrophalen Überschuldung sämtlicher öffentlicher Haushalte gegenwärtig ja gar nicht gedeckt, sondern eine bloße Zukunftshoffnung sind.

37 Das BVerfG spricht in seinem Lissabon-Urteil von der „besonders sensiblen demokratischen Entscheidung über das rechtsethische Minimum" und vom „demokratischen Primärraum", s. BVerfGE 123, 267 Tz. 355 ff. = NJW 2009, 2267, 2287 ff.; damit wurden nach 6 Jahren die von *Lüderssen* und *mir* gegen den europäischen mainstream unablässig erhobenen Forderungen durch die Autorität des BVerfG beglaubigt, s. *Schünemann*, „Europäischer Haftbefehl und EU-Verfassungsentwurf auf schiefer Ebene – die Schranken des Grundgesetzes", ZRP 2003, 185 ff.; „Die parlamentarische Gesetzgebung als Lakai von Brüssel?", StV S. 531 ff.; ferner 2004 rend das Strafrecht den destruktivsten Eingriff des Staates in die Grundrechte darstellt, der aber letztlich nur einen kleinen Teil der Gesellschaft betrifft und dem sich der Einzelne durch Normbefolgung entziehen kann, betreffen die Rahmenbedingungen der Eigentums- und Vermögensverteilung ebenso wie die Risikoüberwälzung aus externen Staatsanleihen unabwendbar jeden, so dass das Produkt aus Eingriffstiefe und (Un-)Vermeidbarkeit bei ihnen keinesfalls geringer ist als beim Strafrecht. Gerade diese Legitimation, ohne die sich kein Machtgebilde berechtigterweise „Demokratie" nennen darf, ist nun aber bei der EZB in doppelter Weise zu vermissen. Die Unabhängigkeit der EZB von jeder parlamentarischen Kontrolle ist selbst bei einer verfassungspositivistischen Beurteilung an Hand von Art. 88 S. 2 GG mit dem Demokratieprinzip nur zu vereinbaren, wenn diese „auf den Bereich einer vorrangig stabilitätsorientierten Geldpolitik beschränkt ist"[38] und nicht etwa verkappte Wirtschaftspolitik und Staatsfinanzierung betreibt, was für das QE noch mehr zutrifft als für das OMT-Programm[39]. Völlig selbstständig daneben steht unter demokratietheoretischen Aspekten der Umstand, dass die negativen Folgen des QE nicht (wie in den USA und Japan) auf die dessen Nutzen ziehende Bevölkerung beschränkt sind, sondern theoretisch zum Teil und praktisch zum größten Teil grenzüberschreitend oktroyiert werden. Und dies geschieht, um das Legitimationsdefizit voll zu machen, durch einen winzigen Machtzirkel in Gestalt der 25 Mitglieder des EZB-Rats, der außer aus dem sechsköpfigen Direktorium aus den Präsidenten der nationalen Zentralbanken mit gleichem Stimmrecht besteht, so dass beispielsweise die Stimmrechte der von Malta und Zypern mit einem Kapitalanteil von zusammen rund 0,3% gestellten Mitglieder doppelt so groß sind wie des Vertreters der Bundesbank mit einem Kapitalanteil von rund 25,6%. Oder, um statt der Kapitalanteile die Größe der Bevölkerung zu nehmen: Die von 1,28 Millionen gestellten Mitglieder haben in der Finanzoligarchie des Euro ein doppelt so großes Stimmgewicht wie der Repräsentant von 81,17 Millionen. Bei diesen Zahlenverhältnissen versagt auch das Schlagwort von der „Mehrebenendemokratie", mit

„Fortschritte und Fehltritte in der Strafrechtspflege der EU", GA 2004, 193, 205 ff., sowie „Grundzüge eines Alternativ-Entwurfs zur europäischen Strafverfolgung", ZStW 116 (2004), 376, 391 ff.; jetzt in: *Schünemann*, Die Europäisierung der Strafrechtspflege als Demontage des demokratischen Rechtsstaats, 2015, S. 48, 52, 83, 207 f., 249 ff., 273 ff. u.ö. (Zusammenstellung ibid., S. 249 Fn. 1); ebenfalls bereits 2003 *Lüderssen*, „Europäisierung des Strafrechts und gubernative Rechtssetzung", GA 2003, 71 ff.; *ders.*, in: Schünemann – Hrsg. –, Alternativ-Entwurf Europäische Strafverfolgung, 2004, S. 45 ff.

38 So das BVerfG im OMT-Beschluss vom 14.1.2014, BVerfGE 134, 366 Tz. 59.

39 Zu diesem einerseits BVerfGE 134, 366 Tz. 69 ff. und *Sinn* (Fn. 35), andererseits EuGH NJW 2015, 2013 ff. und zuletzt BVerfG NJW 2016, 2473 ff.

denen sonst die bürokratische Struktur der europäischen Strafgesetzgebung verbreitet, aber vergeblich legitimiert werden soll[40].

9. Die gesamtwirtschaftlichen Hintergründe des Finanzmarkts der vergangenen 20 Jahre zeigen also auf zahlreichen Feldern ein individuell gesteuertes und fundamental ungerechtes System der Eigentumsverteilung und -umverteilung. Sollten Sie mir entgegenhalten, dass ich mit meinem Leporello-Register allzu unbedacht von Entgleisungen auf den Regelfall schließen würde, so möchte ich nur noch ein ganz kurzes (neuntes) Schlaglicht auf die Institution des *Hochfrequenzhandels*[41] werfen, durch den die von mir schon angesprochene Verwandlung der Finanzwelt in ein gigantisches Spielkasino einen vorläufig letzten Höhepunkt erreicht hat. Denn dass eine gerechte Eigentumsverteilung durch von Computern in millionstel Sekunden ausgetragene Duelle erreicht werden könnte, kann meines Erachtens nur ein gambling addict meinen, der sich beim Hochfrequenzhandel einen Computer hält, dem die moral insanity[42] bereits technisch eingeschrieben ist.

Dabei spielt es in meinen Augen weder eine Rolle, ob der Hochfrequenzhandel zu einer Steigerung der Markteffizienz beiträgt oder statt dessen gravierende systemische Risiken (z.B. von flash crashs) produziert und nur darauf abzielt, die Marktbedingungen zu verzerren, noch dass mittlerweile zwischen 40% und 70% des Börsenhandelns in dieser Weise abgewickelt werden[43], noch schließlich, dass er durch das deutsche „Gesetz zur Vermeidung von Gefahren und Missbräuchen im Hochfrequenzhandel"[44] sowie durch die „Verordnung (EU) Nr. 596/2014 des Europäischen Parlaments und des Rates über Marktmissbrauch (Marktmissbrauchsverordnung) pp."[45] ausdrücklich anerkannt und (in bescheidener Weise) gegen gewisse Missbräuche zu schützen versucht worden ist. Denn es geht mir hier nicht um eine Auslegung des positiven Rechts, sondern um exemplarische Belege für eine für den Finanzmarkt typische, nicht nur

---

40 Denn um die Legitimationsfrage vom Kopf auf die Füße zu stellen, darf man nicht positivistisch von den Regelungen der Verträge ausgehen und ihnen ein wohlklingendes Etikett verpassen, sondern muss – wie es das BVerfG sehr zum Unwillen der professionellen Europarechtler (Nachw. b. *Schünemann*, Die Europäisierung der Strafrechtspflege – Fn. 30 –, S. 292 Fn. 9–17) in der Lissabon-Entscheidung für das Strafrecht auch mit vollem Recht getan hat – anhand der Eigenheiten der zu regelnden Materie den Legitimationsbedarf ermitteln.

41 Vgl. nur zu dessen Formen und Rechtsproblemen instruktiv *Kasiske*, WM 2014, 1933 ff., sowie *Mattig*, ibid. 1940 ff.

42 Mein bescheidener Beitrag zu der rein englischen Terminologie der Formen des Hochfrequenzhandels.

43 Auch hierzu mzwN. *Kasiske* (Fn. 41).

44 Vom 7.5.2013, BGBl I 1162.

45 Vom 16.4.2014, z.B. in Art. 12 Abs. 2 lit. c), gültig lt. Art. 39 Abs. 2 ab 3.7.2016.

individuell steuerbare, sondern sogar individuell gesteuerte und für das Gemeinwohl schädliche Entwicklung, die ich in die folgende, zwecks Veranschaulichung zugespitzte These fassen möchte: Die Aufgabe des Kapitalmarktes besteht darin, die Bedürfnisse der Gesellschaft nach Allokation des Kapitals zu befriedigen, woraus deren Akteure eigenen Profit ziehen möchten und dürfen. Heute steht dieses Verhältnis der Tendenz nach auf dem Kopf, d.h. die Finanzindustrie arbeitet mit vielen Instrumenten allein an ihrem eigenen Profit durch Entwicklung von im Grunde zirkulären Finanzinstrumenten und Nullsummenspielen, für die die Bedürfnisse der Bevölkerung nach Allokation des Kapitals gleichgültig sind. Im allgemeinen Sprachgebrauch hat sich diese Erfahrung in der Weise niedergeschlagen, dass ganz ungeniert zwischen der Finanzwirtschaft und der Realwirtschaft unterschieden und damit die Etablierung einer perversen Metaebene ausgedrückt wird, die sich von den eigentlichen Bedürfnissen und Werten der Gesellschaft abgekoppelt hat und in parasitärer Weise die Institution des Geldes zur Generierung von Profiten ohne vorher erzeugten Mehrwert missbraucht.

IV.

1. Die mir gestellte Frage, die prima facie eine Ersetzung des Strafrechts durch Selbstregulierung zu thematisieren schien, möchte ich deshalb wie folgt konkretisieren: Kann man in einem rechtlich und moralisch weitgehend erodierten Finanzmarkt, bei dem die Auswüchse ähnlich wie bei den strafprozessualen Absprachen längst zu seiner Natur geworden sind, überhaupt noch ein legitimes Wirtschaftsstrafrecht praktizieren, da doch, um aus dem 2. Akt von *Richard Wagners* Siegfried zu zitieren, viel üblere Schächer unerschlagen noch leben? Dieselbe Frage ist vor einiger Zeit von meinen Frankfurter Kollegen für das Umweltstrafrecht mit großem Ernst und viel Berechtigung gestellt worden[46], weil ja der Raubbau an den natürlichen Lebensgrundlagen der Erde von unserem Wirt-

46 Vgl. aus den zahlreichen einschlägigen Publikationen vor allem *Hassemer*, Neue Kriminalpolitik 1989, 46; *ders.*, in: Scholler/Philipps (Hrsg.), Jenseits des Funktionalismus, 1989, S. 90 ff.; *ders.*, ZRP 1992, 378, 383; *Hohmann*, Das Rechtsgut der Umweltdelikte, 1991, S. 188 ff.; *ders.*, GA 1992, 76 ff.; *Herzog*, Gesellschaftliche Unsicherheit und strafrechtliche Daseinsvorsorge, 1991, S. 141 ff. *Meine* entgegen gesetzte Forderung, durch die mindestens partielle Abschaffung der Verwaltungsakzessorietät das Umweltstrafrecht aus seiner Agonie zu befreien (GA 1995, 201, 205 ff.; FS f. Triffterer, 1996, S. 437 ff.; zuletzt „La destrucción ambiental como arquetipo del delito, in: Pérez Alonso u.a. – Hrsg. –, Derecho, Globalización, Riesgo y Medio Ambiente, Valencia 2012, S. 429 ff.) halte ich normativ immer noch für richtig, muss aber deren politische Erfolglosigkeit einräumen.

schaftssystem zu über 90% legal erfolgt. Man kann es noch mehr zuspitzen und sich fragen, ob denn die Bestrafung von Vermögensdelikten unter dem Ancien Régime mit seiner abenteuerlich ungerechten Eigentumsverteilung oder – horribile dictu – eines ordinären Mörders durch die Justiz des Nationalsozialismus irgendeine Legitimität besessen haben kann, wenn gleichzeitig das staatliche System nicht nur verbrecherische Kriege ohne Ende anzettelte, sondern daneben Millionen hilfloser Menschen in einer bestialischen Tötungsindustrie ermordete.

2. Wenn man die Legitimität allein von der Schutzaufgabe des Strafrechts ableitet, könnte sich zwar ein Straftäter niemals auf den Gleichbehandlungsgrundsatz berufen, weil das ja einen Anspruch voraussetzen würde, das Versagen des Gesetzgebers und der Strafjustiz bei ihrer Schutzaufgabe noch weiter auszudehnen[47]. Aber dabei würde doch übersehen, dass der Einsatz der Strafe auf einen seiner Natur nach unverhältnismäßigen Overkill hinausläuft[48], dass das Strafrecht den Bürger vom Verbrecher und damit den freien Menschen von der in einen Käfig gesperrten Kreatur trennt und diesen seinen prekären Status schwerlich ausreichend legitimieren kann, wenn der Staat dabei mit einer selektiven Sündenbockprojektion arbeitet.

3. Der strafrechtliche Overkill kann deshalb nur bei einer im Gesetz geregelten, dem Ausmaß von Unrecht und Schuld gleichmäßig entsprechenden oder dies wenigstens anstrebenden Verteilung wahrhaftig legitimiert werden, aber davon sind wir nicht nur weit entfernt, sondern entfernen uns gegenwärtig immer mehr. Während Bundestag und Bundesregierung unter Anführung des nahezu kriminalisierungsversessen wirkenden Justizministeriums auf der einen Seite ein ganzes Sammelsurium neuer Strafvorschriften verabschiedet oder auf den Weg gebracht haben[49], die selbst bei überaus problematischen Rechtsgü-

---

47 Anders verhält es sich naturgemäß nach der Vergeltungstheorie, für die ein (sowohl in der Gesetzgebung als auch im Alltag der Strafjustiz) notorisch gleichheitswidriger und arbiträrer Einsatz des Strafrechts keinerlei Legitimität beanspruchen könnte – so dass *Pawliks* Behauptung „einer Renaissance der Vergeltungstheorie“ (Das Unrecht des Bürgers, 2012, S. 17) seriöserweise ein flammendes Plädoyer für die Abschaffung der gegenwärtigen Strafrechtspflege hätte zeitigen müssen anstelle der Absicht, „der Praxis das Leben einfacher zu machen“ (ibid. S. 415).

48 Die Wirklichkeit des Strafrechts bleibt nur bei der Bestrafung von Tötungsdelikten und schweren Körperverletzungsdelikten hinter der Talion als Grenze der Vergeltung zurück, während sie im Regelfall weit darüber hinausgeht. Wer ein Vermögensdelikt begeht, erst recht im Rückfall, wird unter Umständen über Jahre hinweg wie ein wildes Tier in einen Käfig gesperrt. Und dasselbe passiert einem Sexualtäter, der Leib und Seele seines Opfers zweifellos übel mitgespielt hat, aber nur über eine ganz kurze Zeitspanne. Dieses fast permanente Übermaß der strafrechtlichen Sanktion nenne ich seinen *Overkill.*

49 Um nur die acht wichtigsten zu nennen, von denen mindestens die Hälfte rechtsstaatlich höchst problematisch ist: Unter der Flagge der Korruptionsbekämpfung sind das 48. Straftern die Strafbarkeit weit ins Vorfeld vorverlagern, haben sie auf dem unendlich wichtigeren Feld der politischen Wirtschaftsstraftaten nicht nur keinerlei Initiative entfaltet, sondern sogar die dazu unterbreiteten, entsprechend dem bisherigen Diskussionsstand nur bescheidenen Vorschläge ignoriert und ins Gegenteil verkehrt. Ich hatte als Minimallösung vorgeschlagen, § 283 Abs. 6 StGB zu ändern, damit der Einsatz der Steuergelder zur Bankenrettung nicht als Strafbefreiung eines Bankrottdelikts wirke[50]. Diese gesetzliche Änderung wäre entgegen *Naucke* (S. 64) auch unverzichtbar, weil man auch bei politischen Wirtschaftsstraftaten nicht den nullum-crimen-Satz preisgeben darf, ohne das rechtsstaatliche Strafrecht selbst preiszugeben. *Peter Kasiske* ist noch einen Schritt weitergegangen und möchte die Bestandsgefährdung systemrelevanter Kreditinstitute als einen eigenen Straftatbestand eingeführt sehen[51]. Der Gesetzgeber hat das Gegenteil gemacht und durch das Gesetz zur Reorganisation von Kreditinstituten und die Schaffung des Restrukturierungsfonds[52] eine Privilegierung für große Finanzinstitute geschaffen und damit allein dem für den Mikrobereich geschaffenen Untreuetatbestand die gesamte Last der strafrechtlichen Sozialkontrolle auch in diesem Makrobereich aufgebürdet[53].

V.

Über dessen Leistungsfähigkeit werden wir ja noch sprechen. Ich möchte dazu nichts vorwegnehmen, sondern mit fünf prinzipiellen Bemerkungen schließen:

1. Sowohl die Demokratietheorie als auch der Siegeszug des Governance-Ansatzes[54] zeigen, dass die politische Macht heute in einer Verflechtung staatli-

---

rechtsänderungsgesetz und das Korruptionsbekämpfungsgesetz bereits in Kraft, das Gesetz zur Bekämpfung von Korruption im Gesundheitswesen liegt im Bundestag (BT-Drucks 18/6446); unter der Flagge der Verschärfung des Sexualstrafrechts ist das 49. Strafrechtsänderungsgesetz bereits in Kraft, ein weiterer Gesetzesentwurf zur Verbesserung des Schutzes der sexuellen Selbstbestimmung ist im BMJV bereits erstellt; das in § 4 gravierende Straftatbestände enthaltende Anti-Doping-Gesetz, das Gesetz zur Änderung der Verfolgung der Vorbereitung von schweren staatsgefährdenden Gewalttaten und das Gesetz zur Strafbarkeit der geschäftsmäßigen Förderung der Selbsttötung sind ebenfalls alle in Kraft.

50 In: Die sogenannte Finanzkrise (Fn. 23), S. 71, 101.

51 ZRP 2011, 137.

52 KredReorgG v. 9.12.2010, BGBl I 1900.

53 Darin, dass § 54a KWG nicht einmal eine Alibi-Schwalbe bedeutet, stimme ich *Thomas Rönnau* (in diesem Band S. 32) zu.

54 Vgl. nur aus der unübersehbaren Literatur *Ritter*, Der kooperative Staat, AöR 104 (1979), 389 ff.; *Voigt* (Hrsg.), Der kooperative Staat, 1995; *Dehnhardt*, Dimensionen staatlichen Handelns, 1996; *Pöllmann*, Kooperativer Staat und Parteiendemokratie, 2006; *Holtkamp/Bogumil/*

cher und privater Akteure ausgeübt wird. Darauf muss das Strafrecht reagieren. Auch wenn sein letztes Ziel des Schutzes der sich in den einzelnen Rechtsgütern konkretisierenden, gemeinverträglichen Freiheit des Individuums im apriorischen Sinn *Kants* unverändert bleibt, hat sich die Ausgestaltung dieses Schutzes den sich im Laufe der Entwicklung der menschlichen Gesellschaft wandelnden Formen ihrer Gefährdung anzupassen.

2. Die Sorge, dass das individuell zurechnende Strafrecht den in Wahrheit als Opfer systemischer Prozesse anzusehenden Finanzmanagern Gewalt antue, widerlegt sich (wie schon erwähnt) von selbst, weil gerade die dogmatische Notwendigkeit von Tatherrschaft und objektiver Zurechnung die Opfer schützt. Gegenteiliges ist, interessegeleiteter Legendenbildung zum Trotz, auch in der sogenannten Finanzkrise nie behauptet worden.

3. Deshalb bedeutet auch die auf den ECLE-Tagungen wiederholt – zunächst umfassend kritisch, letztes Mal eher zurückhaltend[55] – diskutierte Propagierung eines Unternehmensstrafrechts eine doppelte Sackgasse: Sie tritt bei der de-facto-Bestrafung unschuldiger Arbeitnehmer und Aktionäre die rechtsstaatlichen Errungenschaften der Zurechnungsdogmatik (namentlich die Voraussetzung der Handlungs- und Schuldfähigkeit) in die Tonne[56], während sie, wie das Beispiel der amerikanischen Praxis zeigt[57], auf einen schwach verbräm-

---

Kißler, Kooperative Demokratie, 2006; *Albrow*, Abschied vom Nationalstaat, dt. 1998; *Schuppert*, Governance und Rechtsetzung, 2011; *ders*., Verflochtene Staatlichkeit, 2014; zur Fundamentalkritik *Crouch*, Post-democracy, Cambridge 2005, dt.: Postdemokratie, 2008; *Streeck*, Gekaufte Zeit, 2013, S. 28 und passim, mit den speziell die EU betreffenden Diagnosen der „Entpolitisierung der Wirtschaft bei gleichzeitiger Entdemokratisierung der Politik" (S. 164) und der „Institutionalisierung von Oligarchie und Expertokratie" (S. 214); vgl. auch allg. *Blühdorn*, Simulative Demokratie, 2013; zu den Zukunftsphantasien eines „überstaatlichen demokratischen Gemeinwesens, das ein gemeinsames Regieren erlaubt"(so vielfach *Habermas*, zuletzt in: Bl. f. dt. u. int. Politik 5/2013, S. 59, 69) durchschlagend *Streeck*, ibid. 9/2013, S. 77 ff.; ferner, um dem genius loci meine Reverenz zu erweisen, *Maus*, Über Volkssouveränität, 2011; *dies*., Menschenrechte, Demokratie und Frieden, 2015.

55 Siehe *Kempf/Lüderssen/Volk* (Hrsg.), Unternehmensstrafrecht, 2012, mit den kritischen Beiträgen von *Neumann*, S. 13 ff.; *Lüderssen*, S. 79 ff.; *Theile*, S. 175 ff.; *Sachs*, S. 195 ff.; *Schulz*, S. 403 ff., sowie *dies*. (Hrsg.), Strafverfolgung in Wirtschaftsstrafsachen, 2015, Diskussion S. 209 ff. nach dem Vortrag von *Kutschaty*, Der Entwurf eines Verbandsstrafgesetzbuches des Justizministeriums Nordrhein-Westfalen, S. 199 ff.

56 Zu diesem seit langem erhobenen, aber immer noch durchschlagenden Einwand zusammenfassend *meine* Kritik in: FS f. Tiedemann, 2008, S. 429, 439 f.; ZIS 2014, 1, 2 ff., 11; GA 2015, 274, 279. Zum gleichen Ergebnis führt auch die an die Charakterisierung der Strafe als Verletzung angeborener Rechte anknüpfende Argumentation von *Greco*, GA 2015, 503 ff.

57 Dass selbst Betrugs- oder Untreuehandlungen mit mehrstelligen Milliardenschäden in den USA nicht zu individueller Strafverfolgung führen müssen, wenn die Einstellung des Verfahrens mit Milliardenbeträgen aus der Unternehmenskasse erkauft werden kann, zeigen exemten Freikauf der verantwortlichen Manager zu Lasten der Gemeinschaftskasse hinausläuft. Dessen Einführung wäre deshalb, um mit einer Kombination von *Wolfgang Naucke* und *Karl Kraus* zu schließen, diejenige politische Wirtschaftsstraftat, als deren Therapie sie sich auszugeben versucht.

4. a) Zwar darf ich wohl auf meine eigenen, in verschiedenen Zusammenhängen unternommenen Bemühungen verweisen, dem Straftatbestand der Untreue (§ 266 StGB) schon heute im Bereich der Finanzkriminalität einen weitaus größeren Anwendungsbereich zuzuweisen, als es die heute zahlenmäßig überwiegende, sehr stark von Verteidiger- und Bankeninteressen geprägte Literatur zugeben will[58].

b) Aber um die nicht das eigene Unternehmen, sondern andere oder Rechtsgüter der Allgemeinheit schädigende Praktiken der Finanzindustrie zu erfassen, bedarf es natürlich weiterer Konzepte, die nur zum Teil durch Bildung der kollektiven Äquivalente zu den vier Grundformen des strafrechtlichen Vermögensschutzes zu entwickeln bzw. bereits entwickelt sind: gegen Täuschung (Kerntatbestand Betrug), gegen Vertrauensmissbrauch (Kerntatbestand Untreue), gegen sozialschädlichen Zwang (Kerntatbestand Erpressung) und gegen Wucher (Kerntatbestand § 291 StGB). Als kollektive Formen des Betruges kennt schon das geltende Recht den Kapitalanlagebetrug (§ 264a StGB), die strafbare Werbung (§ 16 UWG), die Bilanzfälschungen u.ä. (§§ 331f. HGB, 399f. AktG) sowie die Marktmanipulation (§ 38 Abs. 2 i.V.m. § 39 WpHG). Die Bestrafung des Insiderhandels (§ 38 Abs. 1 i.V.m. § 39 WpHG) vereinigt auf der kollektiven Ebene Elemente von Betrug und Untreue. Ähnlich vereinigen die Bußgeldtatbestände der missbräuchlichen Ausnutzung einer marktbeherrschenden Stellung (§ 81 Abs. 1 Nr. 2 GWB i.V.m. Art. 102 S. 1 AEUV, § 81 Abs. 2 Nr. 1 GWB) und des Kartellverbots (§ 81 Abs. 1 Nr. 1 GWB i.V.m. Art. 101 Abs. 1 AEUV) Elemente des

plarisch die Fälle von JP Morgan und Morgan Stanley (<www.zeit.de/wirtschaft/2013-10/jp morgan-rekordvergleich> sowie SPIEGEL-online v. 7.1.2014: „Betrugsskandal"; AFP v. 11.2.2016 <https://de.finance.yahoo.com/us-bank-morgan-stanley-zahlt-3-2-milliarden-174359217.html>).

58 Speziell für die sog. Finanzkrise Nachw. o. Fn. 27; für die Schädigung öffentlicher Haushalte *Schünemann*, Unverzichtbare Gesetzgebungsmaßnahmen zur Bekämpfung der Haushaltsuntreue und der Verschwendung öffentlicher Mittel, 2012, sowie *ders.*, Die Target 2-Salden der Deutschen Bundesbank in der Perspektive des Untreuetatbestandes, ZIS 2012, 84ff.; allg. in *meiner* LK-Kommentierung des § 266 StGB sowie FS f. Imme Roxin, 2012, S. 341ff. Freilich wird der Untreuetatbestand in der Rechtsprechung auch vielfach missdeutet und etwa zur Bekämpfung der Korruption missbraucht (BGHSt 52, 323; 55, 266), wo er von Haus aus nichts zu suchen hat (aktuellste Verteidigung der Rspr. von *Fischer* und *Hoven*, in: *Fischer et al.* – Hrsg. –, Dogmatik und Praxis des strafrechtlichen Vermögensschadens, 2015, S. 54, 201ff.; zweifelnd *Perron*, ibid. S. 189ff.; krit. *Schünemann*, ibid. S. 73f.).

sozialschädlichen Zwanges und des Wuchers. Obwohl es sich bei diesen Tatbeständen geradezu um Musterbeispiele für „politische Wirtschaftsstraftaten" im Sinne *Nauckes* handelt, ist ihre förmliche Kriminalisierung[59] bis heute in der wissenschaftlichen Diskussion umstritten geblieben[60] und dürfte im politischen Raum auf absehbare Zeit schon deshalb chancenlos sein, weil auf der Ebene der EU wegen eines Verstoßes gegen das Kartellverbot des Art. 101 Abs. 1 AEUV oder gegen das Missbrauchsverbot des Art. 102 AEUV nicht gegen Individuen, sondern nur gegen Unternehmen und Unternehmensvereinigungen Geldbußen festgesetzt werden können (Art. 23 VO 1/2003). Nichtsdestotrotz könnte diese Konstellation des *Machtmissbrauchs*[61] zum archimedischen Punkt für die Ausarbeitung einer Kodifikation der „politischen Wirtschaftsstraftaten" im Sinne *Nauckes* genommen werden[62], aber selbstverständlich nicht mehr im Rahmen meines heutigen Vortrages.

5. Dabei wäre es freilich naiv anzunehmen, es könne an des Strafrechts Wesen einmal noch die Welt genesen. Selbst die optimale Konzeption eines politischen Wirtschaftsstrafrechts hätte bei der ihm erst auf einer nachfolgenden Ebene zukommenden Schutzaufgabe die vorgelagerte Ordnung und Verteilung der Rechtsgüter, beginnend mit dem Verfassungsrecht und fortgesetzt durch das Zivilrecht und das öffentliche Recht, nicht etwa umzustülpen, sondern zu respektieren. Beispielsweise hätte eine perfekte Ausformulierung und Verfolgung der sozusagen ordinären Vermögensdelikte im Ancien Régime ja nichts daran ändern können, dass deren gelungene Legitimierung innerhalb des Strafrechtssystems angesichts des in rechtsphilosophischer Perspektive heillos ungerechten Verteilungssystems der geschützten Güter insgesamt immer noch illegitim und dass das summum ius seiner beschränkten Perspektive aufs Ganze

---

59 Aus den vorstehend unter 3. dargelegten Gründen notabene in Form eines Individualstrafrechts, zumal es die Verhängung von (teilweise astronomisch hohen) Geldbußen gegen die Unternehmen(sträger) ja schon heute gibt.

60 Grdl. bereits *Tiedemann*, Kartellrechtsverstöße und Strafrecht, 1976; zur heutigen Diskussion (selbst für sog. hardcore-Kartelle abl.) *Bräunig*, HRRS 2011, 425 ff., der aber die Notwendigkeit einer intrasystematischen Gerechtigkeit im Hinblick auf die Kriminalisierung von Submissionskartellen und privater Korruption zu Unrecht leugnet.

61 Dabei dürfte es sich empfehlen, zunächst quasi induktiv von den bereits vorgekommenen Fällen eines unerträglichen sozialschädlichen Machtmissbrauchs auszugehen (angefangen mit dem berühmten Benrather Tankstellenfall RGZ 134, 342, s. *Tiedemann*, Wirtschaftsstrafrecht Besonderer Teil, 3. Aufl. 2011, S. 129) und daraus durch Abstraktion nach und nach Tatbestandstypen zu entwickeln.

62 Wobei man sich kaum auf frühere Entwürfe einer Kodifikation des Wirtschaftsstrafrechts (Alternativentwurf Straftaten gegen die Wirtschaft, 1977; *Tiedemann* – Hrsg. –, Wirtschaftsstrafrecht in der Europäischen Union, 2002, S. 449 ff.) stützen könnte, weil es dabei noch nicht um die spezifisch politische Dimension ging.

gesehen eine summa iniuria gewesen wäre. Dies zu ändern, lag nicht in der Macht der Strafrechtswissenschaftler, sondern bedurfte erst der großen Französischen Revolution von 1789, und auch das nur in einem ersten Schritt. Ebenso kann, wenn die Verschuldung der Staatshaushalte der USA und Kanadas, der EU und Japans in Höhe von insgesamt ungefähr 38 Billionen Euro bei einer Bevölkerung von insgesamt ca. 1 Milliarde[63] zu einer nicht mehr legitimierbaren Spreizung der Schere zwischen Besitzenden und Belasteten führt, das in den betreffenden Gesellschaften geltende Vermögensrecht keinen umfassenden Ausgleich mehr herstellen, geschweige denn das Vermögensstrafrecht. Womöglich noch eklatanter ist das Missverhältnis zwischen der sich in meinen Augen bis zur „Rechtsstaatsschwindsucht“ steigernden[64] Verfolgungsintensität bezüglich der „ordinären“ Steuerhinterziehung sowie mit ihrer sich bis in Kleinsttransaktionen hinein auswirkenden Kontrollhysterie bezüglich der Geldwäsche einerseits und den gigantischen globalen Hinterziehungs- und Geldwaschanlagen in den „Steueroasen“ andererseits, bei denen es sich im Grunde um von Banken administrierte, staats- und rechtsfreie Räume des Kapitals handelt, deren Dimensionen durch die in ihrer politischen Selektion und Motivation dubiosen „Panama Papers“ eher verniedlicht worden sind[65].

6. Ob und was für eine Revolution des Finanzsystems stattdessen eine Lösung böte, kann kein Jurist beantworten und muss deshalb in meiner strafrechtswissenschaftlichen Gedankenskizze offen bleiben. Ich möchte dazu nur eine dreifache, an eine berühmte Frankfurter Formulierung anknüpfende[66] These riskieren: Der gegenwärtige unmögliche Zustand des globalen Finanzsystems wird ohne Beseitigung der staats- und rechtsfreien Räume, ohne eine Auflösung der notorisch engen Beziehungen zwischen der Finanzindustrie und den Notenbanken der westlichen Welt und ohne Beseitigung von deren Unabhängigkeit, also ohne die Etablierung einer effizienten demokratischen, d.h. den Leidtragenden eine Stimme gebenden Kontrolle nicht zu ändern sein. Freilich ist und bleibt das eine mehrfache Utopie. Denn die moderne Transformation der Demokratie[67] lässt so gut wie keine ernsthaften Ressourcen für eine Kontrolle

63 Es handelt sich hierbei um Annäherungsgrößen, die ich mir aus allgemein zugänglichen Daten zusammengerechnet habe.

64 *Schünemann*, FS f. Feigen, 2014, S. 263 ff.

65 Instruktiver *Nicholas Shaxson*, Treasure Islands. Tax Havens and the Men Who Stole the World, London 2011, dt. Schatzinseln. Wie Steueroasen die Demokratie untergraben, Zürich 2011.

66 *Institut für Kriminalwissenschaften Frankfurt a.M.* (Hrsg.), Vom unmöglichen Zustand des Strafrechts, 1995 – wobei die rhetorische Pointe dieses Titels darin liegt, dass ein scheinbar empirischer Begriff normativ verwendet wird.

67 Nachw. o. Fn. 54.

globalisierter Finanzmacht übrig. Das gilt in nochmaliger Steigerung auch für die vermöge ihrer „primacy“[68] einzig dazu befähigten Vereinigten Staaten von Amerika, die die Symbiose von Staats- und privater Finanzmacht ursprünglich im Federal Reserve System institutionalisierten, auch nach der Verstärkung der staatlichen Kontrolle durch personelle Kontinuitäten daran festhielten, auf die von ihnen sonst nach Gutdünken ausgeübte Intervention in fremden Staaten gerade bei den (weitgehend als ihre Protektorate zu qualifizierenden) „Steueroasen“ geflissentlich verzichten und schließlich in Gestalt von Delaware ja auch selbst eine der wichtigsten beherbergen[69].

7. Was folgt daraus für die mir gestellte Frage? Die Regelung und Verfolgung von Finanzkriminalität macht vor den heutigen gesamtwirtschaftlichen Hintergründen keinen Sinn, wenn man nur das Handeln in einem von der Idee der Gerechtigkeit realiter beherrschten Bezugsrahmen für sinnvoll hält, denn von der Erfüllung dieser Prämisse kann im Bereich des Vermögensstrafrechts heute so wenig die Rede sein wie in der Zeit des Ancien Régime. Zwar zeigt die gesamte Geschichte der zivilisierten Menschheit, dass sie auf eine derart anspruchsvolle Sinnfrage verzichtet und sich stattdessen mit einem „muddling through“ begnügt. Aber darf das auch für den Overkill des Strafrechts gelten? Das kann ich nicht mehr ausdiskutieren, aber ich möchte auch nicht kneifen und deshalb die Alternative „Abolition oder Revolution“ mit Flammenschrift an die Wand dieses Houses of Finance malen[70].

---

68 Siehe *Brzezínski*, The Grand Chessboard: American Primacy and Its Geostrategic Imperatives, New York 1997.

69 Siehe *Shaxson* (Fn. 65), S. 174 ff. und passim.

70 Womit ich mich am Ende, wenn auch nur in einer Hinsicht, sehr nahe an den zuletzt in „Entkriminalisierung des Wirtschaftsstrafrechts III, 2014“ dokumentierten Standpunkt unseres großen Vorbildes *Klaus Lüderssen* heranbewegt habe, dessen unauslöschlichem Andenken ich diesen bescheidenen Versuch widmen möchte.

Volker Caspari

Wirtschaftsmodellvorstellungen des Gesetzgebers und öffentlicher Institutionen wie der Zentralbanken als Motor von Kriminalisierungs- und Entkriminalisierungsprozessen im Wirtschaftsleben

Die Ausgangslage

Die makroökonomische Politik Deutschlands ist mindestens seit der Finanzkrise unter internationaler Dauerbeobachtung und wird vor allem von Makroökonomen aus dem anglo-amerikanischen Raum kritisiert. Das erste Stichwort ist die sogenannte „beggar my neighbour policy" bei der durch die starke Lohnzurückhaltung und die damit verbundene Absenkung der Lohnstückkosten deutsche Waren im Ausland relativ „billig" wurden und damit die dortige inländische Produktion verdrängt habe. Dies führte zu Zahlungsbilanzungleichgewichten in der EU und in der Eurozone. Das zweite Stichwort ist „Austeritätspolitik". Hier wird die deutsche Regierung dafür kritisiert, dass sie in den südeuropäischen Krisenländern eine Rückführung der Staatsausgaben erzwungen habe und damit diametral entgegengesetzt zum makroökonomischen Lehrbuchwissen agiere, das in der Rezession eine Ausweitung der Staatsausgaben fordert. Ein drittes Stichwort ist das OMT Programm (Outright Monetary Transactions). Hier wird der Europäischen Zentralbank (EZB) ermöglicht, u.a. Staatsanleihen der Euroländer in vorab nicht explizit begrenzter Höhe auf dem Sekundärmarkt anzukaufen, wenn sich das betreffende Land den Regeln des EFSF/ESM[1] unterordnet. "Outright" deshalb, weil die Papiere auf unbestimmte Zeit, im Prinzip auf alle Ewigkeit, gekauft werden dürfen. Ein viertes Stichwort ist das sogenannte „Quantitative Easing", die Quantitative Lockerung (QE). Auch hier kauft die Zentralbank private oder staatliche Anleihen, um die Geldbasis, d.h. die Geldschöpfung, durch die Zentralbank zu erweitern. Ein erster Unterschied zu OMT ist, dass im Falle des OMT die Zentralbank das durch die Anleihekäufe entstan-

1 Europäischer Finanzstabilisierungsmechanismus/Europäischer Stabilitätsmechanismus (EFSF/ESM).

dene zusätzliche Geld wieder aus dem Markt herausnimmt (Sterilisation), weil sie mit dieser Maßnahme die Zinssätze am kurzen Ende der Zinsstruktur der jeweilig betroffenen Länder beeinflussen (meist senken), gleichzeitig aber einen inflationären Impuls vermeiden will und deshalb das geschöpfte Geld sterilisiert, indem sie andere Wertpapiere, z.B. anderer Länder oder Unternehmen, verkauft. Bei der Quantitativen Lockerung bleiben sterilisierende Maßnahmen aus. QE wird mit dem Ziel betrieben, eine deflationäre Entwicklung bzw. einen Konjunktureinbruch zu verhindern, wenn der Zinssatz bereits sehr niedrig ist und damit weitere Zinssenkungen nicht mehr möglich sind oder sehr klein ausfallen müssen. Das QE, wie auch das OMT Programm, sollen einerseits über Veränderungen der Zinsstruktur auf die wirtschaftlichen Aktivitäten wirken, wobei QE die Zinsstruktur am langen Ende beeinflusst, d.h. die langfristigen Zinssätze absenkt, während OMT eher auf die kurzfristigen Zinssätze (1–3-jährige Papiere) mit dem Ziel der Absenkung einwirkt. Andererseits will die Zentralbank damit die Geschäftsbanken dazu bewegen, ihre Kreditvergabe auszuweiten. Allgemein gesprochen, geht es der EZB mit diesen Maßnahmen darum, die sogenannten Transmissionskanäle monetärer Impulse auf die Güterwirtschaft von Hemmnissen zu befreien. Die traditionelle Zinspolitik war an ihre Grenzen gestoßen, als der Geldmarktzinssatz in die Nähe der Nulllinie gesenkt wurde, eine Belebung der europäischen Volkswirtschaften sich aber nicht abzeichnete und die eigentliche vom makroökonomischen Lehrbuch vorgesehene fiskalpolitische Maßnahme nicht durchgeführt werden konnte oder durfte. Bei dieser monetären Situation handelt es sich um die heute so genannte „Liquiditätsfalle“, in der der Zinssatz eine untere Grenze erreicht, weil die Wirtschaftssubjekte keine festverzinslichen Wertpapiere mehr nachfragen sondern stattdessen Geld halten. Jeglicher monetärer Impuls führt zu einer vermehrten Geldhortung. In einer solchen Situation ist traditionelle Geldpolitik wirkungslos. Die Fiskalpolitik müsste hier einspringen und mittels „deficit spending“ die gesamtwirtschaftliche Nachfrage erhöhen. Aus verschiedenen Gründen, die wir hier nicht weiter diskutieren wollen, wurde diese Option ausgeschlossen. Damit blieb das Problem der mangelnden gesamtwirtschaftlichen Nachfrage bestehen und die EZB musste einen Weg einschlagen, den bereits die Japanische Zentralbank 2001 und die amerikanische FED ab Dezember 2008 beschritten hatten. Im März 2015 begann die EZB mit der Quantitativen Lockerung (QE), d.h. mit einem Ankauf von Staatsanleihen und Anleihen staatlicher Unternehmen sowie von mit Hypotheken oder Staatskrediten unterlegten Bankanleihen. Durch den Ankauf kommt es zu einem Kursanstieg dieser Papiere und damit zu einer Senkung ihrer internen Verzinsung, d.h. der Rendite dieser Finanztitel. Diese Papiere sollen zunehmend uninteressant für Finanzinvestoren werden, damit die ihre Mittel als Kredite in die Güterwirtschaft vergeben. So soll die danieder liegende Investitionsnachfrage belebt werden. Flankiert wird das QE durch negative Einlagenzinsen. Wie sieht es mit der Wirksamkeit der Maßnahmen aus?

Definitiv gelungen ist die Absenkung der Rendite für Bundesobligationen, denn für alle Papiere mit einer Restlaufzeit von bis zu 8 Jahren ist die nominale Rendite negativ.[2]

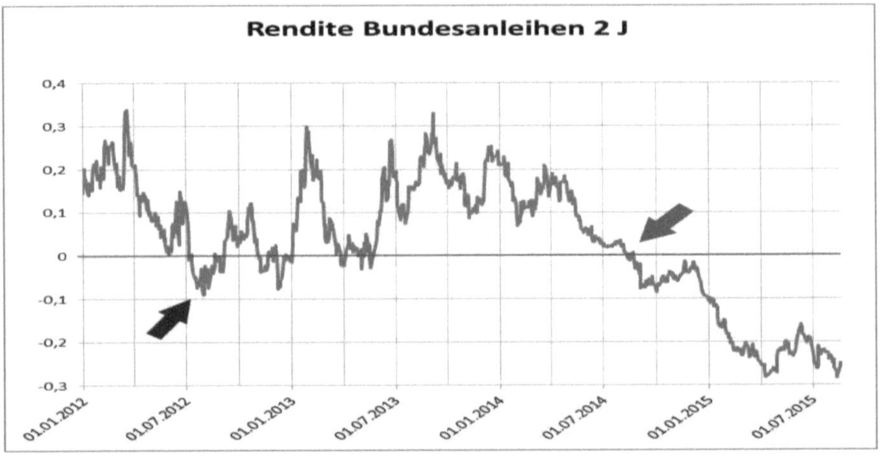

Der reale Zinsssatz ($r = i - \pi$) liegt dann im negativen Bereich, wenn die nominale Verzinsung bzw. Rendite (i) eines Vermögenstitels kleiner als die Inflationsrate (π) ist. Bei einer negativen realen Rendite, wie in FN 1 angegeben, und einer positiven Inflationsrate liegt die reale Verzinsung noch deutlich niedriger als −0,44%. Negative Realverzinsung gab es in der Zeit nach dem Zweiten Weltkrieg öfter als man denkt. Für Spareinlagen lag in der BRD von ca. 1971 – 1985 die Realverzinsung im negativen Bereich. Das gilt auch für die Zeiträume zwischen 1991 bis 1995 und 2000 bis 2003. Seit 2010 herrschen negative reale Sparzinsen. Die Realzinsen der Termineinlagen waren im gleichen Zeitraum nahezu immer positiv und waren von ca. 2011 bis 2013 auch negativ. Für 10jährige Staatsanleihen ist der Realzins erst seit 2012 negativ.

2 Am 25.2.2016 lag die Umlaufrendite festverzinslicher Wertpapier der öffentlichen Hand bei −0,44% und die mit einer Restlaufzeit von 5–8 Jahren bei −0,24%. Quelle: Deutsche Bundesbank, Kapitalmarktstatistik vom 25.2.2016.

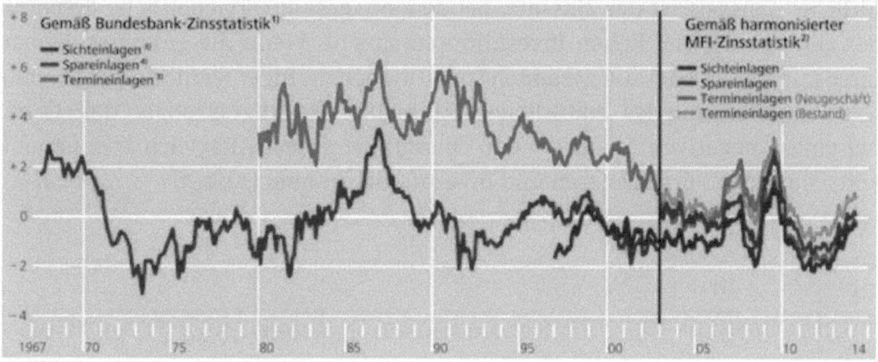

Vergleicht man das mit den USA, UK und Japan fällt auf, dass in dem besagten Zeitraum dort keine negativen Realzinsen herrschten. Interessanterweise blieb in Japan der Realzins für 10jährige Staatsanleihen immer oberhalb von 1% und damit streng positiv. Allerdings muss man festhalten, dass in den genannten drei Ländern die Realzinsen seit 1990 kontinuierlich gefallen sind. Warum ist das so?

Bislang sind wir stillschweigend davon ausgegangen, die Geldpolitik der Zentralbanken sei dafür verantwortlich gewesen. Das ist der Eindruck, den man durch die öffentliche Diskussion gewinnt und es ist zugegebenermaßen eine denkbare Perspektive. Es gibt aber noch eine andere in der ökonomischen Profession diskutierte Sichtweise, über die geforscht und diskutiert wird. Sie läuft unter dem Titel „Stagnationsszenario“ und wird in den USA prominent von Larry Summers[3], Eggertsson und Mehrotra[4] und auch von Robert Gordon[5] und im deutschsprachigen Raum schon seit einiger Zeit von C.C. von Weizsäcker[6] vertreten. Gemäß der Stagnationsthese wird der säkulare Abwärtstrend der Realzinsen auf das Sinken des „natürlichen“ Zinssatzes[7] zurückgeführt. Der „na-

---

3 Summers, Lawrence (2014) U.S. Economic Prospects: Secular Stagnation, Hysteresis, and the Zero Lower Bound, *Business Economics*, Vol. 49, No. 2, National Association for Business Economics.

4 Eggertsson G.B. und Mehrotra, N.R., A Model of Secular Stagnation, in: C. Teulings and R. Baldwin, eds., *Secular Stagnation: Facts, Causes, and Cures*, Center for Economic Policy Research, Vox EU.org eBook, 2014.

5 Gordon, R.J. (2012), Is U.S. Economic Growth Over? Faltering innovation confronts the six headwinds, NBER Working Paper No. 18315.

6 Weizsäcker, C.C.(2015) Kapitalismus in der Krise? Der negative natürliche Zins und seine Folgen für die Politik, *Perspektiven der Wirtschaftspolitik* 16(2), 189–212.

7 Der Begriff des „natürlichen“ Zinses geht auf den schwedischen Ökonomen Knut Wicksell zurück.

türliche“ Zinssatz ist der Zinssatz, bei dem die gesamtwirtschaftliche Ersparnis der gesamtwirtschaftlichen Investition entspricht. Wenn die gesamten Ersparnisse zunehmen oder die gesamten Investitionen geringer werden, dann kommt es zu ein Rückgang des „natürlichen“ Zinssatzes. Denkbar ist sogar, dass es nur bei einem negativen „natürlichen“ Zinssatz zu einem Ausgleich von gesamtwirtschaftlichen Ersparnissen und Investitionen kommt (Abb. 1)

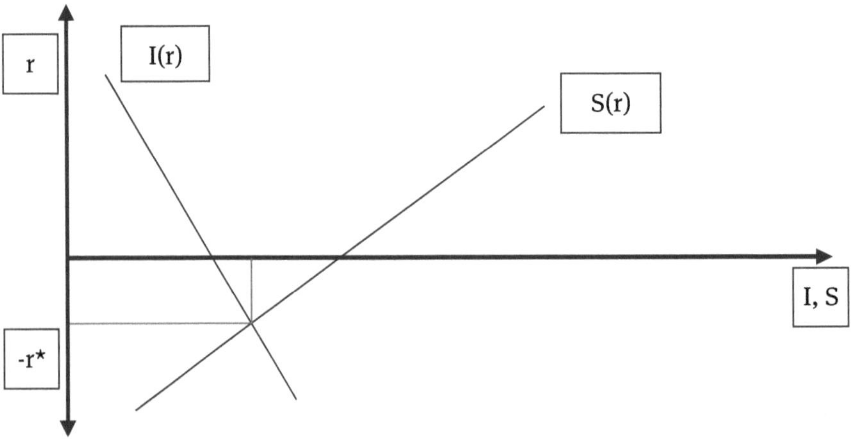

Abb. 1

Es kann also durch einen massiven Anstieg der Ersparnisse oder durch eine dauerhafte Investitionsschwäche zu einem fallenden „natürlichen“ Zinssatz kommen, der im Grenzfall sehr nahe an der Nulllinie bzw. sogar negativ werden kann. Schaut man sich die Daten an, wird deutlich, dass die Kapitalakkumulation, d.h. die Investitionsaktivität in den OECD Ländern in den letzten 20 Jahren, schwach ist. Gleichzeitig haben die gesamten Ersparnisse tendenziell zugenommen. Darauf hatten schon die ehemaligen Präsidenten der FED, Alan Greenspan und Ben Bernanke, hingewiesen.[8] Auch C.C. von Weizsäcker neigt dazu, die Ersparnisse als zu hoch anzusehen, während Wachstumsforscher wie Gordon das Problem eher auf der Investitionsseite lokalisieren. Wir können und wollen diese weiterführenden Fragen hier nicht vertiefen, sondern nur festhalten, dass der „natürliche“ Zinssatz säkular gesunken ist. Warum ist dieser „natürliche“ Zinssatz für die Geldpolitik von Bedeutung? Wenn die Zentralbank den „natürlichen“ Zinssatz ignorieren würde, könnte sie gemäß der zugrunde lie-

8 http://www.federalreserve.gov/boarddocs/speeches/2005/200503102/default.htm.

genden makroökonomischen Theorie ihr Inflationsziel ($\pi < 2\%$) nicht erreichen. Denn läge der von der Zentralbank festgelegte Geldmarktzins deutlich unter dem „natürlichen" Zinssatz, würde die Zentralbank Inflationsprozesse initiieren und läge er deutlich über dem „natürlichen" Niveau, würde sie eine Deflation heraufbeschwören. Da die EZB gegenwärtig versucht, die Inflationsrate in die Nähe von 2% anzuheben, muss sie den Geldmarktzins extrem niedrig und den Zinssatz für die Einlagefazilität sogar in den negativen Bereich drücken.

Aus dieser geschilderten Sachlage folgen viele weitere Fragen. Auf die folgenden Punkte möchte ich im Einzelnen eingehen:
1. Warum betreibt die EZB Zins- statt Geldmengensteuerung?
2. Sind OMT und die Quantitative Lockerung (QE) zielführend?
3. Welche direkten und indirekten Konsequenzen hat die Niedrigzinspolitik?
4. Darf die EZB das? Legitimationsaspekte

Zins- statt Geldmengensteuerung in historischer Perspektive

Nach dem Zusammenbruch von Bretton Woods im Jahr 1973 und dem Ölpreisschock im Oktober des gleichen Jahres wurde von der Bundesbank die keynesianische Zinspolitik durch eine Geldmengenpolitik, d.h. durch eine Geldmengenregel, abgelöst. Diese geänderte Geldpolitik berief sich auf die Neuinterpretation der Quantitätstheorie durch Milton Friedman, Karl Brunner und Allan Meltzer, die ihre Legitimation aus empirisch beobachteten Regelmäßigkeiten, wie z.B. einer stabilen, auf der Umlaufgeschwindigkeit des Geldes beruhenden Geldnachfragefunktion, bezog. Es dauerte ein weiteres Jahrzehnt, bis diese stabile Geldnachfragefunktion zunächst in den USA und dann auch sukzessive in anderen Volkswirtschaften verschwand. Relativ lange ließ sie sich noch in der BRD und in der Schweiz identifizieren, was u.a. auch erklärt, warum die Zentralbanken dieser beiden Länder sehr lange an der Geldmengenpolitik festhielten. Parallel zu diesem Prozess in der Geldpolitik fand der Streit um die „richtige" makroökonomische Theorie zwischen den Monetaristen und den Keynesianern statt. Aus diesem Streit entwickelte sich ein neuer makroökonomischer Ansatz, den man mit dem Terminus „Dynamische stochastische allgemeine Gleichgewichtstheorie" (kurz DSGE) bezeichnet. Diese Modelltypen erwiesen sich im empirischen Test als relativ schlecht und wurden nun mit sogenannten „keynesinischen Bausteinen" angereichert. So kam es zu einer Synthese, die Elemente aus beiden Denkwelten enthält und als Neukeynesianische Makroökonomie bezeichnet wird. Geldpolitisch folgte aus diesem Prozess ein Salto rückwärts, denn die Geldmengenpolitik verschwand und machte der Zinspolitik wieder Platz. Die EZB behielt noch eine Weile die Geldmengenentwicklung im Auge. Man nannte es die „Zwei Säulen Strategie“. Mit dem Ausscheiden von Otmar Issing und dem späteren Rücktritt von Jürgen Starck aus dem Direktorium der EZB verschwand die „zweite Säule“ vollständig. Geblieben ist eine „Theorie der Geldpolitik ohne Geld“, d.h. ohne Berücksichtigung monetärer Indikatoren wie etwa die Geldmenge, Kreditvolumen usw.

Die geldpolitische Steuerung erfolgt über den von der Zentralbank bestimmbaren Zinssatz. Gemäß der Neukeynesianischen Makroökonomie wirkt der Zinssatz einerseits auf die intertemporalen Konsum- und Sparentscheidungen und vermittelt andererseits über die Zinsstruktur auf die Investitions- und Anlageentscheidungen der Wirtschaftssubjekte. Bei Investitionsentscheidungen orientieren sich die Unternehmen an den langfristigen Zinssätzen, weil die Alternative zur realen Investition die Finanzinvestition in Aktien ist und Aktienrenditen vergleicht man wiederum mit den Renditen von risikoarmen 10jährigen festverzinslichen Wertpapieren, z.B. Bundesobligationen. Die Zinsstruktur beschreibt die Renditen von festverzinslichen Anleihen mit unterschiedlichem Laufzeitende. Eine normale Zinsstruktur liegt vor, wenn die Renditen langfristiger Anleihen über den Renditen kurzfristiger Papiere liegen. Das korrespondiert mit der evidenten Einsicht, dass, je ferner die zukünftige Rückzahlung erfolgt, desto größer das Risiko (z.B. Inflationsrisiko) ist, das der Gläubiger eingehen muss. Damit er dieses höhere Risiko eingeht, zahlt der Emittent einen Risikoaufschlag, der sich als höhere Rendite des langfristigen Papiers manifestiert. Aus der Zinsstruktur kann man auch die Inflationserwartungen ablesen. Je höher die langfristige Rendite in Relation zur kurzfristigen liegt, desto höher schätzen die Marktteilnehmer die zukünftige Inflation ein. Das heißt, hohe langfristige Renditen (Zinsen) spiegeln hohe Inflationserwartungen wider. Wenn hingegen die kurzfristigen Renditen (Zinsen) höher als die langfristigen sind, spricht man von einer inversen Zinsstruktur. Eine inverse Zinsstruktur entsteht entweder, wenn die Zentralbank die kurzfristigen Renditen durch Zinserhöhungen in die Höhe treibt oder wenn Anleger, die eine Konjunkturschwäche befürchten, ihr Kapital vermehrt in langfristige Anleihen stecken und damit deren Renditen drücken.

Beachten muss man, dass die Zentralbank mit ihrer Zinspolitik nur den Geldmarktzinssatz direkt beeinflussen kann, nicht hingegen den Kapitalmarktzins. Den Kapitalmarktzins kann die Zentralbank nur indirekt beeinflussen, wodurch ihr Einfluss auf die makroökonomisch relevanten Größen, wie z.B. die Investitionen oder den Konsum nur indirekt möglich ist und damit auch mit erheblichen Zeitverzögerungen zu rechnen ist, bis ein Zinsänderungsimpuls seine makroökonomischen Wirkungen entfaltet hat.

Ein anderes Instrument der Geldpolitik ist die sogenannte Offenmarktpolitik. Hier kauft die Zentralbank befristet (Wertpapierpensionsgeschäft) oder unbefristet (outright Geschäft) Wertpapiere bei den Geschäftsbanken und erhöht somit die Geldmenge im Geschäftsbankensektor. Was die Geschäftsbanken mit dieser zusätzlichen Liquidität machen, ist die spannende Frage. Im Prinzip können die Geschäftsbanken (a) zusätzliche Kredite an Unternehmen oder Haushalte vergeben, (b) Wertpapiere kaufen, (c) ihre mögliche Insolvenz hinausschieben oder (d) Kredite an andere Geschäftsbanken geben. In welchen der vier Kanäle die zusätzliche Liquidität fließt, spielt für die Transmission monetärer Impulse in die Güterwirtschaft eine wesentliche Rolle. Flösse sie in den Kreditkanal, würde der monetäre Impuls direkt in der Güterwirtschaft ankommen, denn der Kredit würde entweder die Investitionstätigkeit oder den laufenden Konsum erhöhen. Beide Möglichkeiten setzen allerdings voraus, dass die Firmen bzw. die Haushalte Kredite nachfragen. Wenn das nicht der Fall ist, bleibt die Bank auf ihrer zusätzlichen Liquidität sitzen. Sie kann dann Wertpapiere kaufen, wodurch der monetäre Impuls nun auf dem Kapitalmarkt wirksam werden kann. Durch die Nachfrage nach Wertpapieren steigt deren Kurs und die Renditen fallen, wodurch es für andere Wirtschaftssubjekte interessant werden wird, ihre Investitionsentscheidungen zu überdenken und reale Investitionen statt Finanzinvestitionen zu tätigen. So wäre dann ein Teil des ursprünglichen monetären Impulses auch in der Güterwirtschaft angekommen. Nutzen die Banken die zusätzliche Liquidität jedoch nur, um zu „überleben“, dann bringen sie die Überschussliquidität „abends“ wieder in die Zentralbank zurück. Die letzte Möglichkeit wäre, die Überschussliquidität an andere Geschäftsbanken auszuleihen, was aber voraussetzt, dass diese einen Liquiditätsengpass haben. Auch hier wäre der monetäre Impuls nicht in der Güterwirtschaft angekommen, es sei denn eine der kreditnehmenden Geschäftsbanken würde damit Kredite in die Güterwirtschaft vergeben können oder auf dem Kapitalmarkt aktiv werden. Wenn der monetäre Impuls nicht in der Güterwirtschaft ankommt, spricht man von einem „gestörten Transmissionsprozess“. Bildhafter hatte es einst Wirtschafts- und Finanzminister Karl Schiller ausgedrückt: Man kann die Pferde zur Tränke führen – saufen müssen sie selbst“. Damit sind wir bei der Frage angelangt, ob das OMT und die Quantitative Lockerung wirksam und damit zielführend sind?

Sind OMT und die Quantitative Lockerung zielführend?

Klammert man die ordnungspolitische Perspektive zunächst aus und schaut nur auf die prozesspolitische Seite, dann muss man festhalten, dass die geldpolitischen Maßnahmen der EZB (einschließlich der jüngsten Entscheidungen) im Einklang mit der herrschenden neukeynesianischen makroökonomischen Theorie stehen. Die Frage ist allerdings, ob die geldpolitischen Maßnahmen ihr Ziel erreichen. Gegenwärtig deuten die Daten darauf hin, dass die Maßnahmen des QE geringe Effekte haben, denn die Inflationsrate schwankt seit Januar 2015 um den Nullpunkt und liegt nicht beim Zielwert von „geringfügig unter 2%". Der Transmissionsprozess der monetären Impulse ist deutlich gestört, weil die dem Bankensektor zugeflossene Liquidität nicht in den Kreditkanal fließt. Das belegen die Daten der EZB für Deutschland eindrücklich.

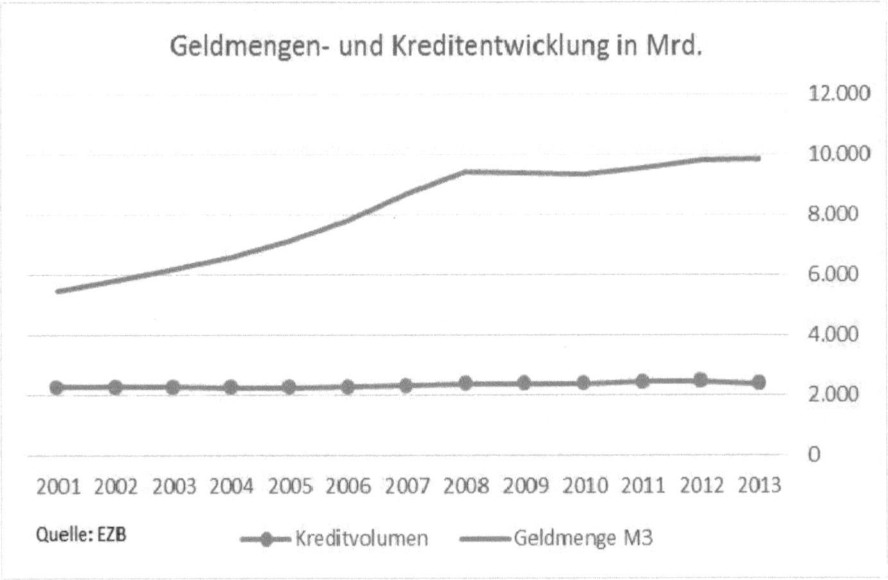

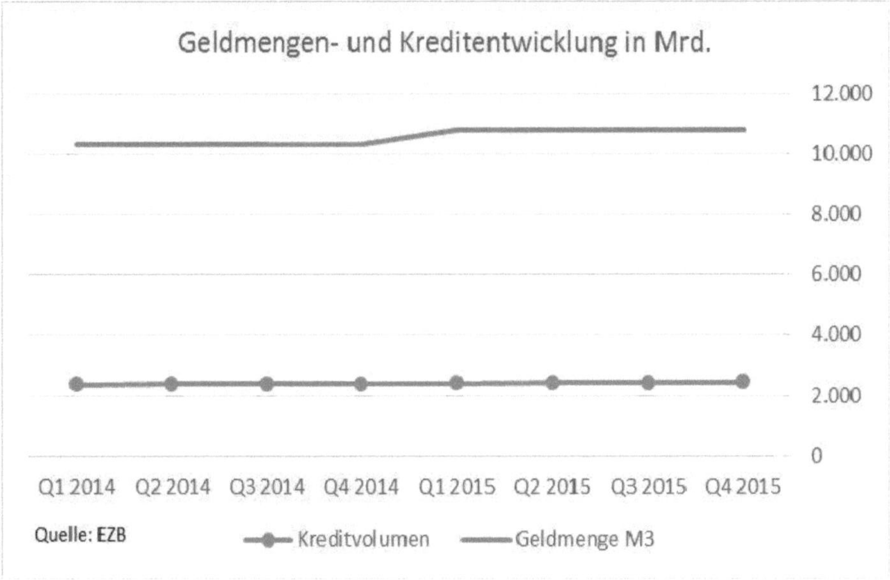

Während sich die Geldmenge[9] M_3 zwischen 2001 und 2013 nahezu verdoppelt hat, sind die Bankkredite an Unternehmen und Haushalte (= privater Sektor) im gleichen Zeitraum nahezu konstant geblieben. Der Zeitraum 2014–2015 ist quartalsweise abgebildet und es zeigt sich, dass sich QE weder in M_3 noch im Kreditvolumen niedergeschlagen hat. Die zusätzliche Liquidität ist nahezu vollständig in den Kapitalmarkt und den Immobilienmarkt geflossen und hat die Kurse der Wertpapiere und die Immobilienpreise deutlich steigen lassen. Der Preisindex für neu erstellte Wohnungen ist von 2010 bis zum 3. Quartal 2015 um 21,7%, der Preisindex für bestehende Wohnimmobilien ist im gleichen Zeitraum um 20% gestiegen.[10] Der DAX ist vom 04.01.2010 bis zum 30.12.2015 um 77,6% gestiegen, was einer jahresdurchschnittlichen Wachstumsrate von 15,5% entspricht. Die Vermögenspreise entwickelten sich inflationär. Auch in anderen Ländern der Eurozone zeigt sich der „verstopfte" Kreditkanal deutlich. Während in Frankreich und Italien die Kreditvergabe sich ähnlich wie in Deutschland geringfügig erhöht hat, dominiert in Griechenland, Spanien, Portugal und Irland nach wie

---

9 M_3: Bargeld und Sichteinlagen von Nichtbanken plus Spareinlagen mit gesetzlicher Kündigungsfrist plus Termineinlagen mit 2jähriger Laufzeit plus Repogeschäfte plus Geldmarktpapiere und Bankschuldverschreibungen mit einer Laufzeit bis zu 2 Jahren.

10 https://www.destatis.de/DE/ZahlenFakten/GesamtwirtschaftUmwelt/Preise/BauImmobilienpreise/Tabellen_/HaeuserpreiseBauland.html?cms_gtp=469934_list%253D1&https=1 (abgerufen 14.3.2016).

vor der Schuldenabbau und damit sinkt die Nettokreditvergabe sogar.[11] Siehe hierzu die von Querschnitte.de aufbereiteten Daten der EZB.[12]

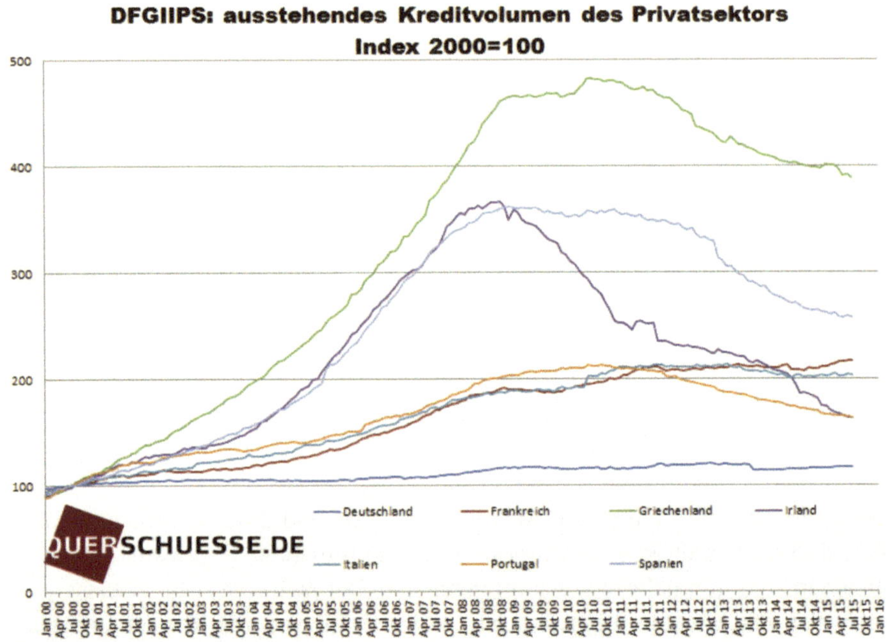

(Legende: DFGIIPS steht für die Länder Deutschland, Frankreich, Italien, Irland, Portugal und Spanien)

Zur Erinnerung sei an die alte Metapher von der Geldpolitik als Seil hingewiesen: Mit einem Seil kann man einen Boom im Zaum halten oder gar erdrosseln, aber man kann mit einem Seil die Konjunktur niemals anschieben. Wenn also die Kreditvergabe nicht erhöht werden kann, welche anderen Effekte hat das QE? Damit sind wir bei den Allokations- und Verteilungseffekten der Politik der Quantitativen Lockerung und der „Nullzinspolitik“.

---

11 European Central Bank, The euro area bank lending survey Third quarter of 2015, October, 2015. https://www.ecb.europa.eu/stats/pdf/blssurvey_201510.pdf?458b2995a1b8b153cc19b84b6fec8383.

12 http://www.querschuesse.de/eurozone-ausstehendes-kreditvolumen-juli-2015 (Zugriff: 16.3.2016).

Direkte und indirekte Wirkungen der Quantitativen Lockerung

Ein Effekt, der sich nach der Ankündigung des QE relativ schnell einstellte, war eine Abwertung des Euro. Anleger wechseln in Währungen mit höheren Zinsen, verkaufen Euro-Wertpapiere und kaufen z.B. Dollar-Wertpapiere. Für Länder mit geringer internationaler Wettbewerbsfähigkeit ist das günstig, weil deren exportierbare Güter im Ausland billiger werden. Haben solche Länder auch ein Handelsbilanzdefizit (z.B. Frankreich, Portugal und Griechenland), so können sie auf diesem Weg ihre Handelsbilanzdefizite verringern. In Ländern mit einem Handelsbilanzüberschuss (z.B. Deutschland) ist das eher fatal, weil sich die Überschüsse weiter erhöhen werden. Exportüberschüsse sind makroökonomisch gesehen „Ersparnisse", d.h. sie vergrößern das Kapitalangebot in dem Land, in dem sie anfallen. So gesehen trägt die Geldpolitik der EZB zur Verstärkung der Zahlungsbilanzungleichgewichte in der Eurozone bei. Gleichzeitig mahnt die EU-Kommission Deutschland, seine Exportüberschüsse abzubauen.

Die extrem niedrigen Zinssätze ermöglichen es, eine große Zahl unproduktiver Investitionsprojekte durchzuführen. Das fördert tendenziell Bauinvestitionen, weil die i.d.R. eine relativ geringe Produktivität haben und damit tragen sie zur allgemein abnehmenden Produktivität verstärkend bei. Das entspricht im Kern der Argumentation der Bank für Internationalen Zahlungsausgleich (BIZ), die die „lockere" Geldpolitik seit einiger Zeit kritisiert. Im Finanzsektor führen die extrem niedrigen Zinssätze zu nicht mehr tragfähigen Produkten. Nicht zuletzt werden natürlich die klassischen „Zinssparer" schleichend enteignet, wenn der Zinssatz kleiner als die Inflationsrate ist. Der Staat hat Vorteile von den niedrigen Zinsen, wenn er sich neu verschuldet oder umschuldet. Seine realen Schulden sinken, wenn die Inflationsrate über dem Zinssatz liegt, weil durch die Inflation die „kalte" Progression zunimmt und die Staatseinnahmen steigen.

Wenn man alle Aspekte zusammenführt, kann man sich die Frage stellen, warum die EZB jüngst den Zentralbankzins auf 0%, den Zinssatz auf Zentralbankeinlagen auf –0,4% gesenkt und den Umfang der Anleihekäufe erhöht hat, obwohl weder eine Deflation noch Deflationserwartungen bestehen und die große Liquiditätsschwemme bis zum heutigen Tag die Kreditvergabe kaum beeinflusst hat. Der Eindruck entsteht, man handelt nach der Devise, die Dosis der verabreichten Medikamente müsse weiter erhöht werden, obwohl sie bislang noch nicht gewirkt hat. Man darf dann aber auch fragen, ob die Nebenwirkungen dieser Medizin – um im Bild zu bleiben – vertretbar sind?

Damit sind wir beim letzten Punkt angekommen: Verletzt die EZB Regeln des EU Vertrags oder gar Rechte des deutschen Staatsbürgers?

Legitimationsfragen

Über die Verfassungsmäßigkeit des OMT wird sich demnächst das Bundesverfassungsgericht äußern, der Europäische Gerichtshof hat die OMT für kompatibel mit den EU-Verträgen und mit dem Mandat der Europäischen Zentralbank erklärt. Wie steht es mit der Quantitativen Lockerung?

Rein technisch gesehen handelt es sich bei der Quantitativen Lockerung um Offenmarktpolitik und die ist ein traditionelles und bewährtes Instrument der Geldpolitik. Wenn sich die Zentralbank auf den Kauf von Staatsanleihen konzentriert, schränkt sie ihr Spektrum der Käufe ein. Es gibt und es gab Situationen, in denen Zentralbanken das für nötig erachten, um ihren Aufgaben zu genügen und ihr(e) Ziel(e) zu erreichen. Auch die Deutsche Bundesbank, die den Kauf von Staatsanleihen durch die EZB ablehnt, hat seit ihrem Bestehen (1957) zweimal Staatsanleihen gekauft. So hat sie 1967 1,3 Mrd. D-Mark für Staatsanleihen verwendet und 1975, nach dem weltweiten Ölpreisschock, für ca. 7,5 Mrd. D-Mark Bundesanleihen aufgekauft. Das Kaufprogramm wurde allerdings nach 4 Monaten beendet, um sich nicht dem Vorwurf der Staatsfinanzierung auszusetzen.[13]

Der jeweilige Umfang der von der EZB gekauften Staatsanleihen richtet sich nach dem Anteil der nationalen Notenbanken am EZB-Kapital. Auf Deutschland entfallen 25,72% am eingezahlten Kapital (wobei nur die Euro-Staaten maßgeblich sind, nicht aber die anderen EU-Staaten, die ebenfalls an der EZB beteiligt sind). Da Griechenland und Zypern vom Anleihekaufprogramm ausgenommen sind, erhöht sich der Anteil der Käufe, die auf Deutschland entfallen, auf 26,55%. Die EZB hat bislang beim Kauf von Staatsanleihen den Kapitalschlüssel der einzelnen Länder weitgehend eingehalten.[14] Sollte die Zentralbank von diesem Schlüssel massiv abweichen, würde sie eine weitere Verzerrung der Risikoaufschläge für die verschiedenen Länderanleihen induzieren. Zu befürchten wäre, dass Anleihen von Ländern mit schlechter Bonität und hohen Risiken gekauft werden, um deren Zinsbelastung zu senken, bzw. die Refinanzierung der Schulden zu verbilligen. Natürlich ist das indirekte Staatsfinanzierung und ei-

13 http://www.welt.de/newsticker/bloomberg/article126832866/Weidmann-Kommentar-zu-QE-Legitimitaet-ebnet-Weg-fuer-EZB-Konsens.html.

14 http://www.n24.de/n24/Nachrichten/Wirtschaft/d/8200068/draghis-neuester-plan-koennte-deutschland-empfindlich-treffen.html.

gentlich gemäß Art. 123 (1) AEUV untersagt. Damit sind wir beim ordnungspolitischen Aspekt der europäischen Geldpolitik gelandet. Nun ist formal der Ankauf auf dem Primärmarkt, also der Kauf der Zentralbank beim Staat, verboten, nicht jedoch der Ankauf über den Sekundärmarkt. Hier kauft eine Geschäftsbank die Staatsanleihen und die Zentralbank kauft die Anleihen von der Geschäftsbank. Dadurch erhält die Geschäftsbank Liquidität. Formal betrachtet finanziert also die Geschäftsbank den Staat. Angesichts der Ankündigung der EZB, bis zu einem festgelegten Termin regelmäßig Käufe mit wiederum festgelegtem Gesamtwert zu tätigen, können die Geschäftsbanken nicht nur als fast risikofreie Zwischenhändler agieren, sie können darüber hinaus auch noch einen Gewinn erzielen, wenn die Kurse der Anleihen in dem Zeitraum steigen, in dem die Geschäftsbanken die Staatsanleihen halten. Das Gegenteil ist aber auch möglich. Der Zentralbank entstehen im Gegenzug dadurch nur die geringfügigen Kosten des Gelddruckens. Hieraus könnte man ableiten, dass Zentralbanken dadurch Geschäftsbanken Verdienstmöglichkeiten eröffnen und damit auch den Banken das „Überleben" ermöglichen, die eigentlich insolvent sind. Das wäre sozusagen „Konkursverschleppung".

Die offizielle Legitimation des QE beruht auf der scheinbaren Gefahr einer drohenden Deflation. Eine Deflation ist dann nicht ungefährlich, wenn sich in den Köpfen der Wirtschaftssubjekte langfristige Deflationserwartungen bilden. In diesem Fall schieben Haushalte ihre Käufe hinaus, Unternehmen kalkulieren mit sinkenden langfristigen Erlösen und verschieben ihre Investitionen in die Zukunft. Das reduziert dann langsam aber sicher die Wirtschaftsaktivitäten und steigende Arbeitslosigkeit wäre die Folge. In der Eurozone lag im Jahr 2015 die Inflationsrate (HICP) bis auf den Monat September im positiven Bereich zwischen 0,1 und 0,3%, wobei der letzte Wert auch im Januar 2016 erreicht wurde. Schaut man in die Länder der Eurozone, so haben nur Zypern, Spanien und Griechenland im Januar 2016 eine negative Preisniveauentwicklung; alle anderen Länder weisen positive Inflationsraten auf, wobei sie in Österreich und Belgien über 1% liegen. Von einer schwach deflationären Entwicklung wie z.B. in Japan zwischen 2009 und 2012 ist man angemessen weit entfernt. Auch existieren in den Köpfen der Wirtschaftssubjekte keine Deflationserwartungen. Eigentlich hat man in der Eurozone Preisstabilität in dem Sinne, dass der Geldwert absolut stabil ist. Warum aber streben die EZB, aber auch andere Zentralbanken wie die amerikanische FED oder die Bank of England, Inflationsraten von knapp unter 2%, also eine geringfügige Inflation an? Der tiefere Grund liegt in der Streuung der Produktivitätsentwicklung von Unternehmen. In der Regel können produktive Unternehmen die jährlichen Lohnerhöhungen kostenneutral verarbeiten. Dagegen können weniger produktive Unternehmen Lohnerhöhungen nur „verkraften", wenn sie die Preise ihrer Güter anheben können. Könnten sie die Preise nicht anheben, kämen sie mittelfristig in wirtschaftliche Schwierigkeiten. Ein ähnliches Argument gilt für die staatlichen Leistungen. Auch die staatlichen Dienstleistungen unterliegen einer geringen Produktivitätsentwicklung; gleichzeitig steigen aber auch die Gehälter im öffentlichen Dienst. Um den Unternehmen einen Preiserhöhungsspielraum zu belassen, hat sich ein Inflationsziel von 2% als praktikabel bewährt.

Die beschworenen Inflationsgefahren der Geldmengenexpansion wurden oft als eine mögliche Zielverfehlung gedeutet. Aus moderner makroökonomischer Perspektive sind Inflationsgefahren solange nicht akut, wie die gesamtwirtschaftliche Nachfrage so schwach bleibt. Außerdem kann die Zentralbank die geschaffene Liquidität natürlich auch wieder reduzieren, indem sie die relevanten Zinssätze anhebt und die Offenmarktgeschäfte in umgekehrter Richtung forciert.

Ein oft genanntes und oben bereits angesprochenes Argument ist, der niedrige Zinssatz vernichte Vermögen bzw. bestrafe den Sparer. Dem kann man unterkühlt entgegnen, dass es kein Grundrecht auf Vermögenserhalt gibt und die „Pflege des Sparers“ nicht gerade zu den Aufgaben der Zentralbank gehört. Möglicherweise sollte „der Sparer“ das „Sparen bei Nullzinsen“ erlernen. Er lernt ja auch ständig neue Smartphones zu bedienen, lernt Computerspiele, seine Heizung zu optimieren, den Kaffeeautomaten zu bedienen usw. Sicherlich ist eine Welt mit Nullzinsen und noch mehr eine mit Negativzinsen ungewohnt, aber das Spiegelbild der niedrigen Zinsen sind die hohen Kurse der Wertpapiere. Wer solche in seinem Depot besitzt, weiß, wie das eigene Vermögen gestiegen ist und wem die Buchgewinne zu ephemer sind, kann sie realisieren und in Geld halten oder konsumieren. Auch der Immobilieneigentümer kann sich nicht beschweren, denn sein Vermögen ist deutlich gewachsen. Freilich lässt sich der Wertzuwachs wegen der Unteilbarkeit des Einzelobjekts nur ganz oder gar nicht realisieren. Wer allerdings gegenwärtig mit dem Sparen einen Vermögensbestand aufbauen will, kann vom klassischen Sparbuch nichts erwarten. Das war aber nie anders, denn, wie wir oben gezeigt haben, war der Realzins auch in den letzten 30 Jahren oft genug negativ, d.h. es wurde Vermögen vernichtet. Der positive Nominalzins erweckte jedoch den trügerischen Schein, das Sparen „lohne“ sich. Ökonomen nennen das „Geldillusion“. Sie wird institutionell durch das Nominalwertprinzip, bzw. das Nennwertprinzip, auch noch befördert. So basieren z.B. Kreditverträge und das gesamte Steuerrecht auf dem Nominalwertprinzip (Euro = Euro).

Die meisten Geschäftsmodelle des Bank- und Versicherungswesens beruhen auf der stillschweigenden Voraussetzung positiver Zinssätze. Natürlich müssen die überdacht werden, wenn eine Nullzinsphase, wie die Gegenwärtige, länger anhalten sollte. Auch die sozialen Alterssicherungssysteme mit Kapitaldeckung sind davon betroffen, nicht hingegen die Systeme mit Umlagefinanzierung. Möglicherweise können die Banken etwas von den islamischen Banken lernen, denn die können offensichtlich wirtschaftlich überleben, obwohl sie – natürlich aus religiösen Gründen – keinen Zins nehmen. Ich kenne keine Argumente, die ein Recht auf ein bestimmtes Geschäftsmodell oder einen bestimmten Vermögensaufbauplan begründen würden.

Ein ganz anderes Problem stellt der Verdacht der Staatsfinanzierung durch die Zentralbank (EZB) dar. Nehmen wir an, die Offenmarktpolitik wäre Staatsfinanzierung und das könnte man auch zweifelsfrei nachweisen, dann stellte sich die Frage, wer die Zentralbank zu einer fiskalpolitischen Maßnahme legitimiert hat? Keiner, wäre die Antwort, weil kein Parlament darüber entschieden hat. Stattdessen hätten „Technokraten" ohne demokratische Legitimation budgetwirksame Entscheidungen getroffen. Da man aber nicht nachweisen kann, dass Offenmarktpolitik Staatsfinanzierung ist, wird alle weitere Diskussion zur scholastischen Übung.

Schlussbetrachtung

Das grundlegende Problem der geldpolitischen Strategie der EZB ist nicht zum ersten Mal, dass das Währungsgebiet des Euros weder ein optimaler Währungsraum ist noch ein Bundesstaat mit einheitlicher Finanzverfassung. Asymmetrische Entwicklungen können durch fiskalische Maßnahmen nicht abgemildert werden, wie das in Deutschland durch den horizontalen Finanzausgleich möglich ist. Geldpolitik, d.h. Zinspolitik, kann aber nicht mit unterschiedlichen Zinssätzen für verschiedene Regionen praktiziert werden. Die einheitliche Nullzinspolitik der EZB ist – wenn überhaupt – der wirtschaftlichen Lage einiger südeuropäischer Länder angemessen. Dort herrscht Arbeitslosigkeit und das Produktionspotenzial ist deutlich unterausgelastet, so dass eine expansive Geldpolitik sinnvoll erscheint. Für Deutschland, Österreich, Belgien und die Niederlande wäre eine eher neutrale Geldpolitik mit Zinssätzen zwischen 1,5 und 2,5% passend. Diesen Ländern nutzt die expansive Geldpolitik nichts; hier schadet sie eher, weil sie zu Vermögensverlusten führt, Geschäftsmodelle von Banken und Finanzunternehmen untergräbt, Inflationspotenzial schafft und im Falle Deutschlands die hohen Außenhandelsüberschüsse begünstigt, weil die Nullzinsen Abwertungstendenzen des Euros fördern. Es ist zu befürchten, dass die Konstruktionsfehler des Euro Europa noch länger beschäftigen und belasten werden.

Literatur

Eggertsson G.B. und Mehrotra, N.R., A Model of Secular Stagnation, in: C. Teulings and R. Baldwin, eds., *Secular Stagnation: Facts, Causes, and Cures*, Center for Economic Policy Research, Vox EU.org eBook, 2014.

Gordon, R.J. (2012), Is U.S. Economic Growth Over? Faltering innovation confronts the six headwinds, *NBER Working Paper* No. 18315.

Richter, Rudolf (1999), *Deutsche Geldpolitik 1948–1998*, Tübingen: Mohr-Siebeck.

Summers, Lawrence (2014) U.S. Economic Prospects: Secular Stagnation, Hysteresis, and the Zero Lower Bound, *Business Economics*, Vol. 49, No. 2, National Association for Business Economics.

Walsh, Carl E. (2003, 2010), *Monetary Theory and Policy*, 2nd edition, Cambridge, Mass.: The M.I.T. – Press.

Weizsäcker, C.C.(2015), Kapitalismus in der Krise? Der negative natürliche Zins und seine Folgen für die Politik, *Perspektiven der Wirtschaftspolitik* 16(2), 189–212.

Deutsche Bundesbank, Kapitalmarktstatistik vom 25.2.2016.

Internetquellen

http://www.federalreserve.gov/boarddocs/speeches/2005/200503102/default.htm

https://www.destatis.de/DE/ZahlenFakten/GesamtwirtschaftUmwelt/Preise/BauImmobilienpreise/Tabellen_/HaeuserpreiseBauland.html?cms_gtp=469934_list%253D1&https=1

https://www.ecb.europa.eu/stats/pdf/blssurvey_201510.pdf?458b2995a1b8b153cc19b84b6fec8383

http://www.querschuesse.de/eurozone-ausstehendes-kreditvolumen-juli-2015 (Zugriff: 16.3.2016).

http://www.welt.de/newsticker/bloomberg/article126832866/Weidmann-Kommentar-zu-QE-Legitimitaet-ebnet-Weg-fuer-EZB-Konsens.html.

http://www.n24.de/n24/Nachrichten/Wirtschaft/d/8200068/draghis-neuester-plan-koennte-deutschland-empfindlich-treffen.html

Diskussion*

Cornelius Prittwitz
Während ich in der Moderatorenrolle schon Wortmeldungen aufnehme, will ich für mich schon ein kleines Fazit ziehen, gerne in der Hoffnung, dass andere mir heftig widersprechen. Ich habe den Eindruck, dass jedenfalls Bernd Schünemann – wie ich finde in sich widersprüchlich – sagt: „Die Regelung und Verfolgung der Finanzkriminalität vor den heutigen gesamtwirtschaftlichen Hintergründen macht keinen Sinn, also versuchen wir es!" Um meinen Vorwurf der Widersprüchlichkeit verständlich zu machen: Ich habe Dich, Bernd, so verstanden, dass das Strafrecht *rebus sic stantibus*, also so, wie Du die gesamtwirtschaftlichen Gegebenheiten und Hintergründe realiter wahrnimmst, *nicht* in der Lage ist, auf Finanzmarktkriminalität zu reagieren. Ich verstehe schon, dass Du diese Realität kritisierst, dass Du dem Strafrecht in der Welt, die Du Dir vorstellst, sehr wohl eine gewichtige Rolle einräumen würdest. Wenn Du aber nicht leugnen kannst, dass die Wirklichkeit so anders aussieht: Ist es dann realistisch, dem Gesetzgeber diese oder jene Anregung zu geben? Wenn der gesamtwirtschaftliche Hintergrund so fest betoniert anders ist, müssten dann diese Anregungen nicht wie eine Donquichotterie wirken? Kann man ernsthaft versuchen, mit den Mitteln, die uns zur Verfügung stehen und der Methodik, mit dem Strafrecht helfend einzugreifen? Aber Du kannst natürlich sofort widersprechen, aber ich habe schon die erste Wortmeldung registriert.

Gerson Trüg
Frau Langenbucher, vielen Dank für Ihren Vortrag und das Aufzeigen der Verbindung von Ökonomie und Recht, Kapitalmarktrecht und Kapitalmarktstrafrecht am Beispiel des Insiderhandels. Jetzt ist es so, wenn der Gesetzgeber hingeht oder hingehen muss aus nationaler Sicht mit Blick auf Brüssel und Recht schafft, das auf vermeintlicher ökonomischer gesicherter Basis beruht und weniger auf normativen oder dogmatischen Überzeugungen und die die beiden ökonomischen Säulen, der verständige Anleger und seine Verbindung zur Markteffizienzhypothese haben Sie angesprochen und aufgezeigt – beides ja Figuren oder Vorstellungen, die ökonomisch umstritten sind, Herr Schünemann hat die Zweifel ja am Idealtypus des homo oeconomicus aufgezeigt, dann kommen wir schnell in den Bereich, wo wir uns überlegen müssen: wenn die öko-

* Der in diesem Band enthaltene Beitrag von Prof. Caspari konnte auf dem Symposion krankheitsbedingt leider nicht vorgetragen werden, so dass sich die Diskussion auch nicht auf diesen Beitrag bezog.

nomische Basis schon so ungesichert ist und dann darauf aufbauend Recht und vor allem auch Strafrecht, Insiderstrafrecht mit gravierenden Freiheitsstrafen folgen kann, ob wir dann nicht, wenn wir sagen, es gibt andere ökonomische Bilder, die genauso überzeugend sind – gegenteilige ökonomische Bilder, Leitbilder, dann nicht im Bereich des illegitimen Rechts oder des illegitimen Strafrechts sind? Das wäre meine Frage, ob Sie das nachvollziehen können.

Katja Langenbucher
Da muss ich ganz kurz zurückfragen: Illegitimes Strafrecht, wenn ich es so anwende, wie es geschrieben steht?

Gerson Trüg
Nein, illegitimes Strafrecht mit Blick auf die Überzeugungen, auf die Rückkoppelungen. Wenn es keine dogmatische und normative Überzeugung gibt, sondern es gewissermaßen ein Aufbauen ist, auf einem ökonomischen Modell oder auf einer ökonomischen These, und irgendwann sich die Überlegung durchsetzt, die ja jetzt schon in Form von Kritik an diesen Modellen besteht, dass es eben diese ökonomischen Modelle nicht überzeugen, vielleicht gegenteilige Modelle zutreffend sind. Dann ist natürlich das, was auf diesem Fundament aufgesattelt ist, nicht mehr standfest.

Katja Langenbucher
Ich glaube, dass zumindest für den anwendenden Richter ein sehr gangbarer Weg existiert, indem er schlicht sagt: Was die Ökonomie liefert, ist eine Beschreibung. Problematisch ist dabei mitunter, dass die ökonomischen Modelle, die übernommen werden, nicht beschreiben wollen. Sie wollen Annahmen treffen, um rechnen und dann, darauf aufbauend, Vorhersagen bereitstellen zu können. Man wird sagen können, die Ökonomie liefert jedenfalls in manchen Bereichen eine Beschreibung, sicherlich aber keine normative Fassung des verständigen Anlegers. Die Gerichte hingegen sind dazu aufgerufen, eine normative Fassung des verständigen Anlegers zu entwickeln. Zu diesem Zweck wird man in die Gesetzesmaterialien hineinblicken. Man wird aber auch normativ die Figur des verständigen Anlegers in diesem Zusammenhang konkretisieren wollen. Aus privatrechtlicher Sicht stellt sich die Frage, welchem Zweck die Generalklausel des verständigen Anlegers dient. Der verständige Anleger ist normiert, um zu verstehen, was eine kurserhebliche Information ist. Man will nämlich nicht jede Information erfassen, sondern den Insiderhandel nur dann zum Zuge bringen, wenn es um Informationen geht, die tatsächlich konkrete Bewegungen des Preises hervorrufen können. Das sieht man beispielsweise an einer neuen Entscheidung des BGH sehr schön. Wie bereits berichtet, hat das

Gericht diesen Begriff etwa in der IKB-Entscheidung anders gefasst als sowohl der EuGH und auch das englische Gericht, ohne dabei, wie ich meine, mit dem EuGH in einen Konflikt zu geraten. Auf dieser Grundlage sind nicht nur rationale Verhaltensweisen von anderen Anlegern einzubeziehen, sondern auch irrationale Verhaltensweisen. Sobald deshalb ein Gericht normativ argumentiert, ist dieser Konflikt weniger ausgeprägt. Viel komplizierter wäre es – so hatte ich Sie zunächst verstanden –, wenn sie sagen würden, der Gesetzgeber nehme den Gerichten das aus der Hand. Der Gesetzgeber würde also eine Art externe Verweisung kodifizieren und anordnen: Ihr dürft gar nicht mehr normativ argumentieren. Ihr müsst sozusagen immer auf den Ökonomen hören, was dieser im konkreten Fall sagen würde. So weit ist der Gesetzgeber aber nicht gegangen.

Carl Christian v. Weizsäcker
Ich möchte Herrn Schünemann etwas Wasser in den Wein seines Vortrages gießen. Ich kann jetzt, weil ich nicht in allen dieser Fälle sehr gut Bescheid weiß, mich nur auf die beziehen, von denen ich glaube, dass ich sie verstanden habe. Die Dotcom-Blase, danach die Libor-Manipulation, quantitative easing, den Hochfrequenz-Handel und die Subprime-Krise.

Die Dotcom-Blase: es hat natürlich immer Blasen gegeben, das ist kein modernes Phänomen. Es hat immer derartige Episoden gegeben. Der Anfang war der Tulpen-Wahn im frühen 17. Jahrhundert in den Niederlanden, wo viele Leute ihr Vermögen ruiniert haben. Sofern man überhaupt zulässt, dass es einen freien Handel in Waren gibt, die auch als Wertgegenstände fungieren können, ist es nicht möglich auszuschließen, dass es solche Übertreibungen in den Preisen in die eine oder andere Richtung gibt. Man kann nicht im Voraus sagen, was ein zu hoher Preis ist. Das möchte ich jetzt nicht im Einzelnen ausführen, nur so viel: der Preis bestimmt sich, wie Sie wissen, nach Angebot und Nachfrage und die Nachfrage, wenn die eben steigt, dann steigt der Preis in solchen Fällen und es kann sehr gute Gründe geben, dass diese Nachfrage gestiegen ist. Es gibt viele Fälle – nehmen Sie neu an die Börse geführte Unternehmen, Microsoft usw. – wir haben heute Morgen ja schon einmal von der IT-Branche gesprochen – wo zuerst nach der Börseneinführung der, wenn man so will, „eigentliche“ Wert des Unternehmens weit unterschätzt worden ist und man schließlich allmählich verstanden hat, was der wirkliche Wert dieses Unternehmens ist. Und dieses hat dann dazu geführt, dass die Preise immer weiter gestiegen sind. Das von Steve Jobs gegründete Unternehmen war beinahe pleite, heute ist es das wertvollste Unternehmen der Welt. Wenn man sich die Price-to-Earnings Ratio ansieht, dann ist die Bewertung durchaus verständlich. Umgekehrt war es dann so, dass die Tulpen schon im 17. Jahrhundert schließlich ein Wert erreicht haben, von dem man im Nachhinein gesagt hat: „Das war übertrieben.“ Aber im Vorhinein konnte man das nicht sagen. Ich sehe keine Möglichkeit, wenn wir überhaupt Angebot und Nachfrage auf solchen Märkten spielen lassen wollen, dieses zu verhindern. Das gibt es immer wieder und zwar in beide Richtungen. Auch Baissen werden übertrieben. Das ist aus meiner Sicht kein Grund jetzt zu sagen, dass es sich hier um kriminelle Handlungen dreht, also dass die Dotcom-Blase die Folge von kriminellen Handlungen war. Dass viele Leute viel Geld verloren und andere Leute viel Geld gewonnen haben bei so einer Blase, ist eine andere Frage. Aber das ist unvermeidlich. Übrigens gibt es ein allgemeines Pattern bei diesen Blasen – angefangen bei der Tulpen-Blase. Wenn Sie 50 Jahre später hinschauen, dann haben sich diese sehr hohen Preise als gerechtfertigt herausgestellt. Die Niederlande hatten 50 Jahre nach der Tulpen-Blase, nach der Katastrophe, dass die Preise massiv in den Keller gingen, ein sehr erfolgreiches Geschäft im Export von Tulpen nach ganz Europa – eine boomende Blumenindustrie in den Niederlande war also die Folge davon. Wenn Sie die Immobilien-Übertreibungen oder Immobilien-Probleme in Florida in den 20er Jahren ansehen – natürlich waren dann in den 50er Jahren die Preise weitaus höher, als kurz vor dem Crash in Florida in den 20er Jahren. Wenn Sie sich verschiedene Preise ansehen von Firmen, die ähnlich denjenigen sind, die hoch bewertet wurden in der Dotcom-Blase und diese heute betrachten, dann sind die Preise heute viel höher. D.h. also, es scheint eine Art Pattern zu geben, dass die Phantasie der Anleger mit bestimmten neuen Phänomenen das erste Mal dazu führt, dass man die Sachen übertreibt, danach kommt eine Enttäuschung, dann kommt also ein Herunterfallen, und wenn Sie 10 oder 30 Jahre später hinschauen, dann hatten im Grunde die Leute Recht, die damals Kopf und Kragen verloren haben, weil tatsächlich in diesen Bereichen ein enorm großes wirtschaftliches Aktivitätspotential da war. In dem Zusammenhang jetzt mit strafrechtlichen Methoden vorzugehen, und zu meinen, dadurch solche Blasen verhindern zu können, das hielte ich für vollkommen verkehrt.

Unabhängig davon kann man natürlich Insiderhandel bestrafen, das ist klar, denn das ist ja ein Mikro-Phänomen. Das ist ein Phänomen eines einzelnen Unternehmens zu einem bestimmten Zeitpunkt, zu einer bestimmten Episode, die auf wenige Tage beschränkt ist und da ist es durchaus sinnvoll, dass man das unter Strafe stellt. Aber dieses andere, glaube ich, ist nicht sinnvoll.

Libor-Manipulation – das ist ja klar: das ist ein Kartell. Ein Kartell steht in den Vereinigen Staaten jedenfalls unter Strafe und wir können das bei uns ja auch einführen. Das ist ganz einfach so, wie wenn man sich Preise abspricht bei Ziegeln oder bei irgendetwas anderem. Bei simplen Waren kann man natürlich die Preise absprechen. Beim Libor – ist das ein bisschen indirekter gemacht worden, man verdient sozusagen nicht direkt, sondern indirekt. Aber dass das eine Kartellabsprache war, ist vollkommen klar. Das ist on the books, da braucht man legislatorisch gar nichts mehr zu machen, soweit ich das sehe. Es sei denn, dass man versucht, das sehr viel schärfere amerikanische Kartellrecht auch bei uns einzuführen. Aber warum sollte man das nicht tun?

Dann quantitative easing. Es gibt den Vorwurf, dass Herr Draghi durch seine Null-Zins-Politik Vermögen vernichtet. Das ist in einem Sinn natürlich richtig, aber ist in einem anderen Sinn auch wieder völlig falsch. Es wird Vermögen umverteilt. Von den Sparern zu den Investoren und den Arbeitnehmern. Je niedriger die Zinsen sind, desto mehr Jobs gibt es; also profitieren davon die Arbeitnehmer. Die deutsche Volkswirtschaft funktioniert deshalb so gut, weil die Zinsen so niedrig sind, dass der Euro so schwach ist, dass die deutsche Exportindustrie floriert. Jetzt ist es eine Beurteilungsfrage, was die richtige Politik ist. Das hat aber nichts mit dem Strafrecht zu tun. Ich kann das überhaupt nicht verstehen, was das mit dem Strafrecht zu tun hat. Natürlich, jede Zentralbank-Politik hat einen Einfluss auf die Vermögenslage der verschiedenen Menschen; aber wenn die Zentralbank die Aufgabe hat, einerseits dafür zu sorgen, dass wir keine Hyperinflation bekommen und andererseits dafür zu sorgen, dass die Liquiditätsversorgung der Volkswirtschaft ausreichend ist, dann ist es eine Frage der Beurteilungskraft der Verantwortlichen, ob sie das gut oder schlecht machen. Dass es da Meinungsverschiedenheiten geben kann, ist klar. Was sich da abspielt ist einfach der alte Streit zwischen Friedman und Samuelson oder zwischen Weidmann und Draghi – Draghi ist MIT-Schule, also Samuelson-Schule; Weidmann über seinen Lehrer Manfred Neumann gehört der Friedman-Schule an. Das sind legitime Streitpunkte. Aber das hat überhaupt nichts zu tun mit Strafrecht. Ich kann das überhaupt nicht verstehen.

Hochfrequenz-Handel. Man verdient, wenn ich das richtig sehe, wie bei jedem Handel, auch beim Hochfrequenz-Handel dann, wenn man billiger einkauft als man verkauft. Wer aber dann einkauft, wenn der Preis niedrig ist, trägt dazu bei, dass der Preis steigt. Wer dann verkauft, wenn der Preis hoch ist, um zu verdienen, trägt dazu bei, dass der Preis sinkt. Also kann eigentlich im Hochfrequenz-Handel jemand nur auf die Dauer bestehen, wenn er einen stabilisierenden Einfluss auf den Markt hat. Das ist ein altes Friedman-Argument in diesem Punkt. Ich bin in der MIT-Schule, also ich bin auf der Draghi-Seite in dem anderen Punkt des Quantitative Easing. Jedenfalls muss diese Friedman-These erst einmal widerlegt werden. Wenn der Hochfrequenz-Handel dazu führt, dass die Schwankungen während des Tageskurses kleiner werden, dann trägt der Hochfrequenz-Handel zum volkswirtschaftlichen Wohlstand bei. Ich sehe das also auch nicht als ein Problem des Strafrechts.

Bernd Schünemann
Ich freue mich sehr, dass jetzt sozusagen der wirtschaftliche Sachverstand eingebracht wird, den ich gar nicht habe und den ich, wenn ich ihn hätte, in 15 Minuten nicht hätte ausbreiten können. Es ist vielleicht ein Missverständnis, dass alles, was ich sage, immer zu einer Neukriminalisierung führen muss. Es geht mir eher darum, die auf zurechenbaren Entscheidungen beruhenden Wirtschaftsstrukturen gegen die Meinung, dass alles systemisch sei und deshalb sowieso nicht zurechenbar sei, durchzusetzen. Und zweitens ging es mir auch darum, zu zeigen, wo Machtpotentiale sind, die man kontrollieren muss. Das muss natürlich sowieso nicht immer mit den Mitteln des Strafrechts geschehen. Das ist klar.

Ich gehe gerne auf die vier Beispiele ein. Ich glaube, dass ist sehr erhellend, was Sie dazu gesagt haben. Bei *Dotcom*, da haben wir in Deutschland eine riesige Erfahrung mit Strafprozessen, und es ging eben darum, dass Wirtschaftsprüfer im Grunde Zukunftshoffnungen als realistisch testiert und Banken dann Börsengänge gemacht haben. In der damaligen Euphorie haben viele Leute ihr Geld, das sie haben, investiert. Und andere haben sich von Banken überzeugen lassen, große Kredite aufzunehmen, um dann das Geld, das sie gar nicht hatten, in diese Dotcom-Blase zu investieren. Sie haben selbst auch in Ihrem Vortrag den für mich sehr interessanten Aspekt „Beeinflussbarkeit der Präferenzen" gebracht. D.h. hier sieht man doch, wie eine – wie soll ich sagen, Aktionäre sind bekanntlich dumm und gierig; dumm, weil sie ihr Geld anderen geben, und gierig, weil sie dafür auch noch etwas haben wollen – also hier hat man eine im Grunde wenig aufgeklärte Bevölkerung diesen Dotcom-Produktions-Haien, so will ich sie mal nennen, überlassen. Hier war wirtschaftliche Macht durch Beeinflussbarkeit von Präferenzen gegeben, und der Gesetzgeber muss dann das regulieren, muss sagen, ob solche Strukturen zulässig sind oder nicht. Das heißt, das ist ein klassischer Fall, wo eben eigentlich ein Schutzrecht eingreifen müsste. Ich denke, in vielen Fällen greift hier der Betrugstatbestand ein. Bei der Dotcom-Blase hat es ja auch etliche Verfahren gegeben, die allerdings dann teilweise aus Gründen, die ich jetzt nicht weiter vertiefen kann, nur zu unbefriedigenden Ergebnissen geführt haben. Jedenfalls meine ich nach wie vor, dass sich hier ein Bereich gezeigt hat, wo die Finanzindustrie Macht hat, und diese Macht muss kontrolliert werden, sonst wird sie zum Schaden der Bürger ausgeübt. Dass sich später alles wieder ausgleicht, das finde ich ein bisschen irreal, da appellieren Sie zu sehr an die unsichtbare Hand, die nach Jahrhunderten alles wieder richtet. Auch wenn die Tulpen später in Holland wertvoll sind, die Leute, die ihr Vermögen mit den Tulpen zwischendrin verloren haben – und unterstellen wir jetzt nicht, sie seien durch unredliche Methoden dazu gebracht worden –, die haben von dem späteren wirtschaftlichen Boom in Holland nichts mehr gehabt.

Bei *Libor*, das würde ich auch als Beispiel anführen, wie hier ganz klar individuelle Entscheidungen getroffen sind, da verliert sich nichts im systemischen „opaken" Halbdunkel der Wirtschaft: Man kann genau sagen, was manipuliert wurde, und das ist auch ein ganz eminent strafrechtspolitisches Thema.

In der EU sind *Kartelle* überhaupt nicht für Individuen strafbar, d.h. da kann ich sündigen, wie ich will, auf EU-Ebene. In Deutschland haben wir eine Bußgeldhaftung – lediglich eine Bußgeldhaftung. Das hat die Wirtschaft bisher immer verhindern können, dass das bei uns ein Straftatbestand ist. Ich glaube, hier sind wir sogar fast einer Meinung, das ist ein eminent strafrechtliches Problem, das bisher bei uns aber nicht angemessen bewältigt worden ist.

Beim *quantitative easing* und der Umverteilung sind wir uns ja auch einig. Diese Umverteilung – wie gesagt, ich bin ja gar kein Ökonom, ich lerne alles von Herrn Sinn, das ist sozusagen mein spiritus rector in diesen Bereichen – diese Umverteilung ist ja offenbar anerkannt. Dann würde ich behaupten, das ist eine so radikale Entscheidung, weil sozusagen in Deutschland das Sparerwesen seit Jahrhunderten Teil der deutschen Identität und Teil der Lebensplanung ist, das müssen demokratisch legitimierte Instanzen entscheiden. Das kann nicht von einer Zentralbank gemacht werden, die nicht hinreichend legitimiert ist. Das könnte also nur, denke ich, eine demokratisch besser legitimierte Macht machen und nicht eine solche, die letztlich doch im Wirtschaftsleben relativ frei herumjongliert und die ich deshalb nur als sehr bedingt staatlich legitimiert empfinden kann.

Schließlich *Hochfrequenz-Handel*. Das ist jetzt eine unterschiedliche Perspektive, aus der wir ihn betrachten. In der Rechtsphilosophie sind Eigentumsverteilung und iustum pretium als rechtsphilosophische Themen zu diskutieren. Wenn Sie nur Angebot und Nachfrage als Kriterien nehmen, dann ist die ganze Diskussion zweieinhalbtausend Jahre unsinnig gewesen, aber aus meiner Sicht muss es irgendeinen legitimen Erwerbsgrund geben. Im angelsächsischen Raum ist der Erwerbsgrund des Glücksspiels legitim bis zum „geht nicht mehr". Aus klassischer Sicht – das hatten wir früher im Gesetz, das ist auch geändert worden – kann man dagegen eine Glückspielschuld nicht einmal einklagen. Also ich meine nach wie vor, dass das ein eigenartiger Grund für eine gerechte Eigentumsverteilung ist, wenn Sie sagen, das trägt dazu bei, dass sich Kurse stabilisieren. Diese können aber auch abstürzen, das haben wir ja vor kurzem erlebt, dass der Sturz dann ins Bodenlose ging. Die SPD wollte übrigens, als das Hochfrequenzhandelsgesetz gemacht wurde, eine Behaltensdauer von einer halben oder einer Sekunde – da bin ich jetzt nicht mehr ganz sicher. Also es sollte nicht in einer Millionstel Sekunde entschieden werden, sondern es sollte eine halbe oder eine Sekunde gewartet werden – ich meine das war zwar keine besonders mutige Forderung, aber immerhin. Daran können Sie sehen, dass doch in der Politik die Meinung verbreitet ist, dass dieses Glücksspiel im Millionsteltakt offenbar nicht sozial nützlich ist. Das muss ein Gesetzgeber dann natürlich entscheiden.

Carl Christian v. Weizsäcker
Ich will jetzt nicht zu allen Punkten nochmal Stellung nehmen, denn andere wollen ja auch noch etwas sagen. Aber ich will nochmal zu dem Punkt quantitative easing zurückkehren. Herr Sinn ist da, bezüglich dessen was die richtige Politik ist, vielleicht etwas anderer Meinung als ich es bin. Aber das ist nicht der wichtige Punkt. Der wichtige Punkt ist, dass wir – und zwar haben das die Ordo-Liberalen eingeführt, Friedrich Lutz in seinem Gutachten, der Schüler von Walter Eucken, für die damalige Bundesregierung, für den Wirtschaftsminister Erhard, dass man eine unabhängige Zentralbank braucht, um den Missbrauch der Geldpolitik für wahlpolitische Zwecke zu verhindern, d.h. genau aus dem politischen Prozess ein Stück weit herauszunehmen, damit das langfristige Ziel der Preisstabilität nicht geopfert wird zugunsten kurzfristiger konjunktureller Effekte einer Politik des leichten Geldes. Das war der Grund, dass man eine unabhängige Bundesbank und dann in Fortsetzung davon eine vergleichsweise unabhängige Europäische Zentralbank eingeführt hat. Das war die Forderung Deutschlands zur Zustimmung zum Euro. D.h. man behandelt die Zentralbank analog einem Gericht. Das Gericht soll ja auch nicht mit demokratischen Mehrheiten entscheiden. Das Gericht soll ja auch nicht den Weisungen der Regierung folgen, sondern es gibt die unabhängige Gerichtsbarkeit. Das werden Sie ja hier in diesem Raum nicht bestreiten wollen. Analog dazu ist die Zentralbank konstruiert, die unabhängig ist. Ich glaube, dass hat sich sehr bewährt. Warum ist die DM so stark geworden? Weil wir eine unabhängige Zentralbank hatten. Jetzt hat sich aber die gesamtwirtschaftliche Situation verändert. Aber dieses Prinzip muss immer noch gelten. Wenn nun die Zentralbank meint, Herr Draghi an der Spitze, dass man die niedrigen Zinsen braucht, damit das Euro-Gebiet floriert, dann muss man sich diesem Experten-Urteil beugen. Da können Meinungen verschieden sein. Auch zur Zeit der Bundesbank hat es unterschiedliche Meinungen gegeben. Die Gewerkschaften haben immer gefordert, dass man eine Politik des leichten Geldes macht und hatten Ökonomen, die sich dafür auch stark gemacht haben. Die Bundesbank hat das nicht getan und jetzt ist es umgekehrt. Jetzt schimpfen die Sparer. Mal nicht die Gewerkschaften, jetzt schimpfen die Sparer. Aber wenn jetzt immer irgendeine Interessengruppe entscheiden würde, wie die Zentralbankpolitik gemacht wird, dann kann ich Ihnen garantieren, dann wäre es mit der Geldwertstabilität vorbei.

Bernd Schünemann
Ich mache es ganz kurz: Unter Juristen ist es ja ganz überwiegende Meinung, dass das, was die EZB macht, längst die Aufgabe einer Zentralbank, für Geldstabilität zu sorgen, verlassen hat, dass sie eine Staatenfinanzierung betreibt, die ja im AEUV gerade verboten ist. Und dass alles das, was für die Unabhängigkeit der Bundesbank sprach, bei der EZB gerade nicht gilt, weil sie wie eine Art demokratisch nicht mehr ausreichend legitimierte Regierung der EU funktioniert und gerade – genau wie Sie gesagt haben – umgekehrt zur Bundesbank steht. Sie maßt sich Kompetenzen an, die sie eigentlich nach dem Vertrag gar nicht hat.

Cornelius Prittwitz
Ich glaube, meine beiden Vorredner stimmen nicht nur in dem Punkt überein, dass Sie nicht übereinstimmen. Bevor ich Christoph Burchard das Wort gebe, würde ich versuchen, in weniger als 20 Sekunden sagen, wo ich Gemeinsamkeit und wo Unterschiede sehe. Eigentlich sind Sie in einem entscheidenden Punkt vollständig einer Meinung, es war nur nicht immer deutlich genug zu hören: Wenn Unredlichkeit im Spiel ist, würden Sie sofort zugeben, dass wir es – vorhandene Straftatbestände vorausgesetzt – mit einem Fall für das Strafrecht zu tun haben. Das aber ist eine Tatsachenfrage. Gibt es das unredliche Verhalten? Berät dieser oder jener, wahrscheinlich um Geld zu verdienen, falsch, um sich zu bereichern im Wissen darum, dass andere dadurch ärmer werden? Darüber kann man spekulieren, mehr oder weniger plausible Vorurteile haben, da kommen Wahrnehmungen von der Wirklichkeit der Wirtschaft zum Vorschein, und damit können und müssen sich Strafverfolger befassen; wissenschaftlich diskutieren kann man darüber kaum.

Christoph Burchard
Ganz kurz zum Thema „Wahrnehmung der Wirtschaft“. Anders als von Ihnen vorgetragen, denke ich, dass es in „der“ Wirtschaft durchaus auch irrational zugeht. Ich kann Ihnen, liebe Frau Langbucher, aber nur beipflichten, dass wir mit dem „verständigen Anleger“ eine Komplexitätsreduktion im Gesetz stehen haben. Und das treibt mit zu der etwas ketzerischen Frage, die der Versuch einer Erklärung, nicht einer Legitimation ist: Schützen wir nicht vielleicht gerade diese Komplexitätsreduktion? Namentlich in dem wir so tun, als ginge es in „der“ Wirtschaft einfach und rational zu. Damit senden wir das Signal (Stichwort: Symbolpolitik), dass „die“ Wirtschaft ein einfaches und rationales System darstellt, so dass – wenn Irrationalitäten sichtbar werden oder gegen gesetzte Rationalitäten verstoßen wird – wir das Strafrecht zum Einsatz bringen dürfen. Wenn diese Annahme zuträfe, und Legitimitätsfragen außen vor gelassen, so

läge gerade keine Selbstentäußerung der Rechtspolitik vor, wenn sich diese wirtschaftswissenschaftliche Modelle zu Eigen macht. Vielmehr versuchte die Rechtspolitik das Irrationale und Roulettehafte „der“ Wirtschaft zu überspielen, um die Grundfesten unserer (gerade vom Rationalitätshypothesen getragenen) Wirtschaftsverfassung durch politische Postulate zu schützen.

Franz Salditt
Meine Frage knüpft an an das, was Sie gesagt haben. Mir ist nicht klar, was man darüber weiß, wie die Algorithmen im Hochfrequenz-Handel gebildet werden. Werden sie analog dem Verhalten eines verständigen Anlegers gebildet? Intensivieren sie also den Effekt der Denkfiguren, von denen der Gesetzgeber ausgeht? Oder muss man erwarten, dass die Algorithmen ganz andere Überlegungen reflektieren, die sich auf das Verhalten der anderer Marktbeteiligter beziehen? Also darauf, ob man durch bestimmte Bewegungen auch wieder ein Echo und verstärkte Bewegungen erzeugen kann, die nichts zu tun haben mit der Informationslage des verständigen Anlegers. Wenn sich das so verhält, wäre dann der verständige Anleger überhaupt noch eine operable Denkfigur?

Rainer Hamm
Ich will die Komplexität noch mehr reduzieren und geradezu eine juristische und ökonomische Kindergartenfrage stellen: Ist nicht die Kunstfigur des „verständigen Investors“, der sich, solange seine Entscheidungen nicht durch Insidergeschäfte oder irreführende Informationen „verdorben“ sind, umfassend informiert, schon durch den schlichten Hinweis ad absurdum zu führen, dass jedes Börsengeschäft aus zwei Investitionsentscheidungen zweier solcher „verständiger Investoren“ besteht? Der eine *ver*kauft, weil er der Meinung ist, *das* sei günstig im Hinblick auf die prognostizierte Kursentwicklung (fallende Kurse), der andere *kauft*, weil er der Meinung ist, *das* sei für ihn günstig, er also steigende Kurse prognostiziert. Und beide stellen ihre Prognosen und treffen ihre Entscheidungen aufgrund derselben allgemein verfügbaren (unverfälschten + verfälschten) Informationen.

Ganz abgesehen von den Spezialproblemen des heute zu einem hohen Anteil stattfindenden Hochfrequenz-Handels, wo ja Algorithmen „entscheiden“, bevor überhaupt die von der Staatsanwaltschaft später beanstandeten Informationen in die Welt geblasen werden, die erst dann auf ihre Strafbarkeit hin, also auch auf ihre Auswirkungen auf die Kursentwicklung hin überprüft werden können.

Aber auch wenn man von diesem Hochfrequenz-Handel, bei dem Computer mit ihren Algorithmen gleichsam gegeneinander wetten, absieht und sich wirklich dieses Planspiel mit den beiden individuellen Investitionsentscheidungen und den sich stets symmetrisch gegenüberstehende Prognosen vor Augen führt, ist doch die Vorstellung von der „Unverfälschtheit“ dieser Entscheidungen als strafrechtlich schutzbedürftiges Rechtsgut so weit weg von der Realität, dass bereits deshalb die Legitimität der Straftatbestände zu verneinen ist.

Bernd Schünemann
Es ist so: Beide brauchen dieselbe Prognosebasis, um dann ganz frei prognostizieren zu können, und die Fairness erfordert, dass es möglich ist, dass beide dieselbe Tatsachenbasis als Voraussetzung der daran geknüpften Prognosen haben. Wenn ich den einen mit einer falschen Tatsachenbasis versorge, wird seine Prognose zwangsläufig daneben gehen. D.h. aus Ihrer Argumentation folgt, dass dort ein Rechtsgut vorhanden ist, nämlich im Hinblick auf die Korrektheit der Prognosebasis. Und damit haben Sie eine, meiner Meinung nach, Stützung für die Staatsanwaltschaft Stuttgart geliefert, wenn ich das so sagen darf. Also jedenfalls meine ich, dass Ihre Folgerung nicht schlüssig ist.

Katja Langenbucher
Ich glaube, wir sind uns über das Rechtsgut schon gar nicht so einig. Im Prinzip ist das geschützte Rechtsgut des Kapitalmarktrechts nicht primär die Möglichkeit jedes einzelnen Anlegers, so oder so zu entscheiden, sondern Schutzgut des Kapitalmarktstrafrechts ist das Funktionieren des Marktes als solches. Was brauchen wir dafür? Dafür brauchen wir möglichst viel Transparenz, möglichst viel ungehinderten Informationsfluss in den Markt und einen möglichst schnellen Informationsfluss aus dem Markt. Ob Insider Trading schädlich oder nützlich ist, ergibt sich daraus gar nicht. Es gibt einige Ökonomen, die Insider Trading sogar für sinnvoll halten – manche jedenfalls dann, wenn es um schlechte Nachrichten geht. Das Verbot von Insider Trading ökonomisch zu begründen, ist schwieriger als es auf den ersten Blick aussieht – was auch ein Blick nach Amerika zeigt. Dort wird es nämlich gar nicht ökonomisch begründet, sondern eigentumsrechtlich. Die Amerikaner sagen: Insider Trading stellt sozusagen einen Diebstahl an den Informationsverwertungsrechten dar, die eigentlich das Unternehmen, dem die Information „gehört“, geschaffen hat. Mein Lieblingsbeispiel ist immer der Chemiker, der in einem Unternehmen arbeitet und eine neuartige Medizin oder Ähnliches entwickelt hat, und weiß, wenn jetzt publik wird, dass wir dafür die Genehmigung haben, schießt der Kurs nach oben. Dann gebührt diese Information sozusagen den Anstrengungen des Unternehmens. Das ist das eigentliche Schutzgut des Kapitalmarktstrafrechts. Was hat der verständige Anleger damit zu tun? Auch er ist nicht Schutzgut, was das Insiderrecht angeht, sondern der verständige Anleger ist ein Kunstgriff, um Rechtssicherheit zu ermöglichen. Treasurer, die in Unternehmen sitzen, müssen sagen

können: Wenn wir diese Information herausgeben oder zurückhalten, wird sich der Markt bewegen oder eben nicht. Das müssen wir ausrechnen können. Da gibt es die verschiedensten Möglichkeiten. Ich kann außerdem sagen, was empirisch in der Vergangenheit bei einer Information wie dieser, z.B. ein CEO tritt zurück, geschehen ist. Denken Sie an Jürgen Schrempp, bei seinem Rücktritt ging der Aktienkurs hoch, denken Sie an Steve Jobs, da ging er runter. Das kann man empirisch untersuchen. Man kann es aber auch modelltheoretisch betrachten und fragen, was denn die mögliche Wahrscheinlichkeit wäre, dass sich der Kurs bewegt. Die Integration des verständigen Anlegers im Normtext hat die Grundidee zu sagen: Wir wollen das berechenbar machen. Was als solches auch nicht falsch ist. Denn es geht nun mal um Kapitalmärkte und dort spielen in Banken, genauso wie in den Treasury-Abteilungen der Emittenten, die notwendig stattfindenden mathematischen Berechnungen eine zentrale Rolle. D.h., der verständige Anleger ist zunächst einmal nur da, um es berechenbar zu machen, um klar zu machen: Was können wir annehmen? Wird es eine Kursbewegung geben, ja oder nein? Das will ich nun ein bisschen auseinander zupfen. Der verständige Anleger, den Sie wahrscheinlich alle vor Augen hatten, ist eigentlich ein ganz anderer Anleger. Sie denken nämlich vermutlich an den Retail Investor. Da geht es aber um eine ganz andere Baustelle, nämlich um die Frage, ob und wie wir Anlegerschutz gewährleisten. Das hat mit dem Insider Trading im Grunde, ehrlich gesagt, nichts zu tun, außer wir schneiden es auf die kleine Frage zusammen – und das ist Ihr Beispiel mit Kaufen und Verkaufen –, wie es denn ist, wenn ich es jetzt weiß und Herrn Schünemann meine Aktie aufschwatze. Nachher sagt er: „Sie haben doch von der guten oder schlechten Information gewusst. Hätte ich das vorher erfahren, hätte ich die Aktie nicht gekauft." Das sind aber natürlich eher privatrechtliche, vertragsrechtliche Fragen, als kapitalmarktrechtliche Anlegerschutzfragen. Die Komplexitätsreduktion – ich glaube, der Teil stimmt, dass die Komplexitätsreduktion auch das Signal hat: „Wir machen es berechenbar." – entspricht sicherlich jedenfalls dem politischen Wunsch, diese Fragen rechtssicher zu machen. Aber da beißen sich eben auch Ökonomie und Einzelfallentscheidung der Juristerei wieder sehr stark, was man an der Medienberichterstattung um die Daimler-Schrempp-Thematik sieht. Da ging es um die Frage: Wenn ich vorher gar nicht weiß, ob der Kurs hoch oder runter geht, ist es dann trotzdem eine Insider-Tatsache? Das sind letztlich juristische Fragen, die irgendwie im Einzelfallherantasten entschieden werden müssen. Meine Komplexitätsreduktion betrifft die Frage: Warum finden es die Juristen so spannend oder so attraktiv, dieses ökonomische Gedankengut zu implementieren? Ich glaube einer der Gründe ist eben die Komplexitätsreduktion. Die *vermeintliche* Komplexitätsreduktion, die damit einhergeht, dass die Methode der Ökonomie in den letzten, wahrscheinlich schon 50 Jahren, sich –

ich will nicht sagen – verkaufen lässt, aber das Potential bietet, Ergebnisse sehr einfach und eben doch verkäuflich, letztlich komplexitätsreduzierend, darzustellen. Während demgegenüber die Juristen um die ewig gleichen Fragen der Interpretation zu kreisen scheinen, hat man dann auf einmal ein einfaches, gutes Instrument, die Hoffnung, wir rechnen es aus, Du musst es gar nicht mehr durchdenken und das ganze Problem ist gelöst.

Cornelius Prittwitz
Das sind aufregende Perspektiven, und ich finde es auch spannend, zu fragen, warum die Juristen das so attraktiv finden. Die Erklärung, die wir eben von Frau Langenbucher gehört haben, erscheint mir sehr plausibel. Das alternative Modell wäre, dass die Juristen anerkennen – und das kann man kritisieren oder gut heißen –, dass ein anderes System mit anderen Regeln sich als dominant geriert oder auch anerkannt wird. Dann stellen sich andere Fragen, u.a. die mit dem Stichwort Rechtspluralismus zusammenhängen. Wie steht es eigentlich um den Anspruch des Rechts, Alles richtig und gerecht zu regeln, und was ist dazu zu sagen in einer immer unübersichtlicher gewordenen Welt, in der auch die Juristen die Augen anerkennen müssen, vielleicht anerkennen wollen, dass es andere Systeme gibt mit eigenen Regeln? Einige Juristen werden zum Schluss kommen, dass „wir Juristen" zurückstehen müssen mit unseren eigenen Werten. Und andere werden sagen: Da dürfen wir gerade nicht zurückweichen, da wir müssen die Idee des Rechts hochhalten. Aber ich will dem Missbrauch meiner Moderatorenrolle nicht zu weit treiben. Herr Szesny, Sie haben das Wort.

André Szesny
Kurz zu Herrn Hamm: Ich bin jetzt junger Wilder, weil ich Ihnen in einem Punkt widersprechen möchte. Es geht bei einem Großteil der Geschäfte auf dem Finanzmarkt nicht um informationsgestütztes Handeln, sondern um Arbitrage, die Generierung kurzfristiger Gewinne, insbesondere im Bereich des Hochfrequenz-Handels. Da interessiert keinen den Unternehmenswert. Da interessiert nur: Welche Position bin ich vorher eingegangen? Und mit welchem Gewinn ggf. durch zahllose Geschäfte kann ich die Gegenposition dann aufmachen. Und ich glaube, dass in der Großzahl der Geschäfte, die dann einander gegenüberstehen, es nur darum geht, dass möglicherweise beide einen Nutzen haben und zwar völlig unabhängig davon, wie Sie den Unternehmenswert oder den Wert des underlyings des Finanzinstruments bewerten. Das kann die gleiche Bewertung sein: Die Protagonisten auf beiden Seiten – Käufer wie Verkäufer – können gleichzeitig glauben, dass sie die jeweils richtige Strategie fahren. Wenn der Handel, den sie beide betreiben, aus der ex-ante-Sicht Gewinn verspricht, ist das allein der Grund ihres Handelns – gerade im Hochfrequenz-Handel, den der

Staat ja ausdrücklich zulässt. Das ist ein ausdrücklich vom Staat gewünschtes Instrument. Eine halbe Sekunde ist hier wahnsinnig lang. Dieser algorithmisierte Handel ist aus meiner Sicht daher abgekoppelt von Kapitalmarktinformationen. Man kann alles immer aus Kapitalmarktinformationen ableiten, aber die Ableitung ist so weit weg, dass es nicht mehr um Unternehmenswerte oder um Unternehmensinformationen geht, sondern nur noch um antezipierte Marktbewegungen. Das macht es dann beim Insiderhandel so schwierig, denn – Gerson Trüg hat das gesagt – es ist natürlich maßgeblich, welches ökonomische Modell wir wählen. Erstens spielt das auf der Stufe der Bewertung, ob hier eine Straftat vorliegt, eine Rolle. Haben wir einen Insiderhandel? Haben wir eine Kursbeeinflussungseignung? Haben wir eine Abweichung des Kurses von dem, der normalerweise entstanden wäre bei Kenntnis der Information? Das „Ob" ist in vielen Fällen vielleicht gar nicht so das Entscheidende, aber auszurechnen, um welches Ausmaß es geht, ist für Strafrechtler auf einer zweiten Ebene sehr wichtig. In jedem Strafprozess, in dem wir Insiderhandel verhandeln, kommt es nach dem Schuldspruch nämlich zum Beschluss über den Verfall und über den entstandenen Sondervorteil. Dann sind wir mittendrin in der Frage: Wie bewerten wir ganz konkret auf Heller und Pfennig eigentlich das Kursbeeinflussungspotential? Ich weise nur daraufhin, dass wir irgendwann in jedem Strafprozess dazu kommen, auf den Cent ausrechnen zu müssen, was der konkrete Sondervorteil ist, den wir beim Täter abschöpfen. Der BGH fordert, notfalls ein Gutachten einzuholen. In der Regel wird hierzu die BaFin beauftragt. Aber welcher wirtschaftstheoretische Ansatz dann dahinter steckt, weiß man nicht. Erst recht nicht, ob es „der richtige" ist. Das sind meine allgemeinen, wenig rhetorisch ausgefeilten Bemerkungen dazu.

Eine Bemerkung zu den Cum-Ex-Verfahren: Ich habe hier eine strafrechtliche und eine moralische Meinung, die auseinander gehen. Aber wir haben im Moment eine ganz tolle Situation in dem Bundesland, in dem ich tätig bin, in Nordrhein-Westfalen: Landesbanken haben jahrelang Cum-Ex-Geschäfte betrieben, dann hat es plötzlich ein Privater gemacht, der jetzt plötzlich verfolgt wird. Die Kölner, die Frankfurter und die Münchner Staatsanwaltschaften stürzen sich auf böse Cum-Ex-Betrüger, die – so die Verteidigung – nur Lücken im Steuerrecht ausnutzen, sich hierdurch aber nicht strafbar machen. Jetzt kommt es dazu, dass das Land NRW für 5 Millionen Euro eine CD aus Luxemburg von einem Datenhehler kauft – das ist nicht strafbar. Auf der CD ist was drauf? Cum-Ex-Geschäfte der eigenen Landesbank, die das eigene Finanzministerium vor ein paar Jahren noch als lauter beurteilt hat, und jetzt sehen sich auf Grund des politischen Drucks, der aufgebaut ist durch diese Cum-Ex-Verfolgung in den Vorjahren, Strafverfolgungsbehörden natürlich genötigt, Verantwortliche der West-LB zu ermitteln, die das ursprünglich als lauter, soweit es in den Landesbanken stattfindet, erachtete Verhalten jetzt auch strafrechtlich zu verfolgen. Es fällt mir schwer ein Fazit dazu zu bilden, dazu bin ich auch zu jung, aber: Wir sind weit weg von einem rechtsgut-getragenen Strafrecht in diesen Bereichen.

Hans Richter
Es ärgert den Strafverfolger, wenn er immer wieder hören muss: „Es gibt ja noch viel Schlimmere. Warum verfolgt Ihr mich?" Das ist Ihr Kernargument zu „Cum-Ex", verehrter Herr Szesny. Was aber den Handel betrifft, denke ich, wir müssen uns an das halten, was Frau Langenbucher gesagt hat, nämlich: Es geht hier nicht um die Frage „Eingriffe in das Eigentum Fremder, in das Vermögen Fremder"; es geht nicht um den (individuellen) Prozess der Wertfindung durch Preisfestsetzung. Es geht vielmehr darum, ob es einen Markt gibt, der von solchen illegitimen Einflüssen frei zu halten ist und ob dieser Preisfindungsprozess in einem Schutzbereich stattfinden soll oder nicht. Es wird auch keinen Sekundenhandel in einem Markt geben, wenn dieser Schutz nicht gewährleistet wird. Die Anleger werden ihr Geld nicht in einen Markt investieren, wenn sie ganz generell die Vorstellung haben: „Da handeln welche mit Informationen, die mir vorenthalten sind".

Das ist das eigentliche Problem, nicht – auch das zu Ihnen, Herr Hamm – das Problem des individuellen Täuschens. Wir sind hier nicht im (Individual-) Vermögensstrafrecht! Die Frage ist vielmehr: Haben wir einen Schutz des Preisbildungsprozesses? Und wenn ja, wird dieser auch mit dem Strafrecht durchgesetzt? Oder überlassen wir diesen Prozess den „privaten Marktteilnehmern", die sich miteinander auseinandersetzen müssen.

Klaus Volk
Kein Kurzreferat, sondern noch kürzer: Frau Langenbucher hat es angedeutet. Es gibt auch Leute, die Insiderhandel für vorteilhaft halten. Jedenfalls ist es noch nie jemandem gelungen, den Schaden nachzuweisen, für die Funktionsfähigkeit der Börse. Ich, in eckigen Klammern gesprochen, neige mehr und mehr dazu, das für ein Delikt zu halten, das strafbaren Eigennutz verfolgt, weil uns moralisch empört, dass jemand seinen Vorteil ausnutzt. Einen Schaden für die Funktionsfähigkeit der Börse hat noch nie jemand plausibel machen können. Zweitens: Was sagen Sie dazu, dass etwa zwei Drittel des Aktienhandels sowieso nicht mehr über die Börse laufen? Also die Allokationsfunktion der Börse ist ohnehin – ich will nicht sagen – marginal geworden ist, aber doch ... [Zwischenkommentar aus dem Plenum: „Sagen Sie es doch, es ist doch richtig"] – Gut, dann sage ich marginal, wenn es richtig ist. Das ist das eine. Das letzte: Zum verständigen Anleger. Also ich glaube an den – das ist jetzt ironisch gemeint – weil ich dauernd lesen muss, dass es sehr wenigen Fondsmanagern

gelingt, den DAX zu schlagen. Aber wenn die Fondsmanager, die gutbezahlten, nicht die verständigsten aller Anleger sind, wer denn dann?

Carsten Momsen
Regulierung bedeutet auch, so wie ich es verstehe, auch staatliche Beeinflussung der Präferenzen. Das heißt eine Beeinflussung der Präferenzen durch den Gesetzgeber. Das ist ja auch das Thema, was wir jetzt schon länger verhandeln. Der Staat zieht sich aber – und da möchte ich an die Tagung der Ebert-Gesellschaft vor zwei Wochen anknüpfen – aus verschiedenen Gründen aus dieser Verantwortung zurück. Die Regulierung wird ja zum Teil – wir hatten es im Kontext der Absprachen besprochen – im Grunde den Beteiligten selbst überlassen; indem einmal auf Ebene der Strafverfolgung ein Stück weit ausgehandelt wird, welche Taten verfolgt werden, wie intensiv, ob überhaupt, ob sie öffentlichkeitswirksam verfolgt werden oder nicht – was meines Erachtens ebenfalls ein präferenzbildender Faktor sein kann. Daneben sehen wir auch einen Rückzug des Gesetzgebers bei der Bestimmung dessen, was strafbar ist. Denn: Am Beispiel des § 266 StGB, auf den wir immer wieder zurückkommen, ist zu beobachten, dass die Strafbarkeit sich in erheblichem Umfang aus nicht demokratisch legitimierten Normen generiert, wenn man es überhaupt so nennen möchte. Beispielsweise Codes of Conduct, Compliance-Vereinbarungen, gegen die individuell verstoßen werden kann und die mittelbar quasi Gesetzeskraft erlangen. Auch dort meine ich, ist eine Unbestimmtheit zum Großteil mit angelegt.

Reinhard H. Schmidt
Ich hätte so vieles zu sagen, ich sage nicht so vieles, ich lasse das meiste weg. Regulierung bedeutet Beeinflussung der Präferenzen? Um Gottes willen! Jedenfalls uns beiden Ökonomen sträuben sich die Haare, je nachdem wie viele wir davon haben. Regulierung beeinflusst die Handlungsmöglichkeiten und die Handlungsfolgen, aber die Präferenzen, die werden allenfalls durch irgendetwas anderes verändert, aber nicht durch Regulierung. Insider-Trading hatte, als ich mich früher – auf Arbeiten von Herrn Haupt aufbauend – damit beschäftigte, den Aspekt Personenschutz und Funktionenschutz. Meinem Nachbarn zur Rechten möchte ich durchaus widersprechen. Einem Markt, auf dem es sehr viel Insider-Trading gibt, wird man vermutlich sehr wenig trauen. Das bedeutet nicht unbedingt, dass die Kapitalallokation da wesentlich beeinflusst wird, denn da hat der organisierte Kapitalmarkt, also die Börse, kaum eine Funktion, jedenfalls nicht in Deutschland. Aber die Liquidität wird dadurch massiv beeinflusst. Denn immer, wenn man sich sagt: „Ich handele mit jemandem, der es sowieso besser weiß, wenn ich verkaufe, würde er einen höheren Preis bieten, weil er bessere Informationen hat", lässt man das Kaufen sein. Wenn ich das

antizipiere, ist die Geldanlage in Aktien weniger attraktiv, weil weniger liquide. Das sind aber nur Nebenpunkte. Ich möchte auf den Anfang zurückkommen. Herr Schünemann führte neun Beispiele von Horrorstorys auf. Dotcom 2000 – ja, man kann natürlich die idiotische Annahme haben, dass die Aktienkurse wahnsinnig steigen. Man schaue sich an, was damals in der Wachstumstheorie über eine völlig neue Struktur der wirtschaftlichen Entwicklung als „Theorie endogenen Wachstums" verkündet wurde von Leuten, die Nobelpreise bekommen haben. Die haben gesagt: „Das Auf und Ab ist vorbei. Es geht zukünftig immer Auf." Wenn Sie eine ganz einfache Rechnung der Aktienbewertung anstellen und sagen: Nächste Dividende dividiert durch Alternativertragssatz oder Eigenkapitalkostensatz minus Wachstum – diese Differenz liegt bei normalen Unternehmen vielleicht bei etwa 3%. Wenn Sie die Wachstumsannahme um 1% erhöhen, dann ist der dadurch gerechtfertigte Kurs gleich um 50% höher. Da zu sagen, irgendetwas wäre potentiell kriminell, finde ich vermessen. Das ist etwas völlig anderes, als wenn man an den Fall von Fabulous Fabrice denkt. Der hatte, wie im amerikanischen Senat aufgedeckt wurde, irgendjemand anderem gesagt: „Wir haben das und das empfohlen, und die Leute kaufen die Scheiße wirklich!" Was man dagegen haben kann, verstehe ich hundertprozentig.

Nächste Bemerkung: Hochfrequenz-Handel: Ich mag das zwar nicht eigentlich, aber wenn Sie sich anschauen – und manche Leute berichten auch darüber, wie die Programme sind – dann ist das nichts anderes als elektronisch-unterstützte technische Analyse. Man schaut sich Verlaufsformen von Kursen an, passt irgendeine mathematische Gleichung daran an, prognostiziert die unabhängigen Variablen und sagt: In einer Stunde wird das so und so sein – oder auch in einer Minute. Und der Computer macht das dann. Das ist eine Edel-Form von technischer Analyse und technische Analyse ist Schwachsinn und bringt auf Dauer nichts. Das gilt auch für den Hochfrequenz-Handel, der aber einen positiven gesellschaftlichen Nebeneffekt mit sich bringt: Er bringt die Preise an der Börse schneller auf das Niveau, wozu es Grund geben könnte, sie zu haben.

Quantitative easing, Legitimation der Europäischen Zentralbank und Unabhängigkeit. Ich habe eine ganze Menge Reden von Herrn Draghi und seinen Vorstandskollegen gehört und habe mich immer wieder darüber gewundert, welche Klimmzüge die machen, um zu sagen: „Wir machen nicht irgendetwas, um die Wirtschaft zu stabilisieren. Wir machen nicht irgendetwas, um das Finanzsystem zu stabilisieren." Komischerweise bekennen Sie sich immer nicht dazu. „Nein, nein. Alles, was wir machen dient nur einem anderen Zweck. Nämlich die Wirksamkeit der Geldpolitik sicherzustellen". Das war vielleicht zwei Jahre lang wie eine Mantra und zeigt: Das ist ein Verfassungsproblem. Was ist staatliche Aufgabe? Was ist Zentralbank-Aufgabe? Dass Zentralbank-Politik immer Zinsen beeinflusst und damit Verteilungswirkung hat, ist völlig klar. Herr von Weizsäcker sagte völlig mit Recht: Wir haben gute Gründe, dort Unabhängigkeit haben zu wollen.

Letzte Bemerkung zum Typ des verständigen Anlegers: Nun, ich habe nach Volker Caspari geforscht und deswegen von Deinem Vortrag, Katja Langenbucher, leider nur einen kleinen Teil mitbekommen. Aber ich habe die Vermutung, dass die Ideen, was ein verständiger Anleger ist, ziemlich unterschiedlich sind in dieser Gesellschaft zwischen Fachleuten und Nicht-Fachleuten. Du hast ja mit Andreas Hackethal zusammen Sachen publiziert über die Sache. Verständiger Anleger in generellem Verständnis – also vermutlich auch nicht Deinem – sind Leute, die eine ordentliche Finanzanalyse machen und darauf ihre Anlage, Kauf- oder Verkaufsentscheidung gründen. Das ist völlig irrational für jemanden, außer der Mensch hat wahnsinnig viel Spaß daran. Ein vernünftiger Anleger, der eher ein Kleinanleger ist, geht sinnvollerweise von der bestgeprüften und besterhärteten sozialwissenschaftlichen Theorie aus und trotz aller Zweifel ist das die *efficient market*-Hypothese. Die Folge, die daraus erwächst ist: Kauf des Portefeuille, möglichst weit gestreutes Portefeuille, sagen wir eine Abbildung von MSCI World oder MSCI Europe oder DAX in Gottes Namen. Kauf‘ und halte es und mache nichts damit. Viele Leute, die sich auf die aktive Portefeuille-Strategie versteigen, verbaseln mit Transaktionskosten alles. Alles heißt: Langjähriger Durchschnitt in den letzten 30 Jahren. Was man mit Aktien verdienen kann, ist 6%. Die aktiven Trader in den Untersuchungen von Andreas Hackethal verlieren an Transaktionskosten 6%. Sie verlieren alles. Wenn irgendetwas kriminell ist in diesem ganzen Zusammenhang, dann die gängige Werbung, die man heutzutage genauso findet wie vor 10 oder 15 Jahren. Da finden Sie – ich habe meinen Studenten immer eine alte Werbung von der Rückseite des ZEIT-Magazins gezeigt – „Das Geld ist so wichtig. Ihr Geld ist so wichtig. Aber Sie können ja nicht morgens bis abends dahinter sein und nachgucken. Wir machen das für Sie.“ Was heißt das, wir machen das für Sie? Wir ergreifen Maßnahmen und diese Maßnahmen reduzieren Ihren Anlageerfolg und die Maßnahmen, die den Anlageerfolg reduzieren, kosten uns was und Sie müssen das bezahlen. Das ist etwas, wo ich einen Anlass sehe, strafrechtlich etwas zu tun.

Bernd Schünemann
Ich bin eigentlich ganz zufrieden, dass ich so wenige Verbannungs- und Exkommunikationsurteile gehörte habe, denn schließlich bin ich im Institut für Law and Finance und halte hier das Strafrecht hoch. Das ist fast schon lebensgefährlich, glaube ich. Mein Horrorszenario war ja ein bisschen differenzierter angelegt. Ich habe nicht gesagt: „Das muss alles bestraft werden.“ Ich wollte

teilweise zeigen, wie wirklich Wirtschaftsmacht missbraucht werden kann. Vielleicht darf ich gleich einmal anfangen mit Dotcom. Ich kenne eine ganze Reihe von Strafverfahrensakten in Dotcom-Sachen. Da wurde irgendeine verschwommene Idee geäußert, was man in Zukunft im Bereich des Internets machen will. Dann gab es einen der fünf Tycoons der Wirtschaftsprüfungsgesellschaften, die dadurch einen Wert für plausibel dargetan hielten, der eigentlich eine reine Spekulation war – also so ähnlich wie das Leben nach dem Tode: Man hofft, dass es stattfindet, aber ob es stattfindet, weiß man leider erst zu spät. Das wurde mit diesem Siegel versehen und sodann von einer Bank an die Börse gebracht, und dann – ich habe ja heute den Ausdruck „Beeinflussbarkeit der Präferenzen" gelernt und würde jetzt sagen: Genau das fand dann statt. Denn wenn hier eine der fünf Wirtschaftsprüfungsgesellschaften ihren Stempel drauf haut und die Bank es an die Börse bringt, hat jeder Anleger gedacht: Naja, dann ist das ja was wert. In Wahrheit war der Wert null. Wie lief das? Die Gründer hatten alle ihre eigenen Aktien. Die haben sie zum Ausgabe-Kurs an den Mann gebracht, haben zwischen 100 und 300 Millionen verdient, und anschließend war das Geld weg. Das kann man, denke ich, strafrechtlich fassen. Aber es ist schwer zu erfassen, wenn so hoch angesiedelte und angesehene Institutionen das gebilligt haben. Dass hier ein Regelungsproblem besteht, denke ich, ist ganz evident, und der Betrugstatbestand alleine, das haben die Verfolgungsversuche gezeigt, tut sich da sehr schwer.

Dann beim Hochfrequenz-Handel, dazu will ich mich nun nicht weiter äußern, weil ich den noch nie betrieben habe. Aber ich halte ihn nach wie vor für eine Art Spielkasino. Meine bescheidene Meinung war: Da muss sich der Staat entscheiden, ob er solche Dinge zulassen will – bei uns ist es ja zugelassen worden, die SPD hat sich mit dem kühnen Verlangen, eine halbe Sekunde Haltefrist durchzusetzen, nicht durchgesetzt. Hat es auch jetzt offenbar nicht in die Koalitionsvereinbarung eingebracht.

Und das Dritte: Quantitive easing. Da habe ich gesagt in meinem Referat, das nehme ich als Beweis dafür, dass die Dinge, die passieren, kein systemischer Vorgang sind, sondern individuell zugeschrieben werden können. Genau dafür habe ich es angebracht. Ich persönlich bin der Meinung: Diese Entscheidungen, weil es Jahrhundert-Entscheidungen sind, hätten parlamentarisch legitimiert sein müssen. Aber wir wissen alle, dass die parlamentarische Demokratie in weitgehender Paralyse begriffen ist, und ich bin der Meinung – das meine ja nicht nur ich, das meinen viele Juristen –, dass die EZB inzwischen ihren Auftrag weit überschritten hat und dass sie Dinge wahrnimmt, die einer Zentralbank eben doch nicht zustehen und auch durch den AEUV nicht zugewiesen worden sind. Aber so weit bin ich gar nicht einmal gegangen. Ich habe nur gesagt, das ist ein Beweis, dass die Theorie „Alles ist systemisch, das lässt sich gar nicht beeinflussen“, nicht zutrifft, weil gigantische Entscheidungen von individuellen Personen, die wir sogar täglich in der Zeitung lesen, getroffen werden. Darin fühle ich mich sogar bestätigt.

Dann noch zu Herrn Szesny: Dass auch Landesbanken Cum-Ex-Geschäfte betrieben haben, würde mich persönlich nicht beirren. Ich meine, dass die Westdeutsche Landesbank eine einzige Blutspur von Wirtschaftsverbrechen hinter sich herzieht, das ist ja nun geradezu allgemein bekannt. Das gehört schon längst zur Zeitgeschichte. Wenn man also auch deshalb strafrechtlich vorgeht, würde mich das nicht weiter stören. Selbst wenn sie jetzt sagen – und das ist ja unglaublich kompliziert, diese einzelnen verschiedenen Normen des Steuerrechts kann ich selbst nicht mal im Kopf behalten – wenn sie sagen: „OK, da war ein winzig kleines Schlupfloch, durch dieses Schlupfloch sind wir geschlüpft.“, dann beweist das doch gerade, dass hier etwas im Argen liegt. Ich meine, dass man nicht doppelt Kapitalertragsteuerrückerstattungen kassieren kann, weiß doch ein Schulbub mit sechs Jahren. D.h. wenn solche Möglichkeiten bestehen, ist in der Regulation der Wirtschaft etwas im Argen. Mehr habe ich gar nicht geltend gemacht.

Spezielle Aspekte

Klaus Volk

Einführung

Ich möchte zunächst Herrn Weigend danken, dass er sich – so kurzfristig wie er angefragt wurde – dennoch bereit erklärt hat, das zu tun. Das geht auf meinen Wunsch zurück, denn das Unternehmen heißt ECLE und nicht deshalb so angloamerikanisch, weil wir es nicht umsetzen wollen – im Gegenteil. Irgendetwas Internationales sollte in unserem Programm schon drin sein. Dafür steht jetzt gleich Herr Weigend. Das zweite steht natürlich auch in unserem Titel, dass wir uns mit der Ethik beschäftigen. So schlecht wäre es auch nicht gewesen, wenn wir einen Wirtschaftsethiker gefunden hätten, der uns etwas über die Unbestimmtheit in der Ethik sagen will. Das Wort ist doch schon ein paar Mal gefallen heute, oder? Vom ehrbaren Kaufmann. Wenigstens ehrbar wäre ein ethischer Begriff, glaube ich, Kaufmann vielleicht weniger. Aber so ist es halt nun mal nicht. Und ein weiteres Desiderat für die Zukunft, falls es die gibt – ich habe das ja hier mit aus der Taufe gehoben, jetzt scheint es eher darum zu gehen, es aus der Traufe zu heben, die Veranstaltung – wir könnten ja auch mal eine prozessuale Tagung machen: Unbestimmtheit im Strafprozessrecht wäre auch kein schlechtes Thema. Das war Zukunftsmusik, zur Gegenwart Herr Weigend, bitte.

Thomas Weigend

Der Bestimmtheitsgrundsatz im englischen und US-amerikanischen Strafrecht

Rechtsvergleichung ist häufig von der Hoffnung getragen, im Ausland für heimische Probleme Lösungen zu finden, auf die man bisher noch nicht gestoßen ist. Wenn uns die Unbestimmtheit wirtschaftsstrafrechtlicher Normen Sorgen bereitet, obwohl doch Art. 103 Abs. 2 GG den Gesetzgeber zu möglichst großer Präzision anhält, bietet es sich also an, zu untersuchen, ob es im Ausland wirksamere Medikamente gegen gesetzgeberische Unbestimmtheit gibt. In meinem Beitrag konzentriere ich mich auf das englische und das US-amerikanische Recht, da sich deren historische, methodische und politische Voraussetzungen von den deutschen am deutlichsten unterscheiden und da folglich von dort am ehesten originelle Ideen zu erhoffen sind.

I. England

Das englische Strafrecht verfügt trotz mehrerer Anläufe zu einer Kodifizierung[1] über kein Strafgesetzbuch, sondern besteht aus zahlreichen Einzelgesetzen, etwa dem Offences against the Person Act von 1861 und dem Theft Act von 1968, sowie aus Straftatbeständen, die durch Richterrecht geschaffen und tradiert worden sind. Der Satz „nullum crimen sine lege" erlaubt nach englischem Verständnis daher auch die Verurteilung wegen Straftaten, die nicht ausdrücklich in einem Parlamentsgesetz definiert sind. Ein Beispiel ist etwa die *conspiracy to defraud*, die unter anderem den Fall erfasst, dass sich zwei oder mehr Personen dazu verabreden, einen Amtsträger "by dishonesty" zu einer Verletzung seiner Amtspflichten zu veranlassen.[2] Obwohl das House of Lords als (damals) oberstes Gericht noch im Jahre 1962 die Rechtsmacht für sich in Anspruch genommen hatte, den neuen Tatbestand "conspiracy to corrupt public morals" (mit rück-

---

1 Siehe vor allem Law Commission, No. 143, Codification of the Criminal Law: A Report to the Law Commission, London 1985 (verfasst von *J.C. Smith, E. Griew* und *I. Dennis*); Law Commission, No. 177, Criminal Law: A Criminal Code for England and Wales, 2 Bände, London 1989. Die Law Commission hat jedoch das Vorhaben einer umfassenden Kodifikation des Strafrechts inzwischen aufgegeben; siehe *Ashworth/Horder*, Principles of Criminal Law, 7. Aufl. 2013, S. 46.

2 *Ashworth/Horder* (Fn. 1), S. 411.

wirkender Kraft) zu kreieren[3], machen die englischen Gerichte von dieser Möglichkeit heute grundsätzlich keinen Gebrauch mehr.[4]

Dennoch stellt sich unter dem Aspekt von Art. 7 EMRK die Frage, inwiefern die Anwendung nicht kodifizierter Strafnormen mit dem Gesetzlichkeitsgrundsatz europäischen Rechts vereinbar ist. Der EGMR hatte insofern keine Bedenken: In einer Entscheidung aus dem Jahre 1995 führte er aus: "... when speaking of 'law' Article 7 alludes to the very same concept as that to which the Convention refers elsewhere when using that term, a concept which comprises written as well as unwritten law ...".[5] Dieselbe Entscheidung warf aber unter einem anderen Aspekt das Problem des Zusammenspiels von geschriebenem und ungeschriebenem Strafrecht auf: Der Beschwerdeführer war von einem englischen Gericht wegen Vergewaltigung seiner Ehefrau verurteilt worden, und das House of Lords hatte die Verurteilung bestätigt.[6] Die Verurteilung stützte sich auf Gesetzesrecht, nämlich auf s. 1 Sexual Offences Act 1956 in der Fassung von s. 1 (1) Sexual Offences (Amendment) Act 1976. Danach war ein Mann wegen Vergewaltigung (*rape*) zu bestrafen, "if he has unlawful sexual intercourse with a woman who at the time of the intercourse does not consent to it ...". Die englischen Gerichte hatten bis dahin, im Sinne einer Jahrhunderte langen Tradition, die gewaltsame Vornahme des Geschlechtsverkehrs durch den Ehemann mit seiner Ehefrau nicht als "unlawful" angesehen, da sie annahmen, dass Ehepartner durch die Eheschließung generell in sexuelle Handlungen des Partners mit ihnen einwilligen. In dem zugrunde liegenden Fall gaben die englischen Gerichte diese (im Gesetzestext nicht ausdrücklich formulierte) Vorstellung einer „marital immunity" gegenüber der Bestrafung wegen Vergewaltigung mit Rückwirkung zu Lasten des Angeklagten auf.[7] Der EGMR verneinte einen Verstoß gegen Art. 7 EMRK: zum einen sei eine schriftliche gesetzliche Grundlage für die Verurteilung vorhanden gewesen, und zum anderen habe der Beschwerdeführer angesichts einer zur Zeit der Tat lebhaft geführten Diskussion um den Fortbestand der "marital immunity" die Änderung der Rechtsprechung vernünftigerweise

---

3 Shaw v. DPP, 1962 Appeal Cases 220. Siehe zur Kritik dieser Entscheidung *A.T.H. Smith*, Law Quarterly Review 100 (1984), S. 46.

4 Siehe Knuller v. DPP, [1972] Criminal Appeal Reports 633, 653 (Lord Morris of Borth-y-Gest), 691 (Lord Simon of Glaisdale), 700 (Lord Kilbrandon).

5 S.W. v. United Kingdom, Nr. 20166/92, Urt. v. 22.11.1995, § 35.

6 R v. R, [1992] 1 Appeal Cases 599.

7 Die Entscheidung des House of Lords lässt sich allerdings auch so verstehen, dass die Richter meinten, zur Zeit der Tathandlung habe der Grundsatz der „marital immunity" schon gar nicht mehr gegolten; s. *Simester/Spencer/Sullivan/Virgo*, Simester and Sullivan's Criminal Law, 5. Aufl. 2013, S. 24.

vorhersehen können.[8] Der Fall zeigt, dass auch in einer *common-law*-Rechtsordnung ganz ähnliche Probleme bezüglich einer rückwirkenden Änderung der Rechtsprechung auftauchen können wie in Deutschland.[9]

Unabhängig von der Frage, auf welche Rechtsquellen sich die Strafbarkeit eines Verhaltens stützen kann, ist in England der Satz, dass Strafnormen inhaltlich bestimmt sein müssen, prinzipiell anerkannt. Er wird – ähnlich wie in Deutschland – auf zwei Erwägungen gestützt: Die Freiheit und Autonomie des Bürgers erfordern, dass er in der Lage sein muss, aus den Gesetzen zu erkennen, welches Verhalten erlaubt und welches verboten ist;[10] und Strafgesetze dürfen nicht so breit gefasst sein, dass sie die Entscheidung über die Grenzen des Strafbaren praktisch dem Rechtsanwender oder der Polizei überlassen.[11] Der Bestimmtheitsgrundsatz wird ergänzt durch das in den *common-law*-Ländern verbreitete Gebot der „strict construction" von Strafgesetzen. Danach hat der Richter bei unklarem Gesetzeswortlaut diejenige Auslegung zu wählen, die für den Angeklagten günstiger ist: "If a penal provision is reasonably capable of two interpretations that interpretation which is most favourable to the accused must be adopted."[12] Historisch steht hinter dieser Regel das Misstrauen der ihrem eigenen Richterrecht verpflichteten Gerichte gegenüber Eingriffen in das *common law* durch königliche Gesetzgebung; insbesondere die gesetzliche Anordnung der Todesstrafe sollte nach Möglichkeit begrenzt werden.[13] Heute wird das Prinzip mit dem Gedanken von "fair warning" begründet: Wenn der Gesetzgeber in die Rechtssphäre der Bürger eingreift und sich nicht hinreichend klar ausdrückt, so muss er im Zweifel die freiheitsfreundlichere Auslegung gegen sich gelten lassen.[14]

Das alles klingt sehr schön rechtsstaatlich. In der englischen Rechtswirklichkeit spielen diese Grundsätze aber offenbar nur eine sehr geringe Rolle. Schon

8 S.W. v. United Kingdom, Nr. 20166/92, Urt. v. 22.11.1995, §§ 42 f.

9 Vgl. BVerfG NJW 1995, 125; BGHSt 37, 89; BayObLG NJW 1990, 2833; s. auch die kritische Analyse bei NK/*Hassemer*/*Kargl*, 4. Aufl. 2013, § 1 Rn. 51 ff.

10 *Simester* u.a. (Fn. 7), S. 27 f. Der EGMR leitet das Bestimmtheitsgebot auch aus dem Verbot einer analogen Ausdehnung von Strafnormen ab: siehe EGMR, Kokkinakis v. Greece, 14307/88, Urt. v. 25.5.1993, § 52: „The criminal law must not be extensively construed to the accused's detriment, for instance by analogy; it follows from this that an offence must be clearly defined in law."

11 *Ashworth*/*Horder* (Fn. 1), S. 64 f.

12 Sweet v. Parsley, [1970] Appeal Cases 132, 149 (Lord Reid).

13 *Ashworth*/*Horder* (Fn. 1), S. 67.

14 *Simester* u.a. (Fn. 7), S. 51 f. Der Auslegungsgrundsatz „Im Zweifel für den Angeklagten" findet sich auch im internationalen Recht; siehe Art. 22 (2) Statute of the International Criminal Court: "The definition of a crime shall be strictly construed and shall not be extended by analogy. In case of ambiguity, the definition shall be interpreted in favour of the person being investigated, prosecuted or convicted."

auf theoretischer Ebene wird ihnen die vermeintliche Notwendigkeit entgegengesetzt, das Interesse der Öffentlichkeit an der Verteidigung ihrer Belange ("public defence") wahrzunehmen. Offen gehaltene Straftatbestände wie die erwähnte *conspiracy to defraud* oder auch *conduct likely to cause harrassment, alarm or distress*[15] hält man auch für notwendig, um der Polizei die Möglichkeit zu frühzeitigem präventivem Eingreifen gegenüber neuartigen Beeinträchtigungen der öffentlichen Sicherheit und Ordnung zu geben.[16] Hier zeigt sich die problematische Folge der Unterentwicklung eines eigenständigen Polizeirechts in England (und den USA).

Das Interesse des Individuums an einem Freiraum ohne Strafbedrohung wird als relativ unbedeutend angesehen, soweit es um moralisch verwerfliches oder zweideutiges Verhalten geht. Da sich auch die Gerichte als „custodians of the public interest"[17] betrachten, wenden sie das Prinzip der *strict construction* selten an, sondern neigen eher zur erweiternden Auslegung von Strafgesetzen, wenn sie sich bei der Anwendung als zu eng formuliert darstellen; für Menschen, die die Strafgesetze geschickt zu umgehen versuchen, hat man in England wenig Sympathie. Das Recht, schrieb Lord Justice Morris of Borth-y-Gest im Jahre 1973, könne dem Bürger keine Gewissheit darüber geben, ob er bei moralisch zweifelhaftem Verhalten bestraft werden wird oder nicht. Das sei auch nicht notwendig, denn: "Those who skate on thin ice can hardly expect to find a sign which will denote the precise spot where they may fall in."[18]

II. USA

Auf den ersten Blick jedenfalls sieht es so aus, als hätte der Bestimmtheitsgrundsatz in den USA einen günstigeren Nährboden gefunden. Der US Supreme Court sieht diesen Grundsatz in ständiger Rechtsprechung als Verfassungsprinzip an, und zwar als Teil des *due process*, der nach dem 5. und dem 14. *amendment* zur Bundesverfassung sowohl in der Bundes- als auch in der Staatengerichtsbarkeit eingehalten werden muss und der funktional in etwa dem deutschen Verfassungsgrundsatz der Rechtsstaatlichkeit entspricht. Die Ausführungen des

---

15 Siehe s. 5 (1) Public Order Act 1986: "A person is guilty of an offence if he (a) uses threatening, abusive words or behaviour, or disorderly behaviour, or (b) displays any writing, sign or other visible representation which is threatening or abusive, within the hearing or sight of a person likely to be caused harassment, alarm or distress thereby."

16 *Ashworth/Horder* (Fn. 1), S. 66.

17 *Ashworth/Horder* (Fn. 1), S. 70.

18 Knuller v DPP, [1972] Criminal Appeal Reports 633, 652 (Lord Morris of Borth-y-Gest).

Supreme Court aus dem Jahr 1926 könnten auch von unserem Bundesverfassungsgericht stammen:

> „The terms of a penal statute... must be sufficiently explicit to inform those who are subject to it what conduct on their part will render them liable to its penalties..., and a statute which either forbids or requires the doing of an act in terms so vague that men of common intelligence must necessarily guess at its meaning and differ as to its application violates the first essential of due process of law."[19]

Nach der *void-for-vagueness doctrine* sind inhaltlich unbestimmte Strafgesetze wegen Verstoßes gegen *due process* nichtig. Auch in den USA wird das Verbot unbestimmter Strafgesetze zum einen auf den Vertrauensgrundsatz, zum anderen auf das Prinzip der Gewaltenteilung gestützt. Der Bürger soll aus dem Gesetz erkennen können, was verboten ist; und die Entscheidung über die Strafbarkeit soll der Gesetzgeber nicht dem Polizeibeamten oder auch dem Richter überlassen. Der US Supreme Court hat dies schon im Jahre 1875 so formuliert: "It would certainly be dangerous if the legislature could set a net large enough to catch all possible offenders, and leave it to the courts to step inside and say who could be rightfully detained, and who should be set at large."[20] So hob der U.S. Supreme Court beispielsweise im Jahre 1948 eine Verurteilung nach einem Strafgesetz des Staates New York wegen Unbestimmtheit auf; danach war es strafbar, Zeitschriften zu verkaufen "devoted... principally... [to] criminal news, police reports, and accounts of criminal deeds, and pictures and stories of deeds of bloodshed, lust and crime".[21]

Angesichts der verfassungsrechtlichen Dignität und der strikten Formulierung des Bestimmtheitsgrundsatzes sollte man eine hohe Kontrolldichte gegenüber der Strafgesetzgebung erwarten. Außerdem ist im Recht mancher Staaten der USA darüber hinaus das Prinzip der *strict construction* anerkannt, das im Zweifel die für den Angeklagten günstigere Auslegung von Strafgesetzen vorschreibt.[22]

Mit einer gewissen Verwunderung stößt man dann jedoch auf die Aussage eines Sachkenners, der den Versuch, die Verfassungswidrigkeit einer Strafnorm

---

19 Connally v. Gen. Constr. Co., 269 U.S. 385, 391 (1926).

20 U.S. v. Reese, 92 U.S. 214, 221 (1875).

21 Winters v. New York, 333 U.S. 507 (1948).

22 Siehe *Decker*, Denver University Law Review 80 (2002), 242, 245; *LaFave*, Substantive Criminal Law, 2. Aufl. 2003 (Stand 2015), S. 123 ff. Der Model Penal Code des American Law Institute hat das Prinzip der *strict construction* allerdings aufgegeben (Model Penal Code, Art. 1.02 (3)), und ein Teil der Staaten ist ihm darin gefolgt; siehe z.B. § 105 Crimes Code of Pennsylvania: „The provisions of this title shall be construed according to the fair import of their terms...".

wegen Unbestimmtheit zur Überzeugung eines Gerichts dazulegen, als „uphill battle" bezeichnet.[23] Verantwortlich dafür sind verschiedene Einschränkungen, die die Rechtsprechung vorgenommen hat. Zunächst wird die Verfassungsmäßigkeit aller Gesetze *vermutet*, so dass die Darlegungs- und Beweislast bei dem Angeklagten bzw. Beschwerdeführer liegt. Ferner soll nicht schon jede Schwierigkeit, ein Gesetz auszulegen, zu dessen Verfassungswidrigkeit führen.[24] Außerdem vertreten die amerikanischen Gerichte – ebenso wie die deutschen – die Auffassung, dass ein zunächst unbestimmtes Gesetz durch gerichtliche Auslegung zu einem bestimmten werden kann; es ist also nicht notwendig, dass die Strafnorm bei der Lektüre des Gesetzes für eine rechtlich unberatene „person of ordinary intelligence"[25] verständlich ist.[26]

Bei genauer Betrachtung gibt bzw. gab es in der amerikanischen verfassungsgerichtlichen Rechtsprechung nur zwei wesentliche Anwendungsbereiche für die *void-for-vagueness doctrine*: zum einen Fälle, in denen durch Strafgesetze die im 1. *amendment* zur Bundesverfassung garantierte Meinungsäußerungsfreiheit eingeschränkt wurde;[27] zum anderen die sog. *loitering laws*, durch die, oft mit rassistischen oder diskriminierenden Hintergedanken, der Polizei die Befugnis gegeben werden sollte, unerwünschte Personen von öffentlichen Orten zu verweisen und sie bei Ungehorsam wegen strafbaren „Herumstehens" festzunehmen. Ein Beispiel für den Schutz der Meinungsfreiheit durch die vagueness-Doktrin ist der Fall *Smith v. Goguen* aus dem Jahre 1974.[28] Der Angeklagte war nach einem Strafgesetz des Staates Massachussetts verurteilt worden, weil er einen Stoffaufnäher mit der amerikanischen Bundesflagge auf die Gesäßtasche seiner Hose genäht hatte. Das Gesetz untersagte es bei Strafe, die Fahne der Vereinigten Staaten öffentlich zu verstümmeln, auf ihr herumzutrampeln, sie zu entstellen oder sie verächtlich zu behandeln. Der US Supreme Court hob die Verurteilung auf, da der Begriff der „verächtlichen Behandlung" (*treats contemptuously*), der der Verurteilung zugrunde gelegt worden war, nicht einen bloß ungenauen Maßstab für die Strafbarkeit aufstelle, sondern überhaupt kei-

---

23 *Decker* (Fn. 22), S. 247.

24 "The strong presumptive validity that attaches to an Act of Congress has led this Court to hold many times that statutes are not automatically invalidated as vague simply because difficulty is found in determining whether certain marginal offenses fall within their language."; Parker v. Levy, 417 U.S. 733, 757 (1974); siehe auch U.S. v. National Dairy Products Corp., 372 U.S. 29 (1963).

25 Diesen Maßstab suggeriert der U.S. Supreme Court in Holder v. Humanitarian Law Project, 130 S.Ct. 2705 (2010).

26 *LaFave* (Fn. 22), S. 146.

27 Siehe hierzu näher *LaFave* (Fn. 22), S. 151 f.

28 Smith v. Goguen, 415 US 566 (1974).

nen feststellbares Verhalten beschreibe.[29] Bei Eingriffen in die Meinungsfreiheit ist ein wesentlicher Gesichtspunkt, dass unbestimmte Strafnormen die Bürger generell davon abhalten, ihre Meinung zu äußern (*chilling effect*). Der Beschwerdeführer braucht in solchen Fällen der sog. *facial overbreadth* (abstrakte Unbestimmtheit) des Gesetzes nicht darzutun, dass gerade *sein* Verhalten durch das Gesetz unzulässig eingeschränkt wird.[30] Daher vermischt sich hier der Aspekt der Unbestimmtheit nicht selten mit dem Vorwurf an den Gesetzgeber, dass die Regelung zu weitgehend in den Schutzbereich der Meinungsfreiheit eingreife.[31]

In dem berühmten Fall *Papachristou v. City of Jacksonville*[32] aus dem Jahr 1972 hatte die Polizei vier Personen wegen strafbaren Verstoßes gegen eine Verordnung der Stadt Jacksonville in Florida festgenommen. Die Angeklagten hatten sich gemeinsam in einem Auto in der Nähe eines Standplatzes für Gebrauchtwagen aufgehalten; dort war es in der Vergangenheit zu Autoaufbrüchen gekommen. Der Tatvorwurf war „vagrancy", spezifiert als „Herumstreichen im Auto" (*prowling by auto*). Wohl nicht ganz zufällig waren zwei der vier Angeklagten weiße Frauen und die beiden anderen afroamerikanische Männer. Deren Verurteilung hob der US Supreme Court auf; die städtische Verordnung, die unter verschiedenen Aspekten unerwünschte Personen unter Strafe stellte, sei in verfassungswidriger Weise unbestimmt und lade dadurch zu willlkürlicher und diskriminierender Anwendung des Gesetzes ein.[33]

Es ist mit Recht darauf hingewiesen worden, dass sich die Verfassungswidrigkeit der Verurteilungen in diesen beiden – und ähnlichen – Fällen eigentlich schon aus der unverhältnismäßigen und diskriminatorischen Einschränkung von Verfassungsrechten als solcher ergab; die Unbestimmtheit der Strafvorschriften war im Grunde nur ein Nebenaspekt, der allerdings evident und deshalb leicht als Argument für die Verfassungswidrigkeit zur Hand war.[34]

Seit den verfassungsrechtlich heißen Zeiten der 1960er und 70er Jahre, in denen sich der U.S. Supreme Court als aktiver Hüter der Freiheit in einem wenig liberalen politischen Umfeld exponierte, ist es um die *void-for-vagueness doctrine* sehr still geworden. Offenbar ist sie aufgrund ihrer inhärenten Beschränkungen, insbesondere der Möglichkeit einer präzisierenden Auslegung der Gesetze

29 Smith v. Goguen, 415 US 566, 576–578 (1974).
30 Vgl. United States v. Salerno, 481 U.S. 739, 745 (1987).
31 Siehe *LaFave* (Fn. 22), S. 152.
32 Papachristou v. City of Jacksonville, 405 US 156 (1972).
33 Papachristou v. City of Jacksonville, 405 US 156, 171 (1972).
34 *McCarl*, Hastings Constitutional Law Quarterly 42 (2014), 73, 89–92.

durch die Gerichte, keine sehr erfolgversprechende Waffe bei dem Versuch, gegen allzu weit gefasste Strafvorschriften vorzugehen.

Als ganz ungeeignet hat sich das Argument der Unbestimmtheit im Wirtschaftsstrafrecht erwiesen. Die Rechtsprechung stellt hier nämlich besonders hohe Anforderungen an das Bemühen des Adressaten, die Bedeutung der Strafvorschrift zu ermitteln, und zwar aus zwei Gründen: erstens werde hier nicht in eine verfassungsrechtlich besonders geschützte Betätigung (wie etwa die Meinungsäußerungsfreiheit) eingegriffen, und zweitens könnten Wirtschaftstreibende ihre Unternehmungen langfristig planen, die Rechtslage dementsprechend genau prüfen und die intendierte Bedeutung relevanter Rechtsnormen mit Hilfe externer Quellen ermitteln.[35] Es sei also ausreichend, dass die Strafnorm denjenigen, der sich in dem betroffenen Wirtschaftsbereich sachkundig betätigt, in die Lage versetzt, sie korrekt anzuwenden.[36] Mit dieser Erwägung wurde beispielsweise der Einwand eines Angeklagten zurückgewiesen, der eine Strafvorschrift des Staates Colorado gegen Wirtschaftskorruption als zu unbestimmt gerügt hatte. Dort war die "knowing violation of a duty of fidelity" eines Angestellten gegenüber seinem Unternehmen unter Strafe gestellt – eine Formulierung, die dem deutschen Leser nicht ganz unbekannt vorkommt. Das Bundesappellationsgericht für den 10th Circuit hob einen auf die Unbestimmtheit dieser Norm gestützten Freispruch des Angeklagten auf und verwies darauf, dass jedenfalls die Anwendung der Vorschrift auf dessen konkretes Verhalten nicht gegen die *due-process*-Klausel der Bundesverfassung verstoße und dass sich der Angeklagte über den Anwendungsbereich der Strafnorm hätte informieren können.[37]

III. Schluss

Die Hoffnung, durch einen Ausflug in die Welt des *common law* neue Ideen für die deutsche Diskussion über den Bestimmtheitsgrundsatz zu gewinnen, hat sich nicht wirklich erfüllt. Die Kategorien, in denen dort diskutiert wird, sind ungefähr die gleichen wie bei uns; und die Anwendung der Kriterien ist eher moralistischer und restriktiver als in Deutschland. Dies mag auch mit der Rolle zu tun haben, die dem Strafrecht im anglo-amerikanischen Bereich generell zugeschrieben wird: Es dient nicht so sehr der trennscharfen Abgrenzung zwischen sozialethisch noch akzeptablem und moralisch verwerflichem Verhalten,

---

35 Village of Hoffman Estates v. Flipside, Hoffman Estates, Inc., 455 U.S. 489, 498 (1982).

36 *Robinson*, University of Pennsylvania Law Review 154 (2005), 335, 358.

37 United States v. Gaudreau, 860 F.2d 357 (10th Cir. 1988).

sondern es wird – gerade im Zusammenhang der staatlichen Regulierung der Wirtschaft – als ein Steuerungsinstrument unter mehreren eingesetzt, um das gewünschte Verhalten zu bewirken. Daher macht man sich über die präzise Formulierung der Tatbestände weniger Gedanken als darüber, wie sie die Sorgfalt der Rechtsunterworfenen erhöhen und etwaige Schlupflöcher schließen können. Wenn es zu ernsthaften Zweifeln über den Anwendungsbereich einer Strafnorm kommt, eröffnet dies im Ermittlungsverfahren allenfalls Möglichkeiten zum Verhandeln über eine nicht-strafrechtliche Sanktionierung. Die aus einer anderen Zeit mitgebrachten Grundsätze von *strict construction* oder *void-for-vagueness* haben da nur noch den Wert historischer Schaustücke.

Solche Tendenzen lassen sich möglicherweise auch für Deutschland aufzeigen. Dennoch kann man aus dem Blick ins Ausland vielleicht ein bisschen Trost gewinnen: Wenn wir uns hier über die laxe Haltung mancher Richter gegenüber dem Bestimmtheitsgebot beschweren, ist das möglicherweise berechtigt; aber es geht uns im deutschen Rechtsstaat in dieser Beziehung immer noch tendenziell besser als denjenigen, die sich gegenüber der rauen Praxis in England oder den USA auf den Bestimmtheitsgrundsatz zu stützen versuchen.

Klaus Volk
Vielen Dank, Herr Weigend. Ich denke, das meiste war neu für uns, für die meisten von uns. Ich weiß nur noch den korrekten Titel des Aufsatzes und ich weiß auch wie der Verfasser heißt. Ein englisches Obergericht hatte nachdem – ich füge nur noch ein Beispiel an – nachdem in einem statute law der Begriff des besonders schweren Falles gebraucht worden war, sich geweigert, diesen Begriff näher zu beschreiben und zu definieren mit der Begründung: Wenn ein Elefant auf uns zukommt, werden wir ihn erkennen. Woraufhin mein englischer Strafrechtsfreund einen Aufsatz geschrieben hat unter dem Titel „How To Recognize Elephants". Dort wird etwas anders diskutiert als bei uns.

Danke nochmal. Ich denke wir verschieben die Diskussion und machen beides in einem.

Herr Bung, Ihren Beitrag anzumoderieren ist schwierig, denn die Unbestimmtheit von Verweisungstechniken ist ja fast schon ein Pleonasmus.

Jochen Bung

Die Unbestimmtheit tatbestandlicher Verweisungstechniken im Wirtschaftsstrafrecht

Das Problem der Bestimmtheit strafrechtlicher Rechtsnormen gehört im Zusammenhang seiner herkömmlichen systematischen Verortung in der Garantiefunktion des Strafgesetzes zu den bedeutendsten Fragen des Strafrechts. Obwohl es mir für die vorliegenden Zwecke nur darauf ankommt, das Bestimmtheitsproblem mit einem weiteren Grundproblem des Strafrechts sowie einem Gesichtspunkt des Verfassungsrechts zu verbinden, seien die wichtigsten Probleme des Strafrechts neben dem Prinzip nulla poena sine lege kurz benannt: Die Frage der Schuld, die Frage der Strafzwecke, die Frage des Verhältnisses von Rechten und Pflichten und das Problem des transstaatlichen Strafrechts. Auf die drei letztgenannten Fragen werde ich hier nicht eingehen, obwohl sie mit dem Bestimmtheitsproblem zum Teil eng zusammenhängen, die Frage der Schuld aber werde ich später aufgreifen, weil sie zur Lösung des Problems der Bestimmtheit unverzichtbar ist.

I. Unbestimmtheit – eine Vorverständigung

Wenn man das Problem der Bestimmtheit zunächst isoliert betrachtet, was sich methodisch empfiehlt, weil man das Problem dann schrittweise entfalten kann, kommt man zu folgenden wesentlichen Ergebnissen: Es gibt, streng genommen, keine Bestimmtheit. Jeder sprachliche Ausdruck ist mehrdeutig, weil kein sprachlicher Ausdruck seine eigenen Kontextbedingungen darstellen kann.[1] Zwar ist die Bedeutung nicht einfach der Gebrauch, also mit demselben zu identifizieren[2], aber Bedeutung ist vom Gebrauch auch nicht zu abstrahieren und daher ist Bedeutung niemals nur mit sich identisch, wie es ein verbreiteter juristischer Sprachgebrauch nahelegt, wenn gesagt wird, dies oder das scheitere bereits am Wortlaut. Der Fehler liegt hier im „bereits“. Das Wortlautargument entfaltet seine Funktion im Zusammenspiel mit der Auslegung nach Sinn und

---

1 John Searles Prinzip der Ausdrückbarkeit, „dass man alles, was man meinen, auch sagen kann“, *Searle*, Sprechakte, 3. Aufl., 1988, S. 34 ff. ist kein Einwand, weil auch kein Meinen seine eigenen Kontextbedingungen darstellen kann.

2 Vgl. *Wittgenstein*, Philosophische Untersuchungen, Werkausgabe Bd. 1, 1984, S. 262 (Nr. 43).

Zweck, so dass es nicht unabhängig verwendet werden kann. Nur wenn es gelänge, das Wortlautargument isoliert funktionieren zu lassen, wäre Bestimmtheit ein Standard, der um seiner selbst willen angestrebt werden könnte. Bedeutungstheoretische Argumente haben jedoch gezeigt, dass es ein illusionäres Unterfangen ist. Namentlich der amerikanische Philosoph und Logiker *Quine* hat gezeigt, dass selbst im Falle elementarer Wahrnehmungssätze mehrere Interpretationen gleich kompatibel mit dem empirischen Material sind und daraus sein einflussreiches Theorem der Übersetzungsunbestimmtheit hergeleitet.[3] Ohne das Rüstzeug der Sprachphilosophie des 20. Jahrhunderts hatte schon *Hobbes* festgestellt, dass die Interpretation des Rechts demselben erst zur Bedeutung verhilft, da jeder Ausdruck mehrdeutig ist.[4] Dieser Einsicht folgte auch *Savigny*, wenn er die juristische Hermeneutik aus der Tradition einer bloßen Stellenhermeneutik befreite und unter dem Anspruch radikalisierte, dass *alle* Stellen, nicht nur einige wenige, der Interpretation bedürfen.[5] Fast noch radikaler, ist bereits im römischen Begriff der interpretatio der Unterschied zwischen Auslegung und Fortbildung des Rechts aufgehoben[6], ein Umstand, der sich auch in der Unmöglichkeit offenbart, in der methodischen Praxis eindeutig zwischen Rechtsquellen und Rechtserkenntnisquellen zu unterscheiden.

Eine wichtige Vorverständigung vor dem Eintritt in die wirklichen Probleme besteht also darin, einen naiven Begriff vom Ideal der Bestimmtheit oder dem Problem der Unbestimmtheit im Recht zu vermeiden.[7] Recht ist von Grund auf unbestimmt. Das liegt an der Sprache, letztlich an der Unausschöpflichkeit kontextuell bedingter Bedeutungsüberschüsse. Aus verfassungsrechtlicher Perspektive ist dieser Umstand grundsätzlich zu begrüßen, denn er führt im Umgang mit dem Recht zu jener Art von Arbeitsteilung, für die der Begriff der Gewaltenteilung steht. Kein Recht ohne Richter. Die Unausschöpflichkeit der Bedeutung des Rechts ist der Grund richterlicher Unabhängigkeit. Im Strafrecht

---

3 *Quine*, Wort und Gegenstand, 1980, S. 135–147.

4 *Hobbes*, Leviathan (Reclam-Ausgabe), S. 234: „Alle Gesetze [...] bedürfen einer Auslegung."

5 Vgl. *Meder*, Interpretation und Konstruktion. Zur juristischen Hermeneutik von Francis Lieber, in: Meder et al. (Hg.), Juristische Hermeneutik zwischen Vergangenheit und Zukunft, 2013, S. 11 ff.

6 Vgl. *Mecke*, *„Regeln werden nur den Schwachköpfen dienen, um sie des eigenen Denkens zu überheben"* – Puchtas und Savignys juristische Hermeneutik im Vergleich, in: Meder et al. (Fn. 5), S. 49 ff.

7 Diese Vorverständigung findet auch in der strafrechtlichen Diskussion statt, s. etwa MK-*Schmitz*, § 1 Rn. 40.

sind wir gewohnt, in der Bestimmtheit nur das Gute zu sehen.[8] Art. 103 Abs. 2 GG wird fetischisiert. Das ist eine einseitige Perspektive.

II. Bedeutung und Verweisung

Wir arbeiten in bestimmtem Sinne immer mit Unbestimmtheit und das kann sehr gut funktionieren. Weitergehend muss man sogar annehmen, dass eine gewisse Unbestimmtheit für das Funktionieren einer sprachlichen oder nichtsprachlichen Praxis wesentlich ist.[9] *Wittgenstein* hat demonstriert, dass die Anweisung „Halte Dich ungefähr hier auf!“ so präzise sein kann, dass die Nachfrage „Wo meinst Du genau?“ eine falsche Reaktion darstellen und zeigen würde, dass der Äußernde die Bedeutung der Anweisung nicht erfasst hat.[10]

Den Umgang mit Bedeutungsunbestimmtheit im Rahmen einer Praxis hat Wittgenstein an einem anderen Beispiel verdeutlicht. Es geht um das Verhältnis von Bedeutung und Verweisung und betrifft damit schon genau unseren Gegenstand.

„Eine Regel steht da, wie ein Wegweiser. – Lässt er keinen Zweifel offen über den Weg, den ich zu gehen habe? Zeigt er, in welche Richtung ich gehen soll, wenn ich an ihm vorbei bin; ob der Straße nach, oder dem Feldweg, oder querfeldein? Aber wo steht, in welchem Sinne ich ihm zu folgen habe; ob in der Richtung der Hand oder (z.B.) in der entgegengesetzten? – Und wenn statt eines Wegweisers eine geschlossene Kette von Wegweisern stünde, oder Kreidestriche auf dem Boden liefen, – gibt es für sie nur *eine* Deutung?“[11]

Wir können das Beispiel der Wegweiser verwenden, in die hier zu erörternde Problematik der tatbestandlichen Verweisungstechniken im Wirtschaftsstrafrecht einzutreten. Dabei ist zunächst wichtig zu sehen, dass das Problem, das dieser Technik zugrunde liegt, kein genuines Problem des Wirtschaftsstrafrechts ist. Keine Norm ist, wie wir gesehen haben, aus sich heraus verständlich und jede Norm weist über sich hinaus. Systematische Auslegung ist das herkömmliche Stichwort und methodischer Reflex dieses Umstandes. Der Unter-

---

8 Es soll auch gar nicht bestritten werden, dass sie etwas Gutes ist. Dass Gesetze der Forderung nach „bestmöglicher Präzision“ genügen sollen, vgl. MK-*Schmitz*, § 1 Rn. 41, ist richtig. Das Problem ist nur, dass es nicht lediglich *ein* Ideal der Genauigkeit gibt, *Wittgenstein* (Fn. 2), S. 291 (Nr. 88). Wo genau die Grenze zwischen anstrebenswerter „Optimierung“ und nicht anstrebenswerter „maximaler Optimierung“ verläuft, NK-*Hassemer/Kargl*, § 1 Rn. 14a und 20, ist zum Beispiel unklar.

9 Zum „Bedarf an Vagheit“ NK-*Hassemer/Kargl*, § 1 Rn. 17.

10 *Wittgenstein* (Fn. 2), S. 290 (Nr. 88).

11 *Wittgenstein* (Fn. 2), S. 288 (Nr. 85).

schied ist, und darauf zielt wohl der Begriff der Verweisungstechnik oder der in diesem Zusammenhang häufig verwendete Begriff des Blankettgesetzes, dass im Wirtschaftsstrafrecht eine Steigerung des allgemeinen Verweisungsphänomens derart zu verzeichnen ist, dass hier Normen noch weniger aus sich heraus verständlich sind und noch mehr und anders über sich hinausweisen, als es sonst der Fall ist. Vielleicht entsteht dieser Eindruck, weil die Normen dies von sich aus zu verstehen geben. Wirtschaftsstrafrechtliche Normen sind häufig Wegweiser. Die Rede von Verweisungstechnik erklärt sich aus dieser Funktion. Die Normen sind Wegweiser, sie weisen den Weg zu anderen Normen, Gesetzen oder außergesetzlichen Vorschriften. Der Weg ist manchmal gerade und direkt, zum Teil führt er in unwegsames Gelände, zum Teil in unbekanntes, so im Falle sog. dynamischer Verweisungen.[12] Verbleibt er auf dem Gebiet von Normen derselben Normsetzungsinstanz, spricht man von Binnenverweisung, führt er aus diesem Gebiet heraus, von Außenverweisung.[13] Unterschiedliche Probleme werden durch diese unterschiedlichen Verweisungsarten aufgeworfen, man unterscheidet entsprechend Blankettgesetze im engeren und im weiteren Sinne[14] oder echte und unechte Blankettgesetze[15] Die Technik der Verweisung erlaubt vielfältige Taxonomien. Ein wichtiger, nicht nur formaler Unterschied ist der zwischen expliziter und impliziter Verweisung. Wegweisernormen verweisen explizit, sie sagen „Geh da hin" oder „Geh in diese Richtung". Im Gegensatz dazu gibt es Tatbestände oder Merkmale von Tatbeständen, die nur implizit verweisen. Das herkömmliche Beispiel sind sog. normative Tatbestandsmerkmale wie die Fremdheit in § 242 StGB, die eine Binnenverweisung ins Zivilrecht darstellt.[16] Es ist klar, dass es kein absolut trennscharfes Kriterium gibt, das es erlaubte, in allen Fällen sicher zu entscheiden, ob wir es mit einer impliziten oder expliziten Verweisung zu tun haben.[17] Vielleicht ist dies die aussichtsreichste Unterscheidung: Impliziter und expliziter Verweis unterscheiden sich in dem Umfang, in dem sie juristische Routinen voraussetzen. Dieser Unterschied lässt sich äußerlich ganz gut an dem Umfang ablesen, in dem die Rechtsanwenderin hin- und herblättern muss. Sie muss nicht hin- und herblättern, wenn es um die Fremdheit einer Sache geht. Dagegen machen Wegweisernormen typischerweise ein

---

12 Zum Begriff dynamischer Verweisungen, die sich auch auf zukünftige Regelungen beziehen s. etwa LK-*Dannecker*, § 1 Rn. 158 f.

13 *Tiedemann*, Wirtschaftsstrafrecht AT, 4. Aufl., 2014, S. 88 Rn. 197.

14 *Tiedemann* (Fn. 13), S. 88 Rn. 197; *Wittig*, Wirtschaftsstrafrecht, 3. Aufl., 2014, S. 35 f. Rn. 15 f.

15 LK-*Dannecker*, § 1 Rn. 150.

16 *Tiedemann* (Fn. 13), S. 88 Rn. 198.

17 Tiedemann meint, dass die Abgrenzung „möglicherweise nur eine gefühlsmäßige Wertung [ist]", *Tiedemann* (Fn. 13), S. 88 Rn. 198.

Hin-und-Her-Blättern erforderlich, auch die professionelle Rechtsanwenderin muss blättern. Der Umfang des Blätternmüssens variiert, er kann derart groß sein, dass er für viele nicht mehr zumutbar ist, dann verschiebt sich die Frage der Verantwortlichkeit für das Blättern dahingehend, in welchem Umfang man auf andere Personen zurückgreifen muss, denen das Blättern noch zugemutet werden kann.

Die wirtschaftsstrafrechtliche Verweisungstechnik lenkt das Blättern, manchmal besser, manchmal schlechter. Noch einmal Wittgenstein: „Also kann ich sagen, der Wegweiser lässt doch keinen Zweifel offen. Oder vielmehr: er lässt manchmal einen Zweifel offen, manchmal nicht.“[18] Genauso ist es. Man kann sagen: Das Bestimmtheitsproblem stellt sich im Wirtschaftsstrafrecht insbesondere als Problem der *Klarheit der Verweisung*.[19] Verweisungsklarheit kann durch bestimmte technische Vorkehrungen verbessert werden, etwa durch Rückverweisung.[20] Verweisung kann man sich, wie in Wittgensteins Wegweiserbeispiel, auch als geschlossene Verweisungskette denken. Das ist die Verweisungstechnik von Hänsel und Gretel, die den Weg durch den Wald mit Steinen markieren. Im Wald gibt es aber weniger Dickicht als in Gesetzestexten. Daher kann zu viel Verweisung auch zu Verwirrung führen. Hier sind wir auf dem Weg in eine Rechtsparadoxie. An sich, müsste man meinen, führt Explizitheit der Verweisung zu mehr Bestimmtheit, aber je mehr man explizit macht, desto unübersichtlicher kann es werden.[21] *Francis Lieber*, Schöpfer des im humanitären Völkerrecht wichtigen Lieber Code, aber auch bedeutender Rechtshermeneutiker, hat es treffend ausgedrückt: „The attempt at being absolutely distinct leads to greater uncertainty instead of certainty.“[22]

III. Bestimmtheit und Gewaltenteilung

Ich habe das Problem der Bestimmtheit bisher weitgehend isoliert entfaltet. Es muss aber nicht nur aus sich selbst heraus entwickelt werden, sonst bleibt es bei einem rechtsmethodologischen Glasperlenspiel oder einer sprachphilosophische Etüde.

---

18 *Wittgenstein* (Fn. 2), S. 288 (Nr. 85).

19 Zum Erfordernis der Verweisungsklarheit als Anforderung aus Art. 103 Abs. 2 GG LK-*Dannecker*, § 1 Rn. 151.

20 Wobei unproblematisch nur sog. deklaratorische Rückverweisungen sind, vgl. LK-*Dannecker*, § 1 Rn. 160 ff.

21 Zur Fehlerträchtigkeit von Verweisungsketten und „Verweisungskaskaden“ MK-*Schmitz*, § 1 Rn. 53.

22 Zit. nach *Meder* (Fn. 5), S. 32.

Anders, wenn man das Problem der Bestimmtheit mit zwei weiteren Problemen in Verbindung bringt. Unbestimmtheit erweist sich eigentlich erst dann als fundamentales Rechtsproblem, wenn man es in Verbindung mit dem Schuldprinzip und dem Prinzip der Gewaltenteilung diskutiert. Ich erörtere zunächst das Verhältnis von Bestimmtheit und Gewaltenteilung und komme dann über eine kurze Reflexion über das Verhältnis von Gewaltenteilung und Schuld zum Verhältnis von Bestimmtheit und Schuld.

Gewaltenteilung wurde bereits thematisiert in dem Gedanken, dass die Unausschöpflichkeit der Bedeutung des Gesetzes die Unabhängigkeit des Richters garantiert. Im Problem der sog. Außenverweisung, dem Begriff des Blankettstrafgesetzes im engeren Sinne bzw. des echten Blankettgesetzes, stellt sich typischerweise ein anderes Gewaltenteilungsproblem, nämlich das des richtigen Verhältnisses von Legislative und Exekutive, da der im Wirtschaftsstrafrecht typische, auch historisch ursprüngliche Fall jener der Tatbestandsauffüllung durch Akte der Regierung und Verwaltung (Gubernative und Administrative) ist.[23] Strukturell freilich sind die Probleme vergleichbar. Für die Frage der Vereinbarkeit mit der Garantiefunktion des Strafgesetzes macht es keinen Unterschied, ob die Rechtsprechung verbindlich über Promillegrenzen zur Bestimmung der Fahruntüchtigkeit befindet[24] oder ob nach § 20a Abs. 5 WpHG die Täuschungshandlungen bei der Kurs- und Marktmanipulation durch das Bundesfinanzministerium bestimmt wird.[25]

Grundsätzlich sieht der Gesellschaftsvertrag – positivistisch: die Verfassung – intrinsisch das Zusammenspiel von zwei Regelungsformen vor: Allgemeine Regelungen und Regelungen von Einzelheiten. Regelungen von Einzelheiten können besondere Regelungen (Verordnungen) oder Regelungen von Einzelfällen (Verwaltungsakt) sein.[26] Das Regeln von Einzelheiten oder Einzelfällen kann Regieren oder Richten sein. Nur im funktionellen Zusammenspiel mit dem Regieren und dem Richten kann Recht überhaupt zur Anwendung kommen. Der Versuch, die Anwendungsbedingungen des Rechts in das Recht selbst aufzunehmen, ist nicht nur bedeutungstheoretisch uneinlösbar, sondern auch ein Verstoß gegen das Erfordernis des funktionellen Zusammenspiels der verfassungsmäßig garantierten Regelungsformen. So gesehen, ist die Form des echten Blankettgesetzes lediglich ein Abbild dieses funktionellen Zusammenspiels. Wo

23 Vgl. *Tiedemann* (Fn. 13), S. 87 f. Rn. 197.

24 BVerfG NJW 1990, 3140. Das BVerfG und die h.M. schließen für Rechtsprechungsänderungen sogar das Rückwirkungsverbot aus, dagegen krit. MK-*Schmitz*, § 1 Rn. 33 sowie NK-*Hassemer/Kargl*, § 1 Rn. 51 ff. jeweils m.w.N.

25 Vgl. BGHSt 48, 383 f.; LK-*Dannecker*, § 1 Rn. 155 m.w.N.

26 Besonders klar und eindringlich herausgearbeitet in Rousseaus *Contrat social*.

kein solches Zusammenspiel stattfindet, kann man überhaupt nicht von einem verfassten Gemeinwesen sprechen. Werden volonté générale und volonté particuliere ununterscheidbar, gerät das Gemeinwesen in jene „Unform", von der Kant gesprochen hat.[27] Auch das Strafrecht kann sich diesem Zusammenhang nicht entziehen. Ein Strafgesetz, das im Sinne unterschiedsloser Bestimmtheit alles bestimmen möchte, wäre ein unförmiges Strafrecht.

Dieser allgemeine Aspekt delegitimiert natürlich nicht die Kritik an geltenden Regeln. Das funktionelle Zusammenspiel der Regelungsformen, die Abstimmung von Legislative und Exekutive, kann besser oder schlechter gelingen. Das Missliche ist, dass sich hierüber nur sehr wenig Allgemeines sagen lässt. Vielleicht tatsächlich nur dies: *dass der demokratische Gesetzgeber eine Grundentscheidung darüber treffen muss, was strafbar ist.*[28] Die anspruchsvollere Forderung, dass sich „schon aus der Blankettvorschrift selbst [...] die wesentliche Abgrenzung zwischen erlaubtem und verbotenem Verhalten [ergibt]"[29], ist unter Bewahrung der Verweisungsstruktur des Blanketts wohl nicht einlösbar. Man müsste dann schon konsequent die Form des Blanketts, die Verweisungstechnik als solche, der Verfassungswidrigkeit überführen, aber das kann nicht gelingen, weil die Form des echten Blanketts Abbild des verfassungsrechtlich fundierten funktionellen Zusammenspiels der Staatsgewalten ist. Also bleibt es wohl dabei, dass man nur sagen kann, dass der Gesetzgeber eine Grundentscheidung darüber treffen muss, was strafbar ist. Was die Grenzen dieser Grundentscheidung bestimmt, ist wiederum unbestimmt. Sie können für das gesamte Wirtschaftsstrafrecht aber wohl nicht unabhängig von der Grundfrage bestimmt werden, wie weit der Staat in das Marktgeschehen eingreifen darf oder soll. Ich selbst weiß darauf keine Antwort. Nach der Analyse von *John Locke* hat die Einführung und konkludente Akzeptanz des Geldes bewirkt, dass bestimmte Mechanismen wie die Preis- und Vermögensbildung grundsätzlich aus dem Gesellschaftsvertrag herausgenommen werden.[30] Rechtliche Eingriffe in diese Mechanismen wären dann ein venire contra factum proprium. Aber selbst wenn das stimmte: Wer sonst hätte das ausgezeichnete Privileg, sich zu sich selbst in einen Widerspruch zu setzen, als der demokratische Souverän?

---

27 *Kant*, Zum ewigen Frieden (Reclam-Ausgabe), S. 14.

28 Maßgeblich BVerfGE 78, 374, 385 ff. (FAG), dazu *Tiedemann* (Fn. 13), S. 89 Rn. 201, *Tiedemann*, Verfassungsrecht und Strafrecht, 1991, S. 46, LK-*Dannecker*, § 1 Rn. 153 ff. m.w.N.

29 NK-*Hassemer/Kargl*, § 1 Rn. 22.

30 *Locke*, Über die Regierung (Reclam-Ausgabe), S. 39.

IV. Bestimmtheit und Schuld

Allerdings müssen Vorkehrungen getroffen werden, dass man die Folgen dieser Entscheidung nicht in ungerechter Weise auf das Individuum abwälzt. Die Verwirklichung des Rechts durch funktionelles Zusammenspiel der Staatsgewalten, haben wir gesehen, bedingt Unbestimmtheit der Rechtsregeln und bedingt die Struktur der Verweisung. Rechtssoziologisch kann man Unbestimmtheit und Verweisung ganz generell als typische Indikatoren funktioneller Differenzierung in modernen Gesellschaften ansehen. Das Wirtschaftsstrafrecht mit seiner eigentümlichen Verweisungsstruktur ist modernes Recht. Dieses moderne Recht ist dem herkömmlichen Individuum längst über den Kopf gewachsen. Wegen dieser strukturnotwendigen Verunsicherung (die womöglich gar präventiv intendiert ist), darf der Einzelne lediglich durch umsichtige Vorkehrungen zur Verantwortung gezogen werden. Die im Strafrecht wichtigste Vorkehrung ist das Schuldprinzip.

Das BVerfG hat bei der Frage der Geltung der Garantie des Art. 103 Abs. 2 GG für die Rechtsfolgenseite bestimmt, dass nulla poena sine lege und nulla poena sine culpa in eine praktische Konkordanz zu bringen sind.[31] Das richtige Maß der Bestimmtheit ergibt sich danach aus einer Feinabstimmung mit dem Prinzip der Schuld. Das Prinzip der Schuld ist diskursivierbar als Prinzip der Verhältnismäßigkeit oder, besser noch, als Prinzip der Zumutbarkeit. Damit können wir die oben gewonnene Einsicht in das Wesen der expliziten Verweisung unmittelbar verbinden und fragen: *Wieviel Hin- und Herblättern ist zumutbar?* Und weiter: *Wieviel Hin- und Herblättern-Lassen ist zumutbar?* Da die im Wirtschaftsstrafrecht praktizierte Technik der Verweisung für Durchschnittsbürger die Zumutbarkeitsschwelle häufig überschreitet[32], geht es wesentlich um die Frage des Umfangs, in dem Erkundigungspflichten strafrechtlich sanktioniert werden dürfen. Recht generiert Anwendungsprobleme, deren Folgen über Erkundigungspflichten Individuen zur Verantwortung zugerechnet werden. Es ist ein Gebot der Gerechtigkeit des Rechts, dass bei diesem Vorgang Zurückhaltung geübt wird, vor allem wenn es um die Inszenierung des öffentlichkeitswirksamen Missbilligungssymbols der Strafe geht.

In der Frage des legitimen Umfangs strafrechtlicher Sanktionierung von Erkundigungspflichten ist die Rechtsprechung offenkundig zu weit gegangen. Ungerecht ist schon der allgemeine Ansatz, an die Vermeidbarkeit rechtlicher Unkenntnis (§ 17 StGB) strengere Anforderungen als an die allgemeine Fahrläs-

31 BVerfGE 105, 135 (Vermögensstrafe).

32 Das gilt auch dann, wenn man berücksichtigt, dass zeitgenössisches Lesen zunehmend auf einem Hin- und Herblättern („Browser") beruht.

sigkeit zu richten.[33] Auch das Argument, dass man sich nicht auf Auskünfte professioneller Rechtsanwender verlassen dürfen soll[34], kann nur in Ausnahmefällen richtig sein. Richtigerweise wäre hier sogar Raum für einen Zurechnungsausschluss unter dem Gesichtspunkt des eigenverantwortlichen Dazwischentretens Dritter. Diese, die professionellen (und im Übrigen auch professionell gegen Beratungsrisiken abgesicherten) Rechtsanwender tragen die Verantwortung, nicht derjenige, dem das Recht über den Kopf gewachsen ist. Dringend geboten ist auch eine Anpassung der Rechtsfolgenanordnung des § 17 StGB an das Schuldprinzip. Die unterschiedliche Behandlung von Tatbestands- und Verbotsirrtum ist normativ unplausibel. Es gibt keine allgemeine Regel, wonach es verzeihlicher ist, nicht genau hinzuschauen, als sich nicht genau zu erkundigen. Im Gegenteil: In vielen Fällen erscheint es verzeihlicher, sich nicht genau zu erkundigen, als nicht genau hinzuschauen. Vielfach muss man sich erst einmal erkundigen, ob man sich überhaupt erkundigen muss. Eine solche Iteration der Sorgfaltsanforderungen gibt es bei Wahrnehmungen nicht, also sind Erkundigungen normativ komplexer aufgebaut als Wahrnehmungen und deswegen nicht prinzipiell entlastungsresistenter. Die Lösung muss über eine allgemeine strafrechtliche Irrtumsregel gefunden werden. Diese Regel muss auf der Einsicht gründen, dass es keinen vorsätzlichen Irrtum gibt, so dass die Behandlung eines Irrenden als Vorsatztäter, die § 17 StGB ermöglicht, abzulehnen ist. Die Aufgabe ließe sich auch so ausdrücken, dass die ältere Konstruktion des als Tatbestandsirrtum zu behandelnden außerstrafrechtlichen Rechtsirrtums wieder aufgegriffen, aber in das Strafrecht selbst verlegt wird.[35] Dass jedenfalls beim Verbotsirrtum die Strafe nicht fakultativ, wie in § 17 StGB, sondern obligatorisch zu mildern ist, wie es § 35 Abs. 2 StGB anordnet, wäre vom Schuldprinzip her eine zwingende Konsequenz und als Mindestforderung festzuhalten.

Schließlich, und das ist womöglich der wichtigste Punkt, hat das Schuldprinzip Verfassungsrang. Man darf es also nicht auf eine Prüfungsstufe im strafrechtlichen Standardgutachten beschränken, denn dann würde man es dem einfachen Recht unterwerfen. Vielmehr muss es auch schon als Verwerfungskriterium zum Einsatz kommen, wenn es um Strafrechtsnormen geht, die gegen das Schuldprinzip verstoßen. Hier würde ich als Leitlinie formulieren: Sofern die Verweisungstechnik eines Tatbestands selbst für professionelle Rechtsanwender einen unzumutbaren Rekonstruktionsaufwand bedeutet, ist die Verfassungswidrigkeit dieses Tatbestandes indiziert.

---

33 BGHSt 21, 18.

34 Zur Diskussion BGH NStZ 2000, 307; OLG Frankfurt NStZ-RR 2003, 263.

35 Vgl. dazu BGHSt 2, 194.

V. Zusammenfassung

Die Erörterung des Problems der Unbestimmtheit tatbestandlicher Verweisungstechniken im Wirtschaftsstrafrecht erfordert eine grundlagenbezogene Vorverständigung, um naive Idealisierungen oder Fehlvorstellungen von Bestimmtheit zu vermeiden. Bestimmtheit im strengen Sinne ist nicht nur real nicht möglich, sondern als Ideal auch nicht richtig. Das aus sich heraus verstehbare Gesetz ist nicht nur eine bedeutungstheoretische Illusion, sondern auch eine Regelungsunform, die gegen das Prinzip der Gewaltenteilung verstößt. Nur im funktionellen Zusammenspiel mit dem Regieren und dem Richten kann Recht sich überhaupt verwirklichen, deswegen ist Recht notwendig unbestimmt und verweist von sich aus über sich hinaus in Einzelheiten, die das Recht als solches gar nichts angehen. Das Blankettgesetz ist Abbild des funktionellen Zusammenspiels der Staatsgewalten, es ist ferner allgemeiner Ausdruck der funktionalen Differenzierung in modernen Gesellschaften, mit anderen Worten modernes Recht. Unbestimmtheit und Verweisungskomplexität dürfen aber nicht auf Kosten des Normunterworfenen gehen. Es ist ein Gebot der Gerechtigkeit, dass die strafrechtliche Zurechnung gerade hier in enger Abstimmung mit dem Schuldprinzip erfolgt. Die wichtigsten Punkte dabei sind: Für die Vermeidbarkeit der Normunkenntnis gilt derselbe Maßstab wie bei der Fahrlässigkeit. Auf Auskünfte professioneller Rechtsanwender muss man sich im Regelfall verlassen können, sie verschieben die Verantwortung und durchbrechen daher im Regelfall die strafrechtliche Zurechnung. Schuldhafte Normunkenntnis kann keine Vorsatzhaftung begründen. § 17 StGB verstößt gegen das Schuldprinzip, mindestens wäre die Strafe ist nach dem Modell des § 35 Abs. 2 StGB obligatorisch zu mildern.[36] Da das Schuldprinzip Verfassungsrang hat, muss es auch als Verwerfungskriterium für verfassungswidrige Strafnormen zum Einsatz kommen. Ein Straftatbestand ist verfassungswidrig, wenn seine Verweisungsstruktur einen unzumutbaren Rekonstruktionsaufwand für professionelle Rechtsanwender bedeutet.

---

36 Eben weil nur ein Fahrlässigkeitsvorwurf möglich ist, vgl. *Bung*, Kargl-FS, 2015, S. 70 f.

Hans Richter

Die Unbestimmtheit bei der Definition und Berechnung wirtschaftlicher Schäden

Auch von meiner Seite, meine sehr verehrten Damen und Herren, ein herzliches guten Morgen. Vielen Dank, Herr *Kempf*, für die freundliche Vorstellung.

Es irritiert mich natürlich schon ein bisschen, wenn Herr *Kempf* sagt, „an der Anklage", wegen der er nämlich gestern in Stuttgart sein musste, sei ich „nur ein bisschen Schuld". Auch der von ihm angesprochene Übergang zum heutigen Vormittagsprogramm macht mir ein „bisschen Schwierigkeiten", weil ich ja tatsächlich mitten im Übergang vom Arbeits- in das Pensionärs-Leben bin. Aber es ist ja wie im wirklichen Leben: „Der Morgen graut und der Staatsanwalt kommt". Das kennen natürlich alle Verteidiger im Kreis der Zuhörer, die allerdings nicht wissen, dass es auch dem Staatsanwalt graut. Es graut ihm nämlich vor den Unbestimmtheiten, die draußen in der Welt, in die er jetzt hinausgeht – zu Unschuldigen in deren Wohnungen und Unternehmen – und natürlich nur mit Unbestimmtheiten in seinen Beschlüssen. Wie also kann ich Ihnen den Umgang der Strafverfolgungsbehörden mit den Unbestimmtheiten „ein bisschen" nahebringen?

Ich habe mir fünf Punkte für den Weg zu unserer Diskussion über Vermögen und Schäden aus der Sicht eines Staatsanwaltes vorgenommen:

I. Der Staatsanwalt im Wirtschaftsstrafrecht
II. Das Vermögen im Wirtschaftsstrafrecht
III. Bestimmtheit/Bestimmbarkeit von Schaden/Vermögensnachteil
IV. Ein Wort zur subjektiven Tatseite und zum Irrtum
V. Mehr Bestimmbarkeit? Vermögensstrafrecht ohne Vermögen

I.

Zunächst will ich – aus der Innensicht – den **Staatsanwalt im Wirtschaftsstrafrecht**, also (eingedenk der hierarchischen Struktur solcher Behörden) die „*Wirtschaftsstaatsanwaltschaft*" ansprechen. Dem Organigramm der Staatsanwaltschaft Stuttgart können Sie beispielhaft entnehmen, was eine *Schwerpunkt-Staatsanwaltschaft* in der Praxis ausmacht: Fünf Abteilungen, zusammengefasst in einer Hauptabteilung. Sie wissen natürlich alle, dass es entgegen der Vorstellung der Sachverständigenkommission auf der Grundlage des Gutachtens meines Lehrers *Tiedemann* für den 49. Deutschen Juristentages 1972[1], in der Bundesrepublik keine Schwerpunkt-*Staatsanwaltschaft* gibt oder gegeben hat. Kein Bundesland hat sich bereitgefunden, eine solche Staatsanwaltschaft einzurichten. Aber immerhin – *Abteilungen* gibt es.[2] In Stuttgart sind 40 Dezernate in fünf Abteilungen zusammengefasst, deren Zuständigkeit das in § 74c GVG gesetzlich definierte Wirtschaftsstrafrecht abbildet. Dieses ordnet der Gesetzgeber, enumerativ aufzählend, als Wirtschaftsstrafrecht dem Zuständigkeitsbereich der „Sondergerichte" (den Wirtschaftsstrafkammern beim Landgericht) und damit auch den Spezialabteilungen der Staatsanwaltschaften zu.

Wenn Sie sich nun die Aufteilung der Kriminalitätsfelder in Stuttgart anschauen, dann erkennen Sie – und das ist nun wirklich eine Banalität: Das Betätigungsfeld des Wirtschaftsstrafrechts ist nichts anderes als *das Vermögen.*

HA IV *(40 Dezernate)*
Wirtschaft, Korruption und Umwelt

Abteilung 14
Steuer, Zoll,
Subvention, Untreue

Abteilung 15
Untern.-Insolvenz,
Geregelter Kapitalmarkt
(Bank, Börse, Versicherung)

Abteilung 16–18
Grauer Kapitalmarkt,
Korruption, Schwarzarbeit,
Umwelt, Lebensmittel,
Cyber-Krim.

Dieser ganz unbestimmte Begriff „Vermögen", über den wir uns gestern den ganzen Tag unterhalten haben, ist also den Spezialisten im Verfolgungsapparat und in den Gerichten zugeordnet. Gesetzgeberischer Grund hierfür ist aber gerade nicht das Vermögen aller Individuen unserer Rechtsgemeinschaft (darüber haben wir gestern aber gesprochen), sondern das *unternehmerisch gebundene Vermögen.* Wie soll – bei Unklarheit über den Vermögensbegriff – aber der Unterschied zwischen privatem und unternehmerischem Vermögen gefunden werden? Dennoch ist die Intention des § 74c GVG aus meiner Sicht ganz klar: Diese Spezialgerichte/-abteilungen sollen im Bereich des unternehmerischen Vermögens tätig sein. Sie sollen Beeinträchtigungen *dieses* Vermögens analysieren, aufklären und gegebenenfalls die Verantwortlichen hierfür einer Strafe zuführen. Vielschichtig ist also der Klärungsbedarf.

1 Eingehend dazu *Müller-Gugenberger,* in: Müller-Gugenberger (Hrsg.), Wirtschaftsstrafrecht, 6. Aufl. 2015, § 1 Rn. 60, 63.
2 Näher hierzu *Müller-Gugenberger,* a.a.O. (Fn. 1), § 1 Rn. 94.

II.

Wir wissen (und da bin ich schon bei der nächsten Banalität, über die wir uns gestern auch unterhalten haben), dass die **Überlassung von Vermögen** (um der Klärung mit Hilfe des Untreuetatbestandes näher zu kommen) durch einen Treugeber an einen Treunehmer im Wirtschaftsleben *zweckgebunden* (zur Wahrung und Mehrung dieses Vermögens) erfolgt. Diese Bindung bedeutet ganz selbstverständlich, dass die Überlassung des Vermögens zum Zwecke des *Eingehens von Risiken* durch den Treunehmer erfolgt. Demnach heißt also „wirtschaften" zwingend: Risikogeschäfte betreiben.

Mein Schaubild der Wirtschaftsabteilungen in Stuttgart soll verdeutlichen, dass dieser Zusammenhang tief im Innern der Herzens des Wirtschaftsstaatsanwalts fest verankert ist: Gegenstand der Arbeit des Wirtschaftsstaatsanwalts kann nur dieses unternehmerische Vermögen, geschützt gegen Überschreitung der Risikogrenzen, sein. Diese Schutzrichtung (oder ist es nicht vielmehr das Rechtsgut selbst?) gilt nicht nur soweit dieses Vermögen unmittelbar Gegenstand einer Strafrechtsnorm ist, sondern auch im „Vorfeldschutz" – also auch dann, wenn eine Strafnorm auf den Nachweis einer konkreten Vermögensminderung verzichtet. Die Bestimmung der wirtschaftlichen Vermögensbeeinträchtigung (ob diese nun „Schaden" oder „Nachteil" genannt wird oder ob der Vermögensschutz im Vorfeld greifen soll), ist so nicht nur Teil des wirtschaftsstaatsanwaltlichen Betätigungsfelds. Die Bestimmung der Grenzen der Risikoentscheidungen ist für seinen Beruf geradezu konstitutionell. Die damit („institutionell") angelegte „Verschleifung" zwischen Pflichtwidrigkeit und Vermögen ist uns dabei stets bewusst.

III.

Die einschlägigen Entscheidungen des Bundesverfassungsgerichts stellen nun zutreffend klar, dass die Beeinträchtigung dieses geschützten Vermögens (**Schaden/Vermögensnachteil** durch Überschreitung der Risikogrenzen) *kein* schlichtes *Rechenwerk* sein kann, obwohl derartige Vorstellungen in der Fachliteratur und bei Entscheidungen von Richtern und Staatsanwälten durchscheinen. Das Bundesverfassungsgericht fordert vielmehr zutreffend, dass *vor* dem Rechenwerk eine *Bewertung* stattfinden muss[3]. Dabei dürfen aber die normativen Gesichtspunkte „wirtschaftliche Überlegungen nicht verdrängen"[4]. Danach

3 BVerfGE 126, 170.

4 BVerfG B. v. 1.11.2012 – 2 BvR 1245/11.

irritiert uns in den Schwerpunkt-Staatsanwaltschaften der (vorschnelle) Verweis auf den Einsatz von *Sachverständigen* (nur bei „schwierigen Sachverhalten"?). Sicher macht es Sinn, bei Problemen mit einem Rechenwerk einen Sachverständigen der Mathematik zu befragen. Geht es aber darum, Vermögen (in Sinne der Risikogrenzziehung) zu bewerten, ist doch mindestens zweifelhaft, ob dies Aufgabe eines (betriebswirtschaftlichen?) Sachverständigen sein kann. Auch der – durchaus normative – Hinweis des 2. Strafsenates des BGH auf die Wertbestimmung mit Hilfe „bilanzrechtlicher Vorschriften" des HGB[5] ist kaum hilfreich: Soll doch danach der Rückzahlungsanspruch gegen den „zahlungsunwilligen" Darlehensnehmer „mit Null anzusetzen" sein (obwohl wirtschaftlich betrachtet Zahlungsfähigkeit gegeben ist?) und wie ist dann das (den wirtschaftlichen Wert gerade nicht beachtende) Vorsichtsprinzip des § 252 Abs. 1 Nr. 4 HGB (mit Imparitäts- und Realisationsprinzip)[6] „rauszurechnen"? Liegt damit die Wertbestimmung des Vermögens nicht vor – jedenfalls außerhalb – der Regeln des HGB?

Aus meiner Sicht hat Frau *Langenbucher* gestern zutreffend darauf hingewiesen, dass wir Juristen diese verfassungs- (und daraus abgeleitete) strafrechtliche Wertung selbst treffen müssen. Das Ergebnis dieser Wertung müssen wir dann dem Sachverständigen im Gutachtensauftrag vorgeben. Die in Entscheidungen des Bundesverfassungsgerichts anklingende Unterscheidung zwischen *einfachgelagerten* und *schwierigen* Fällen zur Zuweisung von Entscheidungskompetenz zwischen Juristen und Betriebswirten führt deshalb in die Irre. Was kann denn die Aufgabe eines solchen Sachverständigen in „schwierigen Fällen" sein? Kann das etwa die Bestimmung der im Handels-/Gesellschaftsrecht normierten Vorgaben risikogerechten Verhaltes eines „sorgfältigen Geschäftsleiters" sein? Ist die Feststellung einer „anerkannten, guten Praxis" im Bank- und Kreditverkehr eine Tatsachenfeststellung? Der „Banksachverständige" kann uns doch nur Hinweise dafür geben, was im Bereich der Kreditinstitute (und deren einzelner Teilbereiche) tatsächlich passiert, wie die Entscheidungsmechanismen dort ablaufen. Aber ob das eine „gute" (also richtige) Praxis ist, das müssen die Juristen – in der Gerichtshierarchie, letztlich aufgrund der Bewertung unserer Verfassung – entscheiden. Deshalb muss die Justiz dem Sachverständigen, dem wir diese wertende Aufgabe der Bestimmung der Grenzen des vermögens- und damit schadensbestimmenden Risikos nicht übertragen können, diese Wertungen für ein in Auftrag zu gebendes Rechenwerk vorgeben bzw. dessen Ergebnisse bewerten.

5 BGH B. v. 3.5.2012 – 2 StR 446/11.

6 Näher hierzu *Wolf, in Müller-Gugenberger,* a.a.O. (Fn. 1), § 26 Rn. 110, 114.

Was ist nun aber das eigentliche Problem dieser Spezialmaterie „Vermögen“ in der staatsanwaltlichen Praxis? Die guten jungen Juristen (die Gott sei Dank immer noch zur Justiz finden) haben eher wenig Probleme, die dem Strafrecht vorgelagerte Spezialmaterie zu durchdringen, denen das Wirtschaftsstrafrecht (zum überwiegenden Teil: akzessorisch) nachfolgt. Auch der Umgang mit – zunehmend – hoch qualifizierten Anwälten (und deren Unterstützungsapparat in Wissenschaft und Medien) ist durchaus zu bewältigen. Schwierigkeiten bereitet uns – jedenfalls in Stuttgart – die sehr hohe (und zunehmend kurzfristigere) „Fluktuation der Experten“. Die rechtlichen Kernprobleme liegen nach meiner Erfahrung zunächst in der Anwendung der Normen des „Allgemeinen Teils“ des Strafgesetzbuches, für die wir die Überzeugungsfähigkeit unserer Beweise beim zuständigen Richter sicherstellen müssen. Im „Besonderen Teil“ des Wirtschaftsstrafrechts sind es dann erstaunlicherweise gerade die „Grundnormen“ des Vermögensstrafrecht, nämlich Betrug und Untreue, bei denen wir immer wieder mit unserer Beweisführung, schon bei der Feststellung einer objektiven Rechtsgutbeeinträchtigung, dem Nachweis des Vermögensschadens, scheitern. Die Ursache hierfür liegt – nach dem Vorerwähnten – auf der Hand: Es fehlen die Parameter für die Bestimmbarkeit des Vermögens!

Ihnen gegenüber, sehr geehrte Damen und Herren, brauche ich die verschiedenen Vermögenstheorien und die Rechtsprechung des Bundesverfassungsgerichts hierzu natürlich nicht in Erinnerung zu rufen – das ist uns allen präsent. Aber wissen wir nicht dennoch erstaunlich wenig über das *Vermögen in seinem wirtschaftlichen Einsatz*? Dabei hat doch das Bundesverfassungsgericht die Bestimmtheit des hierauf bezogenen Untreuetatbestandes gerade aus dem Präzisierungsgebot entsprechend dem *gefestigten Verständnis* über das Vermögen abgeleitet.

So referiere ich zum allgemeinen Kenntnisstand: „Das Vermögen ist die Summe aller geldwerten Güter“. Hilft uns das auch nur einen Schritt weiter? Insbesondere dann, wenn wir auch den (normativ akzeptierten?) *„faktischen Geldwert“* einzelner Vermögensgüter in diese Summe einzustellen haben. Sind denn illegal und sittenwidrig erworbene Güter – wenn es denn für sie einen Markt gibt – auch Vermögensgüter? Reichen wirklich allein die subjektiven Nutzenvorstellungen zweier Marktteilnehmer – wenn sie sich ohne (relevanten?) Irrtum treffen – zur Konkretisierung des Wertes, der dann unser – mit den Mitteln des Strafrechtes zu schützendes – Rechtsgut bestimmt? Es liegt aus meiner Sicht auf der Hand, dass die Legitimation der (wertbildenden) Nutzenvorstellungen in der Gesamtheit unserer (verfassungsgebundenen) Rechtsordnung gefunden werden kann.

IV.

Wir vertrauen also auf die Wertbildung, die Konkretisierung des Wertes unseres Vermögens in Geldeinheiten „am Markt“ und beziehen hierauf die Feststellung der Schuld – regelmäßig den ***Vorsatz*** und die Relevanz etwaiger ***Irrtümer***. Ich will Ihnen die Grenzen derartiger Heuristik an einem Beispiel verdeutlichen: Unter den Teilnehmern erkenne ich meinen lieber Freund und Kollegen, *Folker Bittmann*. Er hat von seiner Tochter eine Krawatte geschenkt bekommen, die er heute stolz trägt. Ich weiß nun, dass *Folker* diese Krawatte natürlich nicht weggeben will. Diese Krawatte ist – was er nicht, ich aber wohl weiß – Teil der „Null-Serie“ des berühmten Krawattendesigners K. Solche Krawatten sind von K nicht zum Verkauf bestimmt, sondern nur ganz nahen Freunden des K zugedacht (und für Eingeweihte auch so gekennzeichnet). Da ich diesen Hintergrund – im Unterschied zu *Folker* – kenne, biete ich ihm heute Abend beim Bier 50 € für seine Krawatte, weil diese mir so gut gefalle. Er weist das Ansinnen sogleich weit von sich. Um es kurz zu machen: Bei 10.000 € schlägt *Folker Bittmann* ein und seine Krawatte hat nun einen Marktwert.

In solchen Zusammenhängen liegt kriminelles Handeln nicht fern – und dies kann man sich sowohl als Betrug und auch als Untreue vorstellen. Bei Täuschung und Missbrauch kommt es darauf an, den Wert der Krawatte festzustellen. Gibt es einen Markt für die (unverkäuflichen) Krawatten der Null-Serie des Designers K? Jedenfalls für diese ganz konkrete Krawatte des *Folker Bittmann* hat sich ein doch ein Markt gebildet – Angebot und Nachfrage haben sich gefunden. Freilich unterlag *Folker* einem Irrtum – aber war dieser rechtlich relevant? Für die Feststellung des Vermögensschadens beim Betrug und/oder für den Vermögensnachteil bei der Untreue (denkbares Modell ist ja auch, dass ich als seinem Vermögen Verpflichteter verfügt habe)? Zurück zum Irrtum: *Folker Bittmann* geht davon aus, dass für seine Krawatte (bestenfalls) ein Markt für gebrauchte Krawatten für Liebhaber (also „unser“ gerade gefundener bzw. kreierter Markt) oder ein „Flohmarkt“ oder schließlich der „Lumpensammler-Markt“ (nach Gewicht: 1 Kilo 50 Cent) besteht.

Macht es *für die objektive Bestimmung des Wertes* eines Gutes einen Unterschied, ob darüber selbsttäuschend oder pflichtwidrig verfügt wird. Einig sind wir nur insofern – und hierauf hat ja *Bittmann* sogleich hingewiesen: Ich bin nicht der Millionär Hans Richter, sondern der Pensionär. Ich war auch nie in der Lage (und schon gar nicht hatte ich die Absicht) den von mir genannten Kaufpreis zu bezahlen. Jetzt erst haben wir eine (relevante – oder sollte ich etwa zur Aufklärung über die versteckte Eigenschaft verpflichtet gewesen sein?) Täuschungshandlung. Hat danach der 5. Strafsenat des

BGH[7] Recht, wenn er einen Vermögensschaden beim Betrug bejaht, weil sich hier – im Unterschied zur Untreue – der Wert des Vermögensgegenstandes durch „intersubjektive Wertbestimmung" konkretisiert habe? Ist dies wirklich der *Wert* des Gegenstandes oder nicht vielmehr sein *Preis* (oder ist danach beides identisch)? Ist die Beeinträchtigung der Preisfindung strafbarer Erfolg des Betruges oder doch die Schädigung des Vermögens (oder ist beides identisch)? Worauf müssen wir also den Vorsatz des Täters belegen?

Ich will die Antwort der Diskussion überlassen – wollte Ihnen aber doch aufzeigen, dass für uns Wirtschafts-Staatsanwälte die *Bestimmung des Marktes* für die objektive und subjektive Beweisführung im Vermögensstrafrecht zentrales Problemfeld ist: Welchen konkreten Ort müssen wir lokalisieren, um schon den Anfangsverdacht zu belegen, der doch zu gravierenden Eingriffen in das Leben der Betroffenen, aber auch in Unternehmen, Arbeitsplätze (und so das Wohl und Wehe ganzer Regionen) führen kann?

V.

Können wir (bei diesem Ausgangspunkt) betriebswirtschaftlichen Sachverstand einsetzen, um ein höheres Maß an ***Bestimmtheit*** oder doch wenigsten an ***Bestimmbarkeit*** im Vermögensstrafrecht zu erlangen? Ich hoffe, es ist nun deutlich geworden, dass es nicht um eine Delegation der Entscheidung über die Definition von Vermögen und/oder dessen (rechtlich relevanter) Beeinträchtigung gehen kann. Hilfe können uns aber Sachkundige bei der Schaffung der Grundlagen unserer Bewertung leisten. Nur auf einem von illegitimen Einflüssen freien Markt können die dort aufeinandertreffenden – ganz subjektiven – Nutzen-Vorstellungen wertbildend wirken. Welche *Mechanismen* an den unterschiedlichsten Märkten *wirken*, können und müssen wir uns – von „einfachen" Märkten abgesehen (und *hier* gilt die eingangs erwähnte Unterscheidung von einfach und schwierig) – von Sachverständigen berichten und erklären lassen. Ob diese dann als „legitim" oder „illegitim" zu bewerten sind, ob ihnen also wertbestimmende Bedeutung zukommen kann, ist keine betriebswirtschaftliche, sondern eine juristische Entscheidung.

Ich will dies am „Zentral-Modell" eines Marktes, an der *Börse*, verdeutlichen. Wir haben es bereits gestern im Zusammenhang mit dem Insiderstrafrecht diskutiert: Die jeweils ganz individuellen *subjektiven Nutzenerwartungen* und damit einhergehenden Wertzuschreibungen der Marktteilnehmer erfahren dann

---

7 BGH B. v. 20.3.2013 – 5 StR 344/12 (Berliner Rundfunkgelände), NZWiSt 2015, 192 ff. m. krit. (aber zutreffender) Anm. *Chr. Dannecker*, 173 ff., 175 ff., auch *Albrecht*, NStZ 2014, 17 ff.

eine *Objektivierung*, wenn sie sich aufgrund der Regularien dieses Handels in Übereinstimmung treffen. Es ist also die *rechtliche Akzeptanz* der Regularien, die dem Zusammentreffen von (individuellem) Angebot und Nachfrage die Objektivierung und damit die rechtliche Grundlage zur Bestimmung des Vermögenswertes gibt. Diese ***objektivierten Nutzenerwartungen*** gehen somit – auch wenn es nur diejenigen zweier Beteiligter, aber eben doch mindestens zweier „Marktteilnehmer" sind – über die individuelle, subjektive Wertschätzung hinaus.

Wenn ich nunmehr auf die oben zitierte Entscheidung des 5. Strafsenats[8] zurückkomme, bleibt ein Dissens: Die Entscheidung spricht von *„inter-subjektiven Vorstellungen"* und nicht von der Notwendigkeit ihrer Objektivierung. Der (Vermögens-)Wert werde durch diese „bis zur Grenze von Sittenwidrigkeit und Wucher" bestimmt. Selbst einem „betrügerischen Angebot" komme eine solche Gestaltungsmacht zu.[9] Nach meiner Meinung verlassen wir damit das Schutzgut Vermögen und bewegen uns hin zur Dispositionsbefugnis – das Strafrecht verliert dann nicht nur den Vermögensbezug, sondern auch alle (notwendigen!) Konturen.

Wenn sich nun aber kein Markt bildet, weil sich Angebot nicht zur Nachfrage findet oder weil niemand mit diesem Gegenstand auf einen Markt geht, dann ist auch dies – jedenfalls zunächst – kein Fall für den Sachverständigen. Was könnte uns denn der Sachverständige sagen? Welcher Preis sich am „hypothetischen Markt" bilden würde? Etwa bei Anwendung der „guten und anerkannten Grundsätze der Kreditgewährung" zur Bestimmung des Wertes einer Forderung? Werden ihm solche (normativen!) Vorgaben – etwa im Hinblick auf das Bonitätserfordernis – gemacht, bleibt dem Sachverständigen nur die – rein tatsächliche – Feststellung, ob es außerhalb dieser Wertung einen Markt für das Produkt gibt und wenn ja, welche Preise dort vereinbart werden. Dem muss wiederum die (normative) Feststellung folgen, ob dieser Markt anerkannt wird.

Wir haben, Herr *Schünemann*, Sie erinnern sich sicher an Ihr Engagement auf diesem Gebiet, (auch) in Stuttgart Strafverfahren im Zusammenhang mit dem (angeblichen) „Handel mit Bankgarantien" geführt. Sachverständige Betriebswirte haben uns damals bekundet: „Einen Markt für den Handel von Bankgarantien gibt es nicht". Tatsächlich gab und gibt es einen solchen Markt: Internationale Großbanken handeln mit gegenseitigen Versprechungen („Kreditgarantien"). Auch außerhalb dieses Kreises gab es einen Handel mit diesen angeblichen „Bankgarantien" – die Betrüger handelten untereinander mit in

8 Fn. 7.
9 Unter Bezug auf BVerfG, a.a.O. (Fn. 3).

Wahrheit nicht existierenden „Garantien". Mithin stellte sich die Frage, ob ein in diesem (illegalen) Handel realisierbarer Wert bei der Errechnung des Vermögensschadens berücksichtigt werden muss. Wäre dafür die Wahrscheinlichkeit des Rückflusses von Geld aus diesem kriminellen Handel maßgebend? Die Staatsanwaltschaft Stuttgart ist in diesen Fällen davon ausgegangen, dass die Wahrscheinlichkeit eines Rückflusses aus einem solchen kriminellen Markt unbeachtlich ist. Haben wir das Vermögensstrafrecht damit verlassen? Ist die Feststellung normativ oder „rein wirtschaftlich"? Sprechen wir nicht den möglichen Rückflüssen bei Schneeball-Systemen (mit dem Argument, diese seien „dem Zufall überlassen") einen monetären Wert ab, obwohl wir wissen, dass (allerdings nur in der „Anflut-Phase") regelmäßig Zins- und Rückzahlung geleistet wird? Ist diese Argumentation „rein wirtschaftlich" oder doch nur ein Taschenspielertrick zur Vermeidung der Beweisschwierigkeiten bei der Bestimmung der „Anflut-Phase"? In Wahrheit treffen wir in diesen Fällen eine normative Entscheidung – und das ist gut so!

Zu Recht weist mich Herr *Kempf* darauf hin, meine sehr verehrten Damen und Herren, dass auch meine Zeit beschränkt ist. Dennoch will ich für unsere Diskussion noch die Behandlung der Kreditverbriefungen unserer Landesbank in Stuttgart ansprechen. Die Staatsanwaltschaft Stuttgart musste zwar die Frage nicht beantworten, ob der Bank mit diesen Geschäften tatsächlich ein Vermögensschaden entstanden ist, weil sie schon keine Pflichtwidrigkeit (unter Anwendung der weiten Grenzen der zulässigen Risiken) durch die Bank-Verantwortlichen feststellen konnte. Ebenso haben wir die Derivate-Politik der Porsche SE geprüft. Auch in diesem Fall wäre der Wert solcher „cash-gesettelten Optionen" (zum Handlungszeitpunkt bei Pflichtwidrigkeit!) festzustellen gewesen (wäre denn Anschaffung/Halten pflichtwidrig gewesen). Zur Handlungszeit der Verantwortlichen der LBBW und Porsche war aber nicht festzustellen, dass diese außerhalb der ihnen vom jeweiligen Treugeber gesetzten Grenzen des Risikos gehandelt haben. Auch nicht, dass es sich nicht um unternehmerische Entscheidungen gehandelt hat (etwa, weil ein Interesse an hohen und höchsten Boni diese überlagert hat). Ob wir die Frage des Vermögensnachteils – und dann auch den hierauf bezogenen Vorsatz – in diesen Fällen hätten befriedigend beantworten können, bleibt so offen. Erfahrungen meiner Kollegen im ganzen Bundesgebiet, vor allem in Sachsen und in Hamburg, sprechen ja eher dagegen.

Ich will dennoch zu einer Antwort ansetzen: Zunächst fühlten wir uns bei der objektiven Wertbestimmung in gesicherten Bahnen – gab es doch jeweils Tagespreise für die verbrieften Forderungen, für Derivate auf Aktien usw. Die aber schon hier bestehenden Unsicherheiten belegt etwa das Beispiel des Goldpreises, der ja täglich „festgesetzt" wird. Im Handbuch für Wirtschaftsstrafrecht bei *Müller-Gugenberger* können sie nachlesen[10]: Zunächst ist der konkrete Markt – für Gold/Wertpapiere/Forderungen usw. – zu bestimmen. Ankaufs-/Verkaufsmarkt, der Markt zwischen Verwandten und Freunden? (Dieses Beispiel belegt übrigens auch, dass eine Unterscheidung der Wertbestimmung von Vermögensgegenständen bei Betrug und Untreue gar nicht möglich ist, weil sich die tatsächlichen Gegebenheiten überschneiden.)

Nehmen wir nun die ***subjektive Tatseite*** in den Blick, drängt sich der Satz nahezu auf: Können wir das Vermögen schon nicht bestimmen, dann können wir erst Recht einen Vorsatz auf dessen Minderung nicht bestimmen. Und außerdem – machen wir uns bei der Untreue nicht einer „Verschleifung" schuldig, wenn wir den relevanten Markt zur Wertbestimmung aus Sicht der ordnungsgemäßen Pflichterfüllung bestimmen? Und erst recht, wenn wir den kognitiven Teil des Vorsatzes auf den Vermögensnachteil daraus ableiten, dass der Täter pflichtwidrig einen falschen Markt auswählt? Endgültig wird die (vorsätzlich) pflichtwidrige und objektiv vermögensmindernde Handlung des Treuepflichtigen dem Untreuestrafrecht entzogen, wenn im voluntativen Bereich des Vorsatzes nicht die Akzeptanz der (wenn auch unerwünschten) Wertminderung, abgeleitet aus Kenntnis der Wahrscheinlichkeit des Eintritts von Risiken (wegen der Hoffnung auf den Eintritt von Chancen) ausreichen soll, sondern der Nachweis des „Wollens der Vermögensminderung" gefordert wird. Was bleibt, wäre dann Untreue durch den Kassenführer beim „Griff in die Kasse" – so aber handeln Manager in dieser realen Welt nach meiner Erfahrung nie. Treuwidrige lagern diese (z.B. Betriebsteile in eine selbstständige Tochtergesellschaft) aus und verlangen dann für die Leistungen dieser Unternehmen Preise, die über den vormals entstandenen Kosten der Betriebsteile liegen. Aber will dieser Pflichtige das Vermögen seines Unternehmens schädigen oder nicht vielmehr eine Gestaltung wählen, die zwar langfristig teurer, aber deswegen nützlich ist, weil dieses Unternehmen beim „Gang an die Börse" Liquidität (und boni-erhöhende kurzfristige Gewinne) ermöglicht? Und schafft uns – bei Krisenbefangenheit, also im Bankrottstrafrecht, – die Masseminderung (beim „Beiseite-Schaffen") nicht ganz genau dieselben Probleme? Oder wollen wir die Masseminderung (objektiv und/oder subjektiv) anders definieren (und/oder beweisen) wie den Vermögensnachteil?

Notwendig ist demnach eine normativ bestimmte, nachvollziehbare und für die Teile des Vermögensstrafrecht (Betrug/Untreue/Bankrott) einheitliche Wertbestimmung der Vermögensgegenstände. Hierauf bezogen ist dann auch der Vorsatz nachweisbar, der das In-Kauf-Nehmen des Risikoeintritts ausreichen

10 *Hadamitzky*, in: Müller-Gugenberger, a.a.O. (Fn. 1), § 32 Rn. 191 f.

lässt. Würden wir etwa bei Tötungsdelikten dieselben Anforderungen an das voluntative Element des Vorsatzes (wie das Wollen der Vermögensminderung) stellen – die freie Entscheidung für das Böse *und* das Wollen des Todes – könnten wir dieses Deliktsfeld dann noch angemessen ahnden?

Wenn die Strafverfolgung Rechtsgut-Eingriffe nicht mehr angemessen ahnden kann – und das soll nun die Überleitung in die folgenden Teile des heutigen Vormittags sein – wird der Gesetzgeber eine Konkretisierung vornehmen. Und er nimmt sie ja auch schon laufend vor: Er koppelt das Strafrecht vom Vermögen ab und stellt stattdessen Handlungsunrecht ohne Bezug (oder doch jedenfalls den Nachweis) auf Vermögensminderung unter Strafe. Derartige (schlichte) Handlungen sind dann objektiv und subjektiv bestimm- und beweisbar. So besteht aber die reale Gefahr, dass Kriminal-Strafrecht in den Bereich des Verwaltungsunrechtes ausgedehnt wird. Kriminalstrafe insgesamt verliert dann ihren ethischen Gehalt und damit ihre Steuerungs- und Befriedungsfunktion!

Ich danke Ihnen für Ihre Geduld und Aufmerksamkeit.

Diskussion

Klaus Volk

Ganz am Ende, Herr Bung, haben Sie ja in gewisser Weise den Bogen wieder zurück zu Herrn Weigend geschlossen, gezogen. Die einzige Frage, die ich hätte, werde ich jetzt mal los und dann moderiere ich nur noch. Ist – um den Gedanken von Herrn Weigend aufzugreifen, – vielleicht nicht den Gedanken von Herrn Weigend, er hat darüber berichtet, dass im anglo-amerikanischen Recht die Erkundigungspflichten umso höher sind, je näher man mit der speziellen Materie betraut ist. Ich will es mal so sagen: Keiner von uns muss wissen, was im Altölbeseitigungsgesetz steht, es sei denn, er betreibt eine Tankstelle. Die Marktordnungsgesetze haben ja sieben- bis zehnfache Verweisungsstufen im europäischen Raum. Die Frage also ist: Kann man diesen Gedanken verbinden und sagen: Es ist mehr Verweisung zumutbar dem Rechtsadressaten, je spezifischer die Materie ist und je mehr sich einer mit dieser Materie vertraut machen muss? Jetzt erwarte ich keine Antwort, aber irgendwann im Laufe der Diskussion.

Rainer Hamm

Herr Bung, in Ihren Beispielen für verschiedene Verweisungstypen oder gesetzlicher Verweisungsketten habe ich, wenn ich richtig hingehört habe, eine vermisst, die mir immer am meisten Schwierigkeiten bereitet. Das ist die Strafnorm, die mit einem schlichten deutschen Begriff arbeitet, z.B. dem Begriff „unrichtig“ in den §§ 331 HGB, 20a WPHG, wenn es um die Strafbewehrung der unrichtigen Bilanzen oder sonstiger Zahlenwerke international aufgestellter Kapitalgesellschaften geht. Wenn dann die Straftatbestände als Blankettnormen nicht etwa nur auf andere deutsche Gesetze verweisen, auch nicht nur auf andere internationale gesetzesgleiche Normen, sondern auch auf Regelwerke, die nach unseren Begriffen gar keinen Gesetzescharakter haben, nicht parlamentarisch verabschiedet sind, sondern private Vereinbarungen auflisten, z.B. im anglo-amerikanischen Bereich die dort geltenden Rechnungslegungsmethoden US-GAAP und IRFS. Sie müssen ja mitunter auch in Deutschland angewendet werden, z.B. wenn die Aktien der betreffenden Gesellschaft auch in USA gelistet sind. Dort habe ich nicht nur ein Problem mit der Bestimmtheit, sondern auch mit der – nach Art. 103 Abs. 2 GG ihr eng verwandten – Gesetzlichkeit. Wie halten wir es damit und was halten Sie davon, wenn jemand bestraft werden soll, weil er gegen Regeln verstoßen hat, die nach unseren Begriffen gar nicht Gesetze sind und die in sich noch so viele Weiterverweisungen haben, dass sie auch alle Merkmals der Unbestimmtheit, über die wir heute sprechen, erfüllen?

Klaus Volk
Vielen Dank. Übrigens eine Ausprägung meiner Frage. Niemand soll stehlen, aber nur wenige müssen bilanzieren. Kann man von denen mehr verlangen?

Jochen Bung
Ich habe auf keinen Fall Vollständigkeit beansprucht – ich habe einen Überblick über verschiedene Taxonomien zu geben versucht – Ihre Konstellation gehört natürlich dazu. Ich habe sie ein bisschen ausgeschlossen, indem ich gesagt habe, die Problematik des transnationalen Rechts, zu dem ja auch dieser Privatisierungsaspekt gehört, der Umstand, dass private Regelungsregimes eben wesentlich da implementiert sind, lasse ich jetzt einfach mal außen vor. Strukturell aber ist es letztlich dasselbe Problem, wenn auch sozusagen vom Normanwender noch weiter entfernt, wie wenn Gerichte etwa Regeln statuieren, beispielsweise in Form von Promille-Grenzen, die über die Fahruntüchtigkeit entscheiden. Es ist letztlich dasselbe Problem – methodisch. Nur noch etwas weiter weg von dem Normanwender oder der Normanwenderin.

Bernd Schünemann
Ich wollte mich nicht schon wieder zu Wort melden, aber im Moment ist die Diskussion gerade so am Plätschern. Deswegen wage ich es, Herr Bung, mich auf das Wittgenstein'sche Glatteis mit Ihnen zu begeben, weil mir zwei Dinge bei Ihnen noch etwas der Nachfrage wert erscheinen. Ich habe zwar Wittgenstein vor über 40 Jahren gelesen, da waren viele hier noch gar nicht geboren, aber ich glaube mich zu erinnern, in den Beispielen der Wegweiser hat er auch gesagt: Warum zeigt ein Pfeil eigentlich nach vorne und nicht nach hinten? Das müsste ziemlich dicht bei Ihren Zitaten stehen. Nun glaube ich, das Problem gelöst zu haben. Ich habe nämlich mal versucht, einen Pfeil verkehrt herum auf den Bogen zu setzen und zu schießen. Und natürlich ist der Pfeil, weil die Feder jetzt gegen die Luft stand, sofort zu Boden gefallen, d.h. den Pfeil als ein Kommunikationsmedium, als Bedeutungsträger, haben wir natürlich ontologisch entwickelt, wir haben ihn im Grunde aus der Physik genommen. Also die Alltagserfahrung, dass Pfeile, die man gegen die Federrichtung schießt, selten das Wild treffen, haben den Steinzeitmenschen dazu bewegt, den Pfeil als dahin zeigend zu sehen. Das sehe ich eben als eine ontologische Fundamentierung der Umgangssprache. Dort wo die Umgangssprache in diesem Sinn ontologisch verankert ist, glaube ich, ist sie auch klar. Die Unbestimmtheit ist ja bekanntlich ein steigerungsfähiger (quantitativer) Begriff. Es gibt aber Dinge, bei denen ist die Unbestimmtheit quasi gleich null. Deshalb würde ich die Wittgenstein'sche Argumentation in dieser Radikalität, das sozusagen alles relativ ist, nicht akzeptieren.

Wo ich auch Bedenken habe: Wenn ich das richtig aufgefasst habe, haben sie gesagt: „Wenn die Verweisung zu unübersichtlich ist, ist das unbestimmt." Ich würde behaupten, zwischen Unübersichtlichkeit und Unbestimmtheit ist ein entscheidender Unterschied: Die Unübersichtlichkeit war früher dadurch gekennzeichnet, dass wir nur fünf Finger jedenfalls an einer Hand haben. Und wenn ich ein Gesetzbuch wälzte und sah § 21, schiebe ich den Zeigefinger rein, der verweist auf § 17, schiebe ich den Mittelfinger rein, ab dem fünften Finger hatte ich keine mehr. Da wurde es unübersichtlich. Heute können wir doch locker im Computer mit copy und paste arbeiten – dann wird das zwar sehr lang, diese Norm, die ist vielleicht drei Seiten lang im Computer, aber an sich – es sei denn ihre Termini wären unbestimmt, was ein anderes Problem ist – liefert die Verweisungstechnik als solche ein ganz eindeutiges Ergebnis. Deshalb würde ich sagen: Unübersichtlich ist nicht unbestimmt.

Klaus Volk
Mit dem Pfeil habe ich so meine Bedenken. Das kommt darauf an, wie man ihn anschaut. Wenn man ihn durch eine dicke Flasche anschaut, weist er in die andere Richtung.

Cornelius Prittwitz
Mein Beitrag passt, glaube ich, insofern ganz gut dazu, weil auch mir im Nachhinein scheint, dass die Frage, ob die Verweisungstechnik grundsätzlich etwas mit Bestimmtheit oder Unbestimmtheit zu tun hat, nicht so klar zu beantworten ist, wie wir es in der Tagungsplanung gedacht haben. Bevor ich aber zur Selbstkritik ansetze, möchte ich doch lieber darauf bestehen, dass Verweisungstechnik und Unbestimmtheit sehr wohl etwas miteinander zu tun. Ausgangspunkt ist: Verweisung ist nicht gleich Verweisung! Es geht bei der Kritik an der Verweisungstechnik nicht nur um Unübersichtlichkeit, sondern es geht auch um die Möglichkeit, durch Verweisungen „Nebel zu werfen". Es gibt unterschiedliche Techniken der Verweisung, und es gibt unterschiedliche Motive zu verweisen. Am Beispiel: Viele lateinamerikanische Rechtsordnungen zeichnen sich dadurch aus, dass sie vollständig bestimmt sind, aber bi zur Unleserlichkeit lang und kompliziert, weil sie nicht verweisen, sondern alles überall nochmal schreiben. Eine Verweisungstechnik, die diesen epischen Gesetzestexten begegnet, indem sie sagt: „Das haben wir doch dort schon geschrieben, da verweise ich darauf" betrachte ich nicht als Problem der Bestimmtheit. Wenn es aber so ist, dass ich eben von A nach Z, von Z nach X, von X nach O verweise, so dass man am Ende – es kommt dann tatsächlich sehr auf den Normadressaten an – vernünftigerweise entweder nichts erfährt oder sich damit begnügt mit einem alltagstauglichen „ja, es wird schon so oder so sein!", dann ist ein Element von

Unbestimmtheit durch die Verweisung kaum zu leugnen. Natürlich kann man dann – in einem sehr pragmatischen Zugang – sagen: Kommt drauf an, wer die Normadressaten sind, ob wir jemanden haben, der sich sein kleines Handbuch persönlich zurecht zimmert, aus fünf Verweisungen macht er eine für ihn relevante Regel. Das wäre für mich wiederum kein Problem der Unbestimmtheit. Ich habe aber den Verdacht, dass es Verweisungsregeln gibt, die darauf aus sind, durch Verweisung klar zu wirken, in Wirklichkeit aber unklar zu bleiben. Eine solche Differenzierung zwischen verschiedenen Verweisungen wäre vorzunehmen, ob sie gelänge, vermag ich hic et nunc nicht abzuschätzen.

Klaus Volk
Das machen wir alle. Bei jedem Update musst Du irgendwann anklicken, dass Du die AGBs gelesen hast und man klickt an, ohne zu gucken, ob es 69 oder 169 Seiten wären.

Lorenz Schulz
Mich hätte der Vorschlag für eine neue Irrtumsregelung noch mehr interessiert. Aber hier, mangels Zeit dafür, zum Stichwort Zeit und seiner Bedeutung für den Irrtum. Lothar Kuhlen, der neben mir sitzt, hat seiner Habilitationsschrift dargetan, dass der außerstrafrechtliche Irrtum gewissermaßen nach § 16 StGB zu behandeln ist. Das ist lange her. [Zwischenbemerkung Klaus Volk: „Man kann es auch bis aufs Reichsgericht zurückführen. – Herr Kuhlen, er meint das Reichsgericht“]. Ja. Ich hatte ihn einmal gefragt, was man denn aus dem Vorschlag der Schrift machen könnte, dass man den Irrtum nach § 16 StGB an den Zeitfaktor knüpft. Also: Je dynamischer es zugeht, desto mehr § 16 StGB. Das ist lange her, hast Du geantwortet. [Zwischenbemerkung Lothar Kuhlen: Das ist lange her, dass ich das gesagt habe]. Dann: Ich finde, wenn man das Beispiel der Promille-Grenze nimmt, dass das Verfassungsgericht 2010 es im Grunde richtig gemacht hat, zu sagen: Wir verschmelzen das Bestimmtheitsgebot und das Analogieverbot im Präzisierungsgebot und das gilt sowohl für den Gesetzgeber wie für die Rechtsprechung. Also: Auch die Rechtsprechung hat zu präzisieren, mit dem Effekt, dass eine überraschende Rechtsprechung dem Beschuldigten oder dem Einzelnen zu Gute kommt, dass das Rückwirkungsverbot eben auch auf die Rechtsprechung zu erstrecken ist. Das finde ich richtig. Jetzt zur Frage der Irrtumsregelung. Ich weiß nicht so ganz, warum wir eine neue Regelung brauchen. Ich verstehe auch nicht, warum die Unterscheidung von § 16 und § 17 StGB normativ unplausibel ist. Ursprünglich zielt der § 16 StGB auf das Tatsächliche und der § 17 StGB auf die Rechtskenntnis. „Dummheit schützt vor Strafe nicht“ meint den § 17 StGB. Das Gegenteil ist bei § 16 StGB er Fall. Der § 16 StGB ist das Privileg der Ignoranz. Das ist natürlich oft anstößig, aber die Rechtspre-

chung verzeiht das bei deskriptiven Merkmalen und Dergleichen. Zum Schwur kommt es bei den normativen Tatbestandsmerkmalen. Sie bestehen ja zum Wenigsten aus deskriptiven Merkmalen und in der Hauptsache aus rechtlichen Wertungen – in Gestalt von Rechtsprechung, Bescheiden u.a.. Die Frage ist, ob man diese Wertungen in den § 16 StGB integrieren kann. Dann würde die Rechtsunsicherheit nicht mehr zu Lasten des Einzelnen gehen, wie es die Rechtsprechung gerne praktiziert, indem die Wertungen im § 17 StGB verortet werden und dort die Unkenntnis mir als Bürger aufgelastet wird. Vielleicht mit einem Strafabschlag wegen rechtlicher Komplexität. Weil im Vortrag Searl genannt wurde: Wäre es für Dich eine befriedigende Lösung, die Tatsächlichkeit in § 16 StGB neben den natürlichen Tatsachen auch auf die institutionellen zu erstrecken?

Lothar Kuhlen
Ich wollte zwei Dinge sagen. Zum einen zum Referat von Herrn Weigend. Ich habe viel gelernt, wie üblich und nicht anders zu erwarten. Interessant fand ich, dass Sie sagen: Die beiden Fälle, die Sie uns vorgestellt haben – viel mehr scheint es nicht zu geben, wo Gesetze wegen fehlender Bestimmtheit kassiert wurden – waren auch materiell anstößig. Das deckt sich mit unserer Erfahrung. Die einzige wirklich nennenswerte Kassierung eines Gesetzes wegen fehlender Bestimmtheit – die man in der Begründung sehr anfechten konnte – hat ja die Vermögensstrafe betroffen (§ 43a StGB). Das war – selbst wenn man, wie ich, die Vorschrift für ausreichend bestimmt hielt – in der Sache deshalb gerechtfertigt, weil es sich um eine durch und durch verlogene Regelung handelte. Die war also auch materiell anstößig.

Die zweite, ganz kurze Bemerkung zu Herrn Bung. Ich möchte immerhin sagen, dass ich Ihre Bedeutungstheorie – falsch kann man bei solchen Fragen nicht sagen – aber melodramatisch übersteigert finde und dass Sie mit der juristischen Erfahrung meines Erachtens wenig zu tun hat. Es ist doch ein alltäglicher Bestandteil der juristischen Erfahrung – und jedenfalls jemand, der Aufsätze schreibt zur Präzisierung des Rechts, lebt davon – dass unsere Sätze einen gewissen Gehalt haben. Wenn dann einer sagt: Das ist alles unbestimmt und bevor es interpretiert wird, sind das alles nur leere Zeichen, fällt es mir schwer, das ernst zu nehmen.

Jochen Bung
Das war jetzt eine ganze Reihe. Das kann ich alles gar nicht kommentieren. Was Herr Schünemann gesagt hat: Absolut einverstanden. Wenn wir von dem Beispiel der auf den Boden gemalten Pfeile aber dann weggehen in die Verweisung, um die es natürlich im Wirtschaftsstrafrecht geht, dann werden durch das

Phänomen der Intertextualität komplexere Verweisungsstrukturen erzeugt. Insofern: Kritik an Wittgenstein d'accord bis zu einem gewissen Punkt, aber angewendet auf Verhältnisse von Texten untereinander, glaube ich, gilt das schon noch, wobei ich ja gesagt habe: Das kann besser und schlechter gelöst werden. Ich habe ja nicht gesagt, dass es grundsätzlich nicht gelöst werden kann. Soviel auch zu Herrn Kuhlen. Ich dramatisiere überhaupt nichts und melodramatisiere überhaupt nicht. Die Überlegung war nur: Ausschließung einer methodisch nicht vertretbaren oder naiven Konzeption von Bestimmtheit. Feststellung, dass ein bestimmtes Maß an Unbestimmtheit, insbesondere wie es in Form der wirtschaftsstrafrechtlichen Verweisungstechnik besteht, etwas mit Gewaltenteilung zu tun hat und dass es nicht über den Weg irgendwie mit „noch mehr Bestimmtheit" gelöst werden kann, sondern über – möglicherweise – eine Veränderung der Irrtumsregeln. Also letztlich durch praktische Konkordanz von nulla poena sine lege und nulla poena sine culpa. Mehr habe ich nicht gesagt.

Thomas Weigend
Ich möchte eine kurze Bemerkung zur Frage des Irrtums machen und damit zum zweiten Aspekt der Diskussion überleiten. Im anglo-amerikanischen Bereich gilt immer noch der Satz „error juris nocet", d.h. der Verbotsirrtum hat keine strafbefreiende Wirkung. Das geht auf die alte Vorstellung zurück, dass die moralischen Gebote für jedermann einsichtig sind und dass man deshalb nicht plausibel behaupten kann, man habe nicht gewusst, dass man z.B. nicht töten oder stehlen dürfe. Allerdings wird diese Erwägung in den common-law-Ländern auch auf die neuen Arten von Straftabeständen übertragen, die nicht jedermann so leicht zugänglich sind. Das führt zu der Frage zurück, die Herr Volk aufgeworfen hat: Wenn man einen Verbotsirrtum als strafausschließend anerkennt, sollte man dann unterschiedliche Maßstäbe aufstellen für die Erkenntnis von leicht und schwer zugänglichen Normen? Sollte man etwa unterschiedliche Anforderungen an den Irrtum im Sinne des § 17 StGB stellen, je nachdem, ob es sich um Haupt- oder Nebenstrafrecht handelt? Dagegen kann man sagen: Wer sich in einem bestimmten Bereich betätigt, also etwa bei der Altölbeseitigung oder bei der Kleintierzucht, der ist auch dafür verantwortlich, sich in diesem Bereich auszukennen. Nur muss man sehen, dass sich da nicht immer Juristen betätigen. Dennoch kann man eine Verpflichtung zu intensiver Nachforschung über die Rechtslage in dem spezialisierten Bereich annehmen, und zwar aus zwei Gründen: Erstens, der Betroffene braucht in der Regel nicht ad hoc zu entscheiden, sondern hat Zeit für Recherche; zweitens, wer sich wirtschaftlich in der Hoffnung auf Gewinn betätigt, muss auch die notwendigen Kosten investieren. Und zu diesen Kosten gehört es, dass man sich notfalls mit Hilfe von Juristen darüber informieren muss, was die rechtlichen Voraussetzun-

gen für die Eröffnung und Ausübung des jeweiligen Gewerbes sind. Das sind im wirtschaftlichen Bereich keine unfairen Anforderungen; man kann also letztlich für Laien und juristische Spezialisten doch dieselben Maßstäbe für eine sorgfältige Ermittlung der Rechtslage aufstellen.

Klaus Volk
Nur eine kleine Anmerkung dazu. Ein wenig beachteter Aspekt, denke ich, der Revisionsentscheidung des BGH in dem Mannesmann-Fall ist gewesen, dass in der Revision die Irrtumsproblematik aufgeworfen worden war und es ging konkret darum, dass behauptet wurde, der Vorsatz der Pflichtwidrigkeit bei der Untreue ist deshalb entfallen, weil die Angeklagten sich die über die Angemessenheit von Prämien und Sonderbezügen usw. erkundigt hatten – das Ausmaß der Pflichten will ich jetzt mal völlig dahingestellt sein lassen, es geht nur um die Konstruktion: Vorsatz bezogen auf das normative Merkmal Pflichtwidrigkeit, das wiederum verweist auf die Angemessenheit im Aktienrecht. Ich dachte, das müsste man entscheiden können. Aber der BGH, der aus anderen Gründen die Entscheidung des LG aufgehoben hat, hat dazu gesagt: Das können wir nicht generell sagen, ob das ein Tatbestandsirrtum oder ein Verbotsirrtum sei. Das hinge vom Einzelfall ab. Ich habe es bis heute nicht verstanden.

Marco Mansdörfer
Ich möchte zu der Diskussion einen Fall beisteuern, der in die Rechtsvergleichung geht und Lösungsmöglichkeiten aufzeigt, die der EuGH jedenfalls in Teilbereichen angeht: Wir haben in § 284 StGB, das strafrechtliche Verbot des unerlaubten Glücksspiels und wir haben in Art. 56 AEUV die Dienstleistungsfreiheit. Jetzt ist im Bereich des Glücksspiels und den Internetwetten hoch umstritten, was erlaubt ist und ob nationale Regelungen, wie im Glücksspielstaatsvertrag, europarechtlich rechtmäßig sind oder nicht. Auf europäischem Feld haben wir hierzu eine Rechtsprechung die 1999 mit dem Fall Zenatti (Rs. C-67/98) anfängt und sich zuletzt in dem Vorlagefall Ince (Rs. C-336/14) weiter aktualisiert. Der EuGH hat in der Vergangenheit in mindestens zwei Entscheidungen – Placanica (C-338/04) und Stoß (Rs. C 316/07) – zu folgender Praxis tendiert: Wenn die Rechtslage so unklar ist, dass man nicht weiß, was man darf oder nicht (also das Recht oder Unrecht nicht erkennbar ist), dann dürfen nationale Strafnormen nicht angewendet werden. Ich nehme daraus ein klares Votum des EuGH für den Grundsatz in dubio pro libertate und meine, gerade im Wirtschaftsstrafrecht wäre das eine Lösung, die man auch für Irrtumsfragen in anderen Bereichen anstreben könnte.

Cornelius Prittwitz
Ich kann da meinen Vorredner anschließen, weil auch ich auf den Rechtsvergleich und auf das, was Thomas Weigend vorgetragen hat, eingehen wollte und zwar auf seine Bemerkung, dass die englischen Richter insofern weniger zimperlich sind und das für das „Risiko des Normadressaten" halten. Wenn etwas unsicher ist, dann soll er sich eben erkundigen oder das Risiko eingehen, aber nicht hinterher sich herausreden mit dem Satz: „Ich war mir ja nicht ganz sicher." Das sind unterschiedliche Traditionen, die erst einmal überraschen, weil wir eher in der Tradition aufgewachsen sind, dass solche Unsicherheiten nicht zu Lasten des einzelnen Akteurs gehen. Aber die „englische" Haltung dazu ist ja interessant und nicht von vorneherein unplausibel in einer Welt der Ehrbaren, die sagen: „Ob das wohl erlaubt ist?" Und die Furchtsamen werden sagen: „Wahrscheinlich ist es nicht erlaubt. Ich mache es nicht." Die Vorsichtigen werden sagen: „Ich erkundige mich mal." Wie nennen wir den, der sagt: „Ich frage lieber nicht. Am Ende bekomme ich ein „Nein" und ich darf es nicht machen"? Jetzt die Verbindung zum Wirtschaftsstrafrecht oder zur Wirtschaftswelt. Wir hatten ja überlegt, was sind die unterschiedlichen Vorstellungen, die Wahrnehmungen? Was sind die Modelle? Wie soll man sich verhalten? Wenn ich es richtige sehe – und leider ist Herr von Weizsäcker nicht mehr da – gilt das Bild des ehrbaren Kaufmanns nicht mehr, sondern es gilt das Bild desjenigen, der sich wegen Untreue strafbar macht, wenn er nicht bis zur Grenze der Illegalität, aber diese Grenze nicht überschreitend das für sich Nützliche tut. Wenn wir ihm aber auferlegen, sich entweder zu erkundigen oder das Risiko einzugehen, dann ändert sich unser Anforderungsprofil an die Akteure: einerseits bezüglich der Traditionen, was man machen muss, wenn man sich ehrbar verhalten will. Andererseits bezüglich der Strafbarkeitsrisiken: Von daher könnte es wirklich nochmal ein spezifisches Problem der Unbestimmtheit geben, weil hier und heute wohl die meisten privaten Akteure eher vorsichtig bis furchtsam sind und sich fragen, ob sie etwas machen, was möglicherweise verboten ist. Es kommt mir so vor, als ob diese Maxime in der Welt der Wirtschaft nicht gleichermaßen gilt – aber vielleicht weiß ich zu wenig von der Welt der Wirtschaft.

Klaus Volk
Was die weitere Frage aufwirft, wie unsere Begriffsbestimmung des bestimmten Vorsatzes mit skrupulösen Menschen umgeht.

Thomas Rönnau
Ich habe nur zwei kleine Fragen, die richten sich auch an Herrn Bung. Zunächst das Stichwort: Leitentscheidung des BGH zur Limited. Die kennen Sie wahrscheinlich. Es geht um einen Untreue-Fall und darin um die Frage, ob man in

den deutschen Untreuetatbestand englisches Gesellschaftsrecht hineinlesen darf und muss. Das hängt nach vorherrschender Untreuedogmatik von der Frage ab, ob die erforderliche Pflichtwidrigkeit als normatives Tatbestandsmerkmal oder als Blankett-Merkmal einzustufen ist. Dazu würde mich einmal Ihre Meinung interessieren, vor allem, ob das Begriffspaar „normativ" oder „blankett" die unterschiedlichen Lösungen trägt, die hier diskutiert werden.

Zweiter Punkt. Wiederum nur ein Stichwort: Appell-Funktion des Tatbestandsvorsatzes, also der Gedanke, dass aus der einem Tatbestand zuzuordnenden Kenntnis der Tatumstände die Aufforderung zu besonders sorgfältiger Prüfung des Sachverhaltes ausgeht und dieser Appell bei den blassen nebenstrafrechtlichen Normen kaum ausgelöst wird. Sie haben Ihre Lösung ja nur angedeutet. Spielt dieser Deutungsansatz noch irgendeine Rolle in Ihrem Modell der Irrtumslösung?

Jochen Bung
Ich habe das Modell ja jetzt nicht vollständig vorstellen können. Da müsste ich jetzt wahrscheinlich wirklich auch zu weit ausholen, um das jetzt noch nachzuholen, was die Zeit einfach nicht mehr hergibt. Auch mit Blick auf die anderen Beiträge, die diese Irrtumsfragen betrafen. Es gibt verschiedene Ansätze, wobei man die Lösung natürlich dann im Tatbestandsirrtum suchen kann, wenn man den allgemeinen Gedanken richtig findet, dass Irrtümer grundsätzlich eigentlich nur Fahrlässigkeitsfragen aufwerfen. Es gibt keinen vorsätzlichen Irrtum. Das ist ein ganz entscheidender Punkt. Wenn wir vom geltenden deutschen Irrtumsstrafrecht ausgehen. (Zwischenfrage: Wie ist das gemeint, es gibt keinen vorsätzlichen Irrtum?) Man kann sich nicht vorsätzlich irren. Ich kann jetzt nicht beschließen, dass ich mich irre. Das ist nicht möglich. (Zwischenbemerkung: Der Verbotsirrtum ist eigentlich ein Fahrlässigkeitsfall.) Genau. Der Verbotsirrtum, wenn man ihn begreift als einen Irrtum über eine Sorgfaltsnorm, dann öffnet sich der Weg für die richtige Lösung (Prof. Volk: Wenn einer sagt: Das ist mir völlig wurscht wie es ist, ich mache das jetzt – Zwischenbemerkung: Das ist dann Vorsatz). Das lässt sich nicht als Irrtum rekonstruieren, daran würde ich schon festhalten. Das ist ein ganz wesentliches Element. Ob man das über § 16 StGB – so viel vielleicht auch zu Dir, Lorenz – ob man das über § 16 StGB oder § 17 StGB bewerkstelligt, ist im Ergebnis egal. Man kann beiden Normen etwas Richtiges entnehmen. Letztlich geht es nicht um ein Vorsatz-Problem, es geht um ein motivationales Problem und daher kann die Lösung nur in einer Fahrlässigkeits-Haftung liegen.

Martin Paul Waßmer
Eine kurze, fast schon ketzerische Frage an Herrn Bung. Sie hatten in einem Nebensatz gesagt, Unbestimmtheit könne auch präventiv intendiert sein. Das ist interessant, da Strafrichter und Strafrechtslehrer ja nach der Bestimmtheit, nach der Konkretisierbarkeit suchen – aber vielleicht will der Gesetzgeber das gar nicht! Könnten Sie das noch näher erläutern? (Prof. Volk: Meinen Sie unseren oder irgendeinen Gesetzgeber?) Unseren Gesetzgeber. (Prof. Volk: Das unbestimmteste Gesetz ist das Wirksamste!)

Lorenz Schulz
Die Frage nach den institutionellen Tatsachen ist noch offen, sie kann nachher geklärt werden. Hier zum Wegweiser. Was ist, wenn der Wegweiser nicht nur in eine Richtung führt, sondern auf einen Kreisverkehr, den es jetzt immer mehr gibt? Und offen lässt, wo man abbiegen soll? Mein Beispiel ist das normatives Tatbestandsmerkmal „Arbeitgeber" in § 266a StGB, d.h. die Scheinselbstständigkeit. § 266a StGB ist als Beispiel deshalb so instruktiv, weil die normale Verweisungskette ins Verwaltungsrecht oder ins Zivilrecht dort multipliziert wird. Da wird verwiesen in das Sozialrecht, da wird verwiesen via Sozialrecht oder direkt in das Arbeitsrecht und das Steuerrecht spielt auch noch eine Rolle. Wir haben also mehrere Gerichtsbarkeiten, die betroffen sind. Die Strafverfolgung sucht sich in der Praxis den Weg aus, der für sie günstig aus dem Kreisverkehr herausführt. Dann entgegnet man: „Einheit der Rechtsordnung". Aber das greift nicht, es bleibt bei der Unbestimmtheit des Kreisverkehrs.

Christoph Burchard
Zwei Fragen: Eine an Herrn Bung, eine an das Auditorium.

Lieber Herr Bung, was mir nicht ganz einleuchtet, ist der Kurzschluss von Bestimmtheit und Irrtumsdogmatik. Das eine ist ein verfassungsrechtlicher Grundsatz, der zur Verfassungswidrigkeit der Norm führt, wenn diese unbestimmt ist. Das andere, die Irrtumsdogmatik, führt dazu, dass der Irrende straflos bleibt, die Norm aber weiterhin verfassungsgemäß ist. Mir scheint, dass hier unterschiedliche Konzeptionen des Bestimmtheitsgrundsatzes hervorscheinen. Einmal „Feuerbach" und Vorhersehbarkeit, und einmal „Französische Revolution" und Willkürschutz.

Damit zur zweiten Fragen, die auf eine Ihre Aussagen, lieber Herr Waßmer, zurückkommt. Ist es nicht so, dass die Unterbestimmtheit der Untreue einen Regulierungseffekt hat? Wir geben das Signal in die Wirtschaft: „Untreue geht immer! Ihr bewegt Euch auf dünnem Eis und daher ist Vorsicht geboten!" Unterbestimmtheit oder Bestimmbarkeit oder Konkretisierbarkeit wäre mit anderen Worten ein Regulierungsinstrument, das im Zusammenspiel verschiedener

Akteure funktioniert (der Gesetzgeber erlässt ein konkretisierungsbedürftiges Gesetz, und delegiert die Konkretisierung auf die Rechtsprechung, die strafwürdiges Verhalten zu identifizieren hat). Der normative Anspruch „es muss bestimmt sein", scheint dann analytisch nicht länger passend, und man kann kritisch hinterfragen, ob das Bild vom ehrbaren Kaufmann noch passt.

Jochen Bung
Ganz kurz. Das war in Klammern gesagt. Eine Bemerkung in Klammern, die habe ich offen gelassen. Das kann so oder so sein. Ein unbestimmtes Gesetz kann dazu führen, dass vielleicht in größerem Umfang Regelüberschreitungen stattfinden – dazu braucht man sich nur die nationalsozialistischen Ermächtigungsstrukturen anzusehen. Es kann aber auch sein, dass – das meinte ich eher damit in diesem Zusammenhang – dass die Leute einfach vorsichtiger werden.

Der Kreisverkehr. Ja, das ist einfach ein Beweis dafür, dass die Pfeile, auch wenn sie sozusagen in den Kreis führen, nicht sagen, an welcher Stelle des Kreises man rausfahren sollte. Insofern belegt es gewissermaßen das Bild, wie ich es aufgenommen habe.

Zur Frage des Verhältnisses von Bestimmtheit und Schuld: Das Schuldprinzip ist genauso ein Verfassungsgrundsatz. Es geht hierbei um das Verhältnismäßigkeitsprinzip im Sinne des Prinzips der Zumutbarkeit und lässt sich deswegen als kategorial gleichrangig mit dem Bestimmtheitsgrundsatz ansehen. Das hat das Bundesverfassungsgericht auch mehrfach gesagt.

Das Verhältnis als praktische Konkordanz. Das habe ich jetzt ja hier nicht erfunden, dass nulla poena sine lege und nulla poena sine culpa in einen Ausgleich zu bringen sind. Es ist nichts Originelles, wenn ich glaube, dass nur hier die Lösung liegen kann, weil Verweisungstechnik letztlich etwas Legislatives ist, Technik, Abbild des funktionellen Zusammenspiels der Staatsgewalten. Das kann gar nicht anders sein. Alles andere wäre sozusagen verfassungswidrig. Das vollständig bestimmte Strafrecht wäre verfassungswidrig. Also kann die Lösung nur in einer praktischen Konkordanz mit nulla poena sine culpa gefunden werden. Und Teil dieser Konkordanz, die hergestellt werden muss, ist meines Erachtens jedenfalls in bestimmten Hinsichten anders justiertes Irrtumsrecht.

Klaus Volk
Ehe ich Herrn Prittwitz nochmal das Wort erteile, habe ich eine Frage an Dich: Wann hast Du zum letzten Mal in einer Entscheidung als Kriterium den ehrbaren Kaufmann gefunden? Bei mir ist es BGHSt 34 zur Untreue bei der GmbH, aber seitdem ist das doch immer aufgeschlüsselt in einen ganzen Kriterienkatalog.

Cornelius Prittwitz
Ich gebe mich geschlagen! Aber muss man nicht doch zugeben, dass das Bild des ehrbaren Kaufmanns nach wie vor in unseren Köpfen herumspukt und bei passender Gelegenheit hervorgezogen wird? Ich wollte eine kurze Anmerkung machen zu der Frage von Herrn Waßmer und Deiner Antwort, Jochen [Bung]. Du hast gesagt: „Diese gewollte Unbestimmtheit, das kann so oder so wirken." Ich denke, dass wir da kriminologisch belehrt klüger sind. Gewollte Unbestimmtheit heißt Normen-Falle und kann als solche bewirken, dass man es nicht verfolgt, eben weil es unbestimmt ist und keiner so recht Bescheid weiß. In einem bestimmten Moment aber, zu dem spezifische Gründe für die Verfolgung sprechen, wird verfolgt. Gewollte Unbestimmtheit ist kriminologisch *feststellbar*, ist normativ *inakzeptabel*, ist, wie mir scheint, verfassungswidrig. Gewollte Unbestimmtheit. So weit würde ich doch gehen.

Stephan Beukelmann
Eine kurze Frage auch mal an Herrn Weigend, wenn wir schon das US-Recht mit Ihnen vertreten haben. Jetzt sind ja die deutschen Rechtsanwender immer ganz glücklich, wenn sie im Kommentar einen ähnlich gelagerten Fall finden. Die Dicke der Kommentierung bei § 266 StGB ist ja immer noch nicht ausreichend. Es sind immer noch nicht alle Fälle abgebildet, die man gerne sucht und gelöst hätte. Wie ist es denn in den USA mit dem case law? Hilft das mehr einem Anwender bei unbestimmten Rechtsbegriffen in der Suche nach der Lösung? Ist das ein anderer Zugang dann zu diesem Problem?

Franz Salditt
Eine Anmerkung zur gewollten Unbestimmtheit. Es gibt es einen aktuellen Fall, bei dem in der Tat der Eindruck besteht, dass Unbestimmtheit gewollt ist. Damit meine ich die gesetzliche Regelung der inzwischen begrenzt strafbaren – sogenannten – Suizidbeihilfe. Nach dieser gesetzlichen Regelung sind nur gewisse Maßnahmen geschäftsmäßiger Sterbehilfe strafbar. Das neue Gesetz enthält zwei Ausnahmen. Eine für Angehörige, eine zweite für nahestehende Personen. Und bei den nahestehenden Personen ist offenbar bewusst offen geblieben, ob der Hausarzt nahestehende Person sein kann. Das überlässt der Gesetzgeber der weiteren Entwicklung. Wie also verhält es sich mit den Ärzten, die in der Palliativversorgung mehrmals Grenzen der indirekten Sterbehilfe oder passiven Sterbehilfe überschreiten? Das Beispiel zeigt: Es gibt das Phänomen gewollter Unbestimmtheit, was immer man davon halten mag.

Jochen Bung
Bei der Weitergabe würde ich auch sagen, das ist mit Sicherheit keine bewusst gestellte Normen-Falle.

Klaus Volk
Nein, aber ein Einfallstor für die selbstgemachten divergierenden Ethiken der Mediziner.

Thomas Weigend
Zuerst eine Anmerkung zur Fallenstellung durch Unbestimmtheit: Es kommt eigentlich nicht darauf an, ob die Falle bewusst gestellt ist; denn auch wenn das nicht der Fall ist, schafft ein unbestimmtes Gesetz die Möglichkeit unsachlich diskriminierender Rechtsanwendung zu Lasten einzelner Bürger. Und ein solches Gesetz hat auch unabhängig von der Absicht des Gesetzgebers den Effekt der Über-Abschreckung. Ein vorsichtiger Mensch wird dann sagen: „Bevor ich der erste bin, der verurteilt wird, halte ich mich lieber ganz heraus."

Zur Unbestimmtheit in einem System des *case law*: Der Unterschied zwischen Deutschland und den USA ist in diesem Punkt sehr gering. Denn auch in den USA ist das Strafrecht vollständig kodifiziert, sowohl in allen Staaten als auch im Bundesrecht, so dass es auch dort immer nur um Gesetzesauslegung geht. Der einzige Unterschied zwischen den Rechtsordnungen besteht darin, dass in Deutschland theoretisch der Amtsrichter seine eigene Rechtsauffassung vertreten kann und nicht dem BGH folgen muss, während in den USA jeder Richter rechtlich verpflichtet ist, den einschlägigen Präzedenzentscheidungen zu folgen. Dabei liegt – hier wie dort – das Problem in der Bestimmung dessen, was „einschlägig" ist. In beiden Rechtsordnungen besteht die Kunst der Juristen ja im „distinguishing", also in der Differenzierung zwischen früher entschiedenen Fällen und dem aktuell zur Entscheidung anstehenden Fall.

Vielleicht noch eine kleine Anmerkung zur Untreue: Sie ist für unser Thema deshalb interessant, weil die Unbestimmtheit des Tatbestandes denjenigen, der die Vermögensinteressen eines anderen wahrzunehmen hat, in eine Zwickmühle bringt: Der hinter der Norm stehende Auftrag ist einerseits: „Arbeite mit dem dir anvertrauten Vermögen so profitabel wie möglich, d.h. lote alle Möglichkeiten aus, die dir das Recht lässt, um Gewinn zu machen!" Aber andererseits wird dem Beauftragten gesagt: „Überschreite keinesfalls die gesetzlichen Grenzen, denn damit würdest du Schadensersatzforderungen zu Lasten des betreuten Vermögens verursachen!" Der Vermögensbetreuer bewegt sich also immer auf einem sehr schmalen Grat – er ist in der großen Gefahr, entweder zu wenig oder zu viel tun. Diese prekäre Lage hat der Gesetzgeber verschuldet, indem er das verbotene Verhalten unbestimmt gelassen hat.

Konkretisierungen

Eberhard Kempf

Einführung

Meine sehr verehrten Damen und Herren, ich begrüße Sie an diesem Samstagmorgen, beglückwünsche Sie zu diesem frühen Antritt hier und will gleich überleiten zu dem Abschnitt, den wir im Programm „Konkretisierungen" genannt haben. Es gibt ja Überschneidungen zwischen den speziellen Aspekten von gestern Nachmittag und den Konkretisierungen heute und den Übergang symbolisieren Sie, lieber Herr Richter, am besten, weil Sie haben uns nicht nur die Lücke gefüllt, die Herr Fischer mit seiner krankheitsbedingten Abwesenheit gelassen hat, sondern Sie symbolisieren einfach am besten den Übergang von den speziellen Aspekten zu den Konkretisierungen. Wir freuen uns darauf. Ich freue mich besonders darauf, weil ich gestern schon den ganzen Abend gedacht habe: Ich habe es verpasst, Sie zu hören, ich konnte ja leider gestern – woran Sie ein bisschen Schuld haben – an der Veranstaltung nicht teilnehmen. Immerhin stand eine Eröffnungsentscheidung zwischen uns. Umso mehr freue ich mich, gleich Ihren, nicht Unbestimmtheiten, sondern Erklärungen zu den Unbestimmtheiten folgen zu können.

Regina Michalke

Unbestimmtes Umweltstrafrecht

Strafrecht steht bekanntlich unter dem Verfassungsgebot, dass seine Voraussetzungen durch Gesetz und klar bestimmt geregelt sein müssen. Außerdem muss jeweils eindeutig sein, welches Rechtsgut durch die Strafdrohung geschützt werden soll.

Das sogenannte „Umweltstrafrecht" schützt „die Umwelt" vor allerlei nachteiliger Veränderung und Verunreinigung. „Die Umwelt" – das ist die „reine" Luft, das „reine" Wasser (nicht zu verwechseln mit dem destillierten Wasser), die „ungiftige" Erde – also der Boden –, die „Freiheit" ihrer Bewohner von Lärm, Gestank und schlechtem Geschmack. Schon aus diesen denkbar relativen und subjektiv verschieden empfundenen Zielvorgaben des Umwelt*rechts* (also noch gar nicht des Umwelt*straf*rechts) wird deutlich, wie schwer es ist, begriffliche Bestimmtheit überall dort herzustellen, wo die notwendigen Verwaltungsgesetze die Bewirtschaftung der Umweltmedien unter die Aufsicht von Umweltbehörden stellen.

Wann das Wasserwirtschaftsamt die Einleitung von Abwässern in ein Gewässer erlauben darf, ist im Wasserhaushaltsgesetz einigermaßen gut, wenn auch kompliziert und mit vielen unbestimmten Rechtsbegriffen und Ermessensspielräumen geregelt. Verstößt ein sogenannter „Einleiter" gegen die so definierten Bedingungen für eine behördlich erlaubte Verunreinigung (die es ja objektiv immer noch ist!), begeht er nach dem seit 1980 im StGB geregelten Umweltstrafrecht das Vergehen der „unbefugten" nachteiligen Veränderung des Gewässers (§ 324 StGB). Vergleichbares gilt für das Abfallstrafrecht, das BundesImmissionsschutzstrafrecht, Atomstrafrecht, Naturschutzstrafrecht – und all die anderen umweltstrafrechtlichen Teilgebiete.

Daran wird deutlich, dass wir es mit einem Strafrechtsfeld zu tun haben, bei dem sich der Vorwurf, die Tatbestände seien zu unbestimmt, gar nicht gegen die Unfähigkeit des konkreten historischen Gesetzgebers wegen Formulierungsschwächen richten muss. Da es nicht wie im Kernstrafrecht, z.B. bei den Tötungs-, Körperverletzungs- oder Eigentumsdelikten, zwischen Unverletztheit und deliktischer Schädigung nur ein Ja oder Nein gibt, muss im Umweltstrafrecht jede Tatbestandsmäßigkeit und Rechtswidrigkeit über das Vehikel der sog. Verwaltungsakzessorietät – aber eben auch mit allen ihren Relativitäten und Abwägungsprozeduren entschieden werden. Und damit ist das Umweltstrafrecht von vorne herein und strukturell zwingend zu einer Unbestimmtheit verdammt, die quer zum Verfassungsgebot des Art. 103 Abs. 2 GG steht.

Durch die enge Anbindung der Strafbarkeit an das Verwaltungsrecht hatte man wenigstens erhofft, so etwas wie die Einheit der Rechtsordnung zu wahren. Aber schon bald nach Aufnahme der Tatbestände in das StGB kam es zu ersten Brüchen. Die Allianz zwischen Straf- und Verwaltungsrecht bröckelte, weil die Strafrechtspraxis zunehmend die Tendenz zeigte, sich von den verwaltungsrechtlichen Vorgaben zu emanzipieren. Wesentliche Gründe waren Beweisschwierigkeiten im Hinblick auf in Tatbeständen immer noch (und sei es auch nur potentiell) vorausgesetzten Kausalitäten, das Schließen von (als solchen empfundenen) Strafbarkeitslücken. Und dann kamen auch noch die Postulate des Europäischen Rechts hinzu, die zu einer regelrechten Überforderung des Umweltstrafrechts geführt haben. Das geht inzwischen so weit, dass die Rechtsumsetzung entweder gar nicht mehr möglich ist oder so komplex geworden ist, dass – ganz offensichtlich – darauf von Vornherein verzichtet wird.

Aus einer Fülle von „Unbestimmtheiten“ will ich nur einige wenige, nämlich fünf Beispiele nennen, die ich jeweils einer bestimmten Kategorie zuordne:

1. Beispiel: Unbestimmtheit durch kreative Überwindung von Beweisschwierigkeiten in Form der „Erfindung“ des „flüssigen Abfalls“[1] im Umweltstrafrecht.

Das Verwaltungsrecht kennt keinen „flüssigen“ Abfall. Es unterscheidet zwischen dem Abfall als beweglicher *„Sache“* deren sich *„der Besitzer entledigt, entledigen will oder entledigen muss“* (§ 3 KrWG), und regelt dies im Abfallrecht. Für das Ab*wasser* ist das Wasserrecht (Wasserhaushaltsgesetz) zuständig. Die Strafrechtspraxis hatte allerdings das Problem, dass der von § 324 StGB geforderte Kausalnachweis einer Gewässerverunreinigung bisweilen schwer zu führen war.

„Panta Rei“, was weggeflossen war, war nicht mehr da, und ob es sich um eine genehmigte oder ungenehmigte Einleitung gehandelt hatte, war nicht mehr feststellbar. Wenn man aber das Abwasser in „flüssigen Abfall“ umdefinierte, umging man dieses Beweisproblem. Man konnte dann nämlich die Abfalleignung bereits aus der Tatsache schließen, dass das Abwasser in ein Gewässer „beseitigt“ wurde. Um die definitorischen Friktionen mit dem Verwaltungsrecht schert sich das Strafrecht nicht.

2. Beispiel: Unbestimmtheiten als „Lücken-Schließer“: die „Kollusion“ in § 330d Abs. 1 Nr. 5 StGB

§ 330d Abs. 1 Nr. 5 StGB sieht u.a. vor, dass eine durch *„Kollusion“* bewirkte Genehmigung *„einem Handeln ohne Genehmigung“* gleichzusetzen ist. Wer also

---

1 OLG Koblenz, OLGSt § 324 Nr. 2 m. Anm. *Möhrenschlager*; *Michalke*, Umweltstrafsachen, 2. Aufl. Rn. 30.

„kollusiv" mit seiner Genehmigungsbehörde eine z.B. immissionsschutzrechtliche Genehmigung erlangt, soll nicht in den Genuss von deren rechtfertigender Wirkung kommen. Was mit *„Kollusion"* allerdings inhaltlich gemeint ist, wird nirgends definiert.[2] Ob „kollusiv" schon ist, wenn der Genehmigungsempfänger und der Behördenvertreter „häufig" miteinander telefonieren, *einer* Meinung sind, zusammen ein Bier trinken gehen, Entwürfe von Stellungnahmen austauschen, oder ob von „Kollusion" erst dann die Rede sein kann, wenn der eine den anderen besticht, bleibt nach der Vorschrift im Dunkeln.

Hier hilft auch das Verwaltungsrecht nicht weiter. Im Gegenteil: Nach dem Verwaltungsverfahrensgesetz bleibt auch ein rechtswidriger (weil z.B. „kollusiv" erwirkter) Verwaltungsakt solange wirksam, bis er *„zurückgenommen, widerrufen, anderweitig aufgehoben oder durch Zeitablauf oder auf andere Weise erledigt ist"* (§ 43 Abs. 2 und 3 VwVfG).

3. Beispiel: Die der Symbolik geschuldete Unbestimmtheit

§ 324a StGB stellt die „Bodenverunreinigung" unter Strafe. Die Vorschrift wurde vom Gesetzgeber im Jahr 1994 in das StGB aufgenommen.[3] Dessen Motiv war, dem bis dahin nur mittelbar (über strafrechtliche Nebengesetze) geschützten Medium „Boden" einen mit den anderen Umweltmedien (Wasser, Luft, Lärmschutz) gleichrangigen Schutz zu verschaffen. Strafbar war die Bodenverunreinigung dann, wenn sie *„unter Verletzung verwaltungsrechtlicher Pflichten"* vorgenommen wurde. Zum damaligen Zeitpunkt existierte allerdings noch kein bundeseinheitliches Bodenschutzgesetz, das bestimmt hätte, was unter den „verwaltungsrechtlichen Pflichten" zu verstehen ist. Dieses Defizit nahm der Gesetzgeber in Kauf.[4]

4. Beispiel: Unbestimmtheit durch Postulate des Europäischen Rechts – das Grundstück als „bewegliche Sache"

Das Deutsche Abfallrecht geht und ging von jeher davon aus, dass immer nur bewegliche Gegenstände und Sachen als Abfall anzusehen sind. Umso mehr rief Erstaunen hervor, dass der EuGH im Jahr 2004 entschied, dass auch der (unbewegliche) Boden, also z.B. ein Grundstück Abfall darstellen könne.[5]

---

2 Vgl. SK-*Schall*, 132. Lief., Rn. 56 zu § 330d StGB, der die „Kollusions-Variante" als *„besonders heikel und in ihrer Reichweite nach wie vor ungeklärt"* beschreibt.

3 2. UKG v. 27.6.1994, BGBl. I, S. 1440.

4 Vgl. hierzu *Breuer* JZ 1994, 1077 ff./1081; *Kloepfer/Vierhaus*, Umweltstrafrecht, 1995, Rn. 102.

5 „Van de Walle" Urteil v. 7.9.2004, ZfW 2005, 215 = NuR 2005, 33; dazu auch *Alt*, StraFo 2006, 441; *Schall* NStZ-RR 2006, 292.

Davon zeigte sich wiederum der deutsche Gesetzgeber unbeeindruckt und regelte 8 Jahre später im Kreislaufwirtschaftsgesetz ausdrücklich, dass der Boden vom Abfallbegriff ausgeschlossen ist. Es heißt in § 2 Abs. 2 Nr. 10 KrWG: *„Die Vorschriften dieses Gesetzes gelten nicht für ... Böden am Ursprungsort (Böden in situ), einschließlich nicht ausgehobener, kontaminierter Böden und Bauwerke, die dauerhaft mit dem Grund und Boden verbunden sind ...“.*

5. Beispiel: Unbestimmtheit durch Verweisungen in § 326 Abs. 2 Nr. 1 StGB[6]

Als wichtigen Baustein der Bekämpfung der Umweltkriminalität hat der Gesetzgeber im Jahr 2011 den Tatbestand des „Unerlaubten Umgangs mit Abfällen“ gemäß § 326 StGB novelliert.[7] Nach dem neu gefassten Absatz 2 der Bestimmung macht sich strafbar, wer bestimmte Abfälle in nicht unerheblicher Menge vorschriftswidrig *„in den, aus dem oder durch den Geltungsbereich dieses Gesetzes verbringt“*. Damit sollte dem grenzüberschreitenden „Mülltourismus“ ein Ende bereitet werden.

Die Errungenschaft dieses neuen Tatbestands ist, dass er zur Definition des Abfallbegriffs in Absatz 2 ausdrücklich auf die Europäische Abfallverbringungs-Verordnung (EG) 1013/2006 verweist. Einer der Gründe für die Verweisung ist, dass Gegenstand der Abfallverbringungs-Verordnung nicht nur die gefährlichen, sondern auch alle nicht-gefährlichen Abfälle sind. Auch die ungefährlichen Abfälle sollten fortan die Strafbarkeit begründen können, wenngleich unter der (strengen) Ägide der geregelten Europäischen Abfallverbringungs-VO. Demgemäß wurde die Überschrift des § 326 StGB von vormals „Unerlaubter Umgang mit *gefährlichen* Abfällen“ in „Unerlaubter Umgang mit Abfällen“ umbenannt.[8]

Die mit dem Tatbestand des Absatzes 2 verbundene Problematik besteht darin, dass man sich mit der (statischen) Verweisung auf die EU-Abfallverbringungs-Verordnung eine ganze Reihe von jederzeit leicht änderbaren (unterge-

---

6 Die Vorschrift lautet:
„(2) Ebenso wird bestraft, wer
1. Abfälle im Sinne des Artikels 2 Nummer 1 der Verordnung (EG) Nr. 1013/2006 des Europäischen Parlaments und des Rates vom 14. Juni 2006 über die Verbringung von Abfällen (ABl. L 190 vom 12.7.2006, S. 1, L 318 vom 28.11.2008, S. 15), die zuletzt durch die Verordnung (EU) Nr. 135/2012 (ABl. L 46 vom 17.2.2012, S. 30) geändert worden ist, in nicht unerheblicher Menge, sofern es sich um ein illegales Verbringen von Abfällen im Sinne des Artikels 2 Nummer 35 der Verordnung (EG) Nr. 1013/2006 handelt, oder ...“.

7 V. 6.12.2011, BGBl. I, 2557, Anlass war die Umsetzung der Richtlinie des Europäischen Parlaments und des Rates über den strafrechtlichen Schutz der Umwelt vom 19.11.2008, RL 2008/99/EG, Abl. L 328 vom 6.12.2008, S. 28

8 *Fischer*, StGB, 62. Aufl. 2014, § 326 Rn. 46; *Saliger*, Umweltstrafrecht, 2012, Rn. 320.

ordneter) EG-Abfallverordnungen bzw. -regelungen „eingekauft“ hatte. Diese Verordnungen füllen die EG-Abfallverbringungs-Verordnung aus und stellen die Konkretisierung des europäischen Abfallverwaltungsrechts dar. Sie haben die wichtige Aufgabe, für die gesamte Europäische Union die einzelnen Abfallkategorien zu definieren und katalogisieren, voneinander abzugrenzen und vor allem im Detail zu regeln, wie die entsprechenden Abfälle vorschriftsmäßig über die EU-Grenzen zu verbringen sind. Verwaltungsakzessorietät des Umweltstrafrechts bedeutet in diesem Kontext deshalb, dass das Strafrecht dem *europäischen* Umweltverwaltungsrecht folgen muss.

Dann muss man aber erwarten können, dass über die Verweisungen die EU verwaltungsrechtlichen Kriterien eine eindeutige Unterscheidung zwischen der erlaubten und der nichterlaubten grenzüberschreitenden Verbringung möglich ist. Das Bestimmtheitsgebot verlangt, dass die Strafnorm die Voraussetzungen der Strafbarkeit so konkret umschreibt, dass Tragweite und Anwendungsbereich des Straftatbestandes zu erkennen sind und/oder sich durch Auslegung ermitteln lassen. Der Wortlaut ist so zu fassen, dass die Normadressaten im Regelfall bereits anhand des Wortlauts der gesetzlichen Vorschrift voraussehen können, ob ein Verhalten strafbar ist oder nicht.

Dies ist bei § 326 Abs. 2 Nr. 1 StGB nicht der Fall. Weder aus dem Wortlaut noch über die Verweisung auf das europäische Recht ist eine eindeutige Definition des Abfallbegriffs herzuleiten. Dies soll im Folgenden dargestellt werden. Es ist die Geschichte einer Kettenverweisung in das EU-Recht über 6 Ebenen mit dann noch einmal 3 weiteren „Neben“-Ebenen, mit einem außergewöhnlichen Ende.[9]

a) Verweisung ins „Nichts“

§ 326 Abs. 2 Nr. 1 StGB bezieht sich seinem Wortlaut nach auf

> *„Abfälle im Sinne des **Artikels 2 Nummer 1 der Verordnung (EG) Nr. 1013/2006** des Europäischen Parlaments und des Rates vom 14. Juni 2006 über die Verbringung von Abfällen (ABl. L 190 vom 12.7.2006, S. 1, L 318 vom 28.11.2008, S. 15), die zuletzt durch die Verordnung (EU) Nr. 135/2012 (ABl. L 46 vom 17.2.2012, S. 30) geändert worden ist“.*

Der genannte **Art. 2 Nr. 1 der VO (EG) 1013/2006**, als im Wege einer sog. statischen Verweisung inkorporierter Teil des Tatbestandes des § 326 Abs. 2 Nr. 1 StGB, enthält selbst keine Definition des Abfallbegriffs. Art. 2 Nr. 1 der VO lautet vielmehr:

9 Zur besseren Veranschaulichung der Verweisungskette sind nachfolgend die in Bezug genommen Vorschriften jeweils mit Fettdruck markiert.

> *„Im Sinne dieser Verordnung bezeichnet der Ausdruck: ‚Abfälle' Abfälle im Sinne des* ***Artikels 1 Absatz 1 Buchstabe a der Richtlinie 2006/12/EG*** *"*.

Der hier in Bezug genommene **Art. 1 Abs. 1a) der genannten Richtlinie 2006/12/EG** wiederum lautet:

> *„‚Abfall': alle Stoffe oder Gegenstände, die unter die in* ***Anhang I*** *aufgeführten Gruppen fallen und deren sich ihr Besitzer entledigt, entledigen will oder entledigen muss"*.

Der genannte **Anhang I der Richtlinie 2006/12/EG** führt(e) unter den Buchstaben Q 1 bis Q 16 Definitionen von Gegenständen auf, denen sich der Besitzer *„entledigt, entledigen will oder entledigen muss"*. Q1 beispielsweise benennt dabei *„Nachstehend nicht näher beschriebene Produktions- oder Verbraucherrückstände"*, Q 3 *„Produkte, bei denen das Verfallsdatum überschritten ist"* und Q 16 schließlich nimmt unter die Abfallgruppen noch *„Stoffe oder Produkte aller Art, die nicht einer der oben erwähnten Gruppen angehören"*, auf.

Allerdings wurde die in Bezug genommene **Richtlinie 2006/12/EG** mitsamt ihren **Anhängen** bereits am 11.12.2010 außer Kraft gesetzt. Die Verweisungskette ging daher bereits vor Inkrafttreten des Strafrechtsänderungsgesetzes am 14.12.2011 von Vornherein ins Leere.

Unter Zuhilfenahme der Recherchemöglichkeiten mittels mehrerer juristischer Datenbanken kann es dann sein, dass man auf **Art. 41 der Richtlinie 2008/98/EG** (sog. Abfallrahmenrichtlinie) stößt. Diese Vorschrift ergibt sich jedenfalls weder aus § 326 StGB selbst, noch aus einer Bestimmung innerhalb der Verweisungskette. Art. 41 legt nun Folgendes fest:

> *„Bezugnahmen auf die* ***aufgehobenen Richtlinien*** [u.a. 2006/12/EG] *gelten als Bezugnahmen auf die vorliegende Richtlinie und sind entsprechend der in* ***Anhang V*** *enthaltenen Entsprechungstabelle zu verstehen ..."*.

Anhang V der Entsprechungstabelle zur Richtlinie 2008/98/EG (Abfallrahmenrichtlinie) weist allerdings für den aufgehobenen **Anhang I** der aufgehobenen Richtlinie 2006/12/EG keine Entsprechung auf. Es ist in **Anhang V** als die Entsprechung von **Anhang I** lediglich vermerkt: **„ – "**.

„Mehrgliedrige" Verweisungsketten sind nach Auffassung des BVerfG bereits unter dem allgemeinen rechtsstaatlichen Grundsatz der Klarheit einer Eingriffsnorm hoch problematisch. Das Bundesverfassungsgericht hat hierzu in einer Entscheidung ausgeführt[10]:

---

10 BVerfG NJW 2004, 2213 ff./2218.

„Ist es auf Grund der Verweisungstechnik aber [...] allenfalls Experten möglich, sämtliche Eingriffsvoraussetzungen mit vertretbarem Aufwand zu erkennen, spricht dies gegen die Beachtung des Grundsatzes der Klarheit einer Norm, die sich auch auf das Verhalten und die Rechte der Bürger auswirkt.“

Auch Unionsrechtsakzessorische Blankettstrafgesetze müssen sich in allen ihren Bestandteilen am Maßstab des deutschen Verfassungsrechts messen lassen.[11]

Wenn aber eine Verweisungskette – wie hier – ausdrücklich ins „Nichts“ weist, dann werden sich selbst für Experten keine hinreichend bestimmbaren Konkretisierungen mehr ergeben können. Es ist deshalb einhellige Auffassung in Rechtsprechung und Literatur, dass soweit EG-Normen aufgehoben werden und der deutsche Gesetzgeber es unterlässt, bei der Änderung im Blankettgesetz auf das geänderte EG-Recht zu verweisen, die Ahndungsmöglichkeit entfällt.[12]

b) Interpretatorische Rettungsversuche

Soweit das Problem der Verweisung ins „Nichts“ überhaupt in der strafrechtlichen Literatur ausgedeutet wird[13], werden im Hinblick auf die Definition von „Abfall“ in § 326 Abs. 2 Nr. 1 StGB „Rettungsversuche“ angestellt.

Als Ausgangspunkt nimmt man dabei die Generaldefinition des aufgehobenen **Art. 1 Nr. 1a)** der (aufgehobenen) **Richtlinie 2006/12/EG**[14]. Er lautete:

„‚Abfall‘: alle Stoffe oder Gegenstände, die unter die in Anhang I aufgeführten Gruppen fallen und deren sich ihr Besitzer entledigt, entledigen will oder entledigen muss“.

Art 1 Abs. 1a) wird nach der bereits erwähnten Entsprechungstabelle des Anhanges V der Rahmenrichtlinie 2008/98/EG ersetzt durch **Art. 3 Nr. 1 der Richtlinie 2008/98/EG** (Abfallrahmenrichtlinie).

Art. 3 Nr. 1 der Richtlinie 2008/98/EG lautet wie folgt:

„Im Sinne dieser Richtlinie bezeichnet der Ausdruck 1. ‚Abfall“, jeden Stoff oder Gegenstand, dessen sich sein Besitzer entledigt, entledigen will oder entledigen muss“.

---

11 *Hecker*, Europäisches Strafrecht, 2012, S. 245.

12 Vgl. OLG Hamburg NZV 2007, 372; OLG Köln NJW 1988, 657; OLG Hamburg DAR 1988, 29; OLG Schleswig SchlHA 1988, 95; OLG Düsseldorf MDR 1987, 1050; BayObLG VRS 1988, 227; AG Itzehoe NZV 2007, 373; BVerfG NJW 1990, 1103 zu dieser „*einhelligen Auffassung in der veröffentlichten Rechtsprechung und in der Literatur*“.

13 So wie von *Schall* in SK, a.a.O. (Fn. 2) Rn. 127 ff. zu § 326 StGB.

14 Oben bereits erwähnt.

Der „Kreis“ schließt sich damit und führt nicht weiter als zu der Allgemeinklausel, dass Abfall *„jeder Stoff oder Gegenstand* [ist], *dessen sich sein Besitzer entledigt, entledigen will oder entledigen muss“*. Jede Konkretisierung durch die europäischen Abfallkataloge ist in der Vorschrift nicht (mehr) implementiert. Damit ist vollends unklar, worin für das Umweltstrafrecht das materielle Spezifikum des Verweises auf den europarechtlichen Abfallbegriffs liegen soll. Noch einmal zur Erinnerung: die Definition von Abfällen i.S. des § 326 Abs. 2 Nr. 1 StGB lautet wie folgt:

> *„Abfälle im Sinne des* ***Artikels 2 Nummer 1 der Verordnung (EG) Nr. 1013/2006*** *des Europäischen Parlaments und des Rates vom 14. Juni 2006 über die Verbringung von Abfällen (ABl. L 190 vom 12.7.2006, S. 1, L 318 vom 28.11.2008, S. 15), die zuletzt durch die Verordnung (EU) Nr. 135/2012 (ABl. L 46 vom 17.2.2012, S. 30) geändert worden ist“.*

Sollte der Europäische Abfallbegriff für die Strafbarkeit Konsequenzen haben, bleibt im Dunkeln, welche dies sind.

Als Konsequenz der fehlenden Bestimmbarkeit ist damit aber auch die Reichweite des Delikts offen. Dies hat insofern tiefgreifende Auswirkungen, als damit der Weg zu einer trennscharfen Abgrenzung zwischen den gefährlichen und ungefährlichen Abfällen hinfällig geworden ist. Es gibt keine Bezug zu den verwaltungsrechtlichen Regelungen der Europäischen Abfallverbringungs-VO und damit weder im Hinblick auf die Abfallmaterialien noch die Art und Weise der gesetzeskonformen Verbringung bestimmbare Kriterien. Der Gesetzgeber nimmt somit in Kauf, dass undifferenziert auch die grenzüberschreitende Verbringung von harmlosen bis neuwertigen Gebrauchsgütern, die von ihrem Besitzer lediglich „aufgegeben“ wurden, mit Kriminalstrafe belegt werden kann (Androhung von Freiheitsstrafe bis fünf Jahre). Damit steht neben der Problematik der Unbestimmtheit erkennbar auch das Ultima-Ratio-Prinzip in Frage.

Fazit:

Wenn Sie sich beim letzten Beispiel durch den Wortreichtum meiner Folien zu den einzelnen Verweisungsschritten während meiner Sprechzeit überfordert gesehen haben, so ist das schon die Hauptsache dessen, was ich Ihnen zeigen wollte: Das Umweltstrafrecht lebt geradezu von seiner Unbestimmtheit und Unverständlichkeit.

Abschließend auch eine anekdotische Bestätigung: Der Mandant, für den ich die Verweisungskette in einem Ermittlungsverfahren vortrug und damit meinen Antrag auf Einstellung nach § 170 II StPO verband, rief mich an, nachdem er eine Abschrift des ca. 15seitigen Schriftsatzes erhalten hatte. Er sagte: *„Ich habe das alles gelesen. Aber offen gesprochen: Verstanden habe ich nicht, weshalb ich unschuldig bin.*

Lothar Kuhlen

Die Unbestimmtheit der Korruptionsdelikte und heterogene ökonomische Konzepte[1]

Dem Thema meines kurzen Referats entsprechend werde ich zunächst – unter I. – etwas zur Unbestimmtheit des Korruptionsstrafrechts sagen, anschließend dann – unter II. – einige Überlegungen zur Verknüpfung dieser Unbestimmtheit mit heterogenen ökonomischen Konzepten vortragen.

I. Unbestimmtheit

Den klassischen Kern des Korruptionsstrafrechts bilden die Bestechungsdelikte der §§ 331 ff.[2], die den öffentlichen Sektor betreffen und auf deren Erörterung ich mich in der Folge beschränken werde. Ich klammere also die Bestechlichkeit und Bestechung im geschäftlichen Verkehr (§ 299) ebenso aus wie spezielle Vorschriften, etwa den Tatbestand der Bestechlichkeit und Bestechung von Mandatsträgern (§ 108e). Außerdem beschränke ich mich auf das derzeit noch geltende Recht, obwohl die Neuregelung durch das 2. Korruptionsbekämpfungsgesetz sicherlich auch neue Bestimmtheitsprobleme aufwerfen wird.

1. Bei §§ 331 ff. geht es um unzulässige Zuwendungen an *Amtsträger*. Dieser Begriff hat einen klaren Kern, nämlich – nach seiner Legaldefinition in § 11 Abs. 1 Nr. 2a und b – diejenigen, die nach deutschem Recht Beamte oder Richter sind oder in einem sonstigen öffentlich-rechtlichen Amtsverhältnis stehen. Schwierigkeiten bereitet dagegen die Frage, wer „sonst dazu bestellt ist, bei einer Behörde oder bei einer sonstigen Stelle oder in deren Auftrag Aufgaben der öffentlichen Verwaltung ... wahrzunehmen“, und damit nach § 11 Abs. 1 Nr. 2c ebenfalls Amtsträger ist. Mit diesem Problem hat die Rechtsprechung in einer Vielzahl umstrittener Fälle zu tun gehabt.

So hat man beispielsweise für Mitarbeiter öffentlicher Sparkassen, Landesbanken, der DB Netz AG als Tochterunternehmen der Deutschen Bahn AG, einer in städtischem Alleinbesitz stehenden GmbH, die sich der Versorgung der Einwohner mit Fernwärme widmete, sowie einer von einem Landkreis gegründeten

---

1 Vortrag vom 21.11.2015. Die Vortragsfassung wurde beibehalten, zur Änderung der Rechtslage durch das am 26.11.2015 in Kraft getretene 2. Korruptionsbekämpfungsgesetz (BGBl. I, S. 2015) finden sich nur vereinzelte Hinweise.

2 Paragraphen ohne Gesetzesangabe sind solche des StGB.

GmbH, die sich mit der Müllentsorgung befasste, die Amtsträgereigenschaft gemäß § 11 Abs. 1 Nr. 2c bejaht.[3] Anders beurteilt wurden demgegenüber Mitarbeiter der der öffentlichen Hand gehörenden Flughafen AG Frankfurt, der Deutschen Bahn AG selbst sowie einer kommunalen Wohnungsbaugesellschaft.[4] Die zwischenzeitlich behauptete Amtsträgereigenschaft von *Vertragsärzten* hat der BGH ebenfalls verneint,[5] was nicht nur in der Literatur teilweise anders gesehen wurde, sondern auch den Gesetzgeber zum Tätigwerden veranlasst hat.[6] Hier, also beim Amtsträgerbegriff, liegt sicherlich ein *erstes* erhebliches Bestimmtheitsproblem nicht nur, aber *auch* der heutigen Bestechungstatbestände.[7]

2. Die Art und Weise, wie sich die Bestimmtheitsfrage *gerade* bei diesen Tatbeständen stellt, ist wesentlich durch das *1. Korruptionsbekämpfungsgesetz* von 1997 geprägt.

a) Es hat die Bestechungsdelikte neu gefasst und dabei erheblich erweitert. Die wichtigsten Beiträge des *Gesetzgebers* zu dieser Expansion des Korruptionsstrafrechts waren die Einbeziehung von *Drittvorteilen* sowie die Erstreckung von Vorteilsannahme und Vorteilsgewährung auf Zuwendungen, die als Gegenleistung für eine bloße *Dienstausübung* angenommen oder gewährt werden.

Auch ein Amtsträger, der als Gegenleistung für ein dienstliches Handeln die Gewährung eines Vorteils nicht an sich selbst, sondern an einen *Dritten* – beispielsweise das Rote Kreuz oder den DFB – fordert, vereinbart oder annimmt, kann sich heute – anders als nach damals h.M. bis 1997 – wegen Vorteilsannahme oder Bestechlichkeit strafbar machen; entsprechend der die Drittzuwendung Leistende wegen Vorteilsgewährung oder Bestechung. Und auch ein Amtsträger, der Zuwendungen nicht als Gegenleistung für *konkrete* dienstliche Entscheidungen annimmt, sondern lediglich dafür, dass er sich ganz allgemein den Interessen des Zuwendenden dienstlich gewogen zeige, kann sich heute – anders als bis 1997 – wegen Vorteilsannahme strafbar machen; entsprechend der Zuwendende wegen Vorteilsgewährung.

b) Diese Ausweitung des Korruptionsstrafrechts hat nach verbreiteter Auffassung zu einer erheblichen Unbestimmtheit der Bestechungstatbestände geführt. Schon im Jahr 2005, also vor genau zehn Jahren, haben etwa *Knauer* und

---

3 Vgl. die Hinweise bei *Fischer*, StGB, 63. Aufl. 2016, § 11 Rn. 22b.

4 *Fischer* § 11 Rn. 22c.

5 BGH NJW 2012, 2530. Dazu m.w.H. *Fischer* § 11 Rn. 22e–g.

6 Dazu zuletzt *Taschke/Zapf* medstra 2015, 332 ff.; *Pragal/Handel* medstra 2015, 337 ff. m.w.H.

7 Erhebliche Bestimmtheitsfragen wirft nunmehr auch der (freilich nicht mehr der gesetzlichen Terminologie entsprechende) Begriff des *ausländischen Amtsträgers* gemäß § 335a Abs. 1 auf. Siehe dazu BT-Drs. 18/4350, S. 24 f. sowie *Kubiciel/Spörl*, KPKp 4/2014, S. 22 ff.; *Gaede*, Gutachten zum Entwurf eines Gesetzes zur Bekämpfung der Korruption (BT-Drs. 18/4350), 5.6.2015, S. 22 f.

Kaspar von der „uferlosen Weite“ dieser Tatbestände gesprochen.[8] Und *Kargl* hat im gleichen Jahr mit Blick auf eine Entscheidung des BGH zur Annahme von Wahlkampfspenden durch einen Oberbürgermeister die Ansicht vertreten, die Entscheidung zeige „in frappierender Weise, dass das Gesetzlichkeitsprinzip praktisch nicht mehr existiert“.[9] Der BGH selbst schließlich hat in seinem 2008 ergangenen Urteil im Fall EnBW, wo es um das Angebot von WM-Tickets an Minister der Baden-Württembergischen Landesregierung ging, der durch den Gesetzgeber *gelockerten Unrechtsvereinbarung* bei Vorteilsannahme und -gewährung attestiert, dieses Tatbestandsmerkmal weise „im Randbereich kaum trennscharfe Konturen auf“, was „zu Beweisschwierigkeiten führen und ... dem Tatrichter eine beträchtliche Entscheidungsmacht ein[räumen]“ könne.[10]

Diese Formulierung des 1. Strafsenats ist in der Literatur naheliegenderweise kritisch aufgenommen worden, sei es, dass man die fehlende *gerichtliche* Präzisierung,[11] sei es, dass man die Unbestimmtheit der *gesetzlichen* Vorschriften beanstandet. Letzteres tut etwa *Hettinger*, demzufolge die Tatbestände der Vorteilsannahme und der Vorteilsgewährung „die prozessualen Opportunitätsregeln in kongenialer Weise [ergänzen]: man kann jederzeit zupacken, aber man muss nicht ‚müssen‘.“[12]

c) Sind Straftatbestände wirklich von „uferloser Weite“, scheint es zwingend, sie wegen fehlender Bestimmtheit als Verstoß gegen das Gesetzlichkeitsprinzip des Art. 103 Abs. 2 GG und damit als verfassungswidrig einzustufen. Diese Auffassung wird in der Literatur denn auch vertreten.[13] Aber sie ist praktisch nicht anschlussfähig, und das aus guten Gründen.

d) In der gerichtlichen Praxis, und d.h., soweit es um die Auslegung des materiellen Rechts geht, vor allem: in der Rechtsprechung des BGH, hat sich eine andere Strategie herausgebildet. Sie findet sich auch bei anderen Tatbeständen und hat mittlerweile – Stichwort: Präzisierungsgebot[14] – das Verständ-

---

8 *Knauer/Kaspar* GA 2005, 385 (391).

9 *Kargl* JZ 2005, 503 (508). Näher dazu *Kuhlen*, Die verfassungskonforme Auslegung von Strafgesetzen, 2006, S. 70 ff.

10 BGHSt 53, 6 Rn. 34.

11 So etwa *Deiters* ZJS 2009, 578 (581); *Hamacher/Roback* DB 2008, 2747; *Schlösser* wistra 2009, 155 (156); *Noltensheimer* HRRS 2009, 151 (153); *Nestler*, Ökonomische Folgen verfehlter Kriminalisierung, in: Kempf/Lüderssen/Volk (Hrsg.), Die Handlungsfreiheit des Unternehmers – wirtschaftliche Perspektiven, strafrechtliche und ethische Schranken, 2009, S. 80 ff. (90) Fn. 33.

12 *Hettinger* JZ 2009, 370 (372).

13 So für § 331 von *Kaiser*, Drittmittel, Sponsoring und Fundraising – rechtskonforme Finanzierung öffentlicher Aufgaben oder Einstieg in die Korruption?, 2008, S. 136 ff.; *Friedhoff*, Die straflose Vorteilsannahme, 2012, S. 81 ff.

14 So BVerfG NJW 2010, 3209 Rn. 81. Dazu *Kuhlen* JR 2011, 246 (248 ff.).

nis des Gesetzlichkeitsprinzips erheblich verändert. Dass Tatbestände nach ihrem *Wortlaut* zu weit gefasst sind und deshalb auch auf nicht strafwürdige, ja „höchst erwünschte" Verhaltensweisen passen, bei den Bestechungsdelikten also z.B. viele private Zuwendungen für die Erfüllung öffentlicher Aufgaben erfassen, wird *nicht* zum Anlass genommen, diese Tatbestände als unbestimmt im verfassungsrechtlichen Sinne und damit als verfassungswidrig einzustufen. Vielmehr versucht man, „die sachlich gebotene Zurückschneidung der Strafbarkeit" durch restriktive Auslegung bzw. teleologische Reduktion des zu weit geratenen Gesetzeswortlauts zu erreichen.[15]

Diese Vorgehensweise macht die Herstellung eines ausreichend bestimmten, d.h. für die Bürger orientierungsfähigen Strafrechts zu einer Aufgabe, die in arbeitsteiligem Zusammenwirken von Gesetzgeber und Gerichten zu bewältigen ist. Es liegt auf der Hand, dass damit den Strafgerichten eine Verantwortung zuwächst, die sie nach dem klassischen Modell der Gewaltenteilung, auf dem das Gesetzlichkeitsprinzip beruht, nicht zu tragen hatten.

e) Bei den Korruptionsdelikten gab es nach deren Erweiterung im Jahr 1997 *zwei unterschiedliche Wege* einer Tatbestandsrestriktion. Der erste bestand darin, zentrale Tatbestandsmerkmale auf einer *abstrakt begrifflichen* Ebene einschränkend zu interpretieren. So hat *Lüderssen* vorgeschlagen, vertraglich *vereinbarte* Zuwendungen vom *Vorteilsbegriff* auszunehmen und dafür Zustimmung in der Literatur gefunden.[16] M.E. zu Recht ist die h.M. dem jedoch nicht gefolgt und hält unverändert daran fest, dass die *Vereinbarung* der Zuwendung *selbst* einen Vorteil bilden kann, und dies auch bei durchaus ausgewogen gestalteten Vertragsbeziehungen. So wird die Erteilung eines angemessen dotierten Gutachtenauftrags an einen Juraprofessor in der Regel einen nennenswerten und damit als Handlungsanreiz tauglichen Vorteil für diesen Amtsträger bilden.

Ein weiterer Vorschlag der Literatur zielte darauf ab, den Begriff des *Drittvorteils* einzuschränken, indem man entweder unverändert einen *eigenen* Vorteil des Amtsträgers verlangte oder aber nur Vorteile für *private* Dritte genügen ließ, nicht aber Zuwendungen an staatliche Stellen, insbesondere an die Anstellungskörperschaft des Amtsträgers.[17] Auch dieser Vorschlag hatte keinen Erfolg, wiederum m.E. zu Recht, weil er der Absicht des Gesetzgebers widerspricht und auch sachlich nicht überzeugt.[18]

---

15 LK-*Sowada*, 12. Aufl. 2010, § 331 Rn. 76; *Kuhlen*, Ausdehnung und Einschränkung der Bestechungstatbestände: Das Beispiel der Schulfotografie, FS-Frisch, 2013, S. 949 ff.

16 *Lüderssen* JZ 1997, 112 (114 f.); dazu NK-*Kuhlen*, 4. Aufl. 2013, § 331 Rn. 53 f. m.w.H.

17 Dazu NK-*Kuhlen*, 3. Aufl. 2010, § 331 Rn. 43 ff.

18 Vgl. NK-*Kuhlen*, 4. Aufl. 2013, § 331 Rn. 50 f. m.w.H.

f) Stattdessen hat sich eine, dogmatisch bei der Unrechtsvereinbarung lokalisierte, *fallgruppenspezifische* Tatbestandseinschränkung etabliert, die durch wichtige Leitentscheidungen des BGH vorangetrieben wurde, ich nenne nur die Stichworte: Drittmittel, Wahlkampfspenden und WM-Tickets.[19] Diesem Ansatz, mit der Unbestimmtheit der Bestechungsdelikte zu Rande zu kommen, folgen auch Kritiker, die – wie ich z.B. – beanstanden, dass die Rechtsprechung in bestimmten Fällen die sachlich gebotene Tatbestandsrestriktion *nicht* vorgenommen hat, Stichwort: Schulfotografie.[20]

3. Damit ist die spezifische Form der Unbestimmtheit, mit der wir es heute bei den Bestechungsdelikten zu tun haben, so weit bestimmt, wie das an dieser Stelle möglich ist. Die Tatbestände vor allem der Vorteilsannahme und Vorteilsgewährung sind zu weit gefasst, sie erstrecken sich nach ihrem Wortlaut auf eine Vielzahl nicht strafwürdiger Verhaltensweisen. Daher wird es zur Aufgabe der Gerichte, folglich auch der Strafrechtsdogmatik, durch vom Strafgesetz selbst kaum angeleitete Wertungen über die Strafwürdigkeit dieser Verhaltensweisen zu entscheiden und dafür zu sorgen, dass sie möglichst nicht nur prozessual (Stichwort: § 153a StPO), sondern materiell-rechtlich aus dem Bereich der strafbaren Korruption herausgenommen werden. Hier liegt sicherlich ein *Einfallstor* für divergierende Ordnungsvorstellungen, eventuell auch heterogene ökonomische Konzepte, die die Auslegung der Bestechungstatbestände beeinflussen könnten.

II. Heterogene ökonomische Konzepte

Damit sind wir beim zweiten Teil meines Referats, also bei den heterogenen ökonomischen Konzepten, die eventuell für das Korruptionsstrafrecht bedeutsam sind. Von diesen Konzepten verstehe ich als Nicht-Ökonom wenig. Ich will aber immerhin versuchen, im Wege der Parallelwertung in der Laiensphäre, die uns als Bürgern ja auch sonst zugemutet wird, einige Thesen zum Zusammenhang zwischen verschiedenen ökonomischen Konzepten oder Wirtschaftsmodellen und den Bestechungsdelikten zu formulieren.

1. Eine erste Form dieses Zusammenhangs besteht darin, dass Änderungen des tatsächlich praktizierten, real existierenden Wirtschaftsmodells zu Anpassungsproblemen des Rechts führen. Für das Korruptionsstrafrecht scheinen mir insofern zwei Änderungsprozesse bedeutsam zu sein.

---

19 Dazu NK-*Kuhlen*, 4. Aufl. 2013, § 331 Rn. 103 ff.; 106 ff.; 87.
20 Dazu *Kuhlen* FS-Frisch, S. 949 ff.

a) Erstens ist dies der Übergang vom Konzept einer nationalstaatlich begrenzten zu dem einer global entgrenzten Ökonomie. Die *Globalisierung* der Wirtschaft hat seit knapp 20 Jahren zu einer wachsenden Internationalisierung der Bestechungsdelikte geführt. Bis 1998 war das deutsche Korruptionsstrafrecht eine strikt nationale Angelegenheit, es ging dabei ausschließlich um den Schutz der Integrität der deutschen Staatstätigkeit, insbesondere also der deutschen Verwaltung. Der zunehmenden *europäischen* Einigung trägt seit 1998 das Europäische Bestechungsgesetz Rechnung, das den Schutzzweck des Bestechungs- und des Bestechlichkeitstatbestandes auf die anderen EU-Staaten sowie auf die neu entstandenen europäischen Institutionen ausdehnt.

Noch deutlicher lässt sich der Einfluss gerade des geänderten *Wirtschaftsmodells* auf das Korruptionsstrafrecht am ebenfalls 1998 in Kraft getretenen Internationalen Bestechungsgesetz erkennen. Zwar erweitert auch dieses Gesetz, vordergründig betrachtet, lediglich den Anwendungsbereich des hergebrachten Tatbestandes der Bestechung (§ 334). Aber der Sache nach ist dadurch ein neuer Tatbestand der internationalen Wirtschaftsbestechung entstanden, der dem globalen Schutz des internationalen Wettbewerbs dient und damit eigentlich ins Wettbewerbsstrafrecht und nicht in das klassische Korruptionsstrafrecht gehört, das die Integrität des öffentlichen Dienstes schützen soll.[21]

Durch das 2. Korruptionsbekämpfungsgesetz wurde dieser Tatbestand freilich einer erneuten Metamorphose unterzogen. Denn § 335a Abs. 1 erweitert nunmehr, soweit es um künftige Diensthandlungen geht, die Tatbestände der Bestechung und der Bestechlichkeit auf alle ausländischen und internationalen öffentlichen Bediensteten, ohne dass es auf ein Handeln im Wettbewerb ankäme. Die hierdurch geschaffenen Tatbestände der internationalen Bestechung und Bestechlichkeit dienen dem Schutz der Integrität ausländischer Staaten sowie ausländischer und internationaler öffentlicher Institutionen weltweit und betreten damit – jedenfalls in der Sphäre des rechtlichen Sollens – eine neue Stufe der Internationalisierung des deutschen Korruptionsstrafrechts.

b) Zweitens gibt es nach meiner, notgedrungen aus der Laienperspektive erfolgenden, Wahrnehmung in Deutschland seit einigen Jahrzehnten die Entwicklung, dass sich der Staat nicht darauf beschränkt, die Rahmenbedingungen für den Wettbewerb Privater zu garantieren, sondern selbst als Wettbewerber auftritt und konsequenterweise sich und seine Staatsdiener auf ein wettbewerblich effizientes Verhalten verpflichtet. Das führt zum einen zu Verschränkungen von Staat und Gesellschaft, beispielsweise zu den unterschiedlich weitgehenden Privatisierungen von Post und Bahn, in deren Gefolge die Abgrenzung zwischen

21 Vgl. NK-*Kuhlen*, 4. Aufl. 2013, § 334 Rn. 3aff.

öffentlicher und privater Tätigkeit verschwimmt und damit die Unbestimmtheit des *Amtsträgerbegriffs* wächst. Diese Unbestimmtheit ist also primär kein begriffliches Problem, das auf fehlender Präzision der Definitionsarbeit von Rechtsprechung oder Rechtsdogmatik beruhte, sondern das, was man als die *Porosität* von Begriffen bezeichnet hat (so *Friedrich Waismann*), also eine Unbestimmtheit, die der Sprache aus der Veränderung der Realität erwächst.

Zum anderen gerät die Verpflichtung von Amtsträgern zu *wettbewerblich effizientem* Verhalten in Konflikt mit der klassischen Funktion der Korruptionstatbestände, eine Verquickung des öffentlichen Handelns mit privaten Tauschbeziehungen zu verhindern. Wenn das Recht z.B. die Besoldung von Hochschullehrern von deren Erfolg bei der Einwerbung von Drittmitteln abhängig macht, setzt es einen Anreiz für diese Amtsträger, in Konkurrenz zu anderen und damit in Wettbewerb um Drittmittel, damit auch: um private Zuwendungen, zu treten. Haben sie dabei Erfolg, so wird das jedenfalls für ihre Universität, also einen Dritten, typischerweise auch für sie selbst *vorteilhaft* sein. Und wird dieser Vorteil nicht um einen Gotteslohn gewährt, sondern naheliegenderweise als Gegenleistung für ein dienstliches Verhalten oder doch Wohlwollen, so ist man nach deren Wortlaut bereits im Anwendungsbereich der Bestechungstatbestände und steht vor dem zuvor geschilderten Problem, diese irgendwie zurückzuschneiden, um absurde Bestrafungen zu vermeiden.

2. Bei den bisher genannten Zusammenhängen geht es um *Erklärungen* für Unbestimmtheiten des Korruptionsstrafrechts. Mit der mir vorgegebenen Themenstellung ist möglicherweise eine weitere Erwartung verbunden, nämlich die These, dass divergierende ökonomische Konzepte zu unterschiedlichen *Lösungen* der Probleme führen, die das Korruptionsstrafrecht und insbesondere seine Unbestimmtheit de lege lata aufwerfen. Diese These könnte man deskriptiv oder normativ auffassen.

Deskriptiv gedeutet besagt sie, dass unterschiedliche Auslegungen der Bestechungstatbestände, die in Rechtsprechung oder Literatur vertreten werden, auf unterschiedlichen ökonomischen Konzepten beruhen. Normativ interpretiert behauptet sie, dass man das geltende Korruptionsstrafrecht so auslegen bzw. praktizieren sollte, wie das einem bestimmten, vorzugswürdigen ökonomischen Konzept entspricht.

Zu beiden Versionen dieser These ist mir nicht viel Weiterführendes eingefallen. Um mit der deskriptiven Variante zu beginnen, so sehe ich *nicht*, dass sich unterschiedliche Vorschläge zur Auslegung des geltenden Korruptionsstrafrechts auf divergierende ökonomische Konzepte zurückführen ließen. Allenfalls könnte man vielleicht sagen, dass der *Verzicht* auf klare, die Unbestimmtheit der Bestechungstatbestände deutlich reduzierende Lösungen, den man, wie dargelegt, der heute herrschenden Auffassung und vielleicht auch manchen Einzelentscheidungen wie dem EnBW-Urteil des BGH attestieren mag, eine „*Ökonomisierung*" der Strafrechtspflege selbst begünstigt. Denn die Unbestimmtheit des Korruptionsstrafrechts eröffnet ein wechselseitiges Drohpotential, das eine *tauschförmige*, nach Opportunitätsgesichtspunkten erfolgende Erledigung von Korruptionsstrafverfahren für alle Beteiligten attraktiv macht. Diese „Ökonomisierungsthese", die sicherlich weiter konkretisiert werden könnte und müsste, hat einen gewissen ideologiekritischen Appeal. Ich sehe allerdings nicht recht, wie man eine so verstandene Ökonomisierung der Strafrechtspflege mit divergierenden ökonomischen Konzepten in fruchtbarer Weise in Verbindung bringen könnte.

Was die normative These angeht, so wäre es sicherlich besonders interessant, wenn man sich strafrechtsextern auf eine vorzugswürdige ökonomische Konzeption einigen könnte und dann „nur noch" zu untersuchen hätte, welche strafrechtlichen Konsequenzen aus dieser Konzeption richtigerweise zu ziehen sind. Insofern muss ich jedoch passen, da ich zu dieser strafrechtsexternen Frage kein eigenes Urteil habe.

Einen gewissen normativen Ertrag hat allerdings die Einsicht in die reale Veränderung ökonomischer Konzepte, wenn man sie mit dem Postulat der *Folgerichtigkeit* verknüpft. *Wenn* man de facto wie rechtlich von Amtsträgern zunehmend *wettbewerbliches* Verhalten verlangt, so darf ein solches Verhalten natürlich nicht durch die Anwendung der Bestechungstatbestände kriminalisiert werden. Ohne Rekurs auf ökonomische Konzepte hat das die Rechtsprechung seit geraumer Zeit erkannt und durch Restriktion der Bestechungstatbestände etwa für die Drittmitteleinwerbung umzusetzen versucht. Dieser Kurs könnte und sollte m.E. noch bewusster und konsequenter verfolgt werden.

Als Beleg für beides sei abschließend noch einmal das Beispiel der Schulfotografie genannt. Der für Wettbewerbssachen zuständige 6. Zivilsenat hat im Jahr 2005 Schulfotografie-Aktionen als wettbewerbsrechtlich unbedenklich und straflos eingestuft[22]. Die daran von Strafrechtspraktikern geübte Kritik, die schließlich zu dem Strafverfahren führte, in dem 2011 der BGH urteilte, macht m.E. deutlich, dass die unterschiedlichen Auffassungen zu diesem Fall wesentlich von unterschiedlichen Vorstellungen über das wettbewerblich angemessene Verhalten der Beteiligten abhängen. Und sie zeigt, dass manche Strafrechtler doch erhebliche Probleme mit der Beurteilung eines Verhaltens als wettbewerblich angemessen oder unlauter haben.[23]

---

22 BGH NJW 2006, 225.
23 Dazu *Kuhlen*, FS-Frisch, S. 957 Fn. 48.

Diskussion

Eberhard Kempf
Mir scheint bei den drei Vorträgen zu Unbestimmtheiten im Bereich des Vermögensstrafrechts, Betrug und Untreue, im Umweltstrafrecht und im Korruptionsbekämpfungsstrafrecht – das wäre eine Leitthese für die Diskussion – ein gemeinsamer Grund für solche Unbestimmtheiten hindurch zu scheinen. Das wäre eine Frage an die Diskutanten.

Folker Bittmann
Herr Dr. Richter ist halt ein Ehrenmann und hat zwar festgestellt, dass das nicht die Krawatte ist, die er meinte, sondern nur ein Nachfolgemodell, das eben tatsächlich nur noch einen Sammlerwert hat. Er möchte aber natürlich nicht sein Versprechen brechen. Da er aber nun den Vertrag mit mir geschlossen hat, inzwischen Pensionär ist und die 10.000 € nicht mehr hat, überlegt er: Wie kann ich denn mein Gesicht wahren? Er spricht einen Bekannten der Staatsanwaltschaft Stuttgart an, geht in den Asservatenkammer und holt dort Falschgeld in Höhe von 10.000 Euro, das er mir gibt. Das ist strafbar wegen Inverkehrbringens von Falschgeld. Das ist keine Frage. Die Frage ist, ob es nicht auch ein Erfüllungsbetrug ist, weil ich ja immerhin aufgrund des Vertrages mit ihm eine Forderung über 10.000 Euro gegen ihn habe. Wenn er diese Forderung, die einen Vermögenswert hat, der in einer Bilanzierung zum Nennwert angesetzt werden dürfte, eben mit Nicht-Wert erfüllt, dann wird er mich wohl mit einem Erfüllungsbetrug zum Opfer gemacht haben.

Der zweite Aspekt, den ich aufgreifen will, ist die Frage, ob der Markt konstituierend für das Vermögen ist. Herr Dr. Richter hat in seiner Wohnung ein Bild von seinem Vater, das dieser gemalt hat. Eine wunderschöne Landschaft mit einer Eisenbahn, sehr präzise. Nur sein Vater war als Maler nicht bekannt. Wenn er das jetzt einer Galerie gibt und da drunter steht „Richter"-Maler, dann denkt man vielleicht an den anderen Richter, nicht an den Vater unseres Dr. Richter. Da Letzterer nun nicht Herr Achenbach ist, sagt er dem Galeristen: „Das ist von meinem Vater. Was bekomme ich denn dafür?" Die Antwort: „Gar nichts." Gut. Wenn er aber sagte, dass wäre von dem anderen Richter und das für meinetwegen 5 Millionen € verkauft, wäre es ein Betrug. Wenn er aber dieses Bild bei sich hat und einen Interessent kommt, der es toll findet, woraufhin Dr. Richter sagt: „Ja, also 5 Millionen", dann wäre dieses Bild, weil es an sich ja keinen Marktwert hat, weil es dafür keinen Markt gibt, nach seiner eigenen Theorie weiterhin nichts wert. Wenn jetzt aber jemand kommt und dieses Bild stiehlt, dann sind wir beim Diebstahl. Ist der Vermögensbegriff beim Diebstahl ein anderer als beim Betrug? Dann wäre die Abgrenzung zwischen Trickdiebstahl und Betrug nicht die Frage, die Abgrenzung zwischen zwei Tatbeständen, sondern zwischen Straffreiheit und Strafbarkeit. Das bestätigt nur, dass es weitere Unklarheiten über den Vermögensbegriff gibt,dass wir uns darüber weiter unterhalten müssen, dass die Diskussion nicht am Ende ist, wir aber trotzdem die Strafjustiz weiterführen müssen.

Eberhard Kempf
Oder wir lassen einfach die Krawatten zu Hause, die weder objektiv, noch subjektiv irgendeine Nutzungserwartung erfüllen. Dann hätten wir jedenfalls das Problem nicht.

Cornelius Prittwitz
Ich will aus meiner Sicht als einer der Mitveranstalter versuchen zu rekonstruieren, was für diese Teilsitzung sprach. Mein Problem, das ich mit Lothar Kuhlen und vielen anderen im Raum teile: Ich bin kein Ökonom. Zunächst: Ich finde die Wiedereinführung des Gedankens der Parallelwertung in der Laiensphäre ganz wunderbar, eine salvatorische Klausel, die man sich unbedingt merken muss. Mir drängt sich der Eindruck ist, dass wenn über Vermögensdelikte, Vermögen, Vermögensschaden gesprochen wird, wenn über Untreue und als untreu angesehenes Verhalten, und wenn über Korruption und als korrupt angesehenes Verhalten gesprochen wird, dass sich im Lauf der Jahrzehnte die Welt geändert hat; das Recht aber darauf reagiert mit Vorstellungen, die aufbauen auf Vorstellungen darüber, was die Ökonomie ist, wie sie funktioniert und wie sie zu funktionieren habe. Mit anderen Worten: Mit einer Vorstellung davon, was ordentliches Wirtschaften ist, mit der Hoffnung, dass es vielleicht noch ehrbare Kaufleute und ehrbare Menschen in der Verwaltung gibt. Wir alle würden vermutlich sagen: Es gibt noch Kaufleute, die haben ihre Regeln. Es gibt Leute in der Verwaltung, die haben auch ihre Regeln. Aber es hat sich was geändert. Die für mich entscheidende Frage ist: *Was genau hat sich verändert?* Ein Stichwort wäre für mich: Die Ökonomisierung der Welt. Die Ablösung des rechtlichen Paradigmas von einem ökonomischen Paradigma. Das sind also sehr vermittelte Prozesse. Als ich 1983 in die USA ging, um dort zwei Jahre zu studieren, war das für mich entscheidende Erlebnis, dass auf allen Ebenen der Kommunikation, keineswegs etwa nur mit Ökonomen, ökonomisiertes Denken und eine ökonomisierte Sprache selbstverständlich war. Das war nicht unvereinbar mit dem, was wir (aus der „alten Welt") gedacht und wie wir gesprochen haben, aber es musste übersetzt werden. Und es hängt natürlich zusammen auch mit Modellvorstellungen darüber, was die Ökonomie ist, wie wertvoll sie im Gesamtgemeinwesen ist, welche Regeln es gibt, wer die Regeln aufstellt, ob es Regelplu-

ralismus gibt oder ob es einen Staat gibt, der die Regeln vorgibt. Das, was ich jetzt hier angedeutet habe, mit der sich veränderten Welt in einer stärker ökonomisierten Welt und mit divergierenden Ökonomiemodellen und daraus folgenden Regeln in diesen ökonomisierten Gesellschaften, das war der Hintergrund. In den in diesem Tagungsabschnitt behandelten Deliktsbereichen, die ja – mit Ausnahme des Umweltstrafrechts im engeren Sinn – durchaus bei uns eine Tradition haben, hat die Ökonomisierung der Welt, so die Arbeitshypothese der Veranstalter, den Diskurs beeinflusst. Selbstkritisch muss ich sagen: Wir hätten wahrscheinlich als Veranstalter noch viel mehr Ökonomen in das Gespräch verwickeln müssen. Und es ist – Lothar Kuhlen hat darauf hingewiesen – natürlich besonders unglücklich, dass Herr Caspari nicht uns vorgetragen hat.* So sehr ich den Vortrag von Herrn von Weizsäcker bewundert habe, hat er doch in erster Linie ein sehr präsidial verordnetes Modell präsentiert, von dem er von vorneherein überzeugt war und immer noch überzeugt ist, so dass die Frage des Wandels der ökonomischen Modelle für ihn, wenn ich es richtig verstanden habe, keine Rolle gespielt hat. Genau das aber wäre die Arbeitshypothese, jedenfalls von mir als Mitveranstalter, dass es solche Änderungen gegeben hat und das wir darüber zu wenig erfahren haben.

Thomas Weigend

Ich habe an Herrn Kuhlen die Frage, ob sich durch die Veränderung eines Anwendungsbereichs, die Unbestimmtheit einer vorher bestimmten Norm ergeben kann. So öffnet man beispielsweise durch die Erweiterung mancher Korruptionstatbestände auf die Bestechung ausländischer Amtsträger ein völlig neues Buch, dessen Inhalt man eigentlich nicht kennt, weil plötzlich die Gesamtheit der Verwaltungen in sämtlichen Staaten der Welt in Bezug genommen wird. Natürlich gilt wohlweislich nicht Tatortstrafrecht, sondern deutsches, aber trotzdem: Es verändert sich das Substrat, das unter Strafe gestellt wird. Ich weiß nicht, ob man das unter den Bestimmtheitssatz bekommen kann. Wenn man gar nicht weiß, worauf sich die Vorschrift faktisch bezieht, ob das nicht zu einer, vielleicht sogar verfassungsrechtlich bedenklichen, Unbestimmtheit führt?

Bernd Schünemann

Ich knüpfe gleich daran an. Im Anschluss an die Bemerkung von Herrn Weigend: Sie werden ja sicherlich gelesen haben, was der Gesetzgeber, also das Ministerium, in der Begründung zum Entwurf geschrieben hat. Das ist von einer erhabenen, sagen wir mal, Blauäugigkeit, um es positiv zu formulieren. Also

* Der Beitrag von Herrn Caspari, der an dem Symposion leider nicht teilnehmen konnte, ist in diesem Tagungsband abgedruckt.

man macht eine totale Veränderung der Schutzrichtung und sagt: Das ist doch alles in der Internationalisierung sehr vernünftig, dass wir die Verwaltung in Aserbaidschan um ihrer selbst willen schützen usw.

Ich möchte noch eine kleine Bemerkung machen, weil Sie auch die EnBW-Entscheidung angeführt haben, Herr Kuhlen. Sie läuft ja darauf hinaus, dass jetzt der BGH das Bestechungsstrafrecht konturieren muss. Ich würde meinen und würde gerne Ihre Meinung dazu hören, dass darin zwei ziemlich klare, handwerkliche Fehler stecken. Einmal hat der BGH behauptet, dass der Gesetzgeber das Anfüttern habe treffen wollen. Der Gesetzgeber bezog sich aber wieder auf das Gutachten zum Juristentag. Da steht aber drin: Das bloße Anfüttern reicht nicht aus. Beim Anfüttern – ich weiß nicht, ob alle hier Angler sind – wirft man die ganze Woche lang in den Teich Futter hinein, ohne etwas Bestimmtes vorzuhaben, und am Wochenende zieht man die Leine durch den Teich. Also Anfüttern ist nicht für eine Dienstausübung gegeben, sondern nur um den Beamten schon einmal freundlich und bereit zu machen. Ich glaube, das war ein ganz klarer Bezugsfehler des BGH, der ja noch gravierende Folgen haben kann. Und ferner hat der BGH – das ist ein Thema, Herr Kuhlen, mit dem Sie sich auch schon oft beschäftigt haben – Typusmerkmale der Vorteilsgewährung als Beweisanzeichen herumgedreht und damit natürlich das, was ihm vom Bundesverfassungsgericht gerade aufgegeben worden ist, nämlich den Tatbestand zu präzisieren (was ja an sich eine Sünde an Art. 103 Abs. 2 GG ist, aber diese Sünde begehen ja alle, und wenn alle eine Sünde begehen, dann ist sie ja irgendwie Alltagsverhalten), also dieses Präzisierungsgebot hat der BGH ja quasi abgewiesen, indem er jetzt dem Tatrichter typische Normkonkretisierungsaufgaben unter der falschen Flagge als Beweisanzeichen zugeschoben hat.

Klaus Volk
Ich formuliere es als These, ich könnte es auch als Frage formulieren. Inwieweit wir uns in der Hoffnung durch Verweis auf wirtschaftliche Gegebenheiten und Gesetzmäßigkeiten, Unbestimmtheiten zu beheben, nicht Neue einhandeln. Erstens, nämlich die der Wirtschaftswissenschaften. Wir ersetzen die eine durch die andere. Und zweitens, anders als Frau Langenbucher gestern meinte, wir geben Kompetenzen aus der Hand, die wir nicht wieder zurückholen können. Für Letzteres ein Beispiel, das einigen Kollegen hier bestens bekannt ist. In einem Banken-Prozess, in dem es um die Frage der Untreue – was sonst – ging, beauftragt das Gericht zwei wirtschaftswissenschaftliche Sachverständige mit der Frage, was denn bei den Geschäften die bank-übliche Sorgfalt gewesen wäre. Die Einwände der Verteidigung, dass sei identisch mit der Rechtsfrage der Pflichtwidrigkeit bei der Untreue hat das Gericht zurückgewiesen und gesagt: „Nein, nein. Wir wollen wirtschaftlich, faktisch wissen, was die bankübliche

Sorgfalt ist, die Bewertung treffen wir hinterher." Wie man das unterscheiden kann, können wir vielleicht demnächst den schriftlichen Urteilsgründen entnehmen, oder eben auch nicht. Zweitens, und in Anknüpfung an das, was wir ja alle wissen und Herr Richter gerade aufgegriffen nochmal hat: Wenn wir sagen: Vermögen ist alles, was wirtschaftlichen Wert hat, dann deuten wir auf die und sagen, sagt uns, Wirtschaftler, doch bitte mal was Wert hat. Wir folgen Euch dann. Alle diese Kompetenzen, die wir da rüber schieben, kriegen wir nie wieder zurück in unsere eigene Entscheidungsgewalt.

Lothar Kuhlen

Jetzt kann ich ja die 15 Minuten nochmal nachholen? Herr Weigend, zwei Sachen. Ein terminologisch kleiner, in der Sache aber großer Unterschied: Ich habe gesprochen von der Porosität, die Unbestimmtheiten des Amtsträgerbegriffs erzeugt. Ich meine damit, dass Veränderungen in der Realität, also *im Anwendungsbereich*, zu Unbestimmtheiten führen können, ohne dass man jemandem einen Vorwurf daraus machen kann. Wir haben das alte Beispiel, den ehrwürdigen Elektrizitätsdiebstahl. Da war der Sachbegriff in Ordnung, dann tauchte etwas Neues auf und der Begriff passte nicht mehr. So etwas kommt häufiger vor. Und so etwas ist, glaube ich, auch hier zu beobachten, das führt zur Unbestimmtheit des Amtsträgerbegriffs.

Was Sie gesagt haben, betrifft auch ein sehr interessantes Problem, aber ein etwas anderes, nämlich die Änderung *des Anwendungsbereichs*, etwa durch das jetzige Gesetzgebungsvorhaben einer Ausdehnung der Strafbarkeit wegen Bestechung und Bestechlichkeit ausländischer Amtsträger. Es liegt auf der Hand, dass man sich dadurch neue Unbestimmtheiten einhandelt. Wenn wir schon mit unseren Amtsträgern in vielen Grenzfällen Probleme haben, dann wird das natürlich potenziert, wenn wir die ausländischen Amtsträger dazu nehmen. Die heißen übrigens bald nicht mehr Amtsträger, sondern Bedienstete, § 335a StGB. Ich habe da vorhin nochmal reingesehen, muss das auch demnächst kommentieren. Das ist eine ziemlich schwierige Aufgabe, und zwar deshalb, weil unabhängig von den ganzen praktischen Problemen – Sie sind ja Rechtsvergleicher und wissen, wie schwierig das ist – schon der begriffliche Ansatz völlig ungeklärt ist. Das ist ein Punkt, den man unter Bestimmtheitsgesichtspunkten dem Gesetzgeber vorhalten kann, selbst wenn man die Chancen einer Bestimmung des Strafbaren durch Gesetz skeptisch beurteilt.

Wir haben im EU-Bestechungsgesetz derzeit noch das Verständnis: Amtsträger ist, wer es nach ausländischem und deutschem Recht ist. Daneben haben wir im Internationalen Bestechungsgesetz den autonom völkerrechtlichen Ansatz. Dann gibt es noch die Vorstellung, man könne die Amtsträgereigenschaft strikt akzessorisch zum ausländischen Recht bestimmen. Das sind die drei wichtigsten Modelle. In der Kritik der Gesetzgebungsvorhaben ist dem Gesetzgeber vorgeschlagen worden, von Kubiciel z.B.: Entscheide Dich für eine dieser Möglichkeiten. Das wäre denkbar gewesen, der Gesetzgeber hat es jedoch nicht getan. Aber auch wenn man eine begriffliche Entscheidung trifft, bleiben natürlich viele praktische Probleme.

Ich habe demgegenüber mit der Inlandsbestechung ein relativ altes Thema des derzeit geltenden Rechts noch einmal behandelt, was den Vorzug hatte, dass das relativ schnell ging. Es ist aber auch dadurch gerechtfertigt, dass wir hier ein Modell sehen. Ihm wird man vermutlich auch bei den Erweiterungen des Korruptionsstrafrechts folgen, die auf uns zukommen. Ich glaube nicht, dass sie wegen fehlender Bestimmtheit für verfassungswidrig erklärt werden, sondern man wird versuchen, die neuen Regelungen irgendwie einzuschränken. Das betrifft neben der Auslandsbestechung auch die Neufassung des § 299 StGB, wo wir das gleiche Problem haben. Da wird man auch auf die verschiedenen Restriktionsvorschläge zurückgreifen, ohne die Verfassungswidrigkeit dieser neuen Norm anzunehmen. Ansonsten wird es natürlich dort, wo es – egal wie man sich theoretisch entscheidet – praktische Schwierigkeiten gibt, Verfahrenseinstellungen etwa nach § 153c StPO geben.

Damit komme ich zu dem ersten Punkt, den Sie, Herr Schünemann, als Vorbemerkung angesprochen haben. Das war ja auch gestern im Vortrag von Herrn Weigend interessant, dass die Berufung auf Unbestimmtheit als verfassungsrechtliche Waffe im Grunde nur eine Chance hat, wenn sie flankiert wird von dem Urteil, das betreffende Gesetz sei auch inhaltlich nicht plausibel. Und das wenden Sie, Herr Schünemann, ja auch gegen die Ausdehnung des deutschen Strafrechts auf die Bestechung und Bestechlichkeit ausländischer Amtsträger ein. Dazu ist viel geschrieben worden, unter anderem von Ihnen. Ich bin auch der Meinung, dass wir es mit einer Hypertrophie des deutschen Strafrechts zu tun haben. So wie es bisher ist, kann man es noch halten, aber der Wettbewerbsbezug des noch geltenden Tatbestandes der Bestechung von Amtsträgern im internationalen Geschäftsverkehr geht in der Neuregelung verloren. Und dann kann man es nicht mehr halten, weil man es, selbst bei optimistischem Gemüt, nicht als realistisches Strafrechtsprogramm ernstnehmen kann. Das neue Strafrecht der Korruption ausländischer Amtsträger wird nur in irgendwelchen Ausnahmefällen mal exekutiert werden. Das ist also auch inhaltlich hoch problematisch und eigentlich haben wir andere Sorgen, als ein derart symbolisches Strafrecht auszubauen.

Der zweite Punkt betrifft das EnBW-Urteil des BGH und das „Anfüttern" von Amtsträgern. Die einschlägige Gesetzgebungsgeschichte des 1. Korruptionsbekämpfungsgesetzes ist ziemlich verwickelt, zuerst hatte man es noch schlimmer gedacht. Verdienstvollerweise hat Herr Dölling mit seinem Gutachten zum Juristentag da eine gewisse Restriktion veranlasst. Das *Anfüttern* ist kein Rechtsbegriff, der mit Blick auf das geltende Korruptionsstrafrecht unmittelbare Rechtsverbindlichkeit hätte. Aber was man, egal ob man das so nennt oder anders, dem BGH zugestehen muss: Der Gesetzgeber hat mit der Lockerung der Unrechtsvereinbarung den Bezug zu einer konkreten Diensthandlung aufgeben wollen und dem muss man irgendwie Rechnung tragen. Und wenn man das tut, indem man bereits das dienstliche Wohlwollen als Dienstausübung genügen lässt, dann entspricht das durchaus der Absicht des Gesetzgebers. Denn der hat gesagt: Wenn wir in der Hierarchie der Ämter höher steigen, dann stoßen wir oft nicht mehr auf die konkreten Entscheidungen, die sich schon dem alten Recht subsumieren ließen, sondern da geht es um ein Wohlwollen, das dann irgendwie in der Behörde diffundiert, aber bei den Entscheidern doch ankommt. Wenn man das erfassen will, muss man die Unrechtsvereinbarung lockern, und das mit dem Abstellen auf das dienstliche Wohlwollen zu tun, finde ich im Ansatz zutreffend. Zustimmen möchte ich Ihrer Kritik am *EnBW-Urteil* des BGH. Hier hat man die Präzisierungschancen, die durchaus bestanden, nicht genutzt. Das Urteil des LG Karlsruhe war m.E. viel besser als das des BGH. Dabei hätte man es bewenden lassen können und so unnötige Irritationen vermieden.

Zu Cornelius Prittwitz. Ich stimme natürlich der These zu, dass sich die Welt geändert hat. Eine zunehmende Ökonomisierung mag es auch geben. Wahrscheinlich ist das eine Frage des wachsenden Wohlstands. Als Student habe ich mich nie mit Kapitalanlagen beschäftigt, jetzt ärgert mich immerhin, dass man so gar keine Zinsen mehr kriegt, was mir früher völlig egal sein konnte. Diese Art von „Ökonomisierung" finde ich aber nicht schlimm. Vor allem sehe ich keinen Bezug zu unterschiedlichen Wirtschaftsmodellen. Wenn man Ökonomisierung dagegen im Sinne des homo oeconomicus versteht, der in jeder Situation rein zweckrational entscheidet, der überhaupt keine Normbindung hat, die über die Situation hinausgeht, so gibt es viele Bereiche, etwa die öffentliche Verwaltung oder die Familie, wo wir diese Orientierung nicht haben. Hier existieren normative Bindungen, die situationstranszendent stabil sind. Ob die so verstandene These einer zunehmenden Ökonomisierung empirisch wirklich stimmt, halte ich für sehr fraglich.

Dann zu der von Ihnen, Herr Volk, geäußerten Skepsis gegenüber dem Nutzen der ökonomischen Analyse für das Strafrecht. Sie haben ja mal einen kleinen Aufsatz dazu geschrieben, dem ich völlig zustimme. Im Zivilrecht mag das anders sein, das klang ja auch gestern schon an. Aber für das Strafrecht hat das bislang wenig gebracht, wie etwa der Versuch zeigt, die Versuchsdogmatik ökonomisch zu erhellen. Auch ökonomische Analysen des Strafrechts von Ökonomen wie Becker sind straftheoretisch trivial, sozusagen Feuerbach mit vielen Daten durchgerechnet. Also ich habe da auch keine großen Hoffnungen. Um immerhin den Schlusssatz meines Referats nicht zu verraten: Wenn man die

Amtsträger auf Teilnahme am Wettbewerb verpflichtet, dann muss man beurteilen können, was wettbewerblich angemessen ist. Und das kann man als Strafrechtler nicht ohne weiteres. Das zeigt etwa der Schulfotografen-Fall. Da hat zu dem die Strafbarkeit verneinenden Urteil des BGH-Wettbewerbssenats ein Staatsanwalt gesagt: Dass die Schulfotografen der Schule für das Zur-Verfügung-Stellen der Räume etwas zahlen müssen, ist ungerecht, denn es führt dazu, dass Fotografen, die diese 500 Euro nicht zahlen können, nicht zum Zuge kommen. Ich bin kein Wettbewerbstheoretiker oder Wettbewerbsrechtler, aber dass das nicht stimmen kann, liegt doch auf der Hand. Ebenso gut könnte man sagen, es sei unfair, dass ich meine dienstlichen Bürostifte und Radiergummis nur bei Leuten beziehe, die so etwas zu einem günstigen Preis liefern können. Und das OLG Celle hat moniert, es sei nicht in Ordnung, dass die Schule die 500 Euro bekommt, richtigerweise müssten die als Preisnachlass an die Eltern weitergegeben werden. Auch das ist wettbewerblich verfehlt. Es wäre eine unzulässige Subventionierung, wenn die Schule das ihr für ihre Dienstleistung zustehende Geld nur an die Eltern weitergeben würde, die sich für den Kauf von Fotos entscheiden. Das sind so wettbewerbliche Aufklärungen, von denen wir als Strafrechtler, glaube ich, profitieren können.

Regina Michalke
Lassen Sie mich nur kurz anmerken. Ich denke, das Rechtsgebiet des Umweltstrafrechts unterscheidet sich noch einmal von den Rechtsgebieten, über die meine Mitreferenten gesprochen haben. Hier ist es so, dass die Unbestimmtheit unmittelbar zur Unanwendbarkeit der Bestimmungen führt. Ich halte dies wirklich für dramatisch. Ich habe Ihnen mit § 326 Abs. 2 StGB noch die harmloseste unbestimmte Bestimmung vorgestellt. Es gibt andere Vorschriften, z.B. die §§ 328 und 329 StGB mit zig solcher Verweise. Hier gehen die Anwendungszahlen in der Praxis gegen Null, und dies gerade auch nach der Novellierung der Vorschriften. Wir kommen hier überhaupt nicht zu diesen wunderbaren Diskussionen über Theorien und ökologisches Denken. Das Umweltstrafrecht läuft vielmehr leer und das ist ein Problem der unbestimmbaren Tatbestände. Ich habe großes Verständnis dafür, dass der Gesetzgeber vor einer sehr schwierigen Aufgabe steht, wenn er versuchen muss, über das EU-Verwaltungsrecht die Dinge zu strukturieren und für eine Vielzahl von unterschiedlichen nationalen Rechtsgebieten eine Einheitlichkeit herzustellen. Aber die Tatbestände müssen handhabbar für die Praxis sein. Sie müssen sich einmal vorstellen, was ein Staatsanwalt tut oder tun kann, wenn ich ihm als Verteidigerin in einem Ermittlungsverfahren diese Verweisungskette in § 326 Abs. 2 StGB in einem Schriftsatz vor Augen führe. Meine Erfahrung ist, dass ich in solchen Fällen noch nicht einmal eine Antwort bekomme. Ich rufe dann nach zwei Jahren bei der Staats-

anwaltschaft an und dann wird mir gesagt: Das Verfahren wurde beendet, es liegt längst im Archiv. Da ist also offenbar selbst der Staatsanwalt sprachlos geworden, und ich glaube, darin unterscheidet sich nochmal diese Form der Unbestimmtheit von allen anderen Rechtsgebieten.

Hans Richter
Zuerst möchte ich Frau Michalke Recht geben. Das Umweltstrafrecht war ein Strafrecht, das in der Praxis nach seiner Einführung mit hohem Engagement bearbeitet worden ist, insbesondere auch von den Schwerpunktstaatsanwaltschaften. In der Zwischenzeit sind die Wege des Strafrechts über das Verwaltungsrecht zu einem Dickicht geworden. Ich höre, dass aus diesen Bereichen selbst bei engagierten Staatsanwaltschaften, wie z.B. Stuttgart, Strafverfolgung kaum mehr stattfindet und gebe Ihnen deshalb vollkommen Recht. Das zeigt, dass der Gewinn an Bestimmtheit durch Verweis auf immer mehr Kaskaden dem Strafrecht vorgelagerter Normen, den Verlust strafrechtlicher Ahndung und damit strafrechtlichen Schutzes der Rechtsgüter bedeutet.

Aber ich möchte zu meinem Thema etwas sagen, weil ich mit Ihnen, Herr Kuhlen, nicht übereinstimme. Mir nämlich sagt der Satz über die „Ökonomisierung" von Herrn Prittwitz tatsächlich etwas und ich denke, diese ist – sowohl allgemein gesehen, als auch speziell im Wirtschaftsleben – doch ganz ausgeprägt. Ich verstehe unter dieser „Ökonomisierung" zentral die „Nutzenerwartung" der Beteiligten im Hinblick auf eine *kurzfristige* Realisierung von Chancen. Diese zeitliche Komponente der Wertbestimmung hat nach meiner Wahrnehmung ganz allgemein – auch im privaten Umfeld – zugenommen, insbesondere natürlich aber auch bei den Verantwortlichen für Unternehmensentscheidungen. Dies hat aber nunmehr ein Ausmaß angenommen, das ich mir vor 40 Jahren nicht hätte vorstellen können. Gemeint ist damit die Nutzen-Optimierung im Hinblick auf *kurzfristige monetäre Erfolge*. Dies ist nachgerade ein Irrsinn, wenn man bedenkt, dass auf diese Weise sogar „vom Staat Geld gedruckt" wird, weshalb in Wahrheit eine Wertentleerung stattfindet.

Wenn dies aber richtig ist, Herr Prittwitz, dann meine ich: Wir sind bei der Frage, welche Risikogrenzen setzen wir für – die der Bestimmung des Vermögens vorgelagerten – Handlungsformen. Dazu können wir Sachverständige, z.B. auch Betriebswirte, befragen: Welches sind die am Markt zu beobachtenden Handlungen und welches die ihnen zugrundeliegenden Motive? Unsere Rechtsordnung belegt aber: Nur solche Phänomene der Realität werden von ihr anerkannt, die dem Wertmaßstab des Rechtsgutes entsprechen. Dies ist aber keine betriebswirtschaftliche, sondern eine rechtliche Bestimmung, die vom Strafrichter und nicht vom Sachverständigen entschieden, ja diesem für sein Gutachten vorgegeben werden muss. Da bin ich ganz bei Ihnen, Herr Volk. Ich denke, wir können von den Betriebswirten nur erfahren, was in der Realität, der „Praxis“, gemacht wird. Den wertenden Schluss dürfen wir aber auf gar keinen Fall den Betriebswirten überlassen, denn: Die Betriebswirte habe keine (normative) Wertbasis!

Und so komme ich ja wieder zu dieser, unserer Wertbasis zurück, nämlich zur Frage: Haben *wir* denn eine? Bestimmt das Vermögen als Schutzbereich des einzelnen Bürgers diese Wertbasis? Und wenn ja, was bedeutet dies konkret? Ich habe in meinem Beitrag versucht, die klassischen Abgrenzung, „Dispositionsfreiheit und Vermögen“, zu relativieren, indem ich ausgeführt habe: Vermögen quantifiziert in Recheneinheiten ist ja nichts Anderes wie intersubjektiv – auf der Grundlage der Dispositionsfreiheit – festgestellte Nutzenerwartungen. Aber diese müssen objektiviert werden. Ich muss sie also von der Einzelerwartung – was kann *ich* mit dem Gegenstand machen – lösen.

Diese Objektivierung erfolgt in funktionierenden Märkten. Wo es diese funktionierenden Märkte nicht gibt, also, wenn diese gestört sind (z.B. weil es ein zu kleiner Markt ist; weil die Marktteilnehmer keine gemeinsame (Entscheidungs-)Basis haben; weil es ein krimineller Markt ist), muss eine andere Objektivierung dieser Nutzungs- oder genauer: Nutzenerwartungen vorgenommen werden. Und dies können die Betriebswirte nicht entscheiden – da bin ich ganz Ihrer Meinung. Wir Juristen haben schon sehr viel Entscheidungskompetenz in diesem Bereich den Sachverständigen überlassen und wir haben die Betriebswirtschaft damit überfordert. Jetzt haben wir Schwierigkeiten, die Entscheidungskompetenz zurückzuholen und die Entscheidung auf einen normativen Wertgrundsatz zurückzuführen, den wird dann den Betriebswirten vorgegeben können und müssen, weil diese sie uns nicht geben können.

Paradoxien(?)

Matthias Jahn

Einführung

Dass Gesetze, insbesondere Strafgesetze, auch auf symbolische Wirkung angelegt sind, ist zunächst einmal kein Vorwurf, sondern nach heutigem Verständnis eine bare Selbstverständlichkeit. Die Belege dafür sind vielfältig und weit gestreut. So hat den Ausgangspunkt des nachfolgenden Vortrags *Winfried Hassemer* vor einem Vierteljahrhundert in seinem berühmten NStZ-Aufsatz zu symbolischem Strafrecht und Rechtsgüterschutz[1] formuliert. Die Liste der von ihm seinerzeit genannten Beispiele ist seither stetig gewachsen, gewuchert, ja explodiert. Und die Aufzählung der Beispiele, die einschlägig sind, oder die jedenfalls in dringendem Verdacht stehen, einschlägig zu sein, würde den Rest des Vormittags sicherlich füllen.

Franz Salditt wird, so vermute ich, diesen Ausgangspunkt von *Hassemer* teilen und sich nun dem Folgeproblem zuwenden: Der Frage, welche symbolische Funktion *gewollte* Unbestimmtheit haben kann. Das Thema insinuiert, wie Sie sofort gemerkt haben, dass es solche gewollte Unbestimmtheit überhaupt gibt. Und es ergibt sich die Vorfrage, wie man diesen gewollten Unbestimmtheiten auf die Spur kommt.

Ein potentielles Beispiel dafür sehen Sie hier in der Tafelprojektion. Das Verhältnis von Diskussion und Abschlussdiskussion ist in unserer Tagungsagenda unbestimmt. Der unbefangene Leser denkt sich möglicherweise, beides habe nichts miteinander zu tun und verkennt damit, dass die Abschlussdiskussion von vorneherein als Puffer konzipiert war für im Vorneherein noch nicht vorhersehbare unbestimmte, spontane Korreferate des Vormittags, so dass wir Herrn *Salditts* Vortrag, die Diskussion seines Vortrags und die Abschlussdiskussion zusammenfassen werden.

1 NStZ 1989, 553.

Franz Salditt

Gewollte Unbestimmtheit und Gefahrenzonen?

– Zum Strafrecht der Wirtschaft

I.

Im Jahre 1982 hat *Schulze-Osterloh* vor der Deutschen Steuerjuristischen Gesellschaft e.V. einen fundamentalen Vortrag gehalten. Er handelte vom Konflikt zwischen dem notorisch oft unbestimmten Steuerrecht einerseits und dem strafrechtlichen Bestimmtheitsgrundsatz andererseits.[1] Im Blick auf Art. 103 Abs. 2 GG hat sich *Schulze-Osterloh* für eine gespaltene Rechtspraxis ausgesprochen, die den strafrechtlichen Schutz auf solche Normen „verengt" und damit beschränkt, die im Kernbereich des Steuerrechts mit dem gebotenen Maß an Bestimmtheit ausgestattet sind. Die damit vorgeschlagene Trennung von Steuerrecht und Strafrecht verdient immer noch Aufmerksamkeit, zumal einflußreiche Stimmen sich dafür aussprechen, im Interesse fiskalischer Gerechtigkeit steuerschärfende Analogien zugunsten der öffentlichen Kassen zuzulassen.[2] Im Jahre 2011 hat sich der 1. Strafsenat des Bundesgerichtshofs jedoch, ohne daß *Schulze-Osterloh* überhaupt erwähnt wird, zu dem apodiktischen Hinweis veranlaßt gesehen, es gebe „keinen Steueranspruch des Staates, der nach dem Willen des Gesetzes nicht gegen eine rechtswidrige und schuldhafte Verkürzung strafrechtlich geschützt sein soll."[3] Trifft das zu, dann hilft dem Bürger, wenn es um unbestimmtes Steuerrecht geht, nur noch die alte Rechtsprechung, nach der ein Irrtum über den Steueranspruch den Vorsatz ausschließt und deshalb straflos macht (§ 16 StGB).[4]

---

1 J. Schulze-Osterloh, Unbestimmtes Steuerrecht und strafrechtlicher Bestimmtheitsgrundsatz, in: Kohlmann (Hrsg.), Strafverfolgung und Strafverteidigung im Steuerstrafrecht, Köln 1983, S. 43ff.

2 Tipke, Steuerrecht in Theorie und Praxis, Köln 1981, S. 126ff., 128ff.; Drüen in: Tipke/Kruse, AO (2012) RdN 361 zu § 4. Dieser Meinung folgt BFH BStBl 84, 221 (224); dagegen aber BVerfG NJW 1996, 3146, wonach ein hoheitlicher finanzieller Eingriff auf einer gesetzlichen Grundlage beruhen muß, die nicht durch Analogie geschaffen werden kann.

3 Beschl. v. 8.2.2011 1 StR 24/10 wistra 2011, 264, 266 (27).

4 BGHSt 5, 90, 92. Dazu grundsätzlich und aus heutiger Sicht L. Kuhlen in: Mellinghoff (Hrsg.), Steuerstrafrecht an der Schnittstelle zum Steuerrecht, DStJG Bd. 38 (2015), Vorsatz und Irrtum im Steuerstrafrecht, S. 117ff. Dort heißt es auf S. 136, „daß es sich bei der Steueran-

Manche befürchten, der 1. Strafsenat, der den Ruf hat, das Steuerstrafrecht von Grund auf zu erneuern, werde Fehlvorstellungen über die Steuerpflicht fortan als Verbotsirrtum (§ 17 StGB) behandeln. In diesem Fall käme es auf den weichen Begriff der Vermeidbarkeit von Irrtum und Unkenntnis an. Soll aber aus der fehlenden Bestimmtheit steuerlicher Normen für den Bürger ein prinzipieller Anlaß abgeleitet werden, sich im Zweifelsfall fachlich qualifiziert beraten zu lassen, gäbe es keinen unvermeidbaren Verbotsirrtum mehr, wenn der Bürger auf die Konsultation eines Experten verzichtet. Selbst steuerliche Berater müssen den Mandanten gegenüber zum eigenen Schutz dazu neigen, auf Unbestimmtheiten hinzuweisen und Risiken zu thematisieren, die sie selbst nicht einschätzen können. Das unterstreicht die Ungewißheit, anstatt sie aufzuheben, und zwingt den Steuerpflichtigen dazu, sich aus Vorsicht im Zweifel für den Fiskus zu entscheiden.

Mit seinem Urteil vom 8. September 2011 befürwortet der Bundesgerichtshof die Annahme des bedingten Vorsatzes, soweit der Bürger „die für sein Gewerbe bestehenden steuerlichen Erkundigungspflichten ... gleichgültig ignoriert hat.“[5] Dieser Maßstab erleichtert den Schuldspruch, wenn ein Irrtum naheliegt, aber nach Meinung der Richter durch fachlichen Rat ausgeräumt worden wäre. In unsicherer Lage soll der Steuerpflichtige nach dieser Auffassung des 1. Strafsenats allgemein gehalten sein, Rechtsrat einzuholen: „Informiert sich ein Kaufmann über die in seinem Gewerbe bestehenden steuerrechtlichen Pflichten nicht, kann dies auf seine Gleichgültigkeit hinsichtlich der Erfüllung dieser Pflichten hindeuten. Dasselbe gilt, wenn es ein Steuerpflichtiger unterläßt, in Zweifelsfragen Rechtsrat einzuholen.“ Solche Formulierungen vernachlässigen das voluntative Element des Vorsatzes; sie verwischen den Unterschied zwischen dem Irrtum über Tatumstände und dem Verbotsirrtum. Dies kann dazu führen, daß Tatrichter die fließenden Grenzen zwischen strafbarem Vorsatz und strafloser Fahrlässigkeit retrospektiv nach eigenen Maßstäben bestimmen. So schlägt unbestimmtes Recht in Strafbarkeit um. Die Hoffnung, Art. 103 Abs. 2 GG werde dagegen schützen, wäre trügerisch.[6] Unbestimmtes Recht macht un-

spruchstheorie um eine liberale, für den Bürger günstige Lösung der Irrtumsproblematik handelt, die mit der enormen Zunahme und Komplizierung des Steuerrechts verbunden ist. Diese liberale Position paßt rechtspolitisch nicht in den Trend einer ständigen Verschärfung des Steuerstrafrechts, der in Deutschland seit einigen Jahren mit Händen zu greifen ist ...“ Und auf S. 141 schließt Kuhlen seine Abhandlung mit dem Satz ab: „In Wahrheit geht es darum, ob wir weiterhin bereit sind, zu akzeptieren, daß § 370 AO nur die vorsätzliche, nicht aber die fahrlässige Steuerhinterziehung unter Strafe stellt.“

5 BGH 1 StR 38/11 v. 8.9.2011 wistra 2011, 465.

6 Zuletzt (und enttäuschend) BVerfG 16.6.2011 wistra 2011, 458; dazu Kempf/Schilling, Revisionsrichterliche Rechtsfortbildung im Strafrecht, NJW 2012, 1849.

berechenbare Richter. Unbestimmte, aber strafbewehrte, Gesetze machen den Menschen zum ängstlichen statt zum selbstbewußten Bürger, der er von Rechts wegen sein sollte.

Komplexität wird durch Bilder reduziert. Was Metapher bewirken können, zeigt sich am Beispiel sogenannter „*Cum Ex*"-Transaktionen, bei denen Aktien vor dem Tag der Hauptversammlung „cum Dividende" erworben und kurze Zeit später „ex Dividende" veräußert wurden. Hier wird endlos darüber gestritten, ob auch die Erstattung oder Verrechnung einer nicht einbehaltenen Kapitalertragsteuer beansprucht werden durfte. Der Gesetzgeber hatte eine auffällige Lücke, die das bei wörtlicher Anwendung zuzulassen schien, erst spät geschlossen. Klaus Ott hat in der SZ vom 2. November 2015 formuliert, die *Cum-Ex*-Akteure hätten dem Fiskus einen Milliardenbetrag „gestohlen." Er hat dies nicht zufällig so ausgedrückt. Ein Metapher – der „Griff in die Steuerkasse des Staates" – ist schon länger zum Synonym für Steuerhinterziehung geworden. Die „Kasse des Staates" steht für das Opfer, der „Griff" für die Tat. Mit solchen Assoziationen werden, wenn es darauf ankommt, normative Unvollkommenheiten überwunden.[7] Aus der rechtlichen Perspektive geht es aber nicht um die „Kasse des Staates", sondern um das gesetzliche Konstrukt des Steueranspruchs, der verkürzt wird. Geschützt sind auch wertlose Steueransprüche gegen insolvente Bürger. Strafrechtlich wird nach § 370 AO nicht „in die Kasse gegriffen", sondern etwas gesetzlich Gebotenes nicht oder falsch erklärt. Das suggestive Bild (eines Diebes) verdunkelt die Rechtsfindung und lenkt den Blick ab von den Anforderungen des Art. 103 Abs. 2 GG an die gesetzliche Bestimmtheit des Steuerstrafrechts.[8]

---

7 Zur Problematik der Cum Ex-Transaktionen F. Podewils, Steuerrechts-„Exegese" durch den Staatsanwalt?, wistra 2015 S. 257. Die Lücke wird in der Gesetzesbegründung zum JStG 2007 angesprochen, BT-Drucks. 16/2712 v. 25.9.2006, S. 46 ff. und Podewils a.a.O. S. 259 f. Vom „Griff in die Kasse des Staates" spricht in einem ähnlichen Zusammenhang die Entscheidung des BGH 1 StR 579/11 NJW 2012, 1015 = wistra 2012, 191, 192.

8 Ein interessantes Beispiel, das nicht § 370 AO, sondern § 266a StGB betrifft, für die Problematik von Unbestimmtheit findet sich im Entwurf eines Gesetzes zur Änderung des Arbeitnehmerüberlassungsgesetzes und anderer Gesetze des Bundesministeriums für Arbeit und Soziales (Stand 16.11.2015). Danach ist die Einfügung eines neuen § 611a in das BGB geplant, worin die Abgrenzung des Arbeitsvertrages vom Werkvertrag erstmals geregelt werden soll. In der Begründung heißt es dazu (auf S. 30) wörtlich: „Die Kriterien werden damit für die Praxis, insbesondere für die Prüftätigkeit der Behörden, transparent in einer subsumtionsfähigen Rechtsnorm wiedergegeben." Dieser Formulierung kann man im Umkehrschluß entnehmen, daß es bisher an einer „transparenten" und „subsumtionsfähigen" Rechtsnorm gefehlt hat. Dennoch gibt es eine seit Jahren florierende Praxis der Staatsanwaltschaften und der Strafjustiz, wonach Werkverträge in faktische Arbeitsverträge umgedeutet werden, ohne daß § 611a BGB existiert hat.

Auch Symbole signalisieren normative Unbestimmtheit. Das von den großen Kapitalgesellschaften propagierte Selbstverständnis des *„Good-Corporate-Citizen“* ist ein symbolisches Leitbild.[9] Man kann es als eine überhöhende Umschreibung des „ordentlichen und gewissenhaften Geschäftsleiters“ (§ 93 Abs. 1 S. 1 AktG) verstehen. Ähnliche Überhöhungen finden sich im *„True-and-fair-view-Prinzip“* als Motto (Deutscher Corporate Governance Kodex Nr. 1, § 161 AktG). Auch gibt es sie seit einigen Jahren bei der allseits beschworenen *Compliance*. Diese erschöpft sich nicht in dem, was früher Gesetzestreue hieß. *Compliance* gleicht, wenn man die werbende Sprache des „Good-Corporate-Citizen“ auf sich wirken läßt, dem öffentlichen Versprechen, einem moralischen Zeitgeist treu zu sein. Je stärker die Reputation des Unternehmens davon abhängt, daß die Symbole geachtet werden, desto schneller schlagen mutmaßliche Zuwiderhandlungen in eine Schädigung dieses unsichtbaren geldwerten Rechtsguts um.

Symbole im Recht gelten als folgenlos. Dabei handelt es sich aber um einen Irrtum. Sie sind Zeichen und stehen für einen diffusen Inhalt. Fahnen zum Beispiel symbolisieren Macht oder Gemeinschaft[10] und zielen auf Gefühle.[11] Im Recht sind Symbole Zeichen für die intendierte Herrschaft des Gesetzes, aber ohne bestimmte Konturen. Soweit sich die staatlichen Gewalten auf Symbole stützen, wird der Mensch als Untertan behandelt, dem auferlegt ist, der Fahne zu folgen, ohne zu wissen, wo genau die Grenze der Freiheit verläuft. Leitbilder appellieren an Moral- oder Gerechtigkeitsvorstellungen, die in der Gesellschaft entstehen, nicht aber in den Parlamenten. Das läßt die Garantien des Rechtsstaats erodieren.[12]

---

9 Dazu d. Verf., Das Unternehmensinteresse zwischen Recht, Ökonomie und Ethik, in: Kempf/Lüderssen/Volk (Hrsg.), Die Handlungsfreiheit des Unternehmers – Perspektive, strafrechtliche und ethische Schranken, Berlin 2009, S. 106 ff.

10 Über Symbole und Rituale in der Hauptverhandlung im Strafverfahren: M. Stehmeyer, Diss. Münster 1990 (S. 12, Symbole als Mittel der Darstellung von Herrschaft).

11 Stehmeyer, wie vor, S. 18.

12 Peter M. Huber, In der Sinnkrise (25 Jahre nach der Wiedervereinigung schwächelt die Demokratie, der Rechtsstaat neigt zur Erosion und das Gefüge der Gewaltenteilung hat sich verschoben), FAZ 1.10.2015, S. 7. Friedrich Schaffstein hat in seiner berüchtigten Abhandlung des Jahres 1934 (Politische Strafrechtswissenschaft, S. 6) ausdrücklich bemerkt, der Glaube, wissenschaftliche Erkenntnis sei ihrer Natur nach wertfrei und deshalb an irrationale Voraussetzungen nicht gebunden, habe sich als Irrtum erwiesen. Er hat als eigentliche Aufgabe der wissenschaftlichen Erforschung des Rechts die „Suche nach den mannigfaltigen irrationalen Voraussetzungen und den Ideologien“ bezeichnet, „die als innere Triebkräfte die Entwicklung des wirklichen Rechts über das Gesetz hinaus bestimmten.“ Da Symbole das Irrationale ansprechen, muß man die Ausführungen des Jahres 1934 heute als Warnung verstehen.

II.

Unbestimmtes Strafrecht galt denen als opportun, nach deren Meinung die Richter nicht mehr von dem Gesetz abhängig sein sollten, sondern von einer autoritären Staatsideologie. Diese Zeiten sind vorbei, doch gibt es Gründe, die alten Texte nicht zu vergessen. *Heinrich Henkel* hat im Jahre 1934 über das Verhältnis von „Strafrichter und Gesetz im neuen Staat" geschrieben.[13] „Wir lösen", so führte er aus, „uns von der Vorstellung des vergangenen Rechtszeitalters, daß das Gesetz Maßstab und Richtlinie des Verhaltens in strafrechtlicher Hinsicht sei, daß der Staatsbürger sein Tun und Lassen aufgrund der Kenntnis des Strafgesetzes einrichte ..." Die neue Lösung führe weg „von der Vorstellung eines Anspruchs auf Berechenbarkeit."

Das war ein ausdrückliches Bekenntnis „zu der Ansicht, daß das Strafrecht ... nicht abgestellt werden darf auf die Erwartungen derjenigen, die ein Interesse an der Grenzziehung des Gesetzes haben, weil sie sich auf dem schlüpfrigen und schmalen Gebiet zwischen sittlich mißbilligtem, aber strafrechtlich nicht erfaßten Tun bewegen wollen."[14] Adressat der neuen Botschaft war der Richter. Ihm oblag die Sorge dafür, „daß jedes nach seinem materiellen Unrechts- und Schuldgehalt strafwürdige Verhalten die angemessene Strafe nach sich zieht."[15] Programmiert werden sollte der Richter nicht mehr durch das Gesetz, sondern durch die autoritäre Staatsführung.

Mit diesem Ziel, aber schlauer, hat *Carl Schmitt* das Ende des „juristischen Positivismus" insbesondere auch für Strafrecht (und Steuerrecht!) ausgerufen.[16] Der Positivismus, so *Schmitt*, mache den Steuerstaat in gleicher Weise zum Gespött, „wie er das dem verwegenen und fantasiebegabten Verbrecher mit Hilfe des Satzes *nulla poena sine lege* auf strafrechtlichem Gebiet ermöglichte."[17] Schon 1932 hat *Carl Schmitt* die Wendung des Staates zum „Plan" statt zur „Frei-

---

13 Heinrich Henkel, Strafrichter und Gesetz im neuen Staat, Hamburg 1934.

14 Heinrich Henkel a.a.O. S. 67 f.. Der Text nimmt ausdrücklich auf den NS-Staat Bezug. Heinrich Henkel wurde im Jahre 1974 durch eine Festschrift („Grundfragen der gesamten Strafrechtswissenschaft") geehrt.

15 Heinrich Henkel,wie vor S. 69. Friedrich Schaffstein hat in seiner Abhandlung des Jahres 1934 über „Politische Strafrechtswissenschaft" als Kennzeichen der politischen Strafrechtsreform die Zurücksetzung „des obersten liberalen Rechtswertes der Rechtssicherheit und Rechtsberechenbarkeit" bezeichnet (S. 11). Er hat den Richter so gesehen, daß dieser „innerhalb des ihm überlassenen Wertungsspielraums bei der Gesetzesanwendung die politische Tätigkeit des Gesetzgebers fortsetzt" (S. 20).

16 Carl Schmitt, Über die drei Arten des rechtswissenschaftlichen Denkens, Hamburg 1934, S. 58 ff., 60.

17 Carl Schmitt wie vor S. 62.

heit" beschrieben, der als „Wirtschaftsstaat" nicht mehr als „parlamentarischer Gesetzgebungsstaat arbeiten kann und zum Verwaltungsstaat werden muß."[18] *Carl Schmitt* wollte dies mit der „Not der Zeit" und dem Bedürfnis nach lenkenden Vorgaben rechtfertigen.[19] Der neue Staat finde „sein Daseinsprinzip in der Zweckmäßigkeit, Nützlichkeit und, im Gegensatz zur Normgemäßheit des auf Normierungen beruhenden Gesetzgebungsstaates, in der unmittelbar konkreten Sachgemäßheit seiner Maßnahmen, Anordnungen und Befehle."[20] Da der Richter unbestimmtes Recht nicht nach eigenem Belieben anwenden sollte, bedeutet dies, daß die „Befehle" ihn erreichen mußten. Dabei ging es beileibe nicht nur um das Steuerrecht, sondern eben auch um das Strafrecht.

In diesem Zusammenhang spielte die Untreue eine bemerkenswerte Rolle. Das läßt ein Beitrag *Georg Dahms* aus dem Jahre 1935 in der Zeitschrift für die gesamte Strafrechtswissenschaft erkennen.[21] Darin bezeichnete *Dahm* die Untreue (§ 266 StGB) als das „verkleinerte Spiegelbild des echten Verrats." Der Vorzug der herrschenden liberalen Auffassung, nämlich der Mißbrauchstheorie, habe in Sicherheit und Berechenbarkeit der Rechtsfolgen gelegen. Dieser Vorteil aber sei „teuer erkauft" gewesen. Er habe „eine Fülle offensichtlich strafwürdiger Fälle der Bestrafung entzogen."[22] Zukünftig gehe es um eine „weitgehende Auflockerung", ja fast eine „Auflösung des Tatbestandes."

Auf diesem Weg wurde die „neue Funktion des Tatbestandes als Leitsatz und Richtlinie für die Rechtsprechung, nicht als Mittel zur Begrenzung der Strafgewalt" verstanden.[23] Nach *Dahm* sollte es bei der Untreue auf das „Gewicht der Gesinnung beim Verrat" ankommen. Die Gesinnung, nicht die „objektive" Tat, begründe das Unrecht.[24] Mit dem bürgerlichen Rechtsstaat war, wie *Heinrich Henkel* offen einräumte, der „Begriff der Berechenbarkeit als oberster Wertbegriff verschwunden."[25] An die Stelle sicherer gesetzlicher Grenzen trat eine „gewisse Gefahrenzone", die sich um die Tatbestände herumlegen sollte.[26]

---

18 Carl Schmitt, Legalität und Legitimität, München und Leipzig 1932, S. 11.

19 Carl Schmitt wie vor S. 13.

20 Carl Schmitt wie vor S. 13.

21 Georg Dahm, Verrat und Verbrechen, Zeitschrift für die gesamte Strafrechtswissenschaft 1935, S. 283 ff., 290 f.

22 Dahm, a.a.O. S. 290, nimmt auch auf die neuere Gesetzgebung (Gesetz vom 26.5.1933; RGBl. I, 295) Bezug, die den Treubruch neben der Mißbrauchsuntreue besonders hervorgehoben habe.

23 Dahm wie vor S. 290. In seinem Text ist der Begriff des Tatbestandes in Anführungszeichen gesetzt.

24 Dahm wie vor S. 290 f.

25 Heinrich Henkel a.a.O. FN 13 S. 66.

26 Heinrich Henkel wie vor S. 68.

Dies verwandelte das Amt des Strafrichters.[27] Dessen alte Bindung an das Gesetz wurde von einer neuen Bindung abgelöst.[28] Bei dieser Bindung konnte es sich nur um die Ideologie der Staatsführung handeln.[29]

Freisler, Staatssekretär im Reichsjustizministerium, hat im Jahre 1936 das Wort von der „Gefahrenzone" beifällig aufgenommen.[30] In diesem Zusammenhang hat er sich ausdrücklich auf *Dahm* bezogen, der sich für eine neue Funktion des „Tatbestandes" „als Leitsatz und Richtlinie für die Rechtsprechung, nicht als Mittel zur Begrenzung der Strafgewalt" ausgesprochen hatte.[31] *Freisler* hat, um die „Gefahrenzone" zu schaffen, den „Einbau sittlich ausfüllungsbedürftiger Tatbestandselemente" für erforderlich gehalten.[32] In derselben Festschrift wie Freisler hat *Hedemann* das „Antlitz des Gesetzgebers" geradezu hymnisch gepriesen, der „mitten unter uns ... selber im Menschlichen und Völkischen verwurzelt ist, daß „Wir" zu ihm gehören, aber auch „Er" zu uns."[33] Damit verschwammen alle Grenzen und war der Gesetzeswille am Ende das, was der von *Hedemann* in der Festschrift Schlegelberger genannte „Sprecher des Volkes in unvergleichlicher Schönheit und Höhe der Gestalt Adolf Hitlers" verkörperte.[34] Zu diesem Bild paßte der alles umgreifende „Treue- und Gemeinschaftsgedanke im Aktienrecht", dem Klausing damals immerhin noch 50 keineswegs unkritische Seiten widmete.[35]

---

27 Heinrich Henkel wie vor S. 69.

28 Heinrich Henkel wie vor S. 69.

29 Übrigens ist mein Exemplar der Schrift von Henkel aus dem Jahre 1934 mit dem Besitzstempel der Deutschen Akademie für Staats- und Rechtswissenschaft „Walter Ulbricht" in Potsdam-Babelsberg II versehen. Dies zeigt, daß die Betrachtung des Richters im NS-Staat durchaus auch als beispielhaft für den sozialistischen Staat sowjetischer Prägung gelten konnte.

30 R. Freisler, Der Heimweg des Rechts in die völkische Sittenordnung, in: FS Schlegelberger, S. 28 ff., 41.

31 Dahm wie vor S. 290 f.

32 Freisler, wie vor, S. 34. Carl Schmitt, Über die drei Arten des rechtswissenschaftlichen Denkens, Hamburg 1934, S. 60, hat für Strafrecht und Steuerrecht davon gesprochen, daß sich die Methode „der scheinbar festen, tatbestandsmäßig beschreibenden Begriffsbildung und das Ideal ihrer ‚Tatbestandsmäßigkeit'" auflöse. Er hat in diesem Zusammenhang den „unbestimmten" Tatbestand der Untreue ausdrücklich erwähnt, ebenfalls das „Vordringen sog. normativer statt deskriptiver Tatbestandselemente."

33 J. W. Hedemann, Das Antlitz des Gesetzgebers, FS Schlegelberger wie vor, S. 1 ff.

34 Hedemann, wie vor, S. 11.

35 F. Klausing, Treupflicht des Aktionärs? – Gedanken über „Aktienrechtsreform" und „Wirtschaftsethos", FS Schlegelberger, wie vor, S. 405 ff., 450. „Wirtschaftsethos" als Rechtskategorie war ein Vorläufer des „Good Corporate Citizen."

III.

Angesichts dieser Vergangenheit hat sich der deutsche Verfassungsgeber für einen anderen Weg entscheiden müssen. Strafrechtliche Eingriffe als Ultima Ratio bedürfen einer bestimmten rechtlichen Grundlage. Als Antwort auf unsere jüngere Zeitgeschichte nimmt Art. 103 Abs. 2 GG eine zentrale Stellung im Rechtsstaat ein. Dies wird zur Untreue eindrucksvoll belegt durch die fundamentale Entscheidung des Bundesverfassungsgerichts des Jahres 2010.[36] Mehr als ein halbes Jahrhundert nach Überwindung der Diktatur unterliegt die Moderne aber anderen Versuchungen. Man hat sie im Begriff des „ökonomisierten Richters“ gebündelt.[37] *Carsten Schütz* beschreibt die Methode der normativen Programmierung, die darin besteht, Richter zu befreien und Verfahrensgestaltung in deren Ermessen zu stellen.[38] Der Zuwachs an richterlicher Freiheit stärke die Exekutive, deren Erwartungshorizont sich in statistischen Vorgaben niederschlägt.[39] Mit solchen Erwartungen nimmt die Bürokratie den Richter in Anspruch. Die Erwartung zielt auf den prozessualen Umgang mit materiellem Recht. Im Jahre 2001 hat *Wolfgang Hoffmann-Riem* gefragt, ob die „von den Gerichten verwaltete Gerechtigkeit nicht so umdefiniert werden“ müsse, „daß es um das Ziel geht, ein gerechtes Ergebnis mit dem geringstmöglichen Einsatz von Mitteln zu erreichen.“[40] Er ist der Frage nicht ausgewichen, „ob die Zielwerte Wahrheit und Gerechtigkeit einer Relativierung durch ökonomische Erwägungen unterworfen sein können.“[41]

Die Öffentlichkeit hat auf ein von „ökonomisierten“ Erwägungen geleitetes richterliches Ermessen geschlossen, als die Hauptverhandlung gegen Ecclestone vor dem Landgericht München I nach § 153a StPO gegen Zahlung einer Auflage in Höhe von 100 Millionen US-Dollar abgebrochen wurde. Mit dem bekannten Gesetz des Jahres 2009 über die Verständigung im Strafverfahren sind, wie die Bundesregierung es formuliert hat, kommunikative Elemente gefördert worden, durch deren Einsatz eine Verständigung erwirkt werden kann.[42] Soweit ein Strafgesetz unbestimmt ist, müssen die Beschuldigten daran interessiert sein, Gewißheit dadurch zu erlangen, daß ein sicheres Ergebnis mit Richtern und Staatsanwälten ausgehandelt wird. Die Betroffenen fangen damit richterliche

---

36 BVerfG Beschl. v. 23.6.2010 NStZ 2010, 626.
37 Carsten Schütz, Der ökonomisierte Richter, Berlin 2005, S. 278 ff.
38 Carsten Schütz wie vor S. 301.
39 Carsten Schütz wie vor S. 306.
40 W. Hoffmann-Riem, Modernisierung von Recht und Justiz, Frankfurt a.M. 2001 S. 217.
41 W. Hoffmann-Riem wie vor S. 218.
42 Gesetzesentwurf der Bundesregierung Stand 18.03.2009 BT-Drucks. 16/12310.

Freiheit, die Kehrseite unbestimmten Rechts, ein. Kann aber der Zugang zur Verständigung, wie der Bundesgerichtshof meint, vom Richter als Türhüter nach Ermessen aufgedrängt, gewährt oder versagt werden[43], „hebelt" dies die richterliche Macht, die mit materiellrechtlichen Spielräumen verbunden ist, zum Beispiel zur freien Beweiswürdigung oder zum Strafmaß.

Die Beteiligung der Beschuldigten an der Herstellung eines gerechten Ergebnisses wird als herrschaftsfreier Diskurs verklärt. Das geschieht in Anlehnung an *Jürgen Habermas* und dessen Theorie kommunikativen Handelns.[44] Doch empfiehlt es sich, bei *Habermas* nachzulesen, was er zur „Unbestimmtheit des Rechts" zu sagen hat.[45] Die juristische Hermeneutik als Methode, Rechtssicherheit und Richtigkeit im Umgang mit Normen zu garantieren, leide in einer pluralistischen Gesellschaft daran, daß nicht auf ein herrschendes und durch Interpretation fortgebildetes Ethos der Richter zurückgegriffen werden kann. „Was dem einen als ein historisch bewährter Topos gilt, ist für den anderen Ideologie oder schieres Vorurteil."[46] Und weiter: „In dem Maße, wie sich der Ausgang eines Gerichtsverfahrens aus Interessenlage, Sozialisationsprozeß, Schichtzugehörigkeit, politischer Einstellung und Persönlichkeitsstruktur der Richter oder aus ideologischen Traditionen, Machtkonstellationen, wirtschaftlichen und anderen Faktoren innerhalb und außerhalb des Rechtssystems erklären läßt, ist die Entscheidungspraxis nicht mehr intern durch die Selektivität von Verfahren, Fall und Rechtsgrundlage bestimmt."[47]

Das klingt skeptisch – aus gutem Grund. Unbestimmtes Recht hält die Richter dazu an, zu eigenen Wertungen zu greifen, um Entscheidungen zu rationalisieren und Vorurteile zu kaschieren, mit denen sie die Unbestimmtheit des Rechts kompensieren.[48] In homogenen Gesellschaften mit einer homogenen Richterelite war dieser Prozeß berechenbar. Diversifizierte Gesellschaften müssen sich aber auch in der Zusammensetzung der Richterschaft spiegeln. In ihnen müssen deshalb die das Strafrecht bestimmenden Wertungen durch das

---

43 Aus Sicht des Bundesgerichtshofs I StR 391/12 Beschl. v. 21.11.2012 ermächtigen die neuen Vorschriften die Berufsrichter dazu, auch „ungefragt" initiativ zu werden und bereits im Zwischenverfahren (§ 202a StPO nach ihrem Ermessen eine Strafober- sowie Strafuntergrenze mitzuteilen, um eine Absprache vorzubereiten. In der Hauptverhandlung besteht eine entsprechende Ermächtigung nach § 257b StPO.

44 Stefan Müller-Dohm, Jürgen Habermas, Frankfurt a.M. 2008, S. 7; Jürgen Habermas, Theorie des kommunikativen Handelns, Frankfurt a.M. 1981.

45 Jürgen Habermas, Faktizität und Geltung, Beiträge zur Diskurstheorie des Rechts und des demokratischen Rechtsstaats, Frankfurt a.M. 1992, S. 238 ff.

46 Habermas wie vor S. 245.

47 Habermas wie vor S. 246.

48 So Habermas wie vor S. 262 unter Hinweis auf A. Altman.

Parlament vorgegeben werden. *Habermas* selbst zweifelt daran, ob seine Theorie auf gerichtliche Verfahren anwendbar sei.[49] Seine Bedenken treffen insbesondere auf die Lage des Beschuldigten im Strafverfahren zu, der nicht zur kooperativen Wahrheitssuche verpflichtet werden kann und deshalb sein Interesse an einem günstigen Ausgang strategisch verfolgen darf.[50] Kommunizieren alle Beteiligten strategisch, die Richter, um den Prozeß ökonomisierend zu verkürzen und Ressourcen zu ersparen, die Beschuldigten, um sich ein berechenbares Ergebnis zu sichern, dann wird das, was im Idealfall durch kommunikative Vernunft als Mittel und Ziel erreicht werden könnte, zumeist von vornherein verfehlt.[51] Die Perspektive bleibt düster – Drohung wird zum Instrument von Verhandlungsmacht.[52]

Ähnliches gilt für die Untreue, bei der das Bundesverfassungsgericht sich um eine konkretisierende Auslegung des Nachteilsbegriffs bemüht hat.[53] Auch hier aber erfordert aus der Sicht der Justizpraxis Vorsatz längst nicht mehr Wissen und Wollen, sondern reicht heute die jedem gewünschten Ergebnis zugängliche Feststellung von Ahnen und Laufenlassen aus, wenn es darauf ankommt, wie sich der Bürger die künftigen Folgen riskanten wirtschaftlichen Verhaltens vorgestellt haben mag.[54] Verteidiger werden in diesem dunklen Grenzbereich zur straflosen bewußten Fahrlässigkeit lieber über eine schonungsvolle konsensuale Vorsatzstrafe verhandeln, als eine harte Sanktion bei Schuldspruch nach „uneinsichtigem“ Bestreiten in Kauf zu nehmen. Die Angeklagten in Wirtschaftsstrafverfahren, meist *homines oeconomici*, können kalkulieren; sie erkennen Drohungen auch dann, wenn diese nicht ausgesprochen werden.[55]

---

49 Habermas wie vor S. 283.

50 So, freilich ohne Hinweis auf den Strafprozeß, Habermas wie vor S. 283 mit Nachweisen.

51 Zur kommunikativen Vernunft Habermas wie vor S. 17 ff.

52 So Günter Hager, Konflikt und Konsens, Tübingen 2001, S. 74.

53 BVerfG a.a.O. FN 36.

54 Eine ausdrückliche Anerkennung findet das voluntative Element des bedingten Vorsatzes neuerlich im Urteil des 5. Strafsenats des BGH vom 28.5.2013 5 StR 551/11 NStZ 2013, 715. Danach läßt sich das voluntative Elemente nicht bereits weitgehend aus dem Gefährdungspotential der Handlung ableiten, auch nicht aus dem Grad der Wahrscheinlichkeit eines Erfolgseintritts. Vielmehr kommt es „immer auch auf die Umstände des Einzelfalles an, bei denen insbesondere die Motive und die Interessenlage des Angeklagten zu beachten sind ...“ Billigend in Kauf genommen werden darf nicht nur die konkrete Gefahr; vielmehr muß sich die billigende Inkaufnahme auch auf die Realisierung dieser Gefahr erstrecken

55 In dem Maße, in dem es gelingt, drohende Strafe durch § 153a StPO abzuwenden, geht die Kalkulation – trotz hoher Geldauflagen – auf. Im Wirtschaftsstrafrecht kann das den Grundkonflikt einer punitiven Rechtspolitik neutralisieren und die gesetzlichen Instrumente auf expressive Symbolik reduzieren. Dazu d.V., § 153a StPO und die Unschuldsvermutung, in FS Egon

IV.

Während das konsensual genannte Verfahren das Richteramt, gemessen an der Zahl schneller rechtskräftiger Erledigungen, stärkt, wird dieses Amt, gemessen an der Gesetzesbindung, die seine legitimierende Grundlage ist, beschädigt. Der Richter nämlich teilt seine Rolle beim „Deal“ mit dem Beschuldigten, ohne dessen Zustimmung die angestrebte Lösung scheitern müßte, und mit dem Verteidiger, der sich kommunikativ „verständigt.“ Inzwischen hat die hohe Wertschätzung von Kommunikation auch schon Eingang in die Straftheorie gefunden. Dort wird vorgeschlagen, Strafe als einen an den Täter adressierten Tadel[56] und damit als „kommunikativen Akt“ zu verstehen.[57] Die Sanktion („Übelzufügung“) sei „Verstärkung und Ausdifferenzierung des kommunikativen Aktes“.[58] Strafzumessung dient dann der „Differenzierung des Grades an Tadel“[59], indem sie den Ernst der kommunikativen Aussage „symbolisch“ unterstützt.[60] Wird die Kommunikationstheorie auf das „Wesen der Strafe“ angewendet, bleibt das nicht ohne Folgen. Kommunikation nämlich findet pendelnd zwischen „Sender“ und „Empfänger“ statt; aus der Sicht der Vertreter dieser Theorie zielt Kommunikation auf „Verständigung über Normen als Essenz von Gesellschaften“ ab.[61] Eine Theorie der Strafe, die sich darauf einläßt, wird daher den „ Konsens“ im Strafverfahren als Vollendung des kommunikativen Vorgangs in den Vordergrund stellen müssen und als Bestätigung verstehen.

Vor diesem Hintergrund wird Schweigen und werden kontradiktorische Verteidigungen geringgeschätzt. Dann haben Absprachen Konjunktur, zu denen das Geständnis gehört (§ 257c Abs. 2 S. 2 StPO). Die Angeklagten aus der Wirtschaft sind oft auch dazu bereit; sie ziehen es vor, das Urteil aktiv mitzugestalten, anstatt dessen Härte passiv zu erleiden. Die Wirkung ist paradox. Dazu soll *Gunther Arzt* zitiert werden: „Ohne weiteres verkraftbar ist die Maximalisierung von *in dubio pro reo* in einer Rechtskultur, in der fast alle Verdächtigen durch Geständnis die Zweifel an ihrer Schuld ausräumen.“[62] Ein solcher

---

Müller, Baden-Baden 2008, S. 610 ff., 620 mit Hinweis auf U. Volkmann, Demokratisches Schamanentum, FAZ 16.3.2007.

56 T. Hörnle, Straftheorien, Tübingen 2011, S. 36.

57 T. Hörnle wie vor S. 45.

58 T. Hörnle wie vor S. 45.

59 T. Hörnle wie vor S. 42.

60 T. Hörnle wie vor S. 42.

61 T. Hörnle wie vor S. 31 unter Hinweis auf Günther Jakobs, Norm, Person, Gesellschaft, 3. Aufl. Berlin 2008, S. 61 ff.

62 Gunther Arzt, Ketzerische Bemerkungen zum Prinzip in dubio pro reo, Berlin 1977, S. 21.

Zustand aber, so *Thomas Weigend*, wäre typisch für autoritäre Staatssysteme.[63] Die Faszination des Geständnisses hat ihre Anhänger auch im Rechtsstaat gefunden, der den Richter auf „Ökonomisierung“ festlegen will und umständliche forensische Konflikte verabscheut. Vor dem für Wirtschaftsstrafsachen zuständigen Richter verteidigen sich die Starken. Wenn schon sie dem Druck nachgegeben und ein verabredetes Geständnis „liefern“, werden die Schwachen vor ihren Strafrichtern erst recht nicht mehr widerstehen können. Im Strafprozeß beschleunigt die Dialektik der Kommunikation deshalb eine Entwicklung, der in der Gesellschaft durch Kommunikation entgegengewirkt werden soll: Sie entfesselt Macht, anstatt diese zu bändigen.

63 Th. Weigend, Strukturelle Probleme im deutschen Strafprozeß, StraFo 2013, 45 ff., 48.

Diskussion

Matthias Jahn

Lieber Herr Salditt, ich will nicht Ihre große zeitliche Disziplin und die klaren Thesen Ihres wie immer eindrucksvollen Referats dadurch verwässern, dass ich jetzt zu einem Co-Referat zu Nebenkriegsschauplätzen anhebe, wie beispielsweise der Frage, ob der *Habermas* von „Faktizität und Geltung" der Frankfurter Gewährsmann für die Verständigung im Strafverfahren sein sollte oder ob es nicht vielmehr *Alexy* mit der Sonderfallthese ist, also dem Gedanken des Strafverfahrens als einem Sonderfall des strategischen Diskurses. Das würde uns nur auf Abwege bringen und vor allem in zeitliche Nöte versetzen. Das will ich dadurch vermeiden, dass ich sofort die Diskussion zu Ihren Thesen freigebe. (*Pause*)

Sie haben möglicherweise insgeheim darauf gewartet, um sich erst noch einmal sortieren können, dass ich doch ein Co-Referat halte, was ich jetzt auch rasch tun werde, um Ihnen diese Möglichkeit zu geben. Ich will versuchen, den Anschluss an unseren Beginn vom gestrigen Vormittag zu finden und den Link zum „politischen Wirtschaftsstrafrecht" zu setzen. Mir ist bei Ihrem Vortrag sehr klar geworden, dass es eine Fülle gewollter Unbestimmtheiten im Wirtschaftsstrafrecht gibt. Sie haben das am Beispiel des Steuerstrafrechts vorgeführt. Ich will es noch einmal allgemeiner wenden und mit dem Narrativ von *Naucke* in Verbindung bringen. Diese gewollten Unbestimmtheiten delegieren, wenn ich Sie richtig verstanden habe, Entscheidungsbefugnisse von der Legislative ganz bewusst auf die Judikative und ermöglichen zunächst den Staatsanwaltschaften und danach bei dem, was zur Anklage kommt, den Gerichten, in dem Maße, in dem Unbestimmtheiten vom Gesetzgeber entweder bewusst gesetzt werden oder jedenfalls akzeptiert werden, „programmatische Grundanschauung" (ein Begriff, den *Thomas Rönnau* gestern in einen affirmativen Kontext gesetzt hat) in rechtliche Bewertung umzusetzen. Das funktioniert im Kontext der Untreue, beispielsweise auch im Kontext des Steuerstrafrechts und, wie wir heute nochmal gelernt haben, auch im Zusammenhang des Korruptionsstrafrechts. Diese Normdelegation, die kritisieren Sie, wie ich finde, mit eindrucksvollen und scharfen Worten und gehen ja auch durchaus so weit, das in einen zeitgeschichtlichen Zusammenhang mit der Delegation von Verantwortlichkeit durch das NS-Strafrecht zu setzen – und das ist sicherlich sub specie Untreue auch die richtige Tonlage, die sie getroffen haben. Das hat jetzt Herrn *Kuhlen* herausgefordert, kurz zu reagieren, und die anderen werden sich weiter sammeln und dann in die Diskussion einstimmen.

Lothar Kuhlen
Ich sage nichts zu der Verdichtung durch Herrn Jahn, sondern nur, dass Sie, Herr Salditt, die NS-Problematik zwar sehr klug angefasst und gesagt haben: „Ich spreche jetzt über etwas ganz anderes“. Aber natürlich stellen Sie damit einen Kontext her, den Herr Jahn in verdichtender Weise durchaus zu Recht aufgegriffen hat, und ich glaube, mir gefällt die Tonlage nicht, und zwar aus folgendem Grund. Es ist nicht so einfach, abstrakte Gesetze bestimmt zu machen, und die Vorstellungen, auf denen der Art. 103 Abs. 2 GG beruht, sind zum großen Teil Illusionen des 18. Jahrhunderts. Das ist nicht einfach eine Böswilligkeit des Gesetzgebers und ich glaube auch, dass der Anteil der gewollten Unbestimmtheit relativ gering ist, und deshalb würde ich sagen: Für mich scheidet es aus, hier einen Zusammenhang mit der NS-Rechtslehre der 1930er Jahre herzustellen.

Franz Salditt
Dazu ganz schnell. Ich war gestern zunächst einmal mit Blick auf das, was ich sagen wollte und heute gesagt habe, beruhigt als ich Herrn Weigend hörte, weil wir zur Kenntnis nehmen mussten, dass es mit dem „thin ice“ eine gewollte Unbestimmtheit im angelsächsischen Recht gibt, die traditionell dort auch für gerechtfertigt gehalten wird. Das hat mich beruhigt und das hat mich auch ermutigt, die auf eine dämonische Weise listig bei Carl Schmitt und bei Henkel auch klug formulierten Ausführungen zu erwähnen. Ich sage nicht, dass der moderne Gesetzgeber sich daran anlehnt. Ich behaupte nicht, dass Unbestimmtheit mit direktem Vorsatz als Instrument des Rechts genutzt wird. Aber ich stehe zu dem Wort vom bedingten Vorsatz. Ich habe die Entscheidung des Ersten Strafsenats mit einem Schlüsselsatz zitiert. Es gibt so was wie eine Zufriedenheit damit, dass „Gefahrenzonen“ existieren. Und es gibt eine Dialektik im Umgang mit den „Gefahrenzonen“ in der Strafjustiz. Sie findet in der Kommunikation und in den Verhandlungen zu Absprachen statt.

Lothar Kuhlen
Eine Strategie des Gesetzgebers besteht in dem Versuch, alles minutiös zu regeln. Sie führt, gerade unter Bedingungen der derzeit stattfindenden europäischen Einigung, zu den Absurditäten, die uns heute Frau Michalke eindrucksvoll vorgeführt hat. So verrückt auch sein mag, was dabei herauskommt, ist das im Grunde ein Versuch, durch Gesetz im materiellen Sinn, einschließlich der Verordnung, die Unbestimmtheit zu reduzieren. Und dieser Versuch erweckt in mir große Sympathien dafür, dass man es bei gesetzlichen Unbestimmtheiten belässt. Dagegen wird dann aber in der Literatur, beispielsweise bei den Fahrlässigkeitsdelikten, eingewendet, die erforderliche Gesetzesbestimmtheit fehle.

Ja, wenn das beides nicht geht, dann wird es sehr schwierig, sich überhaupt noch realistische Lösungen vorzustellen.

Mein zweiter Punkt betrifft unser Ökonomisierungsthema. Was Sie zitiert haben von Herrn Hoffmann-Riem, würde ich vollständig unterschreiben. Das ist eine Aufklärung, die uns die Ökonomen erteilen. Aus deren Sicht ist es trivial richtig, dass Prozessziele wie die Ermittlung der Wahrheit nur in einem ökonomisch vertretbaren Rahmen verfolgt werden können. Dagegen hätte ich überhaupt nichts einzuwenden.

Mein dritter Punkt betrifft die Symbole. Ich glaube, die These vom symbolischen Strafrecht beschränkt sich nicht darauf zu sagen, dass Symbole im Recht eine wichtige Rolle spielen. Das wäre ja normativ völlig ohne Sprengstoff. Es geht vielmehr um eine normativ interessante These, die besagt: Symbolisches Strafrecht stellt etwas unter Strafe der Form nach und schafft gleichzeitig Auswege, um die Strafbarkeit dann nicht wirklich exekutieren zu müssen. Das Ganze soll der Bevölkerung zeigen: „Wir handeln", folgt aber dem Motto „Wasch mich, aber mach' mir den Pelz nicht nass". Symbolisches Strafrecht in diesem Sinn ist nach wie vor eine interessante kritische Kategorie, weil etwas Derartiges nicht verallgemeinerungsfähig ist.

Franz Salditt
Die habe ich ausgeklammert. Ich habe zeigen wollen, dass Symbole wie unbestimmtes Recht wirken können.

Christoph Burchard
Herr Salditt, Danke für das wunderbare Referat. Eine Formulierung hat mir sehr gut gefallen, weil sie sehr trickreich war. Sie heben immer auf „den Bürger" ab. Aber: Über welchen „Bürger" sprechen wir hier? Sollten wir im Wirtschaftsstrafrecht vom „normalen" Bürger ausgehen oder nicht doch von Normadressaten, die juristisch bestens beraten sind bzw. sein sollten? In der Vorlesung sage ich immer: Im Wirtschaftsstrafrecht im Allgemeinen und mit Blick auf Tatbestände wie die Untreue haben wir es regelmäßig nicht mit der „Oma" zu tun. Es kann die „Oma" sein, aber wenn sie es trifft, so handelt es sich um einen „Kollateralschaden", weil wir den wirtschaftsstrafrechtlichen Normadressaten anders zeichnen (Stichwort: Sonderpflichtige). Im Wirtschaftsstrafrecht denken wir (ob zu Recht, ist eine andere Frage) an Wirtschaftsteilnehmer, die juristisch top beraten sind, die sämtliche Gesetzeslücken austesten und versuchen, durch die Maschen des Gesetzes zu schlüpfen. Stichworte wie Cum-Ex und Enron müssen insofern genügen. Daher die provokante Frage: Gilt es nicht auch „diese" Wirtschaft, die sich „kreativ compliant" oder die sich gar betrügerisch compliant (Stichwort: VW Abgasskandal), wirtschaftsstrafrechtlich einzuschränken? In seiner Untreue-

Entscheidung formulierte das Bundesverfassungsgerichts, dass der Gesetzgeber nicht alles bis ins Letzte ausführen müsse, um auf wandelnde Lebensverhältnisse – und hier lese sich hinein: um auf eine sich auf die Gesetzeslage einstellende Wirtschaft – reagieren zu können. Das ist das Spannungsverhältnis zwischen dem Strafrecht für den normalen Bürger, der sich im und mit dem Gesetz über das Ver-/Gebotene informiert, und einem Strafrecht für Wirtschaftsteilnehmer, die sehr genau hinschauen, was ihnen da „angeboten" wird.

Franz Salditt
Das nehme ich ernst. Aber bedenken Sie bitte: Es gibt nicht nur den Vorstand der Großbank, dem eine Steuererklärung für einen Zeitraum zur Unterzeichnung vorgelegt wird, in dem er nicht zuständig war. Er unterzeichnet diese Steuererklärung, ohne dass dem intensive Rechtsbelehrungen und Erörterungen zugrundelagen. Jetzt ist er Beschuldigter in dem steuerstrafrechtlichen Verfahren des sogenannten CO_2-Komplexes. Diesem Mann hätten seine Stäbe zur Verfügung stehen können, mit welchem Ergebnis auch immer. Er konnte aber auch voraussetzen, dass seine Stäbe mit der Sache befasst waren, bevor sie ihm zur Unterzeichnung vorgelegt wurde. Ich reagiere darauf nur als Zeitungsleser. Es gibt aber eben auch meine typischen Mandanten, nämlich eher kleine Leute. Sie sind keine Vorstände einer Großbank, sondern Landwirte oder Winzer in der Rhein- oder Moselschiene. Da kommt die berühmte Oma vor. Auch sie gehört zum wirtschaftsstrafrechtlichen Geschehen. Hier spielt § 266a StGB eine große Rolle. Es geht um die Verkürzung von Sozialabgaben, die davon abhängt, ob jemand als Werkunternehmer oder Arbeitnehmer beauftragt worden ist – zum Beispiel im Weinberg oder im Forst. Dazu hat die Ministerin Nahles in der letzten Woche ein Interview gegeben. In ihrem Ressort wird ein Gesetz vorbereitet, das für mehr Rechtssicherheit sorgen soll. Das Problem der Bestimmtheit ist hier beim Gesetzgeber angekommen. Die Ministerin Nahles hat sich dazu bekannt, daß für mehr Rechtssicherheit gesorgt werden soll.

Hans Richter
Ich habe, Herr Salditt, große Schwierigkeiten damit, wenn sich Verteidigerkreise in dem Bestimmtheitserfordernis suhlen, um auch mal spitz zu formulierten. Ich möchte ausdrücklich auf die Folgen hinzuweisen, wenn nur ganz bestimmte, extrem bestimmte, Sachverhalte dem Strafrecht unterliegen sollen. Wer dies fordert, der will, dass nur die einfachen Sachverhalte dem Strafrecht unterliegen. Und damit werden Menschen als Strafrechtsadressaten eingegrenzt und ausgegrenzt. Da hilft mir Ihre Oma (die meine ich, vielleicht Frieda Springer heißen könnte) auch nicht weiter.

Für mich ist dabei auch von Bedeutung, dass wir im Wirtschaftsstrafrecht – im Unterschied zum allgemeinen Strafrecht – ganz überwiegend Sonderdelikte haben. Wir haben überwiegend Handlungspflichten und nicht Unterlassungsgebote. Wir wenden uns ganz überwiegend an den besonders Pflichtigen im Wirtschaftsstrafrecht. Ich denke, diese Position – ich habe eine besondere Stellung, aus der der Gesetzgeber Pflichten ableitet – dazu führt, dass ich mich über den Umfang meiner Pflichten informieren muss, bevor ich sie übernehme und auch ständig danach. Das hat Auswirkungen auf den Grad der Bestimmtheit der Pflichtenumschreibung: Natürlich muss diese so bestimmt wie möglich sein! Da gebe ich Ihnen vollkommen Recht. Die Frage ist nur die Quantität der Bestimmtheit – und die richtet sich nach dem Adressatenhorizont, der beim Straßenfeger anders aussieht als beim Manager.

Thomas Weigend
Meine Überlegung knüpft an die Ausführungen zu Richter und Gesetz an, die Sie zitiert haben. Wir gehen ja immer davon aus, dass der Bestimmtheitsgrundsatz auch eine Frage der Gewaltenteilung ist und dass der Gesetzgeber bestimmte grundsätzliche Dinge entscheiden soll und der Richter diese Vorgaben ausführen soll. An sich, spricht in einer komplexen Welt nichts dagegen, dass der Gesetzgeber programmatisch arbeitet und Ziele vorgibt und der Richter dann selbstständig entscheidet dann, ob die ihm präsentierten Vorgänge unter das Gesetz fallen oder nicht. Möglicherweise kann man das im Steuerrecht auch so machen. Die Besonderheit des Strafrechts ist aber, dass die Rechtsnormen auch Bestimmungsnormen für den Einzelnen sind; d.h. dem Einzelnen wird nicht nur nachträglich gesagt: „Das und das ist passiert, deswegen musst Du Geld zahlen." Sondern es wird ihm vor vorneherein gesagt: „Du hast dies zu tun und jenes zu unterlassen, und zwar bei Strafe." Ich meine, dass sich aus diesem Spezifikum des Strafrechts ergibt, dass die Bestimmtheit etwa im Steuerstrafrecht eine andere sein muss als im Steuerrecht.

Franz Salditt
In England hat der Court of Appeal die Rechtsprechung mit der Maßgabe geändert, dass nicht nur ex nunc, sondern auch ex tunc die Vergewaltigung in der Ehe strafbar ist. Die neue Rechtslage traf einen Ehemann, der seine Frau vergewaltigt hatte bevor die Änderung eintrat. Die Sicht der angelsächsischen Strafjustiz hierzu unterscheidet sich von unserer Verfassungslage. Das hat mit der unterschiedlichen Rechtsgeschichte zu tun. Ich wollte mit meinem Beitrag keinen Anstoß erregen. Was im NS-Giftschrank steht, ist heute kaum noch bekannt. Aber in Deutschland sollte es im kollektiven Gedächtnis bewährt bleiben, weil es zum Inventar einer Diktatur des Unrechts gehörte.

Thomas Böckenförde
Vielen Dank, Herr Salditt, für Ihre luziden Betrachtungen. Dazu drei spontane Gedanken Einmal zum Stichwort: Von der Grenze zur Zone. Spezial- wie generalpräventive Strafzwecke gehen von der Vorstellung aus: Die Gesetze sollen für jedermann sichtbar die Grenze aufzeigen, ab wann ein bestimmtes Verhalten strafbar ist. Wenn ich die Grenze überschreite, gehe ich das Risiko ein, vielleicht ins Gefängnis zu kommen, also kann ich mich darauf einstellen und vorbeugend mein Verhalten bestimmen. Mir scheint das ganz fruchtbar zu sein, beim Wirtschaftsstrafrecht vielleicht mehr in Verbotszonen als in Grenzen zu denken, denn nur so lassen sich komplexe Wirtschaftssachverhalte adäquat abbilden. Aber auch solche Zonen müssen ja visibel und bestimmbar sein, damit die betreffenden Personen ihr Verhalten präventiv darauf einrichten können. Zonen haben einen klar sichtbaren Kern, verschwimmen dann aber an Ihren Grenzen und werden unscharf. Wie würde man das Denken in Zonen praktisch versuchen können umzusetzen, ohne Bestimmbarkeit und Sichtbarkeit des verhaltensbestimmenden Strafrechts aufzugeben? Und wie lassen sich Zonen gesetzestechnisch fassen?

Der zweite Gedanke knüpft an das an, was gerade der Kollege sagte: An die Gewaltenteilung zwischen Gesetzgeber und Richter. Im „Zonen-Wirtschaftsstrafrecht", wie kann da der Gesetzgeber, den Richter im Griff halten über die dann notwendig unbestimmten Begriffe? Hier, meine ich, ist neben Gesetzgeber und Richter auch der Anwalt mitzudenken. Er ist der Vermittler zwischen Gesetzgeber und Betroffenen als Adressat des durch den Richter auszulegenden Gesetzes. Der Betroffene bzw dann Beschuldigte braucht, gerade in den nicht klar abgegrenzten Wirtschaftsstrafsachen, den Anwalt, der ihm die Reichweite der Zonen möglicher Strafbarkeit vermittelt. Gerade bei der Beratung im Vorfeld zu den Fragen: Könnte ich mich da strafbar machen, wann betrete ich die gefährliche Zone ? Dass kann der Betroffene allein anhand des Gesetzestextes ohne den gesetzes- und rechtsprechungskundigen Anwalt nicht mehr verstehen.

Und der dritte spontane Gedanke: Symbolisches Strafrecht scheint mir das Umweltstrafrecht zu sein. Es wird kaum angewandt. Kaum einer außer den darauf spezialisierten Anwälten und Richtern versteht es. Es ist so verklausuliert in seinen Tatbeständen, dass es überhaupt keine spezial- wie generalpräventive Handlungsleitung entfalten kann. Es führt letztlich alle Zwecke des Strafrechts ad absurdum.

Franz Salditt
Das Umweltstrafrecht ist mir nur aus punktuellen Berührungen in meiner Praxis bekannt. Da wäre mein Eindruck, dass es hier um eine riesige unbestimmte Ge-

fahrenzone geht. Und weil es diese Gefahrenzone gibt, funktioniert das Umweltrecht besser, als man glaubt. Weil nämlich mehr befolgt wird, als hätte befolgt werden müssen. Wie geht man mit dem Risiko der Gefahrenzonen um? Da möchte ich auf Klaus Lüderssen zurückkommen: Er hat die Narration im Recht als einen Vorgang nahegelegt, mit dem das narrative Element im Strafverfahren einwirkt auch auf das Verständnis der Norm. Wer nicht wegen bedingten Vorsatzes verurteilt werden will, muss sich dazu entschließen, seine Geschichte zu erzählen – auf die Gefahr hin, dass 400 oder 500 Seiten dafür eingesetzt werden müssen. Wenn er der einzige Angeklagte im Gerichtssaal ist und diese Geschichte alleine erzählt, ist die Wirkung größer, als wenn andere Mitangeklagte in diesem Gerichtssaal eine ganz andere Geschichte erzählen. Trotzdem – Narration ist ein forensisches Gegenmittel gegen Gefahrenzonen. Leider, denn sie verdrängt das Schweigen, bei dem es sich um das wichtigste Recht im Strafverfahren handelt.

Eckart C. Hild
Herr Kollege Salditt, der Begriff des Freibeuters hat mir sehr gut gefallen und wir kennen uns und schätzen uns und Sie wissen, dass ich sehr gerne Freibeuter verteidige und ein absoluter Gegner des Deals bin. Ich versuche jetzt mal den Freibeuter zu verknüpfen mit dem bedingten Vorsatz in der genannten Entscheidung und der Unbestimmtheit der Rechtsbegriffe im Steuerstrafrecht. Diese BGH-Entscheidung – und wir haben ja früher nie ernsthaft über Vorsatz im Steuerstrafrecht diskutieren dürfen, das wurde uns immer abgeschnitten und war eine völlig sinnlose Diskussion – jetzt durch diese Entscheidung, das ist der Todesstoß für jede Steuerstrafverteidigung. Ein Freibeuter, der dennoch von mutigen Anwälten, wie wir beide sind, verteidigt werden will, den muss man wahrscheinlich dann untersuchen lassen, ob er noch zurechnungsfähig ist. Die Brücke zur Unbestimmtheit würde ich dadurch schlagen, dass es leider viel zu wenige Entscheidungen gibt oder Ergebnisse gibt, in denen Steuerstrafverfahren – und die Richter fühlen sich ja berufen auch im Steuerrecht kompetent zu sein – will man die Staatsanwälte außen vorlassen? – er sitzt mir zu nahe, ich weiß auch nicht wie er reagiert – nein, Spaß beiseite. Also ich sehe einen groben Missstand, dass die Steuerstrafverfahren nicht ausgesetzt werden bis zum Beispiel die Steuerfinanzgerichtsbarkeit entscheidet und gerade weil die Begriffe so unbestimmt sind, maßt sich der Strafrichter an, auch steuerliche Sachverhalte abschließend richtig zu beurteilen. Wir müssen vielmehr darauf achten, dass wir diese Verfahren eben nicht einvernehmlich zu Ende bringen und wenn schon § 153a StPO im Raume steht, was oft verständlich ist wegen Vermeidung der Hauptverhandlung, dann muss man wenigstens darauf achten, dass dann noch innerhalb dieses Deals, das ist ja auch ein Deal, die Finanzgerichtsbarkeit

offen bleibt, damit vermieden wird, dass divergierende Entscheidungen auftreten. Demnächst wird wohl in der Wistra von mir was drin stehen, wo ich einen Fall schildere, den ich natürlich selbst erlebt habe, indem nachher die Finanzgerichtsbarkeit den Steueranspruch total verneint hat.

Reinhard Müller
Vielen Dank. Auch Freibeuter haben Symbole, nämliche schwarze Flaggen mit Totenkopf. Mich hat es etwas gewundert, Herr Salditt, dass Sie gesagt haben: Symbole sind zwangsläufig ein Zeichen für Untertanen-Geist: Der Bürger, der blind der Fahne hinterher rennt. Das ist wieder so eine Analogie. Die Fahne ist mehr als der Tod. Aber gerade heute sind, glaube ich, immer noch Symbole gefragt; man sieht es an den Professoren, die sich wieder Talare anziehen, Doktoranden, die Hüte in die Luft schmeißen als Zeichen von Emotionalität, Feierlichkeit. Und der Gesetzgeber braucht auch – obwohl ich das natürlich auch gerne kritisiere – symbolische Gesetzgebung, braucht womöglich auch Symbole, vielleicht gar nicht nur gewollte Unbestimmtheit, sondern auch in gewollter Bestimmtheit. Wenn etwa Stalking bestraft wird, wird manchmal ja im Zusatz gesagt: Das hat keine große praktische Bedeutung, aber wir wollen ein Zeichen setzen. Das kann man gut kritisieren unter dem ultima-ratio-Prinzip des Strafrechts, aber ich glaube auch: Es ist da was dran, dass sich allein, indem ich etwas öffentlich mache als Gesetzgeber, aus seiner Sicht, ein Zeichen setze und auch nur so Öffentlichkeit und das Bewusstsein schaffe: Hier ist eine neue Grenze, die wir ziehen wollen. Also: Ich halte es für fragwürdig, Symbole und Untertanen-Geist so in eine Reihe zu bringen.

Franz Salditt
Ich bin Ihrer Meinung. Es kann sein, dass wir unterschiedliche Symbole unterschiedlich bewerten.

Lorenz Schulz
Ich möchte den § 266a StGB nochmal aufgreifen. Da sieht man, dass beim Vorsatz der BGH im Steuerstrafrecht immerhin noch am voluntativen Element festhält. Bei § 266a StGB hat er das aufgegeben. Da gibt es nur das kognitive Element. Man muss die tatsächlichen Umstände kennen. Was im Steuerstrafrecht der Steueranspruch ist, wandert bei § 266a StGB in den Verbotsirrtum, verknüpft mit der Auflage von Prozeduren, Statusfeststellungen und Dergleichen. Das halte ich für noch gravierender, so dass der § 266a StGB tatsächlich ein schönes Beispiel für die Unbestimmtheit ist. Dort tritt auf, was wir von anderen Rechtsgebieten kennen: Wenn man die Unbestimmtheit zu beseitigen versucht, z.B. die Abgabenpflicht (neuerdings) präzisiert, wird dies im Prozessrecht zum

Rohrkrepierer, weil dann die Rentenversicherung im Schulterschluss mit der Staatsanwaltschaft zum Deal nötigt. Beispiel: Die Bayern haben einen starken Finanzminister, Herrn Söder. Zu ihm kommt die Rentenversicherung und sagt: Da gibt es diese wissenschaftlich-qualifizierten Führer auf dem Obersalzberg, die die Touristen über die Vergangenheit aufklären. Das seien keine freien Mitarbeiter. Der Finanzminister knickt ein und weist das Institut für Zeitgeschichte an, diese Führer zu entlassen. Die „Süddeutsche Zeitung" überschreibt dies mit „Alle Führer auf dem Obersalzberg entlassen". Das ist die Praxis. Herr Richter wird mir die Anspielung verzeihen: Die Staatsanwaltschaft ist der Richter vor dem Richter. Also wie reagieren? Wenn man sich der Nötigung verweigert, muss man die Anklage abwarten. Dann ist man wie auf hoher See. Das ist die Praxis bei § 266a StGB. Also ist er – ich habe gestern auf den objektiven Tatbestand verwiesen, wo die Akzessorietäten verschwimmen –, ein Beispiel, das vielleicht noch aufschlussreicher als die Untreue ist. Bei der Untreue, um das nochmal in Erinnerung zu rufen, finde ich die Arbeitsteilung, die das Verfassungsgericht jetzt vorgestellt hat, nicht schlecht: Dass der Gesetzgeber einen bestimmbaren Text in die Welt setzt und die Bestimmtheit aus der Rechtsprechung erwächst, solange jedenfalls das Rückwirkungsverbot auch für die Rechtsprechung gilt. Das gilt, Beispiel § 266a StGB, nicht mehr, wenn die Rentenversicherungen nach einer gescheiterten Gesetzgebungsinitiative dem Vernehmen bundesweit beschließt, bestimmte Bereiche der freien Mitarbeit auszutrocknen. Das kann prospektiv in Ordnung gehen (wie eben beim Gesetzgeber), aber nicht retrospektiv, zumal mit der Aushebelung der Verjährung gedroht wird. Bei Vorsatz besteht im SGB die Abgabenpflicht auf 30 Jahre, die in den § 266a StGB einwandern.

Franz Salditt
Ich stimme Ihnen zu, Herr Schulz, und ich möchte das ergänzen. Es gab eine ganze Zeit lang eine Rechtsprechung des Bundesfinanzhofs, in der dieser, wenn er die Auslegung von Normen verschärfen wollte, die bevorstehende Änderung in Entscheidungen ankündigte, aber noch nicht vollzog. Die Änderung wurde erst später exekutiert, als mit ihr schon zu rechnen war. Ich weiß nicht, ob das heute noch eine Rolle spielt. Diese frühere Praxis wäre ein Lösungsmodell

Ferdinand Gillmeister
Der Gedanke, durch unklare Regelungen und eine unklare Sprache für den Bürger eine „Gefahrenzone", ein „disziplinierendes Instrument" zu schaffen, wirkt sich im materiellen Recht aus. Diese Überlegung habe ich aus der Diskussion von heute morgen mitgenommen. Vielleicht müssen wir die systematischen Unklarheiten auch für das Prozessrecht bedenken. Das war bisher nicht unser Thema, aber es spielt auch hier eine Rolle. Wenn der Bürger zum Beispiel durch

Nichtbelehrung darüber im Unklaren gelassen wird, welche Rechte er wahrnehmen kann. Dafür gibt es im Prozessrecht viele Beispiele. Warum wird der Bürger nicht darüber belehrt, dass er bei der Polizei nicht erscheinen muss, wenn er als Zeuge vernommen werden soll? Warum werden Berufsgeheimnisträger, die sich als Zeugen über ihre Klienten äußern sollen, nicht über ihr Schweigerecht und ihre Schweigepflicht belehrt? Ich könnte weitere Beispiele aufzählen. Es scheint in vielen Bereichen System zu sein, den Bürger über seine Rechte im Unklaren zu lassen, weil man hofft, dass er sie nicht in Anspruch nimmt. Der Belehrungsaufwand ist gering. Die erzieherische Maßnahme, den Bürger über die Grenzen des Rechts im Unklaren zu lassen, erinnert mich an eine geschichtliche Begebenheit: Als Friedrich der Große drei Tage nach seinem Amtsantritt 1740 durch Kabinettsorder die Folter abschaffte, verfügte er auch, dass die Abschaffung nicht veröffentlicht werden darf, damit die Furcht vor der Folter weiterhin wirke. Auch dies ist ein Beispiel dafür, wie der Bürger durch bewusste Nichtaufklärung über die Grenzen des Rechts diszipliniert werden soll."

Cornelius Prittwitz
Ich will noch etwas sagen zu bestimmten Normen, zu unbestimmten Gefahrenzonen und der Ökonomisierung. Ich finde, Lothar [Kuhlen], dass Du es Dir ein bisschen zu einfach machst, wenn Du Art. 103 Abs. 2 GG diffamierst als entweder romantische oder naive Übernahme von einer Vorstellungswelt des 18. Jahrhunderts. [Zwischenbemerkung Lothar Kuhlen: „Formuliere es bitte im Konjunktiv – als ob ich es mir so einfach machen würde"]. Ich denke, dass Art. 103 Abs. 2 GG seine konkreten historischen Gründe hat und eben vor dem Hintergrund der spezifischen einschneidenden Sanktion des Strafrechts als Appell an den Gesetzgeber formuliert wurde, den man nicht leichtfertig aufgeben darf. Nicht, da gebe ich Dir Recht, durch den Verweis auf die notwendige Unbestimmtheit *von allem*, das hilft uns nicht viel weiter. Man muss und kann differenzieren zwischen gewollter *legitimer* (weil notwendiger) Unbestimmtheit, legitimer, weil notwendiger Unbestimmtheit, und gewollter *illegitimer* Unbestimmtheit, wenn sie der Produktion von Normen-Fallen dient oder zumindest als solche funktioniert. Wie passt das alles zur Ökonomisierung? Passt es dazu? Gibt es überhaupt eine Brücke zur Ökonomisierung? Ich glaube, ja. Weil Ökonomisierung für mich auch heißt: Denken in Risiken. Wenn wir bestimmte Aktivitäten, die möglicherweise Straftaten sind, begehen, möglicherweise im Wissen darum, dass es möglicherweise Straftaten sind, wenn wir uns also in diesem Gefahrzonen-Bereich verhalten, dann werden solche Risiken in Kauf genommen. Das ist dann das Risiko, auf das dünne Eis zu gehen, ist dann aber verbunden auch mit der Bereitschaft die Folgen zu tragen. Und diese Bereitschaft,

die Folgen zutragen, ist wiederum wesentlich mit definiert dadurch, dass man die Folgen aushandeln kann. In all den großen Verfahren, die die großen Schlagzeilen produziert haben, gab es Taten, für die man unter Umständen, wenn das alles in bestimmten Formulierungen als Straftatbestand formuliert gewesen wäre und vorsätzlich begangen wurde, lebenslange Freiheitsstrafen hätte fordern können. Das alles gehört in diese risikoinfizierte, ökonomische Denke mit hinein, die aber kaum zu dem traditionellen Strafrechtsdiskurs, der bei uns nach wie vor (wenn auch statistisch immer unrealistischer werdend, für einzelne Betroffene immer noch sehr realistisch) mit der Freiheitsstrafe verbunden ist, passt. Hier weht ein anderer Wind, der mich mit Naucke sagen lässt: Es geht nicht nur um Verbrechensbekämpfungsrecht, – das würde nämlich die Dünne-Eis-Theorie durchaus bestärken – sondern Verbrechungsbekämpfungsbegrenzungsrecht. An der Stelle gibt es einen unauflösbaren Konflikt.

Matthias Jahn
Bei Herrn *Salditt* können wir uns bedanken für ein würdiges Abschlussreferat. Jetzt wäre es sicherlich verfehlt, meine Moderatorenrolle auszunutzen und noch einiges zu sagen, etwa zu dem Gedanken von Herrn *Müller*, zu dem mir in der Tat spontan etwas einfallen würde, nämlich die Frage: Wie hoch ist der Preis, den wir für *awareness building* zu zahlen bereit sind, wenn wir mit der Münze des Strafrechts die Rechung begleichen? Das wäre sicherlich ein eigenes Tagungsthema wert und wir haben ja durchaus die abstrakte Hoffnung, dass es einmal ECLE IX geben könnte. Und wir würden uns darüber sehr freuen, das kann ich im Namen meiner Mitveranstalter aussprechen, das kann ich aber besonders auch im Namen von *Klaus Lüderssen* sagen, dem wir jetzt sofort telefonisch ausführlich berichten werden, wie es war. Und jeder, der mit ihm schon einmal telefoniert hat – und das gilt ja für viele hier im Raum – weiß, das wird ein langes Telefonat werden müssen und ich werde ihm, glaube ich, vermitteln können, dass wir hier in seinem Geiste getagt haben und hoffen, dass er beim nächsten Mal wieder dabei sein kann.

Die Teilnehmerinnen und Teilnehmer des VIII. ECLE-Symposions am 20./21.11.2015 in Frankfurt am Main

Ministerialdirektor Hans Georg Baumann	Bundesministerium der Justiz und für Verbraucherschutz
RA Dr. Stephan Beukelmann	Lohberger & Leipold
Prof. Dr. Werner Beulke	Universität Passau
LOStA Folker Bittmann	Staatsanwaltschaft Dessau-Roßlau
Dr. Thomas Böckenförde	Kanzlei Thomas Böckenförde
Dr. Dominik Brodowski	Exzellenzcluster Normative Orders
Prof. Dr. Jochen Bung	Universität Passau
Prof. Dr. Christoph Burchard	Goethe-Universität Frankfurt am Main
Prof. Dr. Andreas Cahn	Institute for Law and Finance
Prof. Dr. Volker Caspari	Technische Universität Darmstadt
RA Dr. Matthias Dann	Wessing & Partner Rechtsanwälte mbB
RA Peter Doll	Clausen, Doll & Partner mbB
RA Armin von Döllen	Hannover und Partner Rechtsanwälte
RA Dr. Felix Dörr	Rechtsanwälte Dr. Günter Dörr & Partner
RA Dr. Hanno Durth	Kipper und Durth Rechtsanwälte
RAin Sybille Franzmann-Haag	Anwaltskanzlei Franzmann-Haag
RA Prof. Dr. Björn Gercke	Gercke Wollschläger Rechtsanwälte
RAin Dr. Lara Gielok	Klinkert Rechtsanwälte PartGmbB
RA Prof. Dr. Ferdinand Gillmeister	Gillmeister Rode Rechtsanwälte
RAin Dr. Friederike Goltsche	Kempf & Dannenfeldt Rechtsanwälte
RAin Dr. Gina Greeve	MGR Rechtsanwälte
Prof. Dr. Rainer Hamm	HammPartner Rechtsanwälte
RAin Angelika Haucke-D'Aiello	Rechtsanwaltskanzlei Haucke-D'Aiello und Kollegen
Julius Henneberg	Bundesministerium der Justiz und für Verbraucherschutz/Doktorant Prof. Jahn
RA Eckart C. Hild	Kanzlei Eckart C. Hild
Jun.-Prof. Dr. Elisa Hoven	Universität zu Köln
Dr. Victoria Ibold	Ludwig-Maximilians-Universität München
Prof. Dr. Matthias Jahn	Goethe-Universität Frankfurt am Main
Richter am Oberlandesgericht	
RA Marcus Jung	Rechtsanwaltskanzlei Jung
RA Dr. Jan Kappel	AGS Acker Görling Schmalz Rechtsanwälte
RA Alexander Keller	Keller Rechtsanwälte
RAin Dr. Evelyn Kelnhofer	Keller Rechtsanwälte
RA Eberhard Kempf	Kempf & Dannenfeldt Rechtsanwälte
RA Dr. Stefan Kirsch	HammPartner Rechtsanwälte
RA Dr. Wolfgang Köberer	HammPartner Rechtsanwälte
RAin Katharina Kock	kock strafverteidigung

Prof. Dr. Ralf Krack	Universität Osnabrück
Prof. Dr. Lothar Kuhlen	Universität Mannheim
Staatssekretär a.D. Christoph Kulenkampff	JKW Integrity Services GbR
Prof. Dr. Katja Langenbucher	Goethe-Universität Frankfurt am Main
Sebastian Laudien	Freie Universität Berlin
Prof. Dr. Michael Lindemann	Universität Bielefeld
Elmira Mamedowa	Freie Universität Berlin
Prof. Dr. Marco Mansdörfer	Universität des Saarlandes
RA Prof. Dr. Reinhard Marsch-Barner	Linklaters LLP
RAin Dr. Regina Michalke	HammPartner Rechtsanwälte
RA Reinhart Michalke	Leitner & Partner
Prof. Dr. Carsten Momsen	Freie Universität Berlin
Dr. Reinhard Müller	FAZ
Prof. Dr. Bernd Müssig	Redeker Sellner Dahs Rechtsanwälte
RAin Malaika Nolde	VBB Rechtsanwälte
RA Dr. Ali B. Norouzi	Rechtsanwälte Widmaier Norouzi
RA Dr. Thomas Nuzinger	psn Parsch Sauer Nuzinger Rechtsanwälte
RA Dr. Stefan Petermann	Eisenmann Wahle Birk & Weidner
Prof. Dr. Cornelius Prittwitz	Goethe-Universität Frankfurt am Main
RA Dr. Roman Reiß	Robert Bosch GmbH
RA Thomas Richter	HammPartner Rechtsanwälte
OStA Dr. Hans Ernst Richter	Staatsanwaltschaft Stuttgart
Prof. Dr. Thomas Rönnau	Bucerius Law School
RA Michael Rosenthal	Karlsruhe
RA Dr. Christian Rosinus	AG Tischendorf Rechtsanwälte
RA Prof. Dr. Franz Salditt	Neuwied
Wiss. Mitt. Theresa Sauerwein	Goethe-Universität Frankfurt am Main/Entlastungsprofessur
Bundesanwalt a.D. Dr. Wolfram Schädler	
RAin Dr. Hellen Schilling	Kempf & Dannenfeldt Rechtsanwälte
RA Dr. Jan Schlösser	Nagel Schlösser Rechtsanwälte
Prof. Dr. Reinhard H. Schmidt	Goethe-Universität Frankfurt am Main
Dr. Charlotte Schmitt-Leonardy	Goethe-Universität Frankfurt am Main
Prof. Dr. Roland Schmitz	Universität Osnabrück
RA Dr. Frank Scholderer	Clifford Chance LLP
RA Dr. Christian Schoop	DLA Piper UK LLP
RA Prof. Dr. Lorenz Schulz	Goethe-Universität Frankfurt am Main
Prof. Dr. Dr. h.c. mult. Bernd Schünemann	Ludwig-Maximilians-Universität München
RA Dr. André-M. Szesny	Heuking Kühn Lüer Wojtek
RA Prof. Dr. Jürgen Taschke	DLA Piper UK LLP
Richter am Amtsgericht Dr. Cornelius Trendelenburg	Amtsgericht Frankfurt am Main
RA Prof. Dr. Gerson Trüg	Rechtsanwälte Bender Harrer Krevet
RA Prof. Dr. Michael Tsambikakis	Tsambikakis & Partner Rechtsanwälte mbB
Thea Vasilikou	B/S/H Hausgeräte GmbH

Prof. Dr. Dr. h.c. Klaus Volk	Kanzlei Rechtsanwälte Prof. Dr. Klaus Volk
Prof. Dr. Carl Christian von Weizsäcker	Max-Planck-Institut zur Erforschung von Gemeinschaftsgütern
RA Dr. Gerhard H. Wächter	Wächter Rechtsanwälte
Prof. Dr. Martin Paul Waßmer	Universität zu Köln
RA Andreas Wattenberg	kpw Rechtsanwälte
Prof. Dr. Thomas Weigend	Universität zu Köln
Richterin am BGH Renate Wimmer	Bundesgerichtshof
Dr. Sascha Ziemann	Goethe-Universität Frankfurt am Main

Bei Fragen zur Produktsicherheit wenden Sie sich bitte an:
If you have any questions regarding product safety,
please contact:

Walter de Gruyter GmbH
Genthiner Straße 13
10785 Berlin
productsafety@degruyterbrill.com